Ullstein Sachbuch

Ullstein Sachbuch
Ullstein Buch Nr. 34267
im Verlag Ullstein GmbH,
Frankfurt/M - Berlin - Wien

Für die Taschenbuchausgabe
vom Autor korrigiert

Umschlagentwurf:
Theodor Bayer-Eynck
Typographische Gestaltung:
Johannes S. Praetorius

Printed in Germany 1984
Druck und Verarbeitung:
Elsnerdruck GmbH, Berlin
ISBN 3 548 34267 1

Oktober 1984

CIP-Kurztitelaufnahme
der Deutschen Bibliothek

Hohl, Peter:
99 [Neunundneunzig] Gangstertricks und wie man sich dagegen schützt / Peter Hohl. - Für d. Taschenbuchausg. vom Autor korrigiert. - Frankfurt/M; Berlin; Wien: Ullstein, 1984.
(Ullstein-Buch; Nr. 34267:
Ullstein-Sachbuch)
ISBN 3-548-34267-1

NE: GT

Peter Hohl

99 Gangster-tricks und wie man sich dagegen schützt

Ullstein Sachbuch

Vorwort zur Taschenbuchausgabe

Seit 1979 — dem Jahr, in dem dieses Buch erstmals erschienen ist — registrierte die Polizei mehr als 20 Millionen Straftaten. Das bedeutet: In den letzten fünf Jahren wurde ebensoviel gestohlen, betrogen, gemordet und geraubt wie von 1963 bis 1972 in einem Zeitraum von zehn Jahren.

Statistisch entfiel in diesem halben Jahrzehnt nahezu auf jeden bundesdeutschen Haushalt eine Straftat. Natürlich sind in diesen Zahlen viele Delikte enthalten, die den „Normalbürger" nicht oder nur mittelbar betreffen. Aber auch wenn man nur einige Zahlen herausgreift, bleiben genug Gründe, einmal über die eigene Sicherheit nachzudenken: In diesen fünf Jahren von 1979 bis 1983 wurden

- über 500 000 Wohnungseinbrüche verübt,
- über 1 000 000 Kraftfahrzeuge (Autos, Motorräder, Mopeds) gestohlen,
- über 2 000 000 Fahrräder entwendet.

Ich erinnere mich noch gut an das Jahr 1967, als wir die erste Sendung „Aktenzeichen XY ... ungelöst" gemacht haben. Erstmals überschritt in jenem Jahr die Zahl der registrierten Straftaten die Grenze von 2 Millionen — eine Sensation, die zu größter Besorgnis Anlaß gab. Im Jahr 1983 waren es 4,3 Millionen. Im Durchschnitt der letzten fünfzehn Jahre wächst die Zahl der Straftaten 33 mal so schnell wie die Bevölkerung — und sie wächst auch zu Zeiten, in denen die Bevölkerung abnimmt.

Alle Zeichen deuten darauf hin, daß weiterhin alljährlich Millionen von Straftaten zu erwarten sind. Dieses Buch will helfen, einen Teil davon zu verhüten. Daß dies möglich ist, steht für mich außer Zweifel. Denn ein großer Teil der strafbaren Handlungen wird von Gelegenheitstätern begangen — von Menschen, die zugreifen, wenn es leicht und risikolos erscheint, die jedoch keine Straftaten begehen, wenn sich ihnen eine solche Gelegenheit nicht bietet.

Diese Art von Tätern aber läßt sich auch von durchschnittlichen Sicherheitsmaßnahmen beeindrucken. Niemand braucht einen normalen Haushalt zur Festung auszubauen; denn Täter, die mit hohem Einsatz zu Werke gehen und alle Sicherungen überwinden, suchen sich normalerweise Objekte, für die ein solcher Aufwand lohnt. Aber auch für einen „normalen" Schutz braucht es ein paar Grundkenntnisse: Man sollte wissen, auf welche Weise ein Einbrecher seinen Tatort auswählt und sich Einlaß verschafft. Man muß die Tricks kennen, mit denen Autodiebe zu Werke gehen. Man sollte darüber informiert sein, daß beispielsweise in Mehrfamilienhäusern die Einbruchsgefahr tagsüber größer ist als in der Nacht.

Dieses Taschenbuch trägt aber nicht nur solchen kriminalistischen Erkenntnissen Rechnung — es berücksichtigt auch andere Veränderungen und Fortschritte, die in den letzten fünf Jahren zu verzeichnen waren. Das Adressenverzeichnis wurde ausgeweitet und auf den neuesten Stand gebracht (es enthält jetzt z. B. auch eine Liste anerkannter privater Notrufzentralen und geprüfter einbruchhemmender Verglasungen). Neue Normen und Bezeichnungen waren zu berücksichtigen. Die Schloßindustrie und die Gefahrenmeldetechnik sind mit Problemlösungen auf den Markt gekommen, die 1979 erst in Ansätzen abzusehen waren.

Sicherheit ist ein Stück Lebensqualität. Und diese hat einen Preis. Viele versuchen zu sparen und Sicherheit durch Hoffnung zu ersetzen. Das mag jeder für sich selbst entscheiden. Aber er sollte dann nicht die Schuld bei anderen suchen, wenn seine Hoffnung enttäuscht wird.

Andererseits muß es auch in der vorbeugenden Verbrechensbekämpfung so etwas wie die „Verhältnismäßigkeit der Mittel" geben. Es ist unsinnig, 10 000 Mark für einen Panzer-Geldschrank auszugeben, um darin einmal 5000 Mark vor Diebstahl zu schützen. Es sei denn, diese 5000 Mark wären jeden Tag sicher zu verwahren und tatsächlich jeden Tag ernsthaft gefährdet. Dann nämlich schützt der Schrank im Jahr 365 x 5000 Mark und verhindert im Lauf von zehn Jahren mögliche Verluste von 18 Millionen. So entsteht plötzlich eine ganz andere Rechnung, wenn man nicht nur die mögliche Schadenshöhe, sondern auch die Schadenswahrscheinlichkeit mit einbezieht.

Angesichts der Kriminalitätsentwicklung darf vermutet werden, daß diese Wahrscheinlichkeit in den nächsten Jahren eher größer als kleiner wird.

Ingelheim, im Juni 1984 Peter Hohl

Aus dem Vorwort der Originalausgabe

Gangstermethoden und Sicherungsmöglichkeiten — das ist ein Gebiet, über das viele zu wenig wissen.

Dafür gibt es einige andere, die darüber sehr viel wissen. Sie sitzen zeitweise in Gefängnissen. Und wenn sie wieder herauskommen, wissen sie manchmal noch mehr.

Sie brauchen dieses Buch nicht zu lesen. Es steht nichts darin, was sie nicht längst von einem Komplizen oder Zellengenossen gelernt haben. Sie können sich höchstens informieren, welche Tricks künftig nicht mehr so problemlos funktionieren werden — weil sie jetzt endlich auch die Opfer kennen.

Zum Zustandekommen dieses Buches haben viele Fachleute beigetragen. Ich möchte mich bei ihnen allen an dieser Stelle noch einmal bedanken: Bei den Spezialisten in den kriminalpolizeilichen Beratungsstellen, die viele praktische Erfahrungen beigesteuert haben, bei den Experten von der Sicherungsindustrie, von Verbänden, Banken und Versicherungen, die mir mit ihren Detailkenntnissen geholfen haben — und ganz besonders bei den führenden Sachkennern innerhalb der Polizei, die es auf sich genommen haben, das Manuskript dieses Buches vor dem Erscheinen durchzusehen und mich auf Fehler aufmerksam zu machen, vor denen auf einem so vielschichtigen Gebiet auch der bestinformierte Autor sonst nicht sicher wäre.

Nach dem Dank schließlich auch noch eine Bitte: Ich möchte gerne wissen, ob es sinnvoll war, die Arbeit im Fernsehen aufzugeben, um dieses Buch zu schreiben. Ich möchte gerne wissen, ob Sie es nur lesen oder ob es Sie dazu bewegen konnte, in Ihrem eigenen Bereich etwas für die Kriminalitätsvorbeugung zu tun. Ich möchte Sie bitten, mir ganz kurz zu schreiben, wie Sie Ihre eigene Sicherheit verbessert haben. Und ich werde den Erfolg dieses Buches nicht an der Zahl der gedruckten Exemplare messen, sondern an Ihren Erfahrungsberichten.

Die Adresse: Peter Hohl, Postfach 1368, 6507 Ingelheim.

Ingelheim, im September 1979 — Peter Hohl

Inhalt

Helmut M. und die Alarmanlagen **Seite 93**

Ein Unbekannter wird berühmt — Bauherr und Architekt bei der kriminalpolizeilichen Beratungsstelle — Alarmanlagen auf dem Prüfstand — Wie die elektronischen Wächter funktionieren — Ein wenig Technik rund um die „Außenhautsicherung" — Radar, Ultraschall und Infrarot — Quelle eines Fehlalarms: Das Bad der alten Dame — Radarkontrolle im Vorgarten — Wohin mit der Zentrale? — Lärm, Licht und ein heimlicher Hilferuf — Helmut M. entgeht das Geheimnis eines Schiebefensters — Spuren im Schnee — „Mangelhafte" Kompaktgeräte — Spezialisten für Installation und Wartung — Warum man eigentlich zwei Hunde braucht.

Nachtwächter sind ganz anders **Seite 139**

Alarm bei Objekt 208 — Telefonwählgeräte alarmieren private Beschützer — Ein Einbrecher wird gestellt — Bewachung in Zahlen — Eine Billion auf der Straße — Gasrevolver sind keine Lösung — Raubritter auf schweren Maschinen — Spezialtaschen färben Täter und Beute.

Bevor Sie in den Urlaub fahren **Seite 175**

Gründen Sie einen Nachbarschaftsclub! — Ihr Haus muß „bewohnt“ spielen — Zwei raffinierte Tricks: Das „trojanische Sofa“ und der rätselhafte Bautrupp — Ein paar spezielle Urlaubstips — Wochenendhaus, Wohnwagen, Zelt.

Die Tricks der Fahrzeugdiebe **Seite 191**

Fahrräder schlagen alle Rekorde — Warum Autodiebstähle zurückgingen — Ein paar Tricks und ein paar Abwehrkniffe — Was man über Autoalarmanlagen wissen sollte — Gefährliches Pflaster: Italien — Das Loch im Kofferraumdeckel — Gegen Zubehör-Diebe hilft nur Aufmerksamkeit und Solidarität — Vorsicht, Unfall-Falle! — Augen auf auch beim Verkauf.

Der Wertsachen-Paß hilft Ihnen und der Polizei **Seite 209**

Ein Ring findet seinen Eigentümer — Millionenwerte gehen zurück an Diebe — Gute Sachbeschreibungen helfen Straftaten aufklären — Nehmen Sie Maß! — Unsichtbare Tinte.

Banken und Versicherungen — Partner in Sachen Sicherheit. **Seite 215**

„Maulwürfe" haben bei Banktresoren selten Erfolg — Kundenmietfächer, Gipfel der Sicherheit — Das Sparbuch bleibt in der Bank — Weniger Bargeld, weniger Straftaten — Was passiert, wenn Euroschecks in falsche Hände kommen — Ein Tip in Sachen Reiseschecks — Versicherungen erwarten Minimum an Einbruchsschutz — Was nicht versichert ist.

Tips, die gegen Räuber schützen **Seite 225**

Nicht den Helden spielen — Aber: Ausnahmen bestätigen die Regel — Gelegenheit macht Räuber — Ein Autohändler macht mit einem kriminellen Spezialisten Bekanntschaft — Lockvögel auf der Straße — Gangster an der Wohnungstür.

So schützen Sie Ihr Kind **Seite 233**

Cornelia geht in eine Falle — Verbote begründen — Angst macht schwach, Vorsicht macht stark — Ein paar wichtige Merksätze — Gefahr für Teenager — Um Hilfe bitten ist keine Schande — Im Auto auf dem Waldparkplatz — Pulverfaß auf Rädern: Warum Anhalterinnen gefährlicher leben — Der Köder heißt oft „Anerkennung" — Tödlicher Ferienjob — Das Thema aus der Sicht des Psychologen.

Gegenwehr kann sinnvoll sein — Ein paar Situationen, die man meiden sollte — Wenn es doch passiert — Kein Rezept paßt für alle Tätertypen — Wehren, schreien, reden.

Trauriges Kapitel „Heimarbeit" — Immer noch aktuell: Der Automatentrick — „Generalvertreter" mit Auslieferungslager — Musteranlagen: Die Masche mit den zwei Verträgen — Talentförderung mit Pferdefuß — Geschäft mit Not und Schrecken — Warnen Sie alte Menschen — Angst vor elektrischem Strom — Die Doppelrolle der Lady X — Rechnungen an Tote — Wie man Verträge widerruft — Besserer Schutz ist nötig.

Einsteckrichtung
„INFOCARD"
Zugangskontrollsysteme
Achenbachstr. 73 · 4000 Düsseldorf · Tel. 0211/66 62 41

Zu Beginn ein Test ...

Wie sicher können Sie sich fühlen?

Bitte beantworten Sie die nachstehenden Fragen wahrheitsgemäß. Die Auswertung sagt Ihnen, ob Sie aus diesem Buch noch etwas lernen können.

1. Ihr Haus steht völlig allein. Eine Alarmsirene würde niemand hören. Kennen Sie eine Möglichkeit, wie Sie oder Ihre Freunde bei einem Einbruch sofort alarmiert werden können?

   a) Es gibt Geräte, die bei Einbruch automatisch irgendwo anrufen und „Bescheid sagen".

   b) Ein Funkgerät übermittelt die Alarmmeldung zu einer mobilen Empfangsstation, die man überall aufstellen kann.

   c) Das ist nur bei ständiger Bewachung möglich.

2. Schloß und Beschlag an Ihrer Haustür sehen so aus wie auf dem nebenstehenden Foto. Was ist falsch?

   a) Die Verbindung zwischen Türknopf und Tür ist zu dünn. Ein Dieb kann ihn abbrechen.

   b) Der Schloßzylinder steht zu weit heraus.

   c) Da ist nichts falsch.

3. Sie fühlen sich gefährdet und wollen Ihre Alarmanlage direkt bei der Polizei aufschalten lassen. Die Polizei lehnt das ab, weil ihre Notrufzentrale überlastet ist. Können Sie trotzdem erreichen, daß Ihr Alarm sofort einen Funkwagen in Marsch setzt?

   a) Ja, ich lasse meine Alarmanlage mit der Notrufnummer 110 koppeln.

   b) Außer bei der Polizei gibt es auch andere Notrufzentralen, an die man seine Anlage gegen Bezahlung anschließen kann.

   c) Das geht nicht, da muß man warten, bis bei der Polizei etwas frei ist.

4. Sie haben Zweifel, ob eine Einbruchmeldeanlage wirklich zuverlässig ist. Der Verkäufer empfiehlt Ihnen sein System mit dem Hinweis, es habe eine VdS-Anerkennung. Mehr noch: Seine Firma sei auch noch eine vom VdS anerkannte Errichterfirma. Sie sagen sich:

a) Das Gerät muß seinen Zweck erfüllen, wenn es sogar vom Verein deutscher Sicherheitsingenieure (VdS) anerkannt ist. Diese Vereinigung prüft besonders streng, weil ihre Mitglieder für die Sicherheit in der Großindustrie zuständig sind.

b) Der Verkäufer ist ein Scharlatan. Was hat der Verband deutscher Studentenschaften (VdS) mit Sicherheit zu tun?

c) Die Versicherungen sind so stark an der Sicherheit ihrer Kunden interessiert, daß der Verband der Sachversicherer (VdS) in eigenen Laboratorien Geräte prüft und anerkennt.

5. Ein Freund rät Ihnen, die Wertsachen, die Sie nicht ständig brauchen, im Tresorraum Ihrer Bank zu deponieren. Aber was die Fächer dort kosten, weiß er nicht. Wissen Sie es? Ein Fach, das ca. 25 cm breit, ca. 38 cm tief und ca. 8 cm hoch ist, kostet jährlich

a) ca. 50 DM
b) ca. 220 DM
c) ca. 800 DM

6. Sie lassen Ihr Auto mit einer Alarmanlage ausrüsten. Der Autoelektriker will die Anlage so schalten, daß im Alarmfall die normale Hupe ertönt und zusätzlich die Warnblinkanlage eingeschaltet wird. Was ist falsch an seinem Plan?

a) Nach den bestehenden Vorschriften ist für die Alarmanlage eine besondere Hupe oder ein vergleichbarer Signalgeber erforderlich.

b) Die Warnblinkanlage darf bei Alarm nicht eingeschaltet werden.

c) Da ist überhaupt nichts falsch. Der Mann hat völlig recht.

7. Was passiert, wenn ein Einbrecher einen Glasbaustein zerschlägt?

a) Er zerbröckelt in viele kleine Splitter

b) Es gibt einen Knall, wie wenn ein Luftballon platzt.

c) Gar nichts. Ein Glasbaustein läßt sich nicht zerschlagen.

8. Einer der nebenstehenden Schlüssel gehört zu einem sehr unsicheren Schloß.

Sollte Ihr Haus- oder Wohnungsschlüssel so aussehen, leben Sie gefährlich. Welcher Schlüssel ist gemeint?

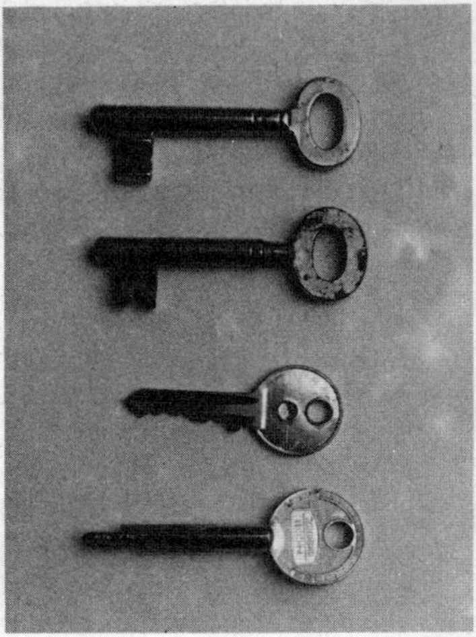

a) Buntbartschlüssel
b) Zuhaltungsschlüssel
c) Zylinderschlüssel
d) Kreuzbartschlüssel

9. Bitte schauen Sie jetzt nicht auf Ihre Armbanduhr. Wissen Sie oder können Sie anhand irgendwelcher Aufzeichnungen feststellen:

a) Die Marke der Uhr und die Farbe des Zifferblatts?

b) Die Marke, die Farbe des Zifferblatts und den Text weiterer Aufschriften auf der Vorder- oder Rückseite?

c) Nichts von alledem.

10. Bei einem Einbruch wird aus Ihrer verschlossenen Schreibtischschublade ein Geldbetrag von 1000 Mark gestohlen. Sie sind nicht unterversichert. Ersetzt Ihre Hausratversicherung das gestohlene Geld?

a) Nein. Bargeld ist vom Versicherungsschutz ausgenommen.

b) Ja. Bei einem höheren Betrag hätte es allerdings Schwierigkeiten gegeben.

c) In verschlossenen Behältnissen ist Bargeld bis zu 20000 Mark versichert.

11. Manche Einbrecher bohren in Tür- oder Fensterrahmen Löcher bis zu 10 mm Durchmesser. Wissen Sie warum?

a) Sie angeln durch die Löcher nach den Tür- oder Fenstergriffen, um sie aufzudrehen.

b) Sie drücken durch die Löcher von innen Schaumgummi gegen die Scheibe, um sie geräuschlos einzuschlagen.

c) Sie leiten durch die Löcher ein spezielles Gas ins Innere des Hauses, um die Bewohner zu betäuben.

12. Sie wollen mit dem Zelt in den Urlaub fahren. Wie können Sie Ihre Wertsachen sichern?

a) Es gibt spezielle Zelttresore, die mit einem extra langen Häring im Boden verankert werden.

b) Am besten bestreicht man das ganze Zelt mit einer Spezial-Silikon-Masse, die es für Messer- und Scheren undurchdringlich macht.

c) An den Reißverschluß gehört ein Vorhängeschloß. Aber sonst finde ich die Frage albern. In den Campingurlaub muß man ja wirklich keine großen Werte mitschleppen.

Wenn Sie alle Fragen beantwortet haben, zählen Sie bitte nach der folgenden Tabelle Ihre Punkte zusammen.

1. a = 5 Punkte	b = 1 Punkt	c = 3 Punkte	
2. a = 0 Punkte	b = 4 Punkte	c = 0 Punkte	
3. a = 0 Punkte	b = 5 Punkte	c = 0 Punkte	
4. a = 2 Punkte	b = 0 Punkte	c = 7 Punkte	
5. a = 2 Punkte	b = 1 Punkt	c = 0 Punkte	
6. a = 0 Punkte	b = 7 Punkte	c = 2 Punkte	
7. a = 0 Punkte	b = 5 Punkte	c = 0 Punkte	
8. a = 3 Punkte	b = 0 Punkte	c = 0 Punkte	d = 0 Punkte
9. a = 3 Punkte	b = 5 Punkte	c = 0 Punkte	
10. a = 1 Punkt	b = 4 Punkte	c = 0 Punkte	
11. a = 5 Punkte	b = 0 Punkte	c = 0 Punkte	
12. a = 0 Punkte	b = 0 Punkte	c = 5 Punkte	

Auswertung

bis 20 Punkte:

Wenn Sie dicht an die 20 Punkte herangekommen sind, ist Ihre Leistung gar nicht so schlecht. Sie wollen sich informieren und besser sichern. Nur waren die Informationen, die Sie bisher bekommen haben, sehr verstreut, so daß es schwer war, die Zusammenhänge zu durchschauen. Für Sie ist dieses Buch geschrieben.

21 — 30 Punkte

Ihre Kenntnisse sind möglicherweise etwas einseitig. Entweder haben Sie bei einigen Fragen geraten, oder Sie kennen zumindest einige Tricks aus eigener Erfahrung!

31 — 40 Punkte

Sie haben manchmal gefühlsmäßig geantwortet. Aber Ihr Gespür für Sicherheit ist goldrichtig. Wenn Sie es mit Hilfe dieses Buches zu sicherem Wissen ausgebaut haben und Ihre Kenntnisse auch anwenden, können Sie sich sehr sicher fühlen.

41 — 53 Punkte

Sie kennen sich in Sachen Sicherheit aus. Manches, was in diesem Buch steht, wird für Sie nicht neu sein. Aber vielleicht können Sie ein paar von den Beispielen brauchen, wenn Sie wieder einmal einen Vortrag über Vorbeugungsmaßnahmen halten.

über 54 Punkte:

Es gibt zwei Möglichkeiten. Entweder haben Sie zuerst das Buch gelesen (und zwar sehr aufmerksam gelesen) und dann den Test gemacht. Oder Sie sind ein Experte, den ich gerne kennenlernen möchte. Wenn wir uns nicht ohnehin schon kennen.

Überraschung bei der Heimkehr

Vor dem hübschen Einfamilienhaus in einem malerischen Weindorf in Rheinhessen rollt langsam ein staubbedecktes Auto aus. Mit einem Seufzer der Erleichterung stellt Wolfgang Wittig den Motor ab und schaltet die Scheinwerfer aus. Die letzten 700 Kilometer auf der Rückreise vom Urlaub waren doch verdammt anstrengend gewesen.

„Wollen wir noch auspacken?" fragt die junge Frau auf dem Beifahrersitz. Und ihr Ton läßt keinen Zweifel daran, daß Marianne Wittig eigentlich viel zu müde ist, um sich jetzt noch mit schmutziger Wäsche zu befassen.

„Laß uns die Koffer noch vom Dachträger nehmen und wenigstens reintragen", schlägt ihr Mann vor, „und dann" — er gähnt herzhaft — „nur noch ins Bett und erstmal schlafen!"

Drei Minuten später ist Wolfgang Wittig plötzlich hellwach. Auf dem dunklen Gartenweg zum Haus stolpert er über etwas Weiches. Er stellt die Koffer ab und hebt das Hindernis hoch, so daß über die Büsche hinweg das Licht der Straßenlaterne darauf fällt.

„Ich glaube, ich spinne. Das ist doch ein Sofakissen aus unserem Wohnzimmer!" Auch Mariannes Müdigkeit ist schlagartig verflogen. Sie atmet tief durch, um die Beklemmung loszuwerden, die ihr mit einem Mal die Brust zuschnürt. Die Kissen lagen ordentlich und vollzählig auf der Couch, als sie vor drei Wochen abgefahren sind. Das weiß sie hundertprozentig.

Mit ein paar Schritten ist Wolfgang an der Tür und drückt mit der Hand leicht dagegen. Ohne den geringsten Widerstand schwingt sie auf. Er greift zum Lichtschalter.

„O nein, bitte nicht!" Mehr bringt Marianne nicht heraus.

Der Tisch im Flur ist umgestürzt. Der Garderobenspiegel heruntergeworfen und zerbrochen. Dazwischen verstreut die Kleider aus dem Einbauschrank und die Scherben der alten Petroleumlampe, die auf dem kleinen Wandregal gestanden hatte.

Die beiden steigen über das Chaos und gehen stumm durch das Haus. Und jede Lampe, die sie einschalten, verstärkt ihren ohnmächtigen Zorn über die Verwüstung. In der Küche leere Konservendosen, der Inhalt nebenan im Wohnzimmer auf dem Teppich zertreten. Aus Mariannes kleiner Töpferwerkstatt fehlen Farben und ein paar Klumpen Ton. Sie finden beides im Schlafzimmer — auf den Betten und an den Wänden. In Wolfgangs Arbeitszimmer verkohlte Reste eines Lagerfeuers aus seinen Papieren auf dem Parkettboden. Im Keller zerbrochene Weinflaschen und der Gestank verdorbener Lebensmittel aus dem offenstehenden Tiefkühlschrank.

Als sie endlich wieder im Flur stehen, kann Marianne ihre Tränen nicht mehr zurückhalten. „Wer tut denn sowas?", schluchzt sie. „Wer tut denn bloß sowas?"

Wolfgang schüttelt nur stumm den Kopf. Er weiß auf diese Frage im Moment ebensowenig eine Antwort wie Marianne. Aber er hat inzwischen entdeckt, wie die Einbrecher ins Haus gekommen sind: „Sieh mal", sagt er mit bebender Stimme und deutet auf das gesplitterte Holz des Türrahmens und auf das halb herausgerissene Schließblech. „Hier das Blech, wo das Schloß einrastet! Die haben sich einfach gegen die Tür geworfen."

Es hatte keiner großen Kraftanstrengung bedurft, die Tür aufzubrechen. Die Täter, die die Polizei wenig später ermittelte, waren zwei fünfzehnjährige Jungen aus der Nachbarschaft, die gekommen waren, um zu stehlen, und die ihrer Zerstörungswut freien Lauf ließen, als sie nur wenig fanden, was ihnen brauchbar erschien. Beide waren noch Schüler. Weder sie noch ihre Eltern konnten den angerichteten Schaden ersetzen. Wolfgang und Marianne hatten auch keine Hausratversicherung abgeschlossen. Und so sind einige Spuren jenes verhängnisvollen Urlaubs bis heute noch nicht beseitigt.

Diese Geschichte ist eine wahre Geschichte. Und ich habe sie natürlich nicht ohne Grund gleich zu Beginn dieses Buches erzählt. Aus ihr lassen sich nämlich ein paar grundsätzliche Erkenntnisse ziehen, die wir brauchen, wenn wir ein wenig sicherheitsbewußter werden wollen:

- Die recht verbreitete Philosophie „Bei mir wird schon nicht eingebrochen, denn bei mir ist nichts zu holen" ist so falsch — falscher gehts nicht. Viele Einbrecher geben sich durchaus mit der geringen Beute zufrieden, die sich in jedem Durchschnittshaushalt findet, wenn sie sich dafür nicht anstrengen müssen.
- Eine ausreichende Versicherung kann zwar nicht den ideellen Wert ersetzen, den viele Dinge für ihre Eigentümer haben. Sie bewahrt nicht vor Zeitaufwand, Laufereien und unappetitlichen Aufräumungsarbeiten, wie sie Wolfgang und Marianne auf sich nehmen mußten. Aber sie kann wenigstens die rein materiellen Verluste ersetzen oder wenigstens mildern.
- Die Behauptung „hundertprozentige Sicherheit gibt es nicht" ist

richtig. Die daraus oft gezogene Schlußfolgerung „also brauche ich gar nichts zu tun" ist falsch. Nur eine kleine Gruppe unter den Straftätern besteht aus knallharten Profis, die vor keinem Hindernis zurückschrecken (wenn es sich lohnt). Im Fall Wittig hätte schon ein bißchen Sicherheit genügt, um den beiden Urlaubern den Schock bei der Heimkehr zu ersparen. Also: Viel Sicherheit ist besser als wenig. Aber wenig Sicherheit ist besser als gar keine. (Ein paar Ausnahmen von diesem Prinzip werden wir kennenlernen)

- Die Tür ist der Schwachpunkt Nummer eins bei fast allen Privathäusern und Wohnungen. Selbst bei einzeln stehenden Häusern mit ihren vielen zugänglichen Einstiegsmöglichkeiten kommen mehr als die Hälfte aller Einbrecher durch Vorder- oder Hintertüren. Über 70 Prozent verlassen den Tatort ganz bequem durch eine Tür — also auch viele von den Tätern, die sich von außen nach innen einen mühsameren Weg gesucht haben.

Nicht ohne Grund steht deshalb die Tür am Anfang, wenn wir im nächsten Kapitel gemeinsam unter die Lupe nehmen, wo sich die Herren Einbrecher überall die Ehre geben.

Ein Haushalt, dessen Bewohner glaubten, bei ihnen sei doch praktisch nichts zu holen. Den Fernseher werde ja wohl keiner klauen. Tatsächlich fanden die Einbrecher nichts, was ihnen mitnehmenswert schien.

Bilder wie diese finden sich in Lichtbildmappen der Polizei zu Hunderten. Enttäuschte Diebe werden oft wütend.

Eine andere Küche, aus der nichts gestohlen wurde ...

Kein Raum in diesem Haus blieb vom Zorn der Täter verschont. Und sie hatten genügend Zeit, ihre Wut auszulassen, während die Bewohner im Urlaub waren. *(Fotos: Kripo)*

Diebe lieben schwache Türen

Zunächst einmal möchte ich die kühne Behauptung aufstellen: Sie sind sicherheitsbewußter als Sie selbst glauben. Sie haben nämlich ein Schloß an der Tür. Sie wollen nicht, daß jemand ohne Ihr Wissen und ohne Ihren Willen Ihre Wohnung betritt. Sie kämen nicht auf die Idee, das Geld für das Türschloß einzusparen. Und wenn Sie sicher wüßten, daß jedes Kind Ihr Schloß genau so leicht öffnen kann wie den Türdrücker, würden Sie es gegen ein besseres auswechseln.

Sie haben es bisher nicht ausgewechselt, weil Sie glauben, daß es ausreicht, um unerwünschte Besucher fernzuhalten. Ob zu recht oder unrecht, werden wir sehen.

Was Diebe über Schlösser wissen

Wenn ein Einbrecher vor einer verschlossenen Tür steht, gilt sein erster Blick dem Schloß und seine erste Überlegung der Frage, ob er es mit einem Trick oder mit Gewalt öffnen kann. Glauben Sie mir: Er weiß sehr viel mehr über Schlösser als der gesetzestreue Normalbürger. Und wir müssen deshalb zunächst einmal miteinander versuchen, diesen Informationsvorsprung aufzuholen. Dann können Sie sich anschließend mit dem Fachwissen eines Ganoven vor Ihre eigene Tür stellen und selbst beurteilen, ob er eine Chance hat oder nicht.

Die Urform des Schlosses ist der Riegel. Er sicherte die Türen unserer Vorfahren gegen Windböen und unerwünschte „Haustiere" — aber natürlich nicht gegen habgierige menschliche Artgenossen. Und so dauerte es gar nicht lange, bis diese erste primitive Sicherung eine kleine Abwandlung erfuhr: Es muß viele Jahrhunderte vor Christus gewesen sein, als zum ersten Mal ein Dieb staunend vor der Tür eines Gebäudes stand, in dem zwar offensichtlich niemand zu Hause war, dessen Tür sich aber dennoch nicht öffnen ließ. Nirgendwo war ein Riegel zu entdecken. Der Dieb hat sich dann vermutlich ein wenig gebückt, um durch ein Loch in der Tür ins Innere des Hauses zu spähen. Vielleicht hat er auch mit einem Ast durch das Loch gestochert. Aber die Tür blieb zu. Und so wird er dann wohl wieder gegangen sein — damals wie heute vermutlich nicht mit dem Vorsatz, sich zu bessern, sondern eher in der Absicht, ein leichter zu knackendes Objekt zu suchen.

Wenn wir das Geheimnis dieser ersten verschlossenen Tür kennenlernen wollen, brauchen wir jetzt im Geiste nur noch zu warten, bis der Ur-Hausbesitzer heimkommt. Er schaut sich natürlich zunächst einmal vorsichtig um. Dann greift er tief in sein Gewand und zieht einen rechtwinklig gebogenen Ast heraus. Das lange Ende steckt er durch das Loch in der Tür, dreht das ganze ein Stück herum, und schon kann er seine Behausung betreten.

Von innen schiebt er den Riegel dann mit der Hand wieder zu. Und jetzt können wir auch erkennen, wie genial einfach der erste Schloß-Erfinder seine Sicherung konstruiert hat: Der Riegel sitzt in einiger Entfernung unter dem Loch. An seiner Oberseite befinden sich kleine Aussparungen, in die der Ast einrastet. Wenn man nun den „Schlüssel" von außen dreht, wird der Riegel zurückgeschoben. Der Pfiff dabei: Das ganze funktioniert nur, wenn der Ast genau die richtige Länge hat. Und da von außen nichts darauf schließen ließ, wo der Riegel genau angebracht war, waren Diebe nun immerhin schon gezwungen, ein ganzes Arsenal verschieden langer Äste mit sich herumzuschleppen. Daran änderte sich auch nicht viel, als die Äste später durch Nadeln aus Bronzedraht ersetzt wurden.

Vermutlich sind wir uns darüber einig, daß eine so primitive Sicherung heutigen Anforderungen nicht mehr genügen würde. Aber wußten Sie auch, daß schätzungsweise jede vierte Wohnungstür heute noch mit einem Schloß ausgerüstet ist, das es Dieben genau so einfach macht?

Gemeint ist das sogenannte „Buntbartschloß", das Einbrechern insbesondere an den Wohnungstüren von Altbauten immer wieder viel Freude bereitet. Das Loch in der Tür hat jetzt die bekannte Form des Schlüssellochs. Der Riegel besteht aus Metall und sitzt nicht mehr unter dem Loch, sondern darüber. Die kleinen Aussparungen, die wir vom Ast-Schloß kennen, befinden sich deshalb unten. Sonst ist das Prinzip gleich geblieben. Nur: Die Entfernung des Riegels vom Schlüsselloch ist allgemein bekannt. Sie entspricht der Länge des Schlüsselbartes. Der Einbrecher braucht sich deshalb nicht mehr mit vielen verschieden langen Ästen abzuschleppen. Ein Bund Dietriche genügt, um den Schloßriegel zu bewegen. Die über dem Riegel befindliche „Falle" hat ohnedies keine sicherungstechnische Bedeutung.

Also: Im Innern der Wohnung — für Zimmertüren — genügen Buntbartschlösser. Wenn Sie eines an der Außentür haben, sollten Sie es besser heute als morgen ersetzen oder durch ein zweites, besseres Schloß ergänzen. Sie erkennen Buntbartschlösser daran, daß der Bart des dazugehörigen Schlüssels am Ende glatt ist, also keinerlei Abstufungen aufweist.

Wettlauf um das beste Schloß

Wenn Sie einmal in die bergische Stadt Velbert kommen, sollten Sie unbedingt das berühmte Schloß- und Beschläge-Museum besuchen. Sie finden dort nicht nur eine Nachbildung des beschriebenen Urschlosses, sondern auch Beispiele für fast alle Raffinessen, mit denen kunstfertige Schlosser im Laufe der Jahrhunderte versucht haben, das unsichere Buntbartschloß doch noch diebessicher zu machen — angefangen von verschiedenen Profilen des Schlüsselbartes (ihr kunterbunter Formenreichtum hat dem Bunt-Bart-Schloß den Namen gegeben), die wenigstens verhinderten, daß man jeden Schlüssel in jedes Schlüsselloch stekken konnte, bis hin zu künstlichen Hindernissen im Innern des Schlosses: Blechstreifen, denen gleichgroße Schlitze im richtigen Schlüssel entsprachen. Einen Schlüssel ohne diese Schlitze konnte man zwar ins Schloß stecken, aber nicht drehen.

Danach folgten die Trickschlösser. Und ich gestehe, daß ich zwei davon bei meinem ersten Besuch in Velbert nicht öffnen konnte, obwohl ich den richtigen Schlüssel in der Hand hatte. Bei beiden ist das Schlüsselloch zunächst unauffindbar. Es wird erst freigegeben, wenn man einen verborgenen Mechanismus in Gang setzt. Er war in beiden Fällen so gut getarnt, daß ich ihn nicht gefunden habe. Ein solches Schloß müßte auch heute noch als relativ sicher gelten — allerdings nur, solange niemand außer dem Hersteller und dem Besitzer das Geheimnis kennt. Das setzt voraus, daß jedes Schloß nur einmal angefertigt wird — eine Produktionsmethode, die heute unbezahlbar wäre.

Einen Bestandteil des Buntbartschlosses haben wir bisher übergangen: Die Zuhaltung. Und gerade dieser Bestandteil dürfte es gewesen sein, der den Engländer Jeremia Chubb im Jahre 1818 auf eine revolutionäre Idee brachte. Die Zuhaltung ist ein Bügel direkt neben dem Riegel. In Ruhestellung greift eine Metallnase in eine spezielle Aussparung des Riegels und hält ihn fest. Beim Drehen des Schlüssels hebt der Bart den Bügel an. Der Riegel läßt sich bewegen. Vermutlich hat es Mister Chubb gestört, daß Diebe den Bügel natürlich auch mit einem Dietrich anheben konnten. Und so ordnete er in dem nach ihm benannten Chubb-Schloß mehrere Zuhaltungen aus dünnem Blech nebeneinander an. Die Besonderheit: Er machte sie unterschiedlich groß, so daß sie auch unterschiedlich weit angehoben werden mußten, um den Riegel freizugeben. Dies erreichte er durch unterschiedlich tiefe Kerben im Schlüsselbart.

Könner unter den Dieben überlisten inzwischen auch ein Chubbschloß (in Österreich auch „tosisches Schloß" genannt). Aber wie gesagt: Könner sind selten. Wenn Sie jedoch einigermaßen sicher gehen wollen, dann

Ein Ast und ein schlichtes Loch in der Tür – so etwa dürfte das erste „Schloß“ ausgesehen haben, bei dem ein innen angebrachter Riegel von außen bewegt wurde. Nachbildung aus dem Schloß- und Beschlägemuseum in Velbert. (Foto: Reinhard Zinser)

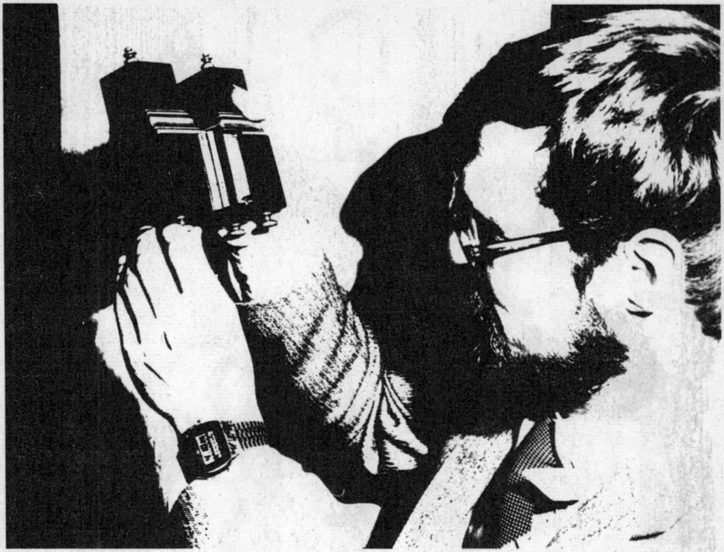

Ein Trickschloß aus dem Museum: Zunächst ist kein Schlüsselloch zu finden. Erst wenn man einen geheimen Mechanismus in Gang setzt, ...

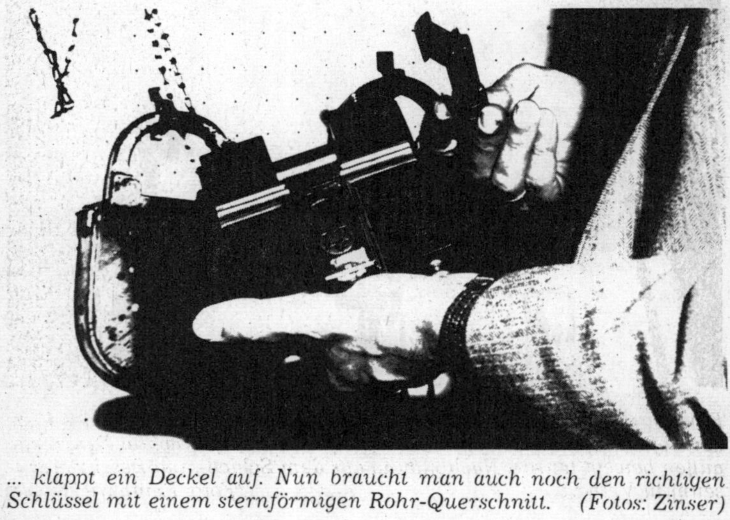

... klappt ein Deckel auf. Nun braucht man auch noch den richtigen Schlüssel mit einem sternförmigen Rohr-Querschnitt. (Fotos: Zinser)

Der kunterbunte Formenreichtum der Bärte gab dem Buntbartschloß den Namen. Schlitze in den Schlüsseln (hier ein Ausschnitt aus dem Museum in Velbert) deuten auf sogenannte „Mittelbruchschlösser" hin, die kaum sicherer sind als normale Buntbartschlösser. (Foto: Zinser)

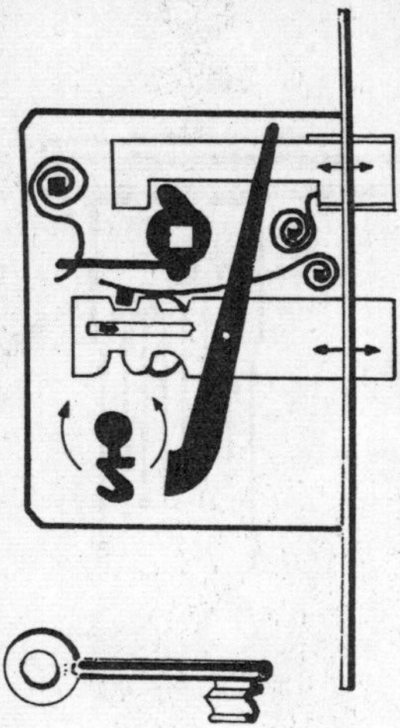

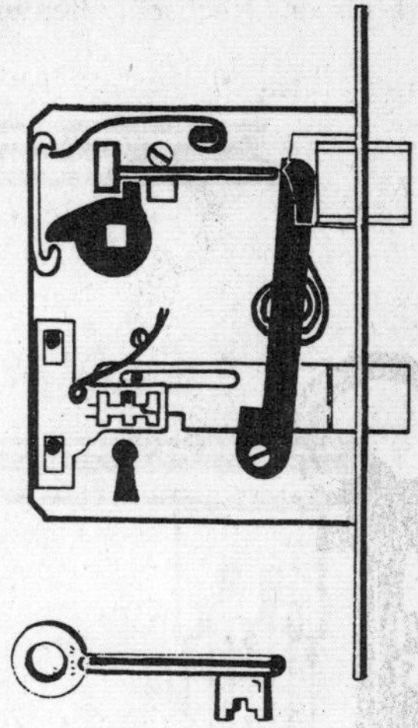

Oben links: Beim Buntbartschloß muß der Schlüssel (oder der Dietrich) nur eine Zuhaltung anheben.
Oben rechts: Ein einfaches Chubbschloß. Der Schlüssel muß mehrere hintereinanderliegende Zuhaltungen anheben.
Unten rechts: Ein hochwertiges Schloß mit sechs Zuhaltungen. Da die Abstufungen im Schlüsselbart nicht symmetrisch sind, kann ein solches Schloß nur von einer Seite bedient werden – oder die Schlüssellöcher müssen außen und innen unterschiedlich hoch angeordnet sein, so daß die Zuhaltungen an verschiedenen Stellen angehoben werden.
(Zeichnungen: Praetorius)

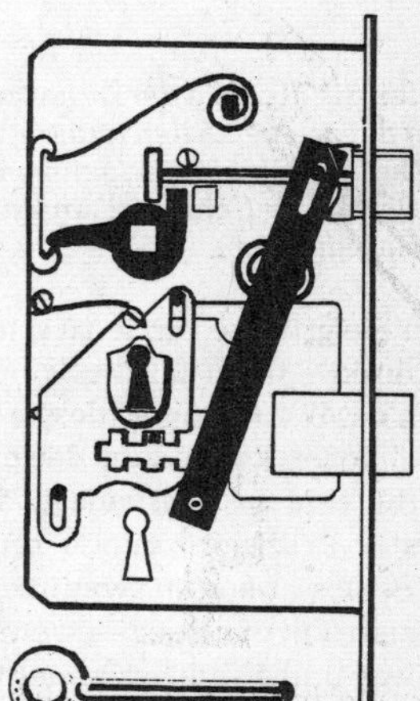

sollten Sie darauf achten, daß Ihr Chubbschloß wenigstens sechs unsymmetrisch angeordnete Zuhaltungen oder andere Sicherungselemente besitzt, die das Nachschließen erschweren.

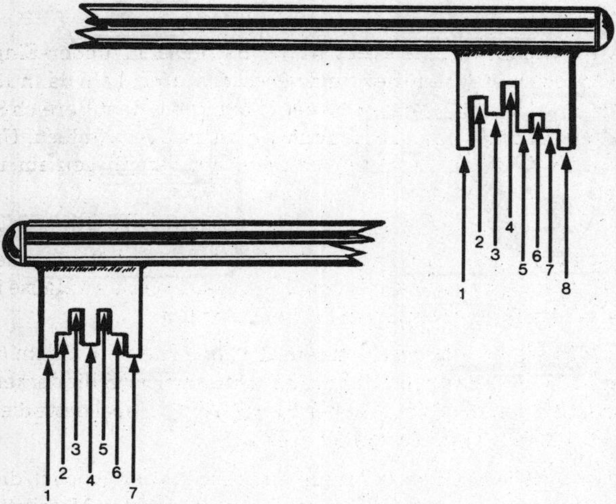

So stellen Sie die Zahl der Zuhaltungen fest: Eine Abstufung des Schlüssels bewegt den Riegel. Allen anderen entspricht im Schloßinnern eine Zuhaltung. Der Schlüssel oben gehört also zu einem Schloß mit sieben unsymmetrischen, der Schlüssel unten zu einem Schloß mit sechs symmetrischen Zuhaltungen.

Haben Sie größere Werte zu schützen, die unter Umständen auch „Könner" reizen — dann hält die Schloßindustrie für Sie einige Weiterentwicklungen des Zuhaltungsschlosses bereit, die bis jetzt noch kein Einbrecher nachschließen kann. Zum Beispiel die sogenannten „Keilsperrer-Schlösser". Sie sind so konstruiert, daß der Schlüssel die Zuhaltungen mit äußerster Präzision ordnen muß, damit der Riegel freigegeben wird. Diese Schlösser kosten zwar über hundert Mark. Sie gelten jedoch als die sichersten Türschlösser — wenn man einmal von Spezialitäten für Tresorräume und ähnliches absieht.

Etwa um die Zeit, als Mister Chubb an seiner Erfindung tüftelte, sprach beim preußischen Patentamt in Berlin ein gewisser Herr Bösner vor: Er sei der Meinung, man könne alle Sicherheitsfunktionen eines Schlosses in einem Metallzylinder unterbringen. Der große Vorteil: Man brauche nur einen relativ kleinen und flachen Schlüssel, der die Taschen der Beinkleider nicht so sehr ausbeule. Herr Bösner erhielt sein Patent. Aber aus irgendeinem Grunde, der sich heute nicht mehr feststellen läßt, gab es den Schließzylinder einige Jahrzehnte lang nur auf dem Papier.

Das erste Zylinderschloß (korrekt müßte man es als „Zylinder-Eingerichte" bezeichnen), das produziert und verkauft wurde, kam dann 1848 aus Amerika. Wie immer, wenn ein neues Produkt aus dem Bereich Sicherheit auf den Markt kam, galt es zunächst als unüberwindlich. Und wie immer in dieser Situation setzten die Ganoven allen Ehrgeiz ein, um mit dem neuen Hindernis doch fertig zu werden.

Man darf annehmen, daß damals ein professioneller Einbrecher sich zunächst einmal gründlich über das neue Wunderschloß informiert hat. Er brauchte sich dazu nur ein Exemplar zu kaufen und zu Hause in aller Ruhe auseinanderzunehmen. Dabei stellte er fest:

Erstens: Das Schloß bestand aus einem Metallgehäuse mit einem runden Hohlraum. In dieser runden Bohrung drehte sich der Zylinderkern und mit ihm im Schloßinnern ein kleiner Hebel. Dieser Hebel hatte die Funktion des Schlüsselbartes: Er bewegte den Riegel.

Zweitens: Durch das Gehäuse waren mehrere Löcher gebohrt, die bis in den Zylinder hineinreichten. In diesen Löchern steckten Metallstifte. Sie wurden durch kleine Federn in den Zylinder gedrückt und hielten ihn fest. In dieser Stellung ließ er sich also nicht drehen.

Drittens: Jeder der Stifte war an einer anderen Stelle durchgesägt. Wenn man nun in einen Schlitz im Zylinder einen flachen Schlüssel einführte, dessen Vorsprünge und Vertiefungen auf das Schloß abgestimmt waren, dann wurden die Stifte alle genau so weit angehoben, daß die Trennstellen der Stifte mit der Grenze zwischen Zylinder und Gehäuse übereinstimmten. Jetzt konnte man den Zylinder drehen.

Schließzylinder sind heute in den unterschiedlichsten Formen im Handel: Als Profil-, Rund- oder Ovalzylinder für Türen. Als Kleinzylinder für Möbel, Briefkästen und Autos. Und auch die sogenannte „Einbausicherung" gehört zu dieser Familie. Sie hilft Ihnen, wenn Sie sich aus Nostalgie nicht von Ihrem alten Buntbartschloß trennen möchten, doch ein wenig Sicherheit zu gewinnen.

Zur Einbausicherung gehört ein Kreuzbartschlüssel. Bitte verwechseln Sie sie nicht mit einer Schlüssellochsperre, die nach aller Erfahrung kaum einen Sicherheitswert hat.

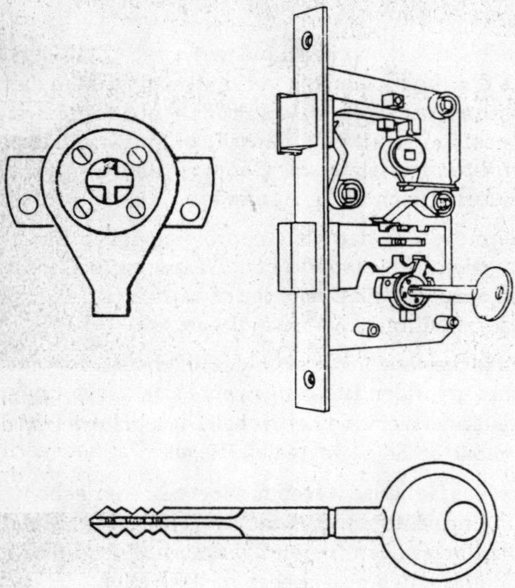

Die Einbausicherung gehört zur Familie der Schließzylinder. Sie kann in ein vorhandenes Buntbartschloß eingebaut werden und ist mit einem Kreuzbartschlüssel zu bedienen. Ob das Schloß dadurch wesentlich sicherer wird, hängt aber auch von der Stärke des Riegels ab.

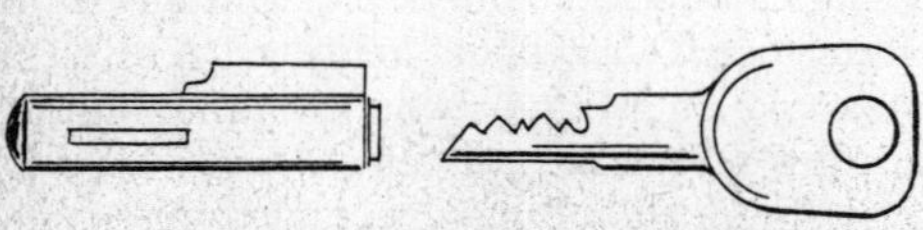

Bitte verwechseln Sie die Einbausicherung nicht mit einer solchen Schlüssellochsperre – auch unter der Bezeichnung „Steckschloß" bekannt – die kaum einen Sicherheitsgewinn bringt.

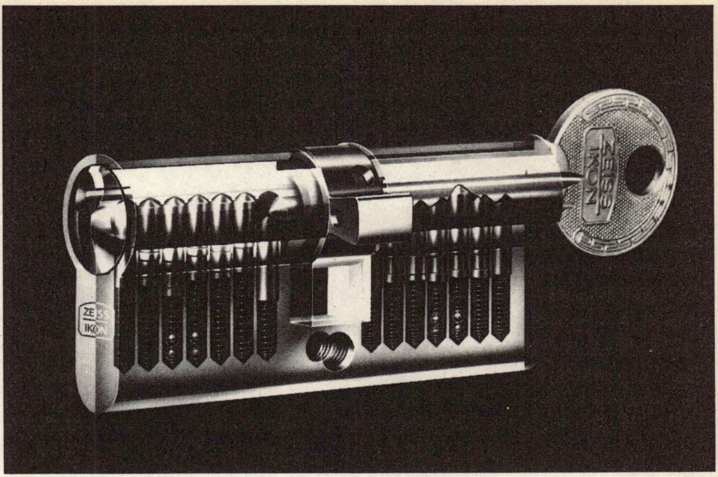

Dieses Bild macht deutlich, wie ein Schließzylinder funktioniert. Die Abstufungen des Schlüssels verschieben die Stifte so weit, daß die Trennstellen mit der Grenze zwischen Gehäuse und Zylinderkern übereinstimmen. Nur in dieser Stellung läßt sich der Zylinderkern drehen.

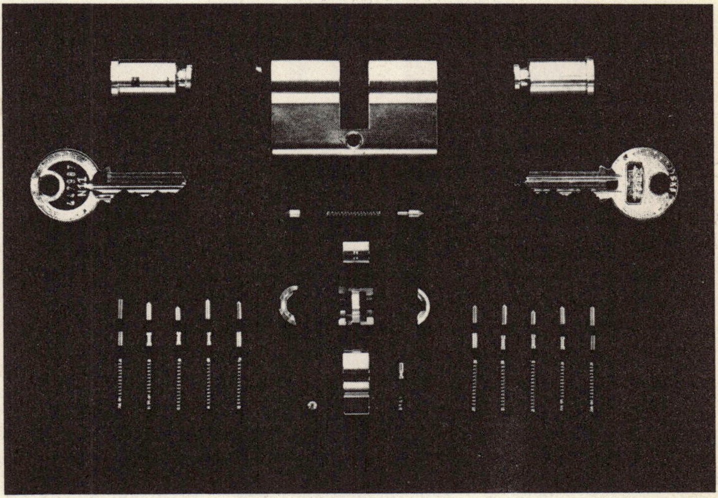

Ein Schließzylinder besteht aus zahlreichen Einzelteilen, die mit höchster Präzision gefertigt werden müssen. (Fotos: ZEISS IKON)

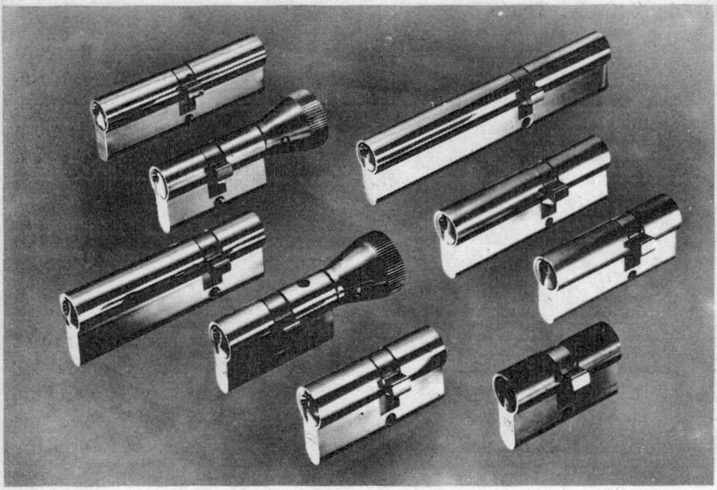

Profilzylinder können trotz des genormten Querschnitts recht unterschiedlich aussehen – je nach Verwendungszweck und Dicke der Tür, in die sie eingebaut werden sollen. *(Foto: ZEISS IKON)*

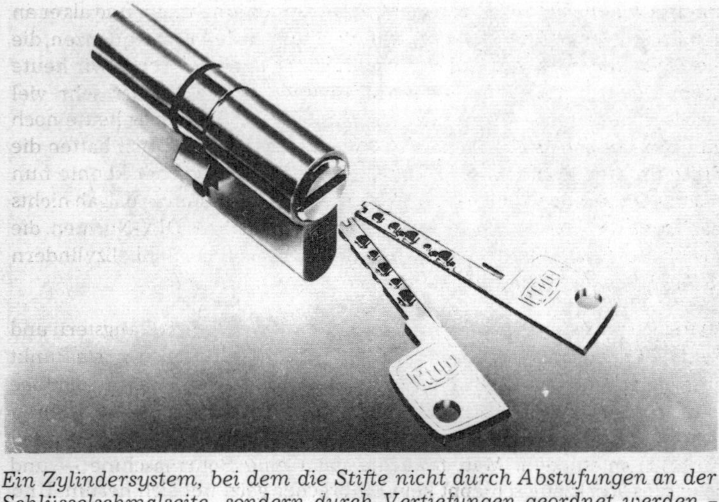

Ein Zylindersystem, bei dem die Stifte nicht durch Abstufungen an der Schlüsselschmalseite, sondern durch Vertiefungen geordnet werden – hier in der Sonderform des „Partnerschlüssels" für Schlösser, die nur von zwei Personen gemeinsam bedient werden sollen. *(Foto: DOM)*

Allerlei Zylinder-Tricks

Der erste Anti-Zylinderschloß-Trick, den sich Einbrecher ausgedacht haben, würde heute nicht mehr funktionieren. Damals aber konnten die Schlösser noch bei weitem nicht mit der Präzision angefertigt werden, wie das heute möglich ist: Der Einbrecher setzte den Zylinder mit einem Schraubenzieher unter Druck — und zwar in die Richtung, in die er ihn drehen wollte. Dann führte er einen Draht in das „Schlüsselloch" ein und drückte den ersten Stift langsam herunter, bis er an der Trennstelle um den Bruchteil eines Millimeters verschoben wurde. Danach verfuhr er mit allen anderen Stiften genau so, bis alle in der richtigen Höhe standen und er das Schloß drehen konnte.

Der Trick sprach sich in der Unterwelt natürlich rasch herum. Immer häufiger standen Hausbesitzer, die sich das neuartige Sicherheitsschloß geleistet hatten, vor gespenstischen Tatsachen: Haustür und Schloß völlig unversehrt — auch sonst nirgendwo ein Hinweis, wo und wie jemand eingedrungen sein könnte — aber in der guten Stube fehlten die silbernen Löffel. Man vermag sich vorzustellen, wie peinlich manches arme Dienstmädchen befragt wurde, ob sie nicht vielleicht ihrem Liebhaber den Schlüssel „geliehen" habe.

Der Spuk fand ein Ende, als ein cleverer Polizist auf die Idee kam, nach einem solchen Diebstahl das Schloß auseinanderzunehmen, und als er an den Enden der Stifte Kratzspuren entdeckte. Von den Konsequenzen, die die Schloßindustrie aus der Herausforderung zog, profitieren wir heute noch: Die Konstrukteure gingen dazu über, ihre Schlösser sehr viel präziser zu bauen — abgesehen von Billig-Zylindern, die es heute noch gibt und vor denen ausdrücklich gewarnt werden muß. Jetzt hatten die Stifte in ihrer Bohrung kein „Spiel" mehr. Ein Einbrecher konnte nun noch so feinfühlig versuchen, die Trennstelle zu ertasten — da gab nichts nach, und da rastete auch nichts ein. Inzwischen gibt es DIN-Normen, die sowohl bei Einsteckschlössern (DIN 18251) als auch bei Schließzylindern (DIN 18252) ein Mindestmaß an Sicherheit gewährleisten.

Natürlich war damit das Kopf-an-Kopf-Rennen zwischen Gangstern und Schloßherstellern noch längst nicht ausgetragen. Und der nächste Punkt ging wieder an die Unterwelt. Niemand weiß, wer als erster auf die Idee kam. Und im Gegensatz zu vielen anderen kriminellen Arbeitsweisen gehörte die neue Methode nie zum Standardprogramm der verbreiteten Einbruchsmethoden. Man brauchte dazu eine Bohrmaschine — und schweres Werkzeug schleppt kein Einbrecher gern mit sich herum. Und wer nicht ganz genau wußte, wo er sein Werkzeug anzusetzen hatte, bohrte vergeblich.

Prädikat „aufbohrgeschützt“

Wie gesagt: Die Methode blieb selten. In vielen Jahren intensivster Beschäftigung mit der Kriminalität ist mir nur ein halbes Dutzend Fälle untergekommen, in denen Einbrecher so vorgegangen waren. Vielleicht lag es daran, daß schon der erste mit dem Bohrloch unübersehbar verraten hatte, wie er dem Schloß zu Leibe gerückt war. Die Schloßindustrie reagierte schnell: Gute Zylinder tragen heute das Prädikat „aufbohrgeschützt“. Mehrere wichtige Teile dieser Zylinder bestehen aus gehärtetem Stahl. Da läßt sich kaum noch etwas bohren — zumindest nicht mit einer muskelgetriebenen Maschine.

Bevor die Unterwelt Anfang der Siebziger Jahre zum bisher letzten und folgenschwersten Schlag gegen das Zylinderschloß ausholte, hat es natürlich nicht an Versuchen gefehlt, diese verbreitete Sicherung mit möglichst einfachen Mitteln zu knacken. Einige Gangster versuchten es mit Chemikalien — was zur Folge hatte, daß das Innenleben des Schlosses zwar zerstört und zerfressen wurde, daß sich der Zylinder aber noch weniger bewegen ließ als vorher. Andere versuchten es mit der Wahrscheinlichkeitsrechnung: Wenn sie mit einem vibrierenden Gerät die Stifte in Schwingungen versetzten — so rechneten sie sich aus — dann mußten irgendwann einmal zufällig alle Trennstellen der Stifte für einen Sekundenbruchteil an der richtigen Stelle stehen.

All diese Methoden blieben Versuche. Sie funktionierten nicht, oder sie erforderten spezielle Kenntnisse und Fertigkeiten, über die nur ein paar wenige kriminelle Experten verfügten.

Bis dann ein Einbrecher — vielleicht durch Zufall — die wahre schwache Stelle des Zylinderschlosses entdeckte. Um sie auszunutzen, bedurfte es keines Stromanschlusses und keines Fingerspitzengefühls. Man brauchte nichts weiter als die Entschlossenheit, Gewalt anzuwenden.

Als ein Polizeibeamter zum ersten Mal am Tatort eines Einbruchs stand und entdeckte, daß eine Hälfte des Schloßzylinders spurlos verschwunden war, hat er vielleicht geahnt, daß diese Tatsache bedeutsamer war als die ganze Beute. Er schrieb über die neue Einbruchsmethode in einem polizeiinternen Fachblatt. Die Öffentlichkeit erfuhr nichts davon. Und auch in der Redaktion der Fernsehsendung „Aktenzeichen XY ... ungelöst“ haben wir uns damals entschlossen, die Arbeitsweise nicht zu zeigen, als der erste derartige Fall in die Sendung aufgenommen wurde. Ich bin heute sehr froh darüber; denn die Methode hat sich danach so sehr ausgebreitet, daß sonst wahrscheinlich irgendein Schlauberger behauptet hätte, die Einbrecher müßten die Masche aus dem Fernsehen gelernt haben.

Andererseits konnte sich der neue Einbruchstrick auch nur deshalb so seuchenartig ausbreiten, weil kein Mensch eine Ahnung davon hatte — und weil deshalb niemand vorbeugend etwas dagegen tun konnte. Heute braucht kein Ganove mehr die Arbeitsweise aus dem Fernsehen oder aus Büchern zu lernen. Er kennt sie, noch bevor er weiß, wie man mit einem Dietrich umgeht. Dagegen gibt es immer noch Tausende von braven Haustürbesitzern, die sich normalerweise für anderes interessieren als für kriminelle Methoden und die deshalb Einbrechern ahnungslos die schwache Stelle ihres Zylinderschlosses gewissermaßen auf dem silbernen Tablett anbieten.

Im Klartext: Ein Schließzylinder für eine Haustür besteht streng genommen aus zwei Halbzylindern — um die Tür von außen und von innen schließen zu können. In der Mitte befindet sich der kleine Hebel, der den Riegel bewegt. Er steht mit beiden Halbzylindern in Verbindung. Damit er sich ganz um sich selbst drehen kann — man will die Tür ja zweimal schließen können — muß dafür zwischen den beiden Zylindern eine relativ große Aussparung freibleiben. Das hat zur Folge, daß die Verbindung nur noch aus einem recht dünnen Metallsteg besteht. Wenn man den Zylinder mit einer Rohrzange oder einem Spezialwerkzeug packt und mit einem kräftigen Ruck dreht, bricht die Verbindung ab — und damit auch die einzige Stelle, an der der Zylinder im eigentlichen Schloßkasten durch eine Schraube festgehalten wird. Der Einbrecher zieht jetzt mühelos die abgebrochene Hälfte heraus und bewegt mit einem Drahthaken ebenso mühelos den Riegel. Gelegentlich steckt er sogar danach den abgebrochenen Zylinder wieder ins Schloß, damit außen niemand Verdacht schöpft, während er sich drinnen ans Werk macht.

Das also ist die Arbeitsweise, mit der heute in Banken, Geschäften, Villen, Wohnungen und Ein-Zimmer-Appartements eingebrochen wird — eine Arbeitsweise, die viel dazu beigetragen hat, daß Fachleute schon anfingen, das Zylinderschloß nicht mehr als „Sicherheitsschloß" zu bezeichnen (der Begriff ist ohnehin problematisch, weil nicht nur die Qualität des Zylinder-Eingerichtes, sondern zum Beispiel auch die Abmessungen des Riegels im Schloßkasten über die Sicherheit entscheiden).

Aber auch diese Arbeitsweise hat heute ihren Schrecken verloren. Vergegenwärtigen wir uns noch einmal: Sie ist nur möglich, wenn zwei Voraussetzungen gegeben sind. Erstens, wenn das Verbindungsstück zwischen den beiden Hälften dünn und schwach ist. Und zweitens, wenn der Zylinder außen so weit aus der Tür heraussteht, daß man ihn mit einem Werkzeug packen kann. Nach vielen vergeblichen Versuchen hat die Schloßindustrie „das Ei des Kolumbus" gefunden. Die überzeugendste Lösung kommt aus der Schweiz: Ein Profilzylinder aus Chromnickelstahl mit einer durchgehenden Stahlschiene in dem Steg, in dem normalerweise Stifte und Federn untergebracht sind. Wie Versuche ergeben haben, kann diese Schiene mit menschlicher Kraft nicht überwunden werden. Die Stifte sind in drei Reihen im oberen Teil des Zylinders untergebracht.

Aber auch normale Zylinder erfüllen ihren Zweck, wenn man verhindert, daß der Einbrecher irgendwo sein Werkzeug ansetzen kann. Das geeignete Hilfsmittel, für das es inzwischen ebenfalls eine DIN-Norm gibt (DIN 18257), ist ein Sicherheitsbeschlag.

Beschläge gegen Einbrecher

Die folgenden Sätze stammen aus der polizeilichen Vernehmung eines Straftäters. Er schildert, wie er zusammen mit einem Komplizen ein Auto gestohlen hat:

„... Entweder der Bert oder der Peter machte den Vorschlag, die Werkstatt in Neuß aufzusuchen. Wir brauchten eine Autowerkstatt, die mit einem vorstehenden Zylinderschloß abgesichert war. Ich bin dann mit dem Bert und seinem Fahrzeug losgefahren. Wir fuhren zunächst zu einer Mercedes-Werkstatt, die verwarfen wir jedoch wieder, weil sie ein flaches Schloß hatte. Dann fuhren wir zu der BMW-Werkstatt. Der Bert hatte das Werkzeug mit. Er drehte auch das Zylinderschloß ab. Jetzt waren wir in der Fahrzeughalle. In der Halle standen mehrere Fahrzeuge. Der Grüne war der einzige mit Schlüsseln. Der Wagen war mit Kennzeichen versehen. Die haben wir aber abmontiert und eigens mitgebrachte drangemacht. Dann sind wir losgefahren und haben beide Autos bis zum nächsten Tag in der Garage in Bergheim abgestellt...“

Der Mann, der hier mit größter Selbstverständlichkeit über seine nächtlichen Aktivitäten plaudert, war kein gewöhnlicher Autodieb. Er verübte mit dem gestohlenen Wagen am nächsten Tag einen Bankraub. Und so betrug der Schaden, der auf das Konto eines einzigen vorstehenden Schloßzylinders kam, weit über 100 000 Mark.

Die Mercedes-Werkstatt, bei der die Gangster aufgegeben hatten, und die BMW-Werkstatt, die ihnen zum Erfolg verhalf, hatten viel Gemeinsames. Beide Fahrzeughallen waren mit Stahltüren verschlossen. Beide Türen waren so dünn, daß der Schloßzylinder beinahe einen Zentimeter herausragte. Der einzige, aber letztlich entscheidende Unterschied: Der Geschäftsführer der Mercedes-Werkstatt hatte 20 Mark für eine Metallrosette ausgegeben. Sie umschloß den herausstehenden Teil des Zylinders so dicht, daß die Gangster kein Werkzeug ansetzen konnten. Und diese

Rosette war durch die Tür von innen verschraubt, so daß die nächtlichen Besucher sie von außen auch nicht entfernen konnten.

Der Inhaber der BMW-Werkstatt hatte diese 20 Mark gespart. Dafür mußte er nach dem Einbruch den doppelten Betrag für einen neuen Schloßzylinder ausgeben — von dem Ärger mit dem bestohlenen Kunden und dem Schaden bei der beraubten Bank ganz zu schweigen.

Fazit: Der Beschlag ist ebenso wichtig wie das Schloß.

Das war nicht immer so. Als ich mich Mitte der Sechziger Jahre erstmals intensiv mit Sicherheitsfragen befaßt habe, waren Beschläge zumindest im Wohnbereich meistens nur Zierat. Sie hatten die ausgefransten Löcher im Holz — rund um Schlüsselloch und Türdrücker — zu verdecken. Bei Außentüren hielten sie noch den Knauf, an dem man die Tür zuziehen konnte. Befestigt waren sie mit kleinen Schräubchen — so kurz wie möglich, damit sie nicht auf das Metall des darunterliegenden Schlosses stießen.

1968 hatte ich dann zum ersten Mal eine dicke Polizeiakte in der Hand, in der ständig vom Beschlag die Rede war. Es ging um eine Bande von sogenannten „Mittagseinbrechern", die sich in der Gegend von Hannover die Eigenheiten der damals gängigen Beschläge und zusätzlich eine verbreitete Nachlässigkeit der Wohnungsinhaber auf höchst simple, aber sehr erfolgreiche Art zunutze machten.

Wie mittlerweile viele Einbrecher waren sie keine Nachtarbeiter. Sie bauten darauf, daß viele Wohnungen auch tagsüber zumindest zeitweise ohne Aufsicht sind: Hauspersonal gibt es kaum noch. Selbst wenn die Dame des Hauses nicht berufstätig ist, muß sie gelegentlich die Wohnung verlassen, um einzukaufen oder andere Besorgungen zu erledigen. Aus Bequemlichkeit und auch aus Unwissenheit schließt sie — „wegen der halben Stunde" — nicht ab, sondern zieht die Tür einfach hinter sich zu. Denn sie meint, auch dann könne man sie von außen nur mit dem passenden Schlüssel öffnen.

Wie sehr sie irrt, merkt sie, wenn sie zurückkommt und eine völlig unversehrte Tür, aber eine in aller Eile ausgeräumte Wohnung vorfindet.

Ich habe den Trick damals an der Wohnungstür eines Freundes ausprobiert — natürlich mit seinem Einverständnis — und ich habe genau 14 Sekunden gebraucht, um sie zu öffnen. Ich benutzte dazu lediglich einen kleinen Schraubenzieher, um die vier Schrauben zu lösen und den Beschlag zu entfernen, und eine Flachzange, um den nun freiliegenden Vierkant zu packen und von außen den Türdrücker zu drehen. Da die Tür nur durch die Falle und nicht durch den Riegel festgehalten wurde, ließ sie sich jetzt ohne Schwierigkeiten öffnen. Mein Freund und seine Frau waren schockiert. Sie haben auf der Stelle feierlich geschworen, künftig stets abzuschließen, wenn sie die Wohnung verlassen.

Sie haben diesen Schwur bis heute gehalten. Und ein paar hunderttausend Menschen haben es ihnen gleichgetan, nachdem wir über den Fall im Fernsehen berichtet hatten und die Zuschauer über die Leichtigkeit dieses Tricks ebenso erschrocken waren.

Die Folge dieser massiven Abwehrreaktion: Seitdem versuchen zwar einige Ganoven immer wieder, mit der Methode reich zu werden. Aber ihr Weg ist mit einem so hohen Prozentsatz von Mißerfolgen gepflastert, daß es danach nie wieder zu einer so bedeutenden Serie gekommen ist wie 1968 im Raum Hannover.

Abgesehen davon, daß viel mehr Türen verschlossen waren, stießen die Mittagseinbrecher auch immer häufiger auf ein bis dahin ungewohntes technisches Hindernis: Sie fanden trotz gründlichster Suche an den Schloßbeschlägen keine Schrauben. Nachdem die Gefahr einmal erkannt war, sind sehr schnell Beschläge — man nennt sie im übrigen auch Schloßrosetten, Kurz- oder Langschilder — auf den Markt gekommen, die lediglich auf der Innenseite Löcher mit Gewinde enthielten. In diese Löcher werden von innen durch die Tür hindurch Schrauben gedreht. Sie sind natürlich bei geschlossener Tür von außen unzugänglich.

Fassen wir noch einmal zusammen, wie ein guter Sicherheitsbeschlag aussehen muß:

- Schild oder Rosette aus massivem Material (Aluminium, Messing, Schmiedeeisen, Stahl oder Hartguß). Je nachdem, wie weit der Zylinder vorsteht, zwischen zehn und zwanzig Millimeter stark. Massiv und entsprechend dick müssen natürlich auch die Rosetten sein, die sich insbesondere für Metalltüren empfehlen.
- Keine von außen zugänglichen Schrauben.
- Abgeschrägte Kanten, damit Diebe auch das Schild beziehungsweise die Rosette nicht von außen mit einer Zange packen können.
- Aufbohrschutz zumindest im Bereich der Verschraubungen und vor den empfindlichen Teilen des Schlosses — also zwischen Zylinder und Türknauf oder Drücker.
- Nach Möglichkeit eine „Sollbruchstelle“ zwischen Beschlag und Türknopf. Bei Gewaltanwendung reißt nur der Knopf ab, der Beschlag bleibt dran!

Sicherheitsbeschlag mit Aufbohrschutz aus Hartguß. Die Stärke des Beschlags muß so gewählt werden, daß der Schließzylinder nicht herausragt.

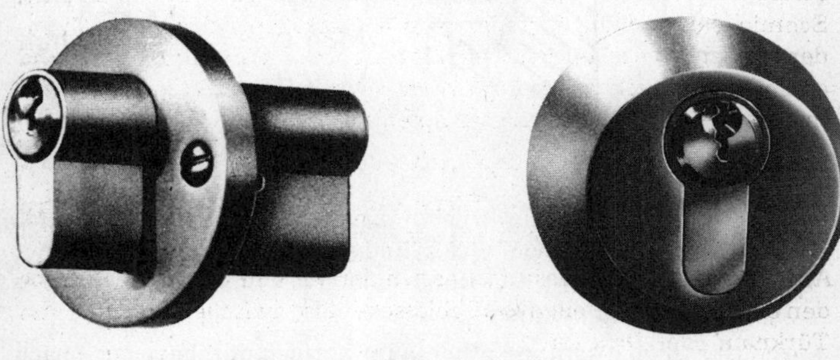

Rosetten für Schließzylinder gibt es in den unterschiedlichsten Formen. Die links abgebildete Rosette ist nur für Einbrecher nützlich. Sie umschließt den Zylinder nicht. Und sie läßt sich von außen abschrauben. Rechts eine Sicherheitsrosette. *(Fotos: Melchert)*

Wenn Sie zum Schlüsseldienst oder in ein Eisenwarengeschäft kommen und einen Sicherheitsbeschlag verlangen, wird man Sie nach einigen Maßen fragen.

„Es ist wirklich schade", sagte mir der Inhaber eines Schlüsseldienstes, den ich nach seinen Erfahrungen fragte, „um die Zeit, die die Leute damit verbringen, Beschläge, die nicht passen, zurückzubringen und umzutauschen. Dabei genügen vier Maße, um auf Anhieb den richtigen Beschlag zu finden."

Die nachstehende Skizze zeigt Ihnen, wo Sie an Ihrem alten Beschlag das Metermaß ansetzen müssen:

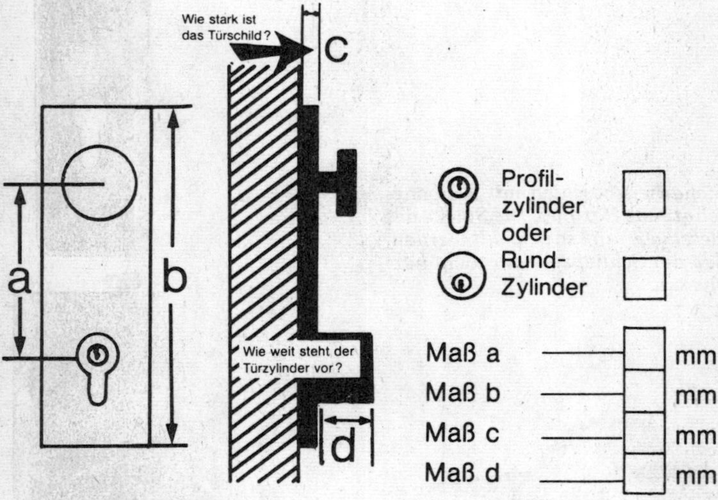

Der Verkäufer muß dann zusätzlich nur noch wissen, ob Sie ein Schloß mit Profilzylinder, Rund- oder Ovalzylinder haben. Der Querschnitt der Profilzylinder ist genormt. Bei Rund- und Ovalzylindern empfiehlt es sich, ebenfalls Maß zu nehmen.

Sicherheitsbeschläge kann man heute im übrigen durchaus auch nach optischen Gesichtspunkten auswählen. Wenn ein dicker Aluminium- oder Stahlbeschlag an Ihrer Haustür klobig wirken würde, dann lassen Sie sich doch einmal etwas aus Schmiedeeisen oder Messing zeigen.

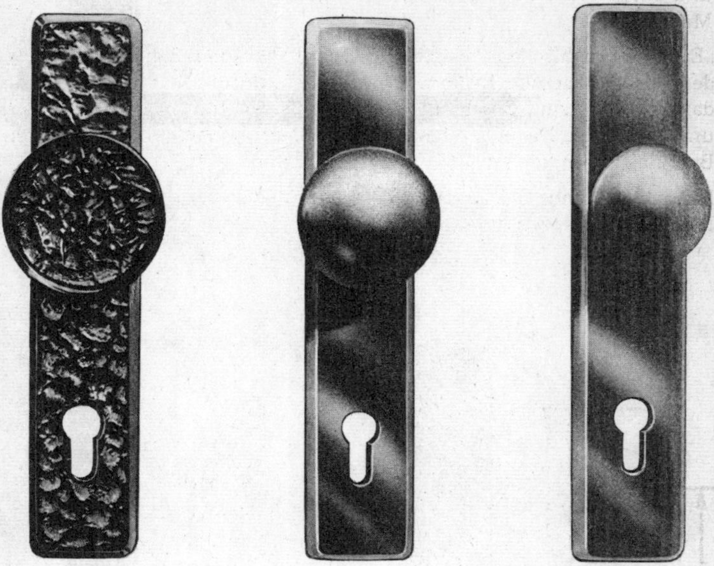

Oben: Sicherheitsbeschläge aus verschiedenen Materialien – Schilder mit dekorativer Struktur aus Messing oder Schmiedeeisen; glatte Beschläge aus Aluminium, Messing, Stahl oder Hartguß. Für geprüfte Sicherheitsbeschläge wird ein RAL-Gütezeichen verliehen.

Rechts: Oft übersehener Schwachpunkt vieler Türen: Das Schließblech, das nur mit ein paar kurzen Schrauben in der Holzzarge „befestigt" ist. (Foto: Kripo)

Ein verlängertes Schließblech schafft die Möglichkeit, es mit einer ausreichenden Zahl von Schrauben zu befestigen (links). Höchstmögliche Stabilität erreicht man durch ein Schließblech mit Maueranker, die mit Beton ausgegossen oder, wie bei diesem Beispiel (Foto oben), nach Art der Schwerlastdübel befestigt werden. (Fotos: Melchert)

Schwachpunkt Schließblech

Wenn Sie sich inzwischen vorgenommen haben, Schloß und Beschlag zu verbessern, dann haben Sie zweifellos schon einen großen Schritt in Richtung Sicherheit zurückgelegt. Aber erinnern wir uns einmal an die Geschichte zu Anfang dieses Buches!

Manchem Einbrecher, der mit Dietrich und Zange nicht weiterkam, genügte letztlich eine kräftige Schulter und sein eigenes Körpergewicht, um die störende Eingangstür zu überwinden.

Eine verschlossene Tür ist üblicherweise an drei Stellen mit dem Türrahmen verbunden: An den beiden Bändern (fälschlich oft „Scharniere" genannt) und einem Stück Blech mit zwei Aussparungen, in die sich die Falle und der Riegel hineinschieben — dem sogenannten Schließblech. Ist eine dieser drei Verbindungen zu schwach, gibt die Tür bei entsprechendem Druck von außen nach — auch wenn sie gepanzert und mit dem besten Schloß der Welt ausgerüstet ist.

Wenn Sie zu denen gehören, die es genau wissen wollen, dann begutachten Sie zwischendurch einmal Ihr eigenes Schließblech. Sitzt Ihre Tür in einer Stahlzarge, sind Sie bereits relativ gut dran. Besteht die Zarge aus Holz, sollten Sie sich näher mit dem Schließblech befassen. Drehen Sie ruhig einmal eine der Schrauben heraus, mit denen es befestigt ist. Und wenn Sie wollen, können Sie auch noch einen kleinen Test nach folgendem Rezept veranstalten:

Man nehme eine Schraube von der Sorte, mit der Schließbleche üblicherweise befestigt sind, drehe sie in ein vorgebohrtes Loch in einem Weichholzbrett und ziehe sie sodann ohne Zuhilfenahme eines Schraubenziehers mit einer Beißzange wieder heraus. Nun wissen Sie wenigstens ungefähr, wie wenig Kraft ein Einbrecher braucht, um mit Ihrem derzeitigen Schließblech fertig zu werden. Und es gibt leider auch Grund für die Annahme, daß er weiß, wie wenig er sich anstrengen muß, wenn er es mit einem üblichen Schließblech zu tun hat.

In neuerer Zeit holen sich Einbrecher allerdings häufiger blaue Flecken an den Schultern — oder verbiegen die breiten Schraubenzieher, die sie gewöhnlich als Brecheisen benutzen. Immer dann nämlich, wenn sie auf eines der neuen Sicherheitsschließbleche stoßen.

Die Idee dazu lag eigentlich in der Luft. „Ich muß längere Schrauben mitliefern", sagte sich vor ein paar Jahren ein Beschlägefabrikant, als er erstmals über das Problem nachdachte. „Und es müssen mehr Schrauben sein als die vier, die bisher üblich waren. Die zusätzlichen Schrauben dürfen aber nicht zu dicht aufeinandersitzen, sonst durchlöchern sie das Holz wie einen Schwamm. Also muß ich das Schließblech nach oben und unten verlängern. Dann gewinne ich Platz für sechs oder zehn oder sogar zwölf Schrauben, die sich dann auch noch unsymmetrisch anordnen lassen."

So geschah's, und seitdem staunen Einbrecher, wie gesagt, zuweilen.

Das verlängerte Schließblech hat den großen Vorteil, daß man es bei einigem handwerklichen Geschick selbst montieren kann. Es hat den Nachteil, daß auch die längste Schraube nur so fest hält wie das Holz, in dem sie steckt. Wenn es da bei Ihrem Türrahmen Anlaß zu Zweifeln gibt, brauchen Sie dennoch nicht auf die größere Sicherheit an der wichtigsten Stelle Ihrer Eingangstür zu verzichten: Sie können ein neuartiges Schließblech regelrecht einbetonieren lassen! Zwei angeschweißte kräftige Maueranker werden bei der Montage in zwei entsprechende Bohrlöcher in der Mauer versenkt und dann mit Zement ausgegossen. Wer dieses Schließblech herausreißen will, muß schon die ganze Mauer mit einreißen. Die Montage sollten Sie allerdings einem Fachmann anvertrauen. Er hat Spezialwerkzeug, mit dem er sicherstellt, daß die Bohrlöcher genau in der richtigen „Schräglage" in die Mauer führen, und auch eine Art „Injektionsspritze", damit der Beton den Anker dann auch wirklich mit der gewünschten Festigkeit umschließt.

Das allerneueste auf dem Gebiet: Sicherheitsschließbleche mit Mauerankern, die nicht mehr mit Beton ausgegossen werden müssen. Sie sind konstruiert wie Schwerlast-Dübel. Vielleicht kennen Sie das Prinzip auch von den Bohrkonsolen, an denen Heizkörper aufgehängt werden: Im Innern des Rohrs steckt eine lange Schraube. Dreht man sie, zieht sie ein konisches Metallstück in das Rohr. Es wird dadurch nach allen Seiten auseinander- und gegen die Wände des Bohrlochs gedrückt.

Was noch dazu gehört

Wenn Sie den Spezialisten sowieso im Hause haben, dann kann es nicht schaden, die Tür gleich rundherum zu sichern: Dazu gehören Bleche mit einem Loch — am besten ebenfalls mit Mauerankern —, in die bei geschlossener Tür noch ein zusätzlicher Zapfen, ein sogenannter „Hinterhaken" oder Sicherungsbolzen einrastet. Dies ist besonders wichtig, wenn aus irgendeinem Grund die Bänder auf der Außenseite angebracht sind: Selbst wenn ein Dieb sie total abmontiert, hält der Zapfen die Tür immer noch fest. Dazu gehören dann aber auch zwei Kleinigkeiten, die Sie schützen, wenn Sie zu Hause sind: Ein Weitwinkelspion und eine Tür-

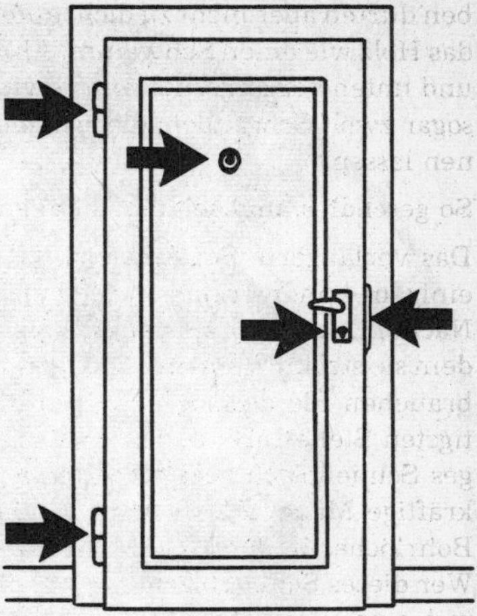

Die häufigsten Schwachstellen der üblichen Türen: Bänder, Kontrollmöglichkeit (Türspion), Schloß, Schließblech – und natürlich das Material des Türblattes.
(Zeichnung: Praetorius)

Das beste Schloß und das stabilste Schließblech nützen nichts, wenn auf der anderen Seite – an den Bändern – die Verbindung mit dem Türrahmen zu schwach ist. Größere Stabilität gewinnt man durch sogenannte „Hinterhaken" oder Sicherungsbolzen, die die geschlossene Tür zusätzlich festhalten. *(Foto: Melchert)*

Was ein guter Spion leistet, läßt sich fotografisch nur sehr unvollkommen wiedergeben. Ein moderner Weitwinkelspion erfaßt einen Bereich von 170°. Wenn er in einer Höhe von 165 cm angebracht ist, sehen Sie noch Gegenstände, die nur 12 cm von der Tür entfernt auf dem Fußboden liegen. Ältere Spione mit einem geringeren Winkel sind häufig größer als die neuen Weitwinkelspione. Das heißt: Das Loch in der Tür ist zu weit. Sie sollten also, wenn Sie „umrüsten" wollen, zunächst den alten Spion ausbauen, das Loch messen und danach den neuen kaufen – eventuell zusammen mit einer Abdeckrosette, die den Unterschied optisch ausgleicht. (Foto: Melchert)

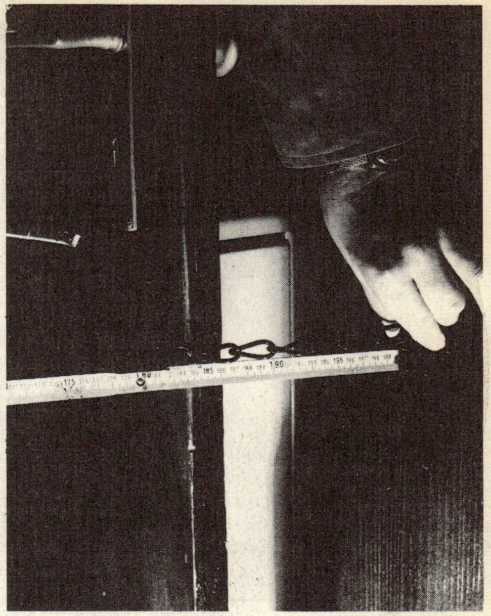

Diese museumsreife Sperrkette in einem Altbau hatte einen entscheidenden Fehler. Sie war zu lang (wie hier ein Kripobeamter mit einem Metermaß zeigt). Die Täter konnten durch den Spalt fassen und sie abschrauben, nachdem sie das Buntbartschloß mit einem simplen Dietrich in wenigen Sekunden geöffnet hatten.

Und so sah es dann in der Wohnung hinter dieser Tür aus.(Fotos: Kripo)

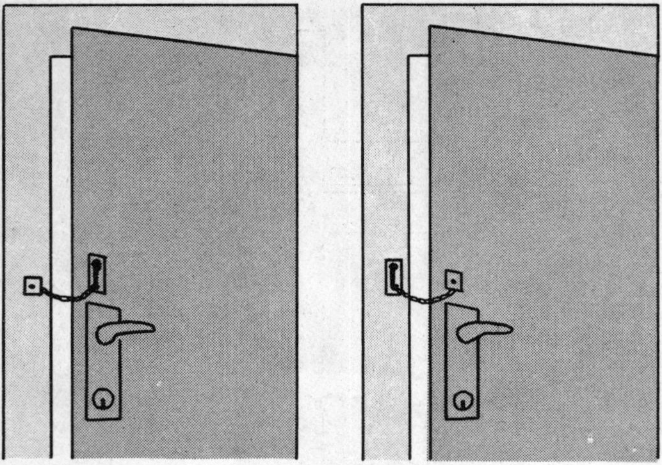

Eine Sperrkette nützt nur, wenn sie richtig angebracht ist. Hier ändert sich beim Aushängen nicht die Breite des Türspalts. Der Einbrecher kann durchfassen und die Kette von außen aushängen.

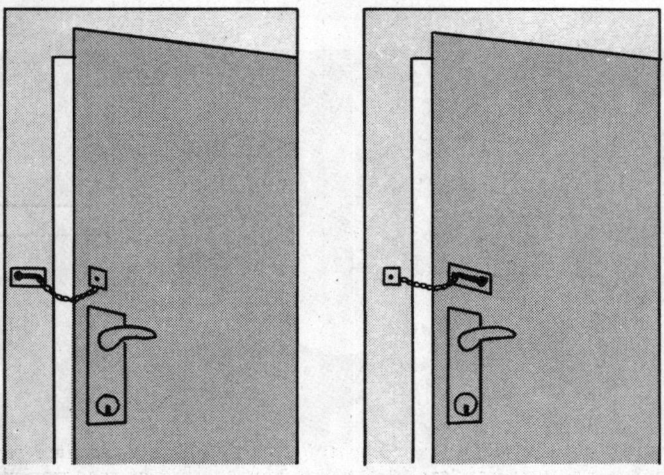

Links: Hier wird der Spalt zwar beim Aushängen schmaler. Aber der Täter kann noch ein Lineal oder Blech durchschieben, um die Kette auf die Seite zu drücken. Rechts: Kette richtig angebracht. Sie läßt sich nur bei völlig geschlossener Tür aushängen. *(Zeichnung: Praetorius)*

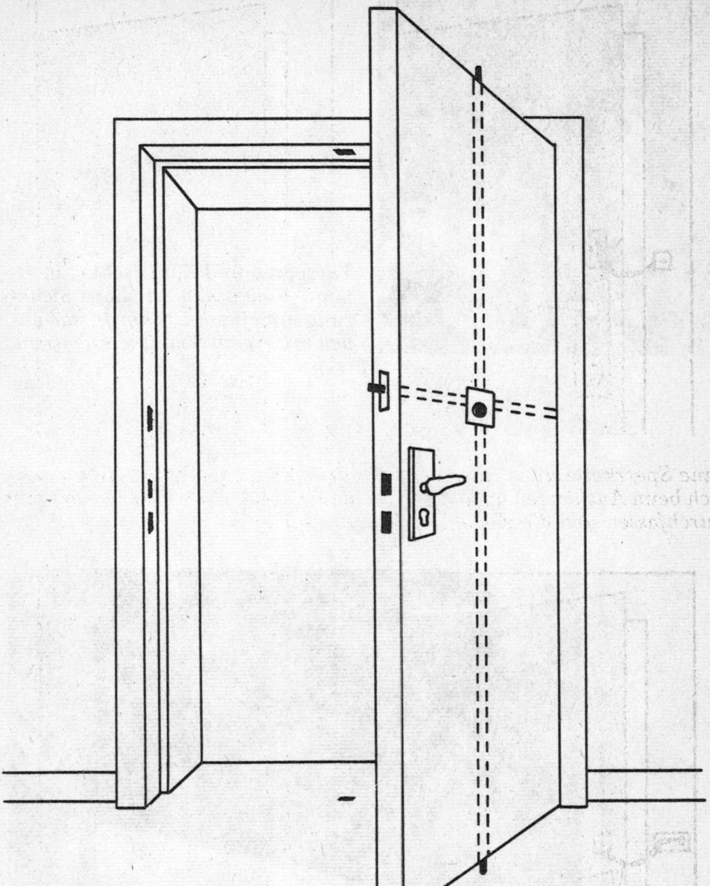

Ein Stangenriegelschloß zum nachträglichen Einbau. Zusätzlich zum Riegel und zu den Bändern ist die verschlossene Tür an weiteren vier Punkten mit der Zarge und der Schwelle fest verbunden.
(Zeichnung: Praetorius)

Türsperre und Zusatzschloß in einem. Von innen ist diese Sicherung mit einem Drehgriff, von außen mit einem Schlüssel zu öffnen.

Ein stabiler Doppelriegel verstärkt die Verzahnung der Tür sowohl an der Schloßseite als auch zwischen den Bändern. (Fotos: ZEISS IKON)

sperre helfen Ihnen, Ihre Besucher zu sortieren, solange sie Ihnen lediglich auf der Matte, aber noch nicht im Wohnzimmer stehen. Für einen geringen Mehrpreis bekommen Sie eine Sperre, die sich mit einem Sicherheitsschlüssel auch von außen öffnen oder schließen läßt. Wichtigster Vorteil: Sie können, wenn Sie von einer Party nach Hause kommen, auch dann in Ihre Wohnung, wenn Ihre Kinder die Sperre eingehängt haben und anschließend vor dem Fernseher eingeschlafen sind. Auch die gute alte Schließkette hat noch nicht ausgedient. Sie muß aber richtig angebracht werden. Und sie darf auch nicht mit zu kurzen Schräubchen befestigt sein.

Was Sie auf keinen Fall tun sollten: Schlösser und Beschläge von fliegenden Händlern an der Haustür kaufen. Auch dann nicht, wenn diese behaupten, sie seien vom Hausbesitzer oder der Wohnungsbaugesellschaft beauftragt, auf Ihre Kosten das Schloß zu ersetzen. Sie riskieren nicht nur, daß Ihnen statt Sicherheit an der wichtigsten Stelle ein billiger Ramsch angedreht wird. Sie müssen auch damit rechnen, daß ein Schlüssel zurückbehalten wird und in die falschen Hände gerät. Und wenn jemand, ohne Sie zu fragen, ein Loch in Ihre Tür bohrt, um Sie zu zwingen, bei ihm einen Spion zu kaufen, dann rufen Sie am besten die Polizei, machen eine Anzeige und kaufen den Spion woanders!

Zum Thema Tür auch noch kurz ein Blick in den Geldbeutel: Wenn Sie von einem Fachmann den Schließzylinder ersetzen, einen Sicherheitsbeschlag anbringen, Schließblech und „Hinterhaken" mit Maueranker einbauen und die Tür schließlich auch noch mit einem Spion und einer Türsperre ausstatten lassen, müssen Sie etwa 500 Mark auf den Tisch legen. 1000 bis 1500 Mark kostet auch der Einbau eines Spezialschlosses, das mit Hilfe eines Gestänges im Innern der Tür nach oben und unten (Stangenriegel- bzw. Basküle-Verschluß) oder nach allen vier Seiten einen Riegel in eine entsprechende Aussparung im Türrahmen schiebt. Ein Schreiner oder Schlosser kann dieses Spezialschloß auch nachträglich in eine bereits fertige Tür einbauen, wenn das Material stark genug ist. Für über 2000 Mark erhalten Sie dann schon eine ausgesprochene Sicherheitstür, die alle beschriebenen Schutzelemente von vornherein in sich vereinigt.

Spezialtüren — Sicherheit im Paket

Auch bei Sicherheitstüren sind Abstufungen möglich. Das gilt für den Widerstandswert ebenso wie entsprechend für den Preis. Allen gemeinsam ist das Grundmaterial: Stabiles Stahlblech mit einer Füllung aus feuerbeständigen oder einbruchhemmenden Materialien — oder aber sogenanntes Panzerholz, das sogar in beschußhemmender Ausführung zu haben ist.

Die einfachste Sicherheitstür kann in eine normale, vorhandene Stahlzarge eingehängt werden. In geschlossenem Zustand ist sie an drei Punkten ausreichend stabil mit der Zarge verbunden: Am Schloß und an zwei Sicherungsbolzen zwischen den Bändern. Türen mit mehrfacher Verzahnung erfordern den Einbau einer besonderen Zarge. Wichtiger Vorteil: Tür und Zarge passen bei diesen Produkten so präzise zusammen, daß der Einbrecher nirgends ein Brecheisen ansetzen kann. Spitzenprodukte, bei denen die Tür auf beiden Seiten in voller Höhe mit der Zarge verzahnt ist und bei denen das Schlüsselloch nur nach Eingabe einer Zahlenkombination freigegeben wird, kosten 3500 bis 4000 Mark.

Es ist beinahe selbstverständlich, daß diese Türen serienmäßig mit einem erstklassigen und hinter einer dicken Stahlplatte geschützten Schloß ausgerüstet sind — und mit einem Weitwinkelspion, durch den Sie sogar sehen, ob jemand auf der Fußmatte kauert. Auch Sicherheitstüren sind inzwischen genormt (DIN 18103). Besonders erwähnenswert: Man kann sie praktisch mit jedem beliebigen Dekor verschönern.

Wie gesagt: Rund die Hälfte aller Einbrecher kommt durch die Eingangstür. Sofern Sie die guten Vorsätze, die Sie beim Lesen dieses Kapitels gefaßt haben, auch in die Tat umsetzen, haben Sie einen großen Teil der Ganoven bereits wirksam ausgesperrt. Wie Sie auch der anderen Hälfte der Einbrecher den Weg verbauen — damit wollen wir uns im nächsten Kapitel befassen. Denn jedes Haus hat für den Kenner auch ein paar „Noteingänge".

Stellen Sie sich bitte einmal vor, Sie hätten bereits eine sichere Tür. Nun haben Sie eines Tages den Schlüssel vergessen. Fänden Sie einen Weg ins Haus?

Wenn Sie die Frage nach einem sorgfältigen Rundgang ehrlichen Herzens mit „Nein" beantworten können, gehören Sie in Sachen Sicherheit bereits zu den Fortgeschrittenen. Aber wir müssen noch einen Schritt weitergehen und uns eine Situation vorstellen, die etwas makaber ist und die ich niemandem wünsche, die uns aber endgültige Klarheit bringt: Sie haben wieder den Schlüssel vergessen; aber diesmal brennt es im Haus, wenn Sie ankommen. Sie wissen zwar, daß Sie das Feuer erst richtig anfachen, wenn Sie jetzt irgendwo ein Fenster öffnen. Aber es gibt einen wichtigen Grund, das in Kauf zu nehmen. Vielleicht befindet sich Ihr Hund oder sogar ein Kind noch im Haus. Jetzt sind Sie bereit, Gewalt anzuwenden und zu zerstören, nur um hineinzukommen. Jetzt erst ist Ihre Situation mit der eines Einbrechers vergleichbar, dem es ja auch egal ist, welchen Schaden er verursacht. Und wenn Sie unter diesen Voraussetzungen einen Einstieg finden — dann gibt es dort auch einen Weg für Diebe.

Gitter, Scheiben, Kellerfenster

Auch Einbrecher sind nicht frei von ganz alltäglichen menschlichen Schwächen — zum Beispiel von der Schwäche, liebgewordene Gewohnheiten beizubehalten. Und so gibt es Spezialisten, die mit erstaunlicher Sturheit an ganz bestimmten Arbeitsweisen festhalten.

Josef H. zum Beispiel hat sich als „Mäusegitter-Spezialist" in vielen Polizeiakten verewigt. Schon als junger Mann entwickelte er eine besondere Beziehung zu Kellerfenstern.

Kellerfenster bestehen — damals wie heute — sehr häufig aus kleinen Fensterflügeln mit Glasscheiben auf der Innenseite und außen aus Stahlblechen, in die viele quadratische Löcher eingestanzt sind — eben den „Mäusegittern". Ein Hebel hält wahlweise nur die Gitter oder aber Gitter und Scheiben zu. Der große Vorteil dieser Fenster: Man kann im Sommer die Glasscheiben öffnen. Das Gitter läßt Luft in den Keller, aber keine Nagetiere.

Ein Schraubenzieher allerdings paßt durch die Gitteröffnungen. Und mit diesem Schraubenzieher kann man von außen den Hebel öffnen. Und leider dauerte es nicht lange, bis Einbrecher auf diesen Umstand aufmerksam wurden.

Josef H. erfuhr anläßlich seiner ersten Jugendstrafe im Knast von dieser Möglichkeit. Kaum war er wieder draußen, probierte er sie aus.

Sie funktionierte ohne die geringsten Schwierigkeiten. Schon beim ersten Versuch konnte er nach wenigen Sekunden ungehindert in den Keller schlüpfen.

Trotzdem war er zunächst mit seinen neuen Kenntnissen nicht sehr zufrieden: Er fand nur altes Gerümpel, ein paar Gläser eingemachte Pflaumen, die für seinen Geschmack zu sauer waren, und einen Zentner Briketts, für die ihm kein Hehler etwas gegeben hätte. Die Verbindungstür vom Keller zum Haus war abgeschlossen. Der Schlüssel steckte für ihn unzugänglich auf der anderen Seite.

Erst enttäuscht und dann wütend reagierte er, wie viele Einbrecher in einer solchen Situation reagieren: Was er nicht brauchen konnte, sollte auch kein anderer haben. Zuerst feuerte er die Einmachgläser einzeln an die Wand, dann stürzte er das ganze Regal um. Und er fühlte sich dabei völlig im Recht.

Kellerfenster mit Mäusegittern von außen mit einem Schraubenzieher zu öffnen, ist für Einbrecher geradezu lächerlich einfach.

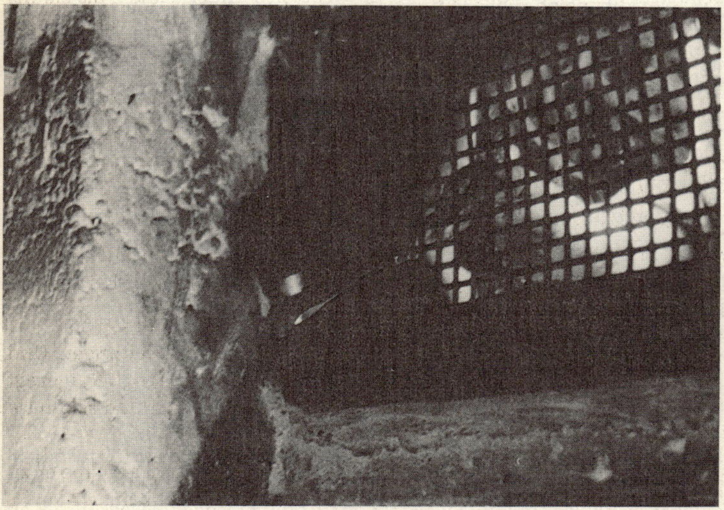

Ebenso einfache aber wirksame Gegenmaßnahme: Ein Schloß oder ein Schlüsselring, die den Hebel blockieren. *(Fotos: Praetorius)*

Auch das war in gewisser Weise typisch: Viele Menschen, die den Weg in die Kriminalität gehen, entschuldigen sich vor sich selbst so lange, bis sie unerschütterlich an ihre eigene Philosophie glauben. Josef H. machte da mit seinen 19 Jahren keine Ausnahme: Die anderen hatten sich alles, was sie besaßen, ja schließlich auch irgendwie angeeignet. Und es war sein verdammt gutes Recht, es ihnen wieder wegzunehmen. Wer ihm das unnötig schwer machte, hatte Strafe verdient!

Genauso wie auf seine selbstgestrickte Philosophie versteifte sich Josef H. in den nächsten Monaten auf Kellerfenster. Nun gerade! Immer wieder stand er in fremden Kellern. Und es blieb nicht aus, daß er zwischendurch auch immer wieder einmal lohnende Beute entdeckte: Eine gut ausgestattete Hobbywerkstatt, eine Dunkelkammer mit wertvollem fotografischem Gerät oder größere Getränkevorräte. Ab und zu wurde seine Mühe auch durch eine unverschlossene Verbindungstür zwischen Keller und Haus belohnt. Die Beute, die er in solchen Fällen aus Wohn- und Schlafzimmern wegschleppte, machte ihn nur noch begehrlicher — und noch wütender, wenn er beim nächsten Mal wieder vor verschlossener Tür stand. Verbissen suchte er nach einer Möglichkeit, den Schlüssel, der auf der anderen Seite steckte und zum Greifen nahe war, auch zu benutzen.

Eine Flurlampe, die die Hausbesitzer hatten brennen lassen, als sie ins Theater gingen, brachte ihn auf den ersten Trick. Unter der verschlossenen Tür fiel ein breiter Lichtstreifen in den Keller: Zwischen Fußboden und Tür klaffte ein Spalt von mehr als einem Zentimeter. Wenn er es schaffte, den Schlüssel herauszustoßen, so überlegte Josef H., dann würde er auf der anderen Seite auf den Fußboden fallen. Es müßte also möglich sein, ihn anschließend mit einem Draht oder einem ähnlichen Hilfsmittel durch den Türspalt zu angeln.

Aber er fand keinen Draht. Nur einen Besenstiel, und der war zu dick, um damit unter der Tür durchzufassen. Seinem eigenen Schraubenzieher traute er nicht so ganz. Wenn der Schlüssel nicht dicht genug bei der Tür liegenblieb, war sein Werkzeug unter Umständen zu kurz.

Nachdenklich verweilte sein Blick auf einem Stapel alter Zeitungen. Und plötzlich fiel der Groschen. Natürlich! Das war die Lösung! Aufgeregt faltete er eine Zeitung auseinander, strich sie rasch glatt und schob sie unter der Tür durch.

Dann begann er am Schlüssel zu stochern. Doch es schien, als habe er zu früh triumphiert. Der Schlüssel ließ sich nicht herausstoßen.

Josef H. bückte sich zum Schlüsselloch: Er konnte unter dem Schlüsselschaft hindurch in den erleuchteten Flur sehen. Der Schlüssel war also halb herumgedreht. Der Bart steckte irgendwo seitlich im Schloß. Und genau im Blickfeld des Einbrechers — wie absichtlich hingestellt, um ihn zu ärgern — stand auf dem Garderobenschränkchen eine Handtasche!

Wieder packte Josef H. die Wut. Er trat gegen die Tür und trommelte mit den Fäusten dagegen wie ein Gefangener, dem in seiner Zelle wieder einmal bewußt wird, daß er eingesperrt ist.

Als seine Wut verraucht war, bückte er sich noch einmal zum Schlüsselloch — in der Absicht, anschließend mit leeren Händen den Rückzug anzutreten. Aber statt auf die Handtasche fiel sein Blick auf den Schlüsselbart: Er hatte durch sein Gewicht den Schlüssel herumgedreht, als Josef H. seine Wut an der Tür ausgelassen hatte.

Der Rest war ein Kinderspiel. Josef H. stieß den Schlüssel mit dem Schraubenzieher heraus. Er fiel mit gedämpftem metallenem Klang auf das Zeitungspapier. Vorsichtig, Zentimeter für Zentimeter, zog der Einbrecher die Zeitung zu sich herüber und mit ihr auch den Schlüssel! Sekunden später stand er im Flur und machte sich von da aus ans Werk.

In den nächsten Wochen verfeinerte Josef H. seine Methoden immer mehr. Bald war keine Kellertür mehr vor ihm sicher. Zu seinem Standardwerkzeug gehörte jetzt eine Hülse, die er über den Schlüsselschaft steckte und mit der er den Schlüssel herumdrehte, als steckte er auf seiner Seite. Kaum einmal traf er auf eine Schlüsselsicherung, obwohl sie zu den einfachsten und wirksamsten Schutzmöglichkeiten gehört, die es überhaupt gibt. Für die Fälle, in denen im üblichen Buntbartschloß der Kellertür kein Schlüssel steckte, lernte er mit Dietrichen umzugehen.

Immer aber blieb er bei seinem Spezialeinstieg: Dem Kellerfenster. Bald schreckten ihn auch geschlossene Glasscheiben hinter dem Mäusegitter nicht mehr ab. Er stieß einfach mit seinem Schraubenzieher ein Loch hindurch und öffnete den Hebel, als sei das Glas gar nicht vorhanden. Und er hatte auch schnell herausgefunden, daß Kellerfenster in Lichtschächten kein größeres Hindernis waren als ebenerdige Mäusegitter. Denn die Gitterroste, die die Lichtschächte nach oben abschlossen, brauchte er normalerweise nur hochzuheben und auf die Seite zu legen.

Auch die Kellerfenstermasche ist lange geheim gehalten worden. Noch heute wissen viele Hausbesitzer nichts davon. Dabei gehören Kellerfenster zu den „Schwachpunkten" eines Hauses, die sich besonders leicht schützen lassen. An allen neueren Mäusegitterfenstern befindet sich ein Loch, durch das man nur ein Vorhängeschloß zu stecken braucht, um den Hebel wirksam zu blockieren. Für Gitterroste gibt es fertige Halterungen, mit denen sich ein Normaleinbrecher nicht herumschlägt — insbesondere dann, wenn sie über eine große Abdeckplatte verfügen, die es schwer macht, den Ansatzpunkt der Halterung mit Feile, Säge oder

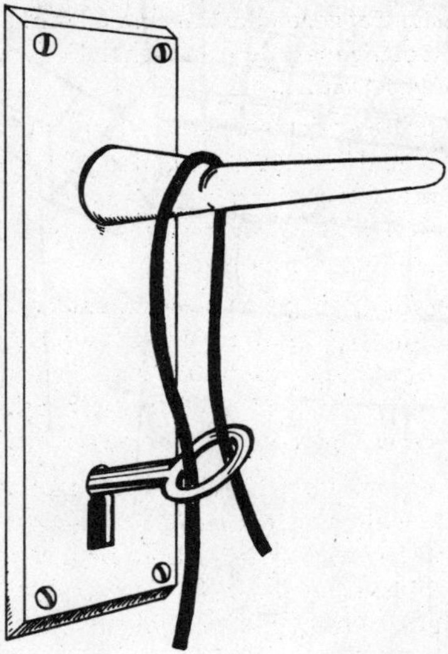

Viele Hausbesitzer halten es – fälschlicherweise – für eine Art Sicherung, wenn sie in Verbindungstüren den Schlüssel stecken lassen. Zum Beispiel in Türen vom Keller oder von der Garage zum Haus oder auch in Hintertüren zum Hof oder Garten. Zumindest bei Bartschlüsseln (also Buntbart- oder Zuhaltungsschlüsseln) verschaffen sie damit Einbrechern zwei bequeme Möglichkeiten: Sie stoßen den Schlüssel entweder heraus und angeln ihn durch einen Spalt unter der Tür zu sich herüber. Oder sie stecken eine Hülse über das Schlüsselrohr und drehen den steckenden Schlüssel von außen herum.

Gegen diese Masche hilft eine einfache Schlüsselsicherung, die es im Handel fertig zu kaufen gibt. Ein nach der obenstehenden Zeichnung zurechtgebogener Draht erfüllt aber denselben Zweck. Mit diesem kleinen Zusatz macht es der steckende Schlüssel dann Einbrechern tatsächlich schwerer, weil sie mit Sperrwerkzeugen nicht an das Schloß herankommen. (Zeichnung: Praetorius)

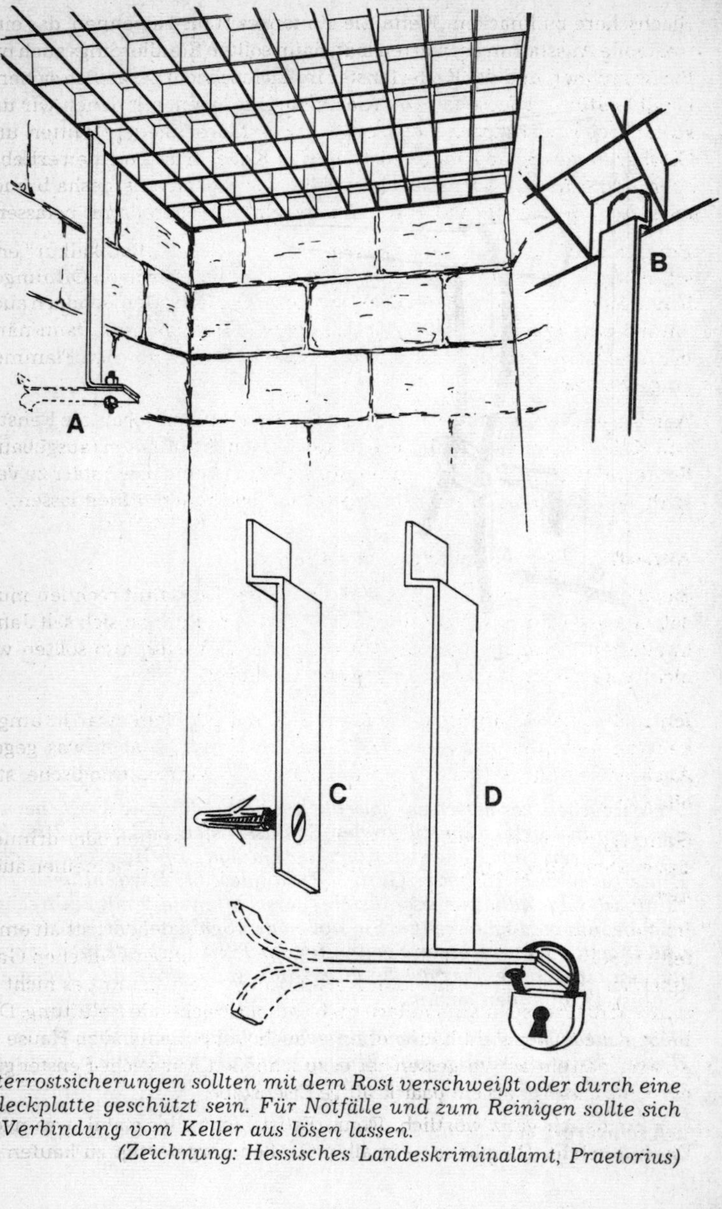

Gitterrostsicherungen sollten mit dem Rost verschweißt oder durch eine Abdeckplatte geschützt sein. Für Notfälle und zum Reinigen sollte sich die Verbindung vom Keller aus lösen lassen.

(Zeichnung: Hessisches Landeskriminalamt, Praetorius)

Blechschere zu knacken. Wenn Sie ein teures Haus bewohnen, das eine wertvolle Ausstattung erwarten läßt, dann sollten Sie allerdings auch mit Profis rechnen und das Kellerfenster im Lichtschacht zusätzlich sichern. Es gibt dafür — abgesehen von Alarmeinrichtungen, mit denen wir uns später noch ausführlich befassen — zwei Möglichkeiten: Gitter und Glasbausteine. Beide können nicht nur an Kellerfenstern einen erheblichen Sicherheitszuwachs bringen. Und wir wollen uns deshalb auch nicht nur im Hinblick auf Josef H. und seinesgleichen damit befassen.

Bevor Sie sich für Ihre Kellerfenster zu einer solchen „Radikalkur" entschließen, sollten Sie bedenken, daß die kleinen ebenerdigen Öffnungen in der Mauer nicht nur Licht und Luft hereinlassen sollen, sondern auch einmal zum lebensrettenden Notausstieg werden können: Dann nämlich, wenn es im Hause brennt und jemand im Keller von den Flammen eingeschlossen ist.

Aus diesem Grunde verbieten es die Bauvorschriften sogar, die Fenster von Kellerräumen, in denen sich häufig Personen aufhalten (ausgebaute Souterrainzimmer, Hobbyräume, Hausarbeitsräume usw.) starr zu verschließen. Sie müssen sich für den Notfall von innen öffnen lassen.

Altmodisch aber wirksam: Stabile Gitter

Sie alle kennen Gebäude, in denen man jeden Tag damit rechnen muß, daß Gangster durchs Fenster klettern. Dort bemüht man sich seit Jahrhunderten, derartige Ausflüge zu verhindern. Warum also sollten wir nicht versuchen, aus soviel Erfahrung zu lernen?

Ich meine die Gefängnisse, in denen sich das Problem zwar in umgekehrter Richtung stellt wie bei Ihnen zu Hause — aber was gegen Ausbrecher hilft, schreckt auch Einbrecher ab: Ganz altmodische, stabile Gitter!

Gangster verabscheuen Gitter. Egal ob sie draußen stehen oder drinnen sitzen. Ihr einziger Trost: Hausbesitzer mögen Gitter im allgemeinen auch nicht.

Ich kann das verstehen. Und ich würde auch niemandem ernsthaft empfehlen, sein schönes großes Wohnzimmerfenster mit schwedischen Gardinen zu versehen. In manchen Nebenräumen aber kommt es nicht so sehr auf die Aussicht an, sondern mehr auf ausreichende Belüftung. Das heißt, das Fenster steht häufig offen — auch wenn niemand zu Hause ist —, weil man einfach vergessen hat, es zu schließen. Für solche Fenster gibt es nichts besseres als ein paar kräftige Eisenstäbe.

Das meine ich ganz wörtlich. Denn: Es ist nicht alles stabil, was nach Eisen aussieht. Da gibt es — in allen Größen vorgefertigt zu kaufen —

wahre Kunstwerke aus schmiedeeisernen Schnörkeln. Bestechend auch ihre einfache Montage: Man bohrt rings um das Fenster ein paar Löcher in die Wand, steckt Dübel hinein und schraubt das Gitter an. Bei einigem handwerklichen Geschick eine Sache von einer halben Stunde. Ein Einbrecher allerdings braucht kein handwerkliches Geschick, um es in einer Minute abzumontieren. Und da liegt leider der Nachteil.

Natürlich lassen sich auch Gitter überwinden, wie gelegentliche Ausbrüche aus vermeintlich sicheren Gefängnissen beweisen. Aber Säge, Feile oder Schleifmaschine machen entweder Lärm oder kosten viel Zeit — Zeit, die der Ausbrecher (je nach Länge seiner Freiheitsstrafe) reichlich zur Verfügung hat, nicht aber der normale Einbrecher.

Die Kriminalpolizei, die bei der Tatortarbeit genau registrieren kann, welche Gitter nachgegeben und welche den Einbrechern getrotzt haben, empfiehlt folgende Konstruktion:

Senkrechte Stäbe mindestens 2 cm stark und nicht mehr als 10 cm voneinander entfernt.

Waagrechte Verbindungen zwischen den Stäben mindestens alle 20 cm, an jedem Kreuzungspunkt fest verbunden.

Jedes einzelne Stabende soll möglichst tief in die Fensterlaibung eingelassen werden.

Gegen einen besonders wichtigen Punkt dieser Liste wird besonders häufig gesündigt — weil niemand weiß, was dahinter steckt: Wieso müssen es gerade 10 Zentimeter Abstand sein? Mit 17 Zentimetern ginge die Verteilung der Stäbe vielleicht besser auf. Und außerdem wirkt ein Gitter mit größeren Zwischenräumen auch nicht ganz so häßlich!

Die Polizei hat dieses Maß nicht willkürlich bestimmt. Sie ist darauf gekommen, nachdem sie immer wieder vor auseinander gebogenen Eisenstäben stand und eines Tages auch das Werkzeug fand, mit dem die Täter den Kraftakt zuwege gebracht hatten: Einen Wagenheber. Der Rest ist leicht zu erraten: Der kleinste handelsübliche Wagenheber paßt gerade noch in einen Zwischenraum von 11 Zentimetern. Wenn Sie dem Einbrecher nur 10 Zentimer gönnen, kann er sein Gerät wieder einpacken.

Normaler Stahl setzt einer Säge oder einem Bolzenschneider keinen unüberwindlichen Widerstand entgegen.

Wenn Ihr Gitter hohe Werte schützen soll, können Sie den Widerstandswert erheblich erhöhen, wenn Sie gehärtete Stahlsorten verwenden lassen: In Frage kommen „Einsatzstahl“, „Chrom-Vanadium-Stahl“ und „Silberstahl“. Diese Stahlsorten widerstehen üblichem Werkzeug we-

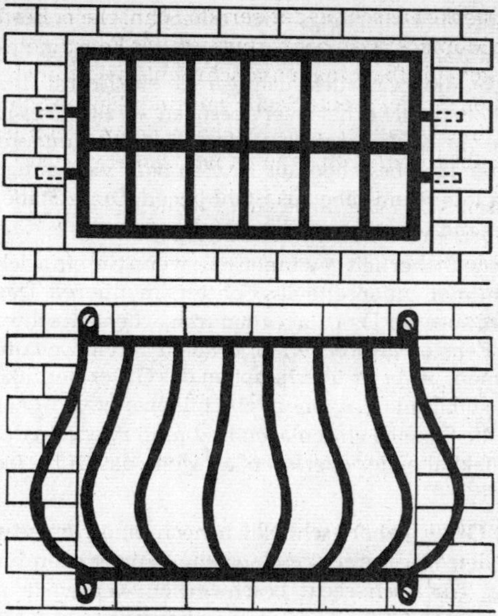

Bei Gittern sollte man nicht auf einfache Montage achten. Sie erleichtert auch Dieben den Abbau. Diese beiden Gitter erfüllen ihren Zweck nicht, weil sie zu schwach mit dem Mauerwerk verbunden sind – in einem Fall sogar mit Schrauben und Dübeln!

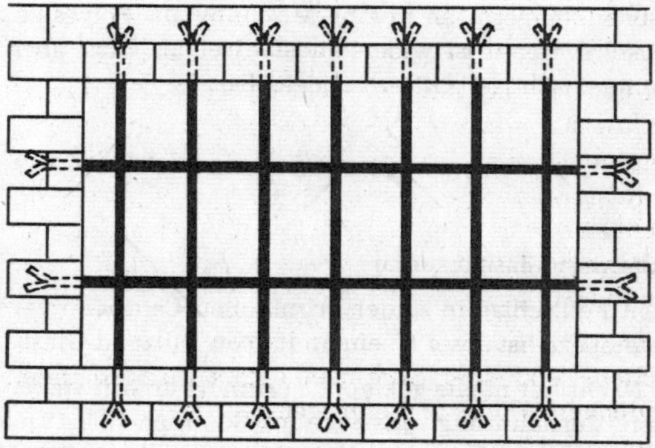

Ein Gitter, wie es sein soll. Jeder einzelne Stab ist gespreizt und tief ins Mauerwerk eingelassen. Die Stäbe sollen zwei Zentimeter dick und zumindest in einer Richtung nicht weiter als zehn Zentimeter voneinander entfernt sein. (Zeichnung: Praetorius)

sentlich länger, sind allerdings auch erheblich teurer als Normalstahl.

In den letzten Jahren haben mehrere Firmen fertige Gitter auf den Markt gebracht, die zwar auch nicht gerade ein Zierrat sind, aber zweifellos einen hohen Sicherheitswert besitzen — zum Beispiel auch für Lichtschächte vor Kellerfenstern. Sie werden stabil und verdeckt befestigt. Die Gitterstäbe bestehen aus runden oder vierkantigen Stahlrohren, in denen lose Rundstäbe aus Stahl liegen. Diese Stäbe drehen sich mit, wenn jemand versucht, sie durchzusägen.

Höchstmögliche Sicherheit gewinnen Sie, wenn Sie ein solches hochwertiges Gitter auf der Innenseite des Fensters montieren. Das mag widersinnig klingen; aber der Dieb hat es dadurch erheblich schwerer. Er muß zunächst das Fenster aufbrechen. Er braucht bereits Zeit und muß Lärm in Kauf nehmen, bevor er überhaupt an das Gitter herankommt. Wenn der Rahmen stabil und mit einem abschließbaren Griff ausgerüstet ist, kann er nur die Scheibe einschlagen und muß zwischen den Glasresten sehr viel zurückhaltender operieren, als wenn das Gitter frei zugänglich wäre.

Zum Thema Gitter gehört schließlich noch eine Neuentwicklung, die Einbrechern den Weg durchs geschlossene Fenster oder durch die Glasfüllung einer Tür auch recht beschwerlich werden läßt: Ein Gitter zwischen den beiden Scheiben einer Isolierverglasung. Für sich allein wäre das Material sicher zu schwach. Zusammen mit dicken Glasscheiben legt es dem Dieb aber doch ein ärgerliches und zeitraubendes Hindernis in den Weg. Wo ein Fenster nicht durchsichtig, sondern nur lichtdurchlässig sein muß, kommt auch ein neuartiger Werkstoff in Frage: Metallmaschen, eingegossen in eine Mischung aus Polyester und Glasfasern. Dieses Material ist widerstandsfähiger als Glas, aber natürlich nicht mit einem richtigen Gitter vergleichbar.

Sicherheitsfaktor: Glasbausteine

Den größten Fehlschlag in seiner kriminellen Laufbahn verdankt der Kellerfensterspezialist Josef H. einem halben Dutzend Glasbausteinen.

„In dieser Nacht hat nichts geklappt", erinnert er sich später in seiner polizeilichen Vernehmung. „Es war im Sommer 1977. Viele Häuser standen leer, weil die Leute im Urlaub waren. Eigentlich hätte alles besonders gut laufen müssen. Aber die Schwierigkeiten fingen schon damit an, daß ich an der ersten Villa die Klingelschilder übersehen habe . . ."

Normalerweise wäre Josef H. ein so wichtiges Detail nicht entgangen. Routinierte Einbrecher ziehen aus winzigen Kleinigkeiten ihre Schlüsse. Aber an jenem Tag war Josef H. nicht aufmerksam genug. Und so entgingen ihm am Eingang der Villa die drei Klingeln mit den drei verschiedenen Namen. Hätte er sie gesehen, wäre er wahrscheinlich gleich zum Nebenhaus gegangen und hätte sich nicht die Mühe mit den Kellerfenstern gemacht. Er hätte schon außen gewußt, daß dieses Haus nachträglich in drei verschiedene Wohnungen aufgeteilt worden ist, daß sich den Keller ebenfalls drei Mieter teilen. Und das bedeutet: Kaum etwas Wertvolles hinter den Lattenverschlägen, ein kahles Treppenhaus statt eines gut ausgestatteten Flurs und einzelne Wohnungstüren, die womöglich gut gesichert sind und auf die er nun einmal nicht spezialisiert ist.

In einem solchen Haus ist auch die Haupteingangstür oft nicht abgeschlossen: Josef H. braucht wenigstens nicht durchs Kellerfenster zurückzukrabbeln, sondern kann das Haus durch die Tür verlassen, als er den Mißgriff erkennt.

Wenig später sitzt er in seinem Kastenwagen und steuert einen Bungalow an, der ihm am Vormittag aufgefallen ist. Auch hier war es nur eine Winzigkeit, aus der er schließen konnte, daß die Bewohner verreist sind.

Längst hatte sich Josef H. um diese Zeit zur Angewohnheit gemacht, tagsüber durch die Straßen zu streifen und geeignete Objekte auszukundschaften. Dabei begutachtete er auch — als Vertreter getarnt — aus der Nähe die Haustüren. Josef H. weiß: Beim Bauen werden Fenster und Türen immer zuletzt bestellt — zu einem Zeitpunkt, zu dem die Kalkulation und damit die Finanzierung des Hauses meist überschritten ist. Wer dann noch genug Geld für eine teure Haustür hat, kann auch noch einiges in die Ausstattung stecken, auf die der Einbrecher scharf ist. Das Material der Tür verrät sogar etwas über die zu erwartende Beute: Ist sie aus Eichenholz, kann man im Innern eher Antiquitäten und Kunstgegenstände erwarten. In einem Haus mit einer Tür aus Metall und Glas finden sich meist wertvolle technische Anlagen — vom HiFi-Tonbandgerät bis zur Filmkamera.

Auch der Garten verrät einem geübten Einbrecher eine ganze Menge. Der Kenner sieht sofort, ob der Hausherr es sich leisten konnte, mit der Gestaltung und Pflege einen Fachmann zu beauftragen. In diesem Fall hat er vermutlich auch einiges Geld in die Innenausstattung seines Hauses investiert.

Der Bungalow, in dessen Nähe Josef H. jetzt seinen Kastenwagen ausrollen läßt, steht mitten in einem besonders gepflegten Garten. Die künstlerisch gestaltete Eingangstür, aufwendige Holzarbeiten und viele andere Details verraten Geschmack und eine gewisse Wohlhabenheit. Darüber hinaus kann sich Josef H. im allgemeinen auf die Ahnungslosigkeit der Hausbesitzer verlassen. Sie wissen nicht, mit welchen Kleinigkeiten sie Einbrechern Hinweise geben, und sie wissen auch nicht, daß sie ihr Haus dann besser schützen müssen als andere, in denen Gangster keine wertvolle Beute vermuten.

Vorsichtig erkundet der Einbrecher das Terrain rings um das Haus. Das Gebäude wirkt verlassen. Nirgends brennt Licht, kein Laut dringt aus dem Inneren.

„Na also", brummt der Einbrecher zufrieden vor sich hin. Er war, so glaubt er, wieder einmal schlauer als die anderen. Bestimmt hätte nicht jeder erkannt, daß dieses Haus zur Zeit unbewohnt ist: Keine heruntergelassenen Rolläden, kein überfüllter Briefkasten, kein ungepflegter, zu hoch gewachsener Rasen. An eine Kleinigkeit aber haben die Bewohner nicht gedacht, als sie in Urlaub gefahren sind: Der Bungalow war am Vormittag das einzige Haus, vor dem keine Mülltonnen standen.

Trotz der günstigen Voraussetzungen beschleicht Josef H. ein ungutes Gefühl. Es verstärkt sich rasch, als er jetzt daran geht, die Einstiegsmöglichkeiten genauer zu prüfen. An der Rückfront des Hauses sind die Kellerfenster mit Mäusegittern gesichert. Aber als der Mann seinen Schraubenzieher ansetzt, läßt sich der Hebel nicht bewegen. Im Lichtschein seiner Taschenlampe erkennt er durch die kleinen Löcher des Gitters eine simple, aber wirksame Sicherung: In dem Loch, das zur Aufnahme eines Vorhängeschlosses bestimmt ist, baumelt ein ganz gewöhnlicher federnder Schlüsselring — zum Greifen nah, und doch durch die kleinen Gitteröffnungen unerreichbar.

Ein paarmal ist es ihm in letzter Zeit gelungen, gesicherte Mäusegitter mit einer kräftigen Blechschere aufzuschneiden. Aber das waren Spar-Kellerfenster aus dünnem Blech gewesen. Hier ist das Material — das sieht er sofort — viel zu stabil für diese Methode.

Einen Augenblick kauert der Einbrecher unschlüssig vor dem Kellerfenster. Der Schlüsselring zeigt ganz klar, daß die Besitzer des Hauses nicht dem bequemen Glauben nachhängen, daß immer nur bei anderen eingebrochen werde. Solche Häuser mag Josef H. eigentlich nicht, denn da muß man noch auf weitere Überraschungen gefaßt sein. Andererseits: Wer sichert, hat auch etwas zu verlieren. Die Beute würde sich zweifellos lohnen.

Sorgfältig inspiziert der Einbrecher die Kellerluken an den anderen drei Seiten des Hauses. Seine Laune wird mit jedem Fenster schlechter: Alle sind mit Glasbausteinen zugemauert!

Wieder kämpft der Mann mit sich selbst. Soll er aufgeben? Sein Gefühl rät ihm dazu. Bisher hat er um Glasbausteine stets einen großen Bogen gemacht.

Aber dann gibt er sich einen Ruck. Er hat sich schon viel zu deutlich ausgemalt, welche Schätze dieses Haus beherbergen muß, um jetzt noch umzukehren. Und schließlich hat er jede seiner Einbruchstechniken irgendwann einmal zum ersten Mal angewendet.

Als Josef H. sein Werkzeug aus der Tasche zusammen kramt, ahnt er nicht, worauf er sich einläßt.

Wir alle verbinden mit dem Wort „Glas" die Vorstellung, daß es zerbrechlich und leicht zerstörbar sei. Richtig ist: Wenn wir eine Fensterscheibe auf den Boden fallen lassen, zerspringt sie. Aber wenn wir jetzt eine kleine Scherbe nehmen und sie wieder fallen lassen, dann zerbricht sie nicht wieder in viele noch kleinere Stücke. Sie ist plötzlich erstaunlich widerstandsfähig. Also: Je kleiner und je dicker eine Glasscheibe ist, umso schwerer läßt sie sich zerstören.

Glasbausteine sind bekanntlich sowohl klein als auch dick. Die größten, die es überhaupt gibt, messen 30 mal 30 Zentimeter. Sie lassen sich mit Glasschneidern oder ähnlichem Werkzeug auf keinen Fall knacken.

Soviel hat inzwischen auch Josef H. erkannt. Mißmutig läßt er den Glasschneider in die Werkzeugtasche zurückfallen und greift nach einem Hammer. Wenn es ihm gelänge, einen Stein zu zerschlagen, so rechnet er sich aus, müßte er die anderen relativ leicht herausbrechen können. Zunächst vorsichtig — um möglichst wenig Lärm zu verursachen — klopft er gegen das Glas. Als dies nichts nützt, holt er ahnungslos kräftig aus.

Josef H. hat, wie gesagt, keine Erfahrung mit Glasbausteinen. Viele seiner Zunftgenossen wissen, worauf sie sich gefaßt machen müssen, wenn sie nach dem Hammer greifen: Bei der Herstellung normaler Glasbausteine werden zunächst aus Preßglas sogenannte Halbschalen gefertigt. In einem zweiten Arbeitsgang werden dann jeweils zwei dieser Halbschalen zu einem gläsernen Stein zusammengeschmolzen. In dem dabei entstehenden Hohlraum im Innern jedes Steins wird die Luft sehr stark erhitzt. Wenn sie sich abkühlt, zieht sie sich zusammen. Es entsteht eine kleine Unterdruckkammer, ähnlich wie in einem Einmachglas oder in einer Fernsehbildröhre. Immer wenn sich unterschiedlicher Luftdruck plötzlich ausgleicht, geschieht dies mit einem lauten Knall — egal ob von innen nach außen, wie in einem platzenden Luftballon oder von außen nach innen, wie zum Beispiel in einem zerschlagenen Glasbaustein.

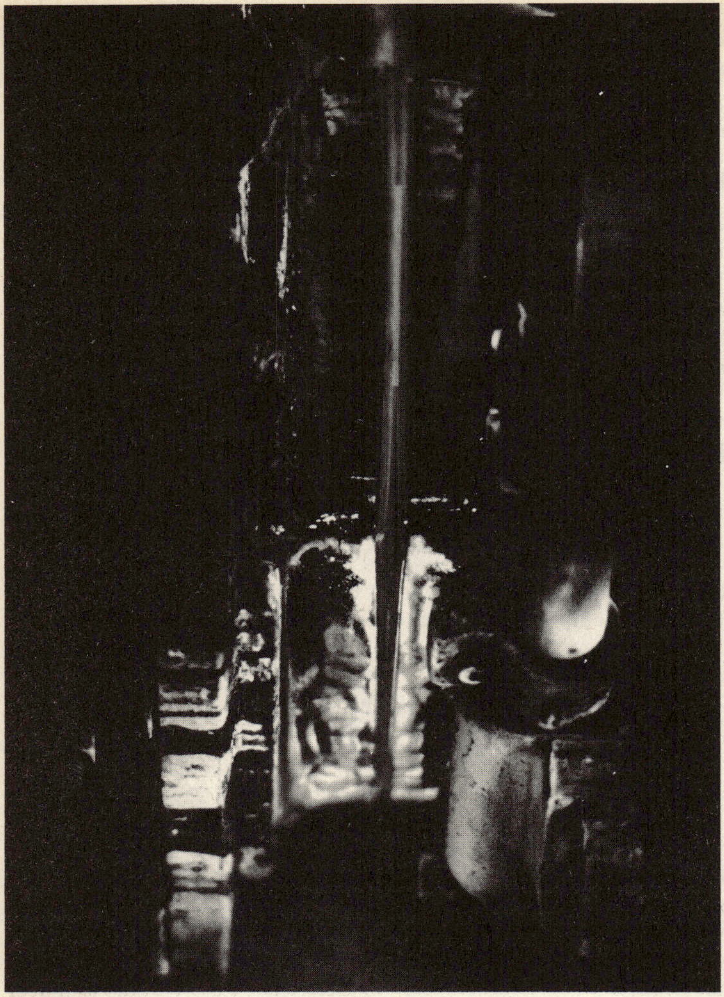

Ein ungewöhnliches und auf den ersten Blick vielleicht verwirrendes Foto: Es zeigt den Augenblick, in dem bei der Produktion von Glasbausteinen die beiden Hälften zusammengeschmolzen werden. Wenn sie danach abkühlen, entsteht im Innern eine kleine Unterdruckkammer, die dazu führt, daß Glasbausteine mit einem lauten Knall zerspringen. (Foto: Vereinigte Glaswerke)

Der Knall, mit dem der Stein zerspringt, nimmt dem Einbrecher für einen Augenblick den Atem. Ganz kurz wird das ungute Gefühl, das er schon die ganze Zeit hatte, zur lähmenden Angst. Er drückt sich mit klopfendem Herzen in den Schatten der Hauswand und wartet. Kaum wird ihm bewußt, daß er immer noch den Hammer in der Hand hält. Aber wäre jetzt jemand um die Ecke gebogen, er hätte blind zugeschlagen.

Die Geschichte der Kriminalität wimmelt von Fällen, in denen in einem solchen kritischen Augenblick jemand um die Ecke kam und den Einbrecher stellte. Jemand, der nicht daran dachte, daß auch Straftäter keine kühl berechnenden Maschinen sind, die immer das für sie Günstigste tun, sondern Menschen, die Angst haben, die sich von unerwarteten Mißerfolgen aus der Fassung bringen lassen und die plötzlich in Panik geraten und um sich schlagen, wenn sie sich in die Enge getrieben fühlen.

„Nimm dich zusammen, verdammt nochmal!“, ermahnt Josef H. sich selbst. „Du weißt ganz genau, daß kein Mensch nach dem ersten Geräusch Alarm schlägt!“ Auch diese psychologische Erkenntnis hat Josef H. aus dem Knast mitgebracht: Wer nachts von einem unerwarteten Geräusch aus dem Schlaf geschreckt wird, steht keineswegs sofort auf, um nachzusehen. Er wartet vielmehr, ob sich das Geräusch wiederholt. Wenn alles still bleibt, glaubt er nur zu gern daran, daß er sich getäuscht hat und daß er beruhigt weiterschlafen kann.

Nach zwei Minuten hat sich Josef H. wieder völlig unter Kontrolle. Sein Herz schlägt normal, seine Hände haben aufgehört zu zittern. Er glaubt sich fast am Ziel, als er jetzt wieder vor dem Kellerfenster kniet: Nachdem ein Stein zersplittert ist, braucht er nur noch mit leichten Hammerschlägen den Mörtel zu lockern, um die anderen Glasbausteine einzeln herausnehmen zu können — glaubt er!

Er hätte auch recht mit dieser Spekulation, wenn die Glasbausteine einfach aufeinander gemauert wären. Aber das Kellerfenster hat noch einen weiteren Haken. Zunächst kann Josef H. nicht feststellen, woran es liegt: Unter seinen vielen leichten und leisen Hammerschlägen beginnt die Mauerfuge zu bröckeln. Der nächste Glasbaustein rührt sich aber nicht von der Stelle. Dann entdeckt er im Schein seiner kleinen Taschenlampe zwischen dem weißen Mörtel etwas Braunes. Stahlarmierungen! In jede Fuge sind runde Eisenstäbe eingelassen! Und wie der Einbrecher dieses Haus mittlerweile einschätzt, muß er damit rechnen, daß die Armierungen auch noch ringsum in die Fensterlaibung einzementiert sind.

Josef H., vor dem normalerweise kein Kellerfenster sicher ist, kapituliert. Wegen der Glasbausteine kommt er mit schwerem Schneidwerkzeug nicht an die Eisenstangen heran. Solange die Eisenstangen da sind, kann er die Glasbausteine nicht entfernen — es sei denn, er würde sie zerschlagen, und das wiederum würde zuviel Lärm verursachen.

Daß Josef H. nicht gegen Bezahlung arbeitet, sondern seinen Lebensunterhalt mit riskanten nächtlichen Aktivitäten bestreitet, verdankt er seiner Inkonsequenz: Schon als Jugendlicher war er — erst in der Lehre und dann an mehreren Arbeitsstellen — zunächst immer Feuer und Flamme. Sobald er Schwierigkeiten, Widerstände oder auch nur die Eintönigkeit spürte, die jede Arbeit einmal mit sich bringt, warf er die Flinte ins Korn. Vielleicht ist es eine Ironie des Schicksals, daß Josef H. heute deshalb im Gefängnis sitzt, weil er in jener Nacht ausnahmsweise einmal ganz konsequent war.

Es ist fast drei Uhr morgens, als er zwar vor dem Kellerfenster, nicht aber vor dem gut gesicherten Haus kapituliert. Er versucht sich mit einer Arbeitsweise, die er bisher gemieden hat. Weil sie ihm aber so fremd ist, erfordert sie seine volle Konzentration, und so übersieht er eine Kleinigkeit: Ein nicht einmal streichholzschachtelgroßes graues Kästchen, innen an der Scheibe des Fensters, bei dem der Mann jetzt steht.

Er denkt nur an eins: Auf keinen Fall Lärm machen!

Mit einem häßlichen, knirschenden Geräusch zieht der Glasschneider eine halbkreisförmige Rinne in die Scheibe — unmittelbar neben dem Fenstergriff. Josef H. merkt nichts davon, daß die winzigen Schwingungen der Glasscheibe, die dabei entstehen, in dem kleinen grauen Kästchen von einem Spezialmikrofon registriert werden. Er hat keine Ahnung, daß es gleichzeitig in einem größeren Kasten im Keller geheimnisvoll zu knacken beginnt und sich ein paar Kontakte öffnen und schließen. Nirgendwo deutet etwas darauf hin, daß er die Alarmanlage ausgelöst hat — kein Licht, keine Sirene, keine Hupe, nichts.

Einen Augenblick steht Josef H. nachdenklich vor der Scheibe. Vor zwei Jahren hat ihm ein „Kollege“ einmal erzählt, wie man Glasscheiben möglichst geräuschlos einschlägt: „Wenn die Scheibe bricht — das ist ungefährlich, was den Krach macht, sind die Splitter, die herunter fallen. Und das ist ein Geräusch, das jeder sofort erkennt, da hast du gleich die Leute auf dem Hals.“ Aber für alle gängigen Methoden brauchte man irgendwelche Hilfsmittel: einen Gummisauger, um das Glas festzuhalten, Klebestreifen oder Schmierseife. Nichts von alledem hat Josef H. bei sich.

Während der Einbrecher noch vor dem Fenster steht und nachdenklich das kleine Stück Glas betrachtet, das er herausbrechen will, biegt ein paar hundert Meter weiter ein Volkswagen mit Funkantenne in die Straße ein. Am Steuer sitzt Helmut Fischer, 30 Jahre alt, verheiratet, aktives Mitglied in einem Judoklub. Schon ein gutes Stück, bevor er den Bungalow erreicht, stellt er den Motor ab und läßt den Wagen geräuschlos ausrollen. Bevor er und sein Beifahrer aussteigen, greift er zum Funkgerät und gibt der Zentrale eine Positionsmeldung durch.

An der Rückfront des Gebäudes hat sich Josef H. inzwischen entschlossen: Vorsichtig klopft er mit dem Hammerstiel gegen das angeritzte Stück der Fensterscheibe.

Im gleichen Moment bleibt er wie erstarrt stehen. Rechts und links von ihm tauchen an der Hauswand Schatten auf. Eine entschlossene Stimme kommandiert: „Halt! Keine Bewegung!"

Als Josef H. sich jetzt ganz langsam umdreht, erwartet er, daß zwei Männer in grünen Polizeiuniformen hinter ihm stehen.

Aber Helmut Fischer und sein Kollege tragen keine grünen, sondern graue Uniformen. Und an den Ärmeln prangen keine Polizeiwappen, sondern die gekreuzten Schlüssel der Wach- und Schließgesellschaft. Beide Männer sind jung und durchtrainiert. Keine Frage: Ein Angriff wäre ebenso sinnlos wie der Versuch wegzulaufen.

Josef H. vermag seine Verblüffung kaum zu verbergen. Wachmänner kannte er bisher nur aus Filmen und aus gelegentlichen Begegnungen auf sichere Entfernung während seiner nächtlichen Streifzüge. Unter Wachmännern hat er sich bisher Rentner vorgestellt, die es mit einem jüngeren Straftäter nicht mehr aufnehmen konnten und von denen Ganoven abschätzig meinten, daß sie einem Einbrecher schlimmstenfalls böse hinterher schauen.

Diese beiden sind von anderem Kaliber. Und sie sehen nicht so aus, als seien sie zum Spaßen aufgelegt.

„Verdammte Glasbausteine", knurrt Josef H. vor sich hin, während er langsam den Hammer weglegt und die Hände hebt.

Tatsächlich waren die Glasbausteine in gewisser Weise an seinem Mißgeschick schuld: Wären die Kellerfenster nicht so gut gesichert gewesen, hätte der Einbrecher nicht auf den ungewohnten Einstieg ausweichen müssen.

In einem Punkt allerdings irrt er. Die Wachmänner sind nicht etwa von Nachbarn alarmiert worden, die den Knall gehört haben. Sie sind aber auch nicht zufällig zu dem Bungalow gekommen. Wie sie von dem

Einbruch erfahren haben und warum sie so schnell an Ort und Stelle sein konnten, das möchte ich Ihnen etwas später erklären.

Vorher sollten wir uns allerdings die Zeit nehmen, noch einen Augenblick bei den Fenstern zu verweilen. Die Glasscheibe ist nun einmal an jedem Haus die dünnste Trennwand zwischen Außen und Innen. Sie zieht Einbrecher besonders an, und Sie sollten deshalb über die Sicherungsmöglichkeiten bei Fenstern mehr wissen als die Tatsache, daß es Gitter und Glasbausteine gibt — Glasbausteine, die im übrigen nicht immer hohl sein müssen: Unter dem Namen „Betongläser" sind lichtdurchlässige Steine aus massivem Glas im Handel, über die sogar schwere Lastzüge fahren können, wenn sie in eine Betonkonstruktion mit entsprechender Tragkraft eingebaut sind. Und wenn Sie wollen, können Sie Glasbausteine sogar in durchschußhemmender Ausführung haben!

Wie man Fensterläden sichert

Nehmen wir einmal an, Sie wollen vor einem bestimmten Fenster keine Gitter und Sie wollen es auch nicht mit Glasbausteinen zumauern. Trotzdem hätten Sie es nicht so gern, wenn ein Einbrecher dieses Fenster als Eingangstür benützen würde, während Sie gerade nicht zu Hause sind oder schlafen oder vor dem Fernseher sitzen.

Was also tun?

Sie lassen den Rolladen herunter? Außerdem haben Sie dicke Isolierglasscheiben?

Nicht schlecht. Aber machen Sie doch vielleicht auch an dieser Stelle einen Test: Lassen Sie den Rolladen herunter, gehen Sie dann nach außen vor das Fenster und versuchen Sie, ihn hochzuschieben. Wenn Sie es nicht ohnehin schon gewußt haben, sind Sie jetzt wahrscheinlich überrascht, wie leicht das geht. Wenn Sie den Rolladen loslassen, kommt er natürlich wieder herunter. Ein Einbrecher verhindert dies, indem er ein Brett oder ein Lattenstück dazwischen klemmt.

Auch mit der Isolierglasscheibe können Sie einen Test machen. Aber es ist billiger, wenn Sie mir glauben: Sie läßt sich auf gleiche Weise einschlagen wie ganz normales Fensterglas. Und Sie wissen inzwischen ja auch, daß versierte Einbrecher Möglichkeiten haben, dabei unerwünschte Geräusche zu vermeiden.

Nehmen wir uns zunächst einmal die Läden vor. Vielleicht erinnern Sie sich noch, daß man vor vielen Jahren versucht hat, dem Problem durch kleine Riegel ganz unten am Rolladen beizukommen, die rechts und links in entsprechende Aussparungen in der Fensterlaibung einrasteten. Zunächst einmal wurde damit verhindert, daß jemand von außen den Rolladen hochschob. Aber nicht für allzu lange Zeit. Denn wie wir gesehen haben, sind Einbrecher findig: Sie schnitten mit einem Messer die unterste Lamelle ab und schoben einfach den Rest nach oben.

Aus dieser Erfahrung ergibt sich die Regel Nummer eins für Rolladensicherungen: Sie müssen so weit oben wie möglich angebracht sein.

Die einfachste Vorrichtung hat schon vor vielen Jahren ein Beamter von einer kriminalpolizeilichen Beratungsstelle erfunden. Und sie hat sich bis heute bewährt. Das Rezept: Man nehme einen Bohrer, lasse den Rolladen herunter und bohre ganz oben ein Loch durch den Fensterrahmen, durch die Führungsschiene und den Rolladen selbst. Durch dieses Loch stecke man einen Stahlstift (oder einen langen Zimmermannsnagel), der den Rolladen zuverlässig von außen unsichtbar blokkiert. Diese Sicherung hat einen großen Nachteil: Man muß jedes Mal bei jedem Rolladen daran denken, sich die Zeit dafür nehmen und sich Mühe damit machen.

Wenn Rolläden nur selten gesichert werden müssen — zum Beispiel im Urlaub oder einmal am Wochenende, genügt eine einfache Sicherung. Wenn sie aber jedesmal beim Herunterlassen blockiert werden sollen, dann würde ich eine automatische Rolladensicherung empfehlen. Sie rastet selbsttätig ein und wird, wenn man innen am Gurt zieht, automatisch entriegelt. Schiebt jemand von außen am Rolladen, bleibt sie stur.

Bitte denken Sie auch an den neuesten Trick, den sich Einbrecher zur Überwindung gesicherter Rolläden ausgedacht haben. Sie fassen den Laden in der Mitte an und ziehen ihn kräftig nach vorne. Wenn die Lamellen dünn und elastisch sind, biegen sie sich durch und rutschen seitlich aus der Führungsschiene. Diese Gefahr ist insbesondere bei breiten Fenstern sehr groß. Sie sollten bei Rolläden also besonders auf Stabilität achten. Dabei kommt es nicht so sehr auf das Material an. Kunststoff muß nicht schlechter sein als Aluminium oder Holz, wenn er nur kräftig und hart genug ist. Wenn Sie ganz sicher gehen wollen, achten Sie beim Einkauf neuer Rolläden bzw. neuer Fensterelemente nicht nur auf Sperren gegen das Hochschieben, sondern auch auf spezielle Rolladenführungen, die ein Herausziehen der Läden verhindern.

Eine andere Möglichkeit: Man verstärkt die unterste Lamelle so, daß sie sich nicht mehr nach vorne durchbiegen läßt — zum Beispiel mit einem Winkeleisen, das mit durchgehenden Schrauben befestigt wird. Wenn Sie von innen die Gegenmutter festgedreht haben, zerstören Sie am besten den herausstehenden Rest des Gewindes.

Eine Einschränkung ist allerdings nötig: Diese Sicherung ist nur sinnvoll, wenn sich die Lamellen nicht ohne weiteres abschneiden lassen.

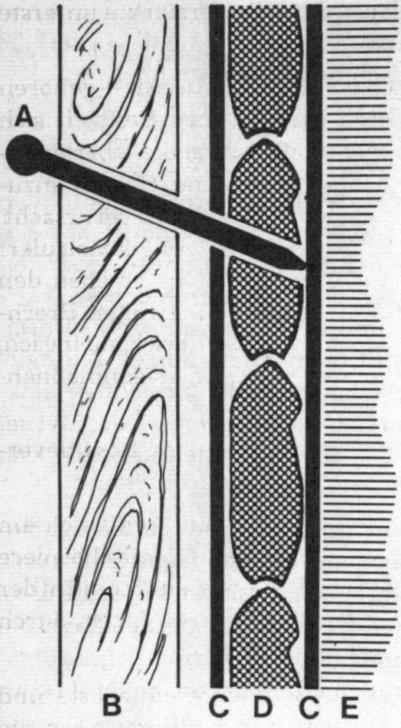

Eine einfache, aber wirksame Rolladensicherung: Durch Fensterrahmen (B), Führungsschiene (C) und Rolladen (D) wird ein Loch gebohrt, das bis an das Mauerwerk (E) oder an die äußere Rolladenführung reicht und leicht schräg nach unten führt. In dieses Loch steckt man einen Stahlstift oder dicken Nagel (A). Es empfiehlt sich, die Sicherung an beiden Seiten möglichst weit oben anzubringen.

(Zeichnungen: Praetorius)

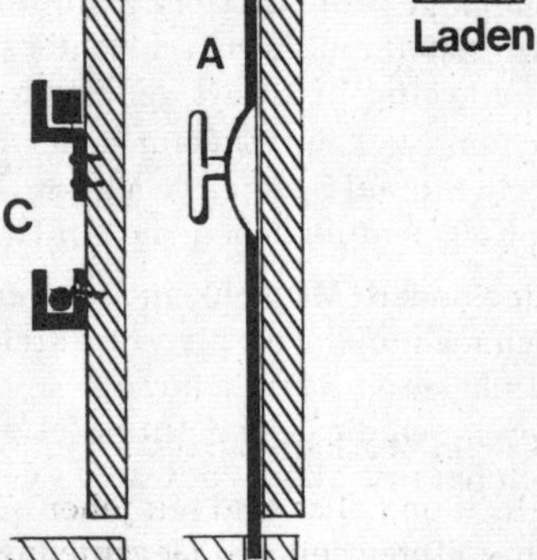

Bei Klappläden empfehlen sich stabile Basküle-Verschlüsse (A), die so weit in die Fensterlaibung ragen, daß sie auch einem Brecheisen trotzen.

Oben angeschraubte Winkeleisen (B) verhindern, daß der geschlossene Laden aus den Angeln gehoben wird.

Waagrecht in entsprechende Halterungen gelegte Vierkant- oder Rundeisen (C) erschweren es dem Einbrecher, den Laden aufzuhebeln.

Sonst greift der Einbrecher zum Messer, trennt die verstärkte unterste Lamelle ab und biegt die zweite heraus.

Klappläden — verbreitet besonders noch bei älteren Häusern — gehören zu den großen Verführern. Sie verleiten nämlich ihre Besitzer, sich dahinter sicher zu fühlen. Doch auch hier muß man in die Überlegungen mit einbeziehen, daß Rechtsbrecher stets bereit sind, Gewalt anzuwenden, wenn es nicht zu lang dauert und nicht zu viel Lärm verursacht. Ich weiß von einem Einbrecher, der sich Spezialwerkzeug konstruiert hatte: Mit einem langen abgewinkelten Brecheisen bog er oben den Klappladen aus der Fensterlaibung heraus. Mit einem zweiten Brecheisen hebelte er die Läden aus den Angeln. Auch diesen Trick, meine ich, muß man kennen, um ihn mit ein paar ganz einfachen Gegenmaßnahmen zu verhindern:

Gut, aber relativ teuer und nicht leicht zu montieren, sind Basküleverschlüsse, die oben und unten in die Fensterlaibung einrasten.

Wer ein Schweißgerät besitzt und damit umgehen kann, hilft sich am besten durch ein Stück Eisen, daß er unten an die Ladenscharniere anschweißt. Und zwar so, daß es bei geschlossenen Laden unter die in der Wand eingelassenen Bänder greift — oder, wie bei den Türen, durch Bleche mit Löchern und dazu passende „Hinterhaken".

Ein Bohrer und ein Schraubenzieher genügt für die einfachste und durchaus ebenfalls wirksame Sicherung. Sie besteht aus Winkeleisen, die man so an den Laden schraubt, daß sie unter die obere Fensterlaibung greifen.

Eine Menge zusätzliche Sicherheit, insbesondere bei längerer Abwesenheit oder zum Beispiel auch in Wochenendhäusern, die nicht ständig bewohnt sind, bringen stabile eiserne Querverstrebungen, die ein ganz normales Aufbrechen der geschlossenen Ladenflügel verhindern.

Alle diese Sicherungen haben im Grunde genommen nur einen Zweck: Sie sollen verhindern, daß der Einbrecher an die schwächste Stelle des Fensters herankommt — an die Glasscheibe. Nicht etwa, weil es unmöglich wäre, einbruchhemmendes Glas herzustellen und zu montieren. Das gibt es längst. Sondern deshalb, weil der Einbau von Sicherheitsscheiben aller Art für den normalen Bedarf oft zu kompliziert und zu teuer ist.

Wer im Glashaus sitzt . . .

Glück und Glas sind seit jeher nicht gerade Symbole für unerschütterliche Sicherheit. Im Gegenteil: Beide sind bekanntermaßen eher zerbrechlich.

Auch wer im Glashaus sitzt, muß nicht unbedingt Angst vor Einbrechern haben. Es gibt heute Glassorten, die Einbruchsversuchen erheblichen Widerstand entgegensetzen. (Foto: Firmensitz Vereinigte Glaswerke, Aachen, Gesamtplanung: Hentrich, Petschnigg + Partner KG, Bochum)

Und so scheint es, daß der Trend zu großen Glasflächen in der modernen Architektur insbesondere das Glück der Einbrecher begünstigt. Man muß heute das alte Sprichwort wohl ein wenig abwandeln: Wer im Glashaus sitzt, soll sich nicht mit Steinen bewerfen lassen!

Immerhin: Wir haben schon bei der Betrachtung der Glasbausteine gesehen, daß Scherben auch Dieben nicht immer Glück bringen. Und Glasscheiben lassen sich heute durchaus so konstruieren, daß Gangster den Spaß daran verlieren.

Vielleicht haben Sie an der Verglasung einer Kassenbox in einer Bank schon einmal die Schmalseite einer Scheibe aus „Panzerglas" betrachtet (Sicherheitsexperten verwenden diesen Begriff nicht gern, weil man sich unter einer „Panzerung" doch einen höheren Sicherheitsgrad vorstellt als ihn die stabilste Glaskonstruktion bieten kann). Dann haben Sie auch gesehen, daß dieses Glas aus verschiedenen Schichten besteht. Mehrere dicke Scheiben sind abwechselnd mit hochreißfesten Folien verbunden (daher die Bezeichnung Verbund-Sicherheitsglas). Bei einem Einbruchsversuch kann sich — etwas vereinfacht ausgedrückt — die Energie eines Hammers, die auf die äußere Scheibe einwirkt, nicht in gleicher Stärke auf die anderen Scheiben übertragen. Ist die äußere Scheibe nach dem ersten Schlag gesprungen, bleiben auch die Splitter noch fest mit der Folie verbunden. Es bedarf vieler weiterer Hammerschläge, um die dahinter liegenden Scheiben zu zerstören.

Ich habe selbst einmal versucht, ein solches Fenster zu durchbrechen: Dabei habe ich festgestellt, daß es natürlich nicht absolut unmöglich ist. Irgendwann waren die Glasschichten weitgehend zertrümmert. Aber noch immer hielten die Folien die Glaseinheit elastisch zusammen. Hätte ich Kraft und Geduld genug aufgebracht, wäre irgendwann sicher ein Loch entstanden. Aber nach ungefähr hundert Schlägen mit einem schweren Vorschlaghammer hatte ich genug. Von dem Höllenlärm, den jeder Hammerschlag verursachte, ganz zu schweigen.

Es liegt in der Natur der Sache, daß der Anwender den Widerstandswert von Glas nicht durch Ausprobieren ermitteln kann. Darum sind seit vielen Jahren Bestrebungen im Gange, einen bestimmten Sicherheitsgrad durch eine feststehende Bezeichnung kenntlich zu machen.

Pionierarbeit hat hier zum einen die Glasindustrie geleistet, zum anderen der Verband der Sachversicherer, der in seinen Laboratorien in Köln reproduzierbare technische Prüfmethoden entwickelt hat. Wenn Sie den Bezeichnungen EH 1, EH 2 und EH 3 begegnen, handelt es sich um Klassifizierungen des VdS, auf die Sie sich nach wie vor verlassen können (EH bedeutet einbruchhemmend, EH 1 steht für die niederste, EH 3 für die höchste erreichbare Sicherheitsstufe). Die Bezeichnungen

E 1, E 2 und E 3 werden noch von der Glasindustrie verwendet. Mitte 1984 kamen jedoch endlich die jahrelangen Arbeiten an einer DIN-Norm zum Abschluß, deren Bezeichnungen die anderen Klassifizierungen mit Sicherheit verdrängen werden. Eigenschaften angriffshemmender Verglasungen sind in der DIN 52290 festgelegt, die den Widerstand gegen vier verschiedene Angriffsarten klassifiziert:

A. **Durchwurfhemmung.** Um den Widerstand einer Verglasung gegen Steinwürfe zu prüfen, wird das Glas waagrecht eingespannt. Dann läßt man eine Stahlkugel von ca. 4 kg Gewicht aus unterschiedlichen Höhen auf die Verglasung fallen.

A 1. Fallhöhe 3,50 m — Energie der Kugel entspricht etwa einem von Menschenhand gegen ein Fenster im 2. Obergeschoß geworfenen Stein.

A 2. Fallhöhe 6,50 m — Energie der Kugel entspricht etwa einem von Menschenhand gegen ein Fenster im 1. Obergeschoß geworfenen Stein.

A 3. Fallhöhe 9,50 m — Energie der Kugel entspricht etwa einem von Menschenhand gegen ein Fenster im Erdgeschoß geworfenen Stein.

B. **Durchbruchhemmung.** Hier wird durch einen Automaten mit einer Axt so lange gegen eine Verglasung geschlagen, bis ein Durchbruch erzielt ist. Die Energie beträgt bei jedem Schlag 300 bis 350 Joule.

B 1. Durchbruch wird nach 30-50 Schlägen erzielt.

B 2. Durchbruch wird nach 50-70 Schlägen erzielt.

B 3. Für einen Durchbruch sind mehr als 70 Schläge nötig.

Klassifizierungen mit den Buchstaben C geben Auskunft über die **Durchschußhemmung.** Wenn in DIN-Klassifizierungen im Zusammenhang mit Verglasungen künftig der Buchstabe D auftaucht, wird es sich um den Widerstand gegen **Explosionen** handeln.

Glas mit hervorragenden durchschußhemmenden Eigenschaften muß nicht gleichzeitig die höchste Einbruchhemmung bewirken — und umgekehrt. Soll eine Verglasung gegen beide Angriffsarten schützen, muß sie auch nach beiden Klassifizierungen eingestuft sein.

Selbstverständlich ist auch angriffshemmendes Glas als Isolierverglasung zu haben. Die Tatsache allerdings, daß Sicherheitsglas aus einem Verbund von Glas und Folien aufgebaut ist, sollte nicht zu dem Glauben verführen, man erreiche die gleiche Wirkung, wenn man eine vorhandene Scheibe mit Folie beklebt. Dies kann sinnvoll sein — als Unfallschutz, als Splitterschutz, wenn die Scheibe beschossen wird,

Einbruchhemmendes Glas im Crash-Test. Je nach Einschätzung des Risikos kann man zwischen Glassorten mit unterschiedlich hoher Widerstandsfähigkeit (zu ebenso unterschiedlichen Preisen) wählen. Wichtig: Der Rahmen muß ebensoviel aushalten wie das Glas.
(Foto: Vereinigte Glaswerke)

Nach einer Labor-Prüfung. *(Foto: VdS)*

und sogar bei Explosionen. Eine Einbruchshemmung geht von solchen Folien jedoch nicht aus — allenfalls eine Überwachungsfunktion, wenn es sich um Folien mit Alarmdrahteinlage handelt.

Und noch eins: Wenn Sie sich Materialstärke und Gewicht der Sicherheitsgläser ansehen, ergibt sich schon daraus, daß ein einfacher Austausch der Verglasung in den vorhandenen Rahmen nicht immer möglich ist. Und Sie wollen wahrscheinlich auch nicht, daß beim Angriff eines Einbrechers zwar das Glas standhält, aber unter den Hammerschlägen das ganze Fenster mitsamt dem Rahmen nach innen fällt.

In jedem Fall ist also zu prüfen, in welchem Zustand sich die vorhandenen Fensterrahmen befinden — ob sie solide im Mauerwerk verankert sind und inwieweit sie die dickere einbruchhemmende Verglasung aufnehmen können. Dabei muß auch noch Platz für Glashalteleisten bleiben, die sich von außen nicht abmontieren lassen und die auch erhöhter Beanspruchung standhalten.

Lassen sich diese Voraussetzungen erfüllen, dann genügt es, die Verglasung auszutauschen. Besteht Anlaß zu Zweifeln, dann sollten Sie besser auch die Kosten für einen entsprechend widerstandsfähigen Rahmen mit einkalkulieren! Oder aber auf ein Material ausweichen, das Sie in der folgenden Geschichte kennenlernen. Es hat eine Menge Vorteile, aber — das sei schon vorweg gesagt — auch ein paar gravierende Nachteile.

Polycarbonat — Kunststoff mit erstaunlichen Eigenschaften

Es war ungefähr drei Uhr morgens, als der Besitzer einer Moped- und Motorradwerkstatt in der Pfalz von einem lauten Knall aufwachte. Er zog sich den Morgenrock über und schlich vorsichtig die Treppe hinunter.

Nirgendwo im Haus rührte sich etwas. Schließlich öffnete er langsam die Haustür einen Spalt breit und spähte in den Hof.

Kein Zweifel: Etwa zwei Meter von der Werkstatt-Tür entfernt lag ein Mann auf dem Boden. Neben ihm ein großer Pflasterstein. Und an der Scheibe in der Tür schimmerte im Licht der Straßenlaterne kaum sichtbar eine Schramme.

Vor ein paar Monaten erst hatte der Werkstatt-Inhaber diese Scheibe ersetzen lassen. Nachdem sie beim Transport der Fahrzeuge in die Werkstatt mehrmals hintereinander durch Unachtsamkeit eingeschlagen worden war, hatte er diesmal kein Glas einsetzen lassen, sondern eine Scheibe aus einem Kunststoff namens „Polycarbonat". Obwohl nur wenige Millimeter dick, gilt sie als praktisch unzerbrechlich.

Polycarbonat ist ebenso durchsichtig wie Glas. Der Einbrecher dachte an nichts Böses, als er den Pflasterstein hob und ihn gegen die Scheibe der Werkstatt-Tür warf. Aber das Material reagierte wie Gummi. Der Stein prallte zurück und schickte den ungebetenen Besucher ins Land der Träume.

Der glasähnliche Kunststoff hat noch eine andere bemerkenswerte Eigenschaft, die vor einiger Zeit einen Ganoven im Rheinland in eine peinliche Situation brachte:

Er hatte versucht, ein kleines Neben-Schaufenster eines Briefmarken- und Münzenfachgeschäftes einzuschlagen, das nicht wie das große Fenster durch ein Rollgitter geschützt war. Dabei hatte er festgestellt, daß das „Glas“ mit dem Hammer nicht zu bezwingen war.

Der Einbrecher mochte nicht aufgeben, weil er die Münzen in diesem Schaufenster schon im voraus an einen Hehler verkauft hatte. Das „Glas“ mußte aus einem Kunststoff bestehen. Und die meisten Kunststoffe, so sagte er sich, schmelzen bei großer Hitze.

So kam er in der nächsten Nacht wieder und brachte einen Schneidbrenner und zwei kleine Gasflaschen mit.

Tatsächlich gelang es ihm, aus der Scheibe ein rundes Loch herauszubrennen — gerade groß genug, um durchzufassen. Angenehm kann die Arbeit allerdings nicht gewesen sein; denn Polycarbonat entwickelt in der Hitze eines Schneidbrenners viel stinkenden und beißenden Qualm.

Als das Material nur noch warm war, griff der Einbrecher mit dem Arm durch das Loch und raffte alle Münzen, die er erreichen konnte, zu einem Haufen zusammen. Plötzlich erschien es ihm, als legte sich mit eisernem Griff eine Klammer um seinen Arm. Rasch griff er sich noch eine Handvoll Münzen, um dann die Hand aus dem enger werdenden Loch zurückzuziehen.

Zu spät! Die Scheibe, die sich in der Hitze ausgedehnt hatte, zog sich, während sie kalt wurde, so schnell wieder zusammen, daß der Dieb festsaß. Er hatte nicht einmal eine Chance, sich nach seinem Werkzeug zu bücken. Später erzählte er, er sei noch nie über das Erscheinen der Polizei so froh gewesen wie nach dieser Nacht.

Die Geschichte offenbart eine gravierende Schwäche des Polycarbonats: Es verändert seine Abmessungen bei Temperaturschwankungen sehr stark. Der Kunststoff hat im Vergleich zu Glas einen zehnmal so hohen Ausdehnungskoeffizienten! Außerdem ist das Material zwar außerordentlich schlagzäh. Da es bei weitem nicht die Härte der Glasoberfläche erreicht, läßt es sich aber mit geeigneten Werkzeugen durchaus bearbeiten — auch von Einbrechern. Es ist aus dem gleichen Grunde empfindlich

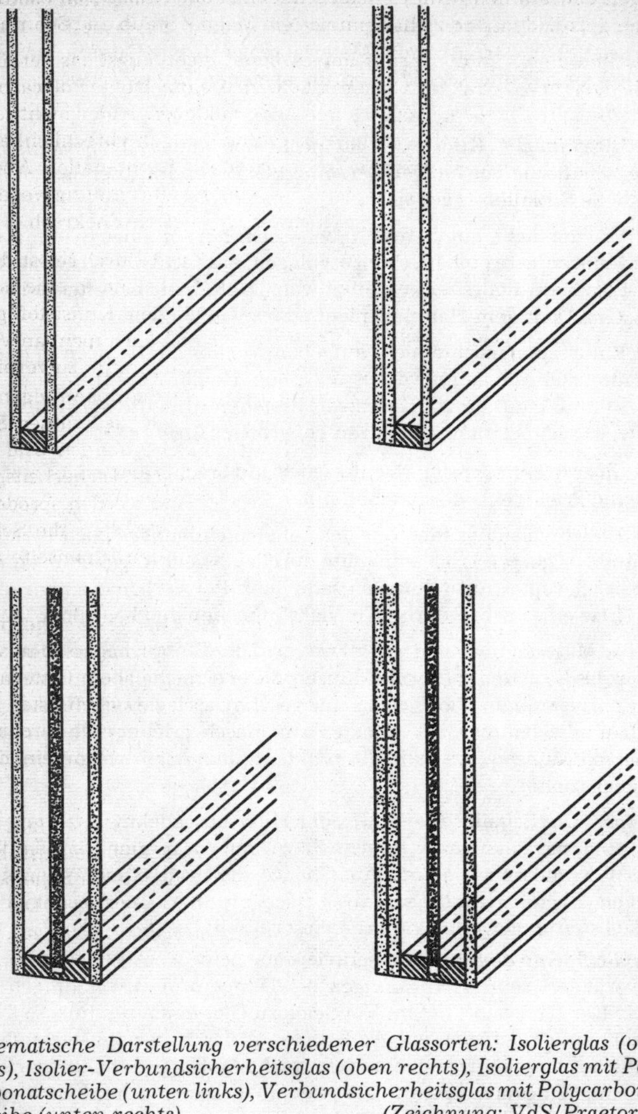

Schematische Darstellung verschiedener Glassorten: Isolierglas (oben links), Isolier-Verbundsicherheitsglas (oben rechts), Isolierglas mit Polycarbonatscheibe (unten links), Verbundsicherheitsglas mit Polycarbonatscheibe (unten rechts) (Zeichnung: VdS/Praetorius)

gegen Schrammen. Und es neigt schließlich auch dazu, sich elektrostatisch aufzuladen, und zieht dann wie ein Magnet Staub und Schmutz an.

Das sind die Gründe, warum Polycarbonat nicht längst das herkömmliche Glas ersetzt hat. Und darum ist die Idee, einfach eine Polycarbonatscheibe und eine Glasscheibe aufeinanderzukleben, leider nicht so einfach realisierbar. Die Härte des Glases und die Unzerbrechlichkeit des Kunststoffes ergäben zwar eine scheinbar ideale Kombination. Aber bei jeder Temperaturschwankung käme es in dieser Verbindung wegen der unterschiedlichen Ausdehnung zu einem handfesten Ehekrach.

Die Glasindustrie hat das Problem in jüngster Zeit dadurch gelöst, daß sie eine Polycarbonatscheibe mit entsprechendem Abstand in eine Isolierglaseinheit eingesetzt hat. Ein Spezialrahmen läßt dem Kunststoff genug Platz, um sich frei ausdehnen zu können. Es fehlt auch nicht an Versuchen, Glas und Kunststoff doch noch ohne Zwischenraum zu verbinden — mit einem speziellen Polyurethan-Kleber, der die Spannungen ausgleichen soll. Die bisherigen Erfahrungen zeigen, daß dieser Spannungsausgleich bis zu einer Fläche von 1,5 m^2 möglich ist. Und noch eins: Polycarbonat und auch die Folien des Verbundsicherheitsglases verlieren bei Frost einen Teil ihrer Elastizität und werden spröde. Bei mehrschichtig aufgebauten Verglasungen sollte also stets die Scheibe mit der größeren Schutzwirkung auf der wärmeren Innenseite angeordnet werden.

Fazit: Fenster lassen sich auf recht unterschiedliche Weise sichern. Und es spricht nichts dagegen, ein wenig zu mischen. Wenn Sie also beispielsweise einen Teil Ihrer Fenster mit gesicherten Rolläden, Gittern oder Glasbausteinen ausgerüstet und nun nur noch einige Fenster übrig haben, die sich so nicht verbarrikadieren lassen, dann wäre durchaus zu überlegen, ob man diese verbliebenen „Schwachstellen“ mit einem einbruchhemmenden Glas mittlerer Güte ausstattet.

Und noch etwas: Wenn ein Einbrecher das Glas überwindet, faßt er als erstes nach dem Fenstergriff. Wenn Sie eine abschließbare Ausführung einbauen lassen, muß er zumindest den Durchstieg in der Scheibe vergrößern und sich zwischen spitzen Scherben durchzwängen. Die Sorte Diebe, die wir im nächsten Kapitel kennenlernen, gibt oft völlig auf, wenn der Fenstergriff widerspenstig ist.

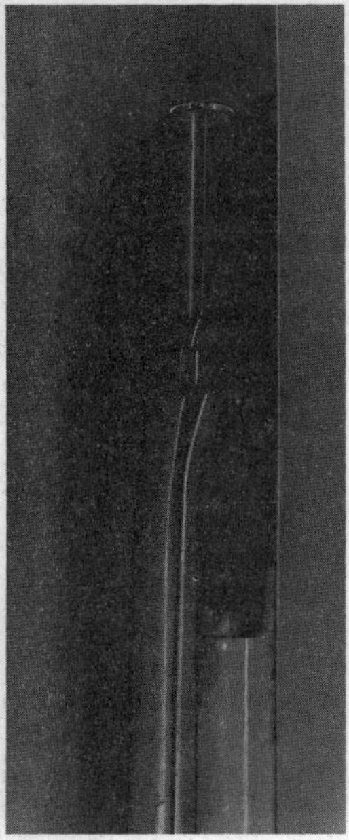

Die Gilde der „Fensterbohrer" (rechts) lebt davon, daß nur wenige Fenstergriffe und Türheber gesichert sind. Eine Hebetürsicherung (links) läßt sich leicht nachträglich montieren. (Fotos: Praetorius)

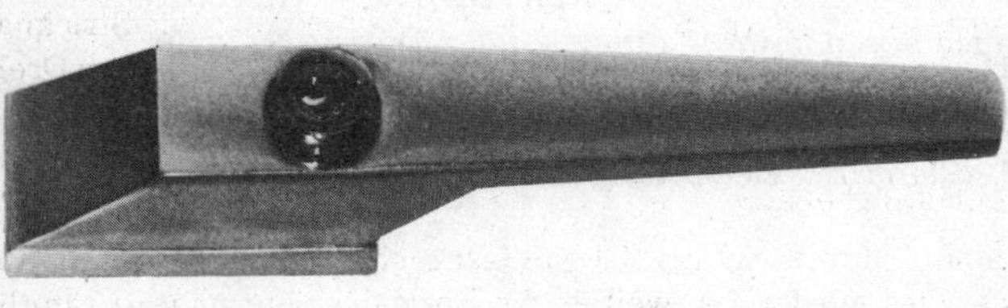

Abschließbare Fenstergriffe blockieren entweder in verschlossenem Zustand – oder sie drehen durch, ohne das Fenster zu öffnen. (Foto: Melchert)

Helmut M. und die Alarmanlagen

Er war schon berühmt, lange bevor man seinen Namen kannte. Nur seine Freundin wußte, warum er abends immer mit leeren Händen loszog und ein paar Stunden später nach Hause kam, als hätte er in einer Tombola sämtliche Hauptpreise gewonnen. Meist war es ungefähr fünf Uhr morgens, wenn er vor dem abgelegenen Haus vorfuhr, die Plane des Kleinlastwagens hochschlug und seine Freundin einen Blick auf die Ausbeute seiner nächtlichen Arbeit werfen ließ: Fernsehgeräte, Stereoanlagen, Photoapparate, Filmkameras, Antiquitäten, Bilder, Teppiche, Briefmarkensammlungen, Münzen, Schmuck — und als Höhepunkt die knisternden Scheine aus der Manteltasche.

Mit schöner Regelmäßigkeit begann zwei Stunden später für die Beamten des Einbruchkommissariats wieder einmal ein harter Arbeitstag. Es galt die Hinterlassenschaft von Helmut M. aufzuarbeiten.

Wie gesagt: Noch kannte die Kripo seinen Namen nicht. Sie belegte ihn mit dem Kürzel „ÜGIT", was soviel heißt, wie „überregionaler gefährlicher Intensivtäter". Und er teilte sich mit einigen Zunftgenossen einen Spitznamen, der auf seine spezielle Arbeitsweise anspielte. Für die Kripodienststellen in Norddeutschland war er nur „der Bohrer".

Den Beinamen verdankte er seiner bis zur Perfektion verfeinerten Fähigkeit, geschlossene Fenster zu öffnen, ohne die Scheiben auch nur anzuritzen. Sein Handwerkszeug bestand im wesentlichen aus einer Handbohrmaschine und einigen unterschiedlich gebogenen Stricknadeln.

Zugang zum Inneren der Häuser verschaffte er sich zunächst durch ein Bohrloch im Fensterrahmen — in unmittelbarer Nähe des Griffs oder des Türhebers bei Terrassentüren. Mit sensiblen Händen, die einem Chirurgen alle Ehre gemacht hätten, führte er dann seine Stricknadeln ein, hakte sie am Fenstergriff ein und hatte mit einer schnellen Drehung das Fenster geöffnet. Noch einfacher war das bei Terrassentüren: Hier brauchte er nur den Griff herunterzustoßen und die Tür mit einem Geißfuß anzuheben.

Und dann räumte er aus. Es gab fast nichts, was er verschmähte. Er wurde alles wieder los, weil er die Spezialgebiete nahezu sämtlicher Hehler kannte. Und es rührte ihn auch wenig, wenn die Bewohner des Hauses im Obergeschoß schliefen, während er in aller Bierruhe das Erdgeschoß ausplünderte.

Selten hielt er sich länger als eine Viertelstunde an einem Objekt auf. Und wenn ihn der Hafer stach, dann verschloß er das Fenster von außen wieder sorgfältig und kittete sogar sein Bohrloch wieder zu. Während er die Beute von der Terrasse in sein Auto transportierte, kicherte er manchmal leise vor sich hin, wenn er sich ausmalte, wie am nächsten Morgen das große Rätselraten einsetzen würde — wie die Polizei vergeblich nach Einbruchsspuren suchen und schließlich die Bewohner allen Ernstes fragen würde, ob sie möglicherweise den Einbruch vorgetäuscht hätten, um bei der Versicherung zu kassieren.

Helmut M. hielt es mit dem Standpunkt: „Es gibt viele Möglichkeiten, reich zu werden. Ehrlich währt am längsten." Und so arbeitete er ganz konsequent nie mehr als drei Stunden — drei Stunden allerdings, in denen er normalerweise acht bis zehn Einfamilienhäuser ausräumte.

Dafür, daß er letztlich doch geschnappt wurde, gibt es mehrere Erklärungen. Die Polizei meint, daß der Dauererfolg ihn einfach übermütig gemacht hat. Er selbst führt sein Mißgeschick auf die Tatsache zurück, daß es um 23.00 Uhr zu schneien anfing, obwohl der Wetterbericht eine trockene Winternacht prophezeit hatte. Der Exportkaufmann Erwin Böhme, den der Bohrer in jener Nacht um ein paar besonders wertvolle Teppiche bringen wollte, schwört darauf, daß der Erfolg seiner Alarmanlage zu verdanken ist.

Daß Helmut M. am Hamburger Alsterdamm (die Anschrift ist ebenso wie der Name des Betroffenen geändert) ausgerechnet auf das Grundstück mit der Hausnummer 8 geriet, hing weder mit dem attraktiven Gebäude zusammen, noch mit irgendwelchen Anzeichen, daß die Bewohner verreist waren. Der Bohrer stieg lediglich deshalb über den Zaun von Nummer 8, weil er vorher in Nummer 6 war — und weil er prinzipiell so rationell wie möglich arbeitete. Er vergeudete nicht gerne Zeit mit langen Fahrten von Objekt zu Objekt.

Das zweistöckige Gebäude machte einen neuen und gepflegten Eindruck. Höchstens vier Jahre alt, schätzte Helmut M.

Er hatte fast auf den Tag genau richtig getippt. Die Familie Böhme war im Dezember 1974 eingezogen. Schon im Herbst 1973 brütete der Exportkaufmann mit seinem Architekten über den Plänen. Damals propagierte die Kripo gerade ein Schwerpunktprogramm gegen Einbruch, das Erwin Böhme stark beeindruckte.

„Das Haus ist jetzt prima", bemerkte er anerkennend, als sein Architekt ihm die fertigen Pläne vorlegte. „Aber wie steht es mit der Sicherheit?"

Der Architekt verstand nicht gleich, worauf Herr Böhme hinaus wollte: „Die Statik ist selbstverständlich geprüft, die Brandschutzbestimmungen sind eingehalten, und für die Beachtung der VDE-Vorschriften haftet der Elektroinstallateur. Außerdem ist ein Blitzableiter vorgesehen."

„Ich weiß, ich weiß", winkte der Bauherr ab. „Gegen Naturgewalten und gegen technische Gefahren sind wir heute prima geschützt: Gegen Frost, gegen Feuchtigkeit, gegen Stromschläge in der Badewanne, gegen Ausrutschen, gegen Sturmschäden ... Aber ich meine jetzt die Sicherheit vor Einbrechern und Räubern. Und vor Sittenstrolchen, die hier einsteigen, wenn ich auf Geschäftsreise bin und meine Frau alleine zu Hause bleibt!"

Der Architekt geriet sichtlich in Verlegenheit: „Das ist, ehrlich gesagt, nicht gerade mein Sachgebiet", gab er schließlich zu. „Aber wir können da Spezialisten einschalten. Wollen Sie einen Stacheldrahtzaun um das Grundstück haben? Oder denken Sie an eine Alarmanlage, oder was meinen Sie?"

Man sollte sich hüten, den Architekten vorschnell zu verurteilen. Baufachleute stecken heute in einem engen Korsett von Vorschriften, Richtlinien und Normen. Es ist nicht leicht, alle zu kennen und zu beachten. Wer will es ihnen übelnehmen, wenn sie ein Gebiet, das nicht amtlich reglementiert ist, vernachlässigen — noch zumal die Sicherheit vor kriminellen Übergriffen auch bei den Hochschulen, die die Architekten ausbilden, recht stiefmütterlich behandelt wird!

Immerhin: Auch hier bahnt sich eine Änderung an. Den Architekten, die gewerbliche Räume, Juweliergeschäfte oder Banken bauen, bleibt gar nichts anderes übrig, als die Einbruchssicherheit zu berücksichtigen, weil die Versicherungen ihren Kunden entsprechende Auflagen machen. Und auch bei Privathäusern wird die Frage nach der Einbruchssicherheit immer häufiger gestellt und zwingt die Architekten, sich mit Einbruchmeldeanlagen und Verbundsicherheitsglas zu beschäftigen (Siehe auch Kapitel „Ein Wort an Bauherren und Architekten").

Helmut M. weiß natürlich nichts von der Vorgeschichte dieses Hauses, als er mit seiner Werkzeugtasche über den niedrigen Zaun klettert und nach einem geeigneten Einstiegsfenster Ausschau hält.

Seit drei Stunden schneit es nahezu ununterbrochen. Der Einbrecher flucht leise, als er einen Busch streift und ihm eine Handvoll Schnee in die leichten Turnschuhe rutscht, die er auch im Winter bei der Arbeit trägt.

Schließlich entscheidet er sich für ein Wohnzimmerfenster — einfach deshalb, weil es unter einem Balkon liegt. So schneit es ihm wenigstens nicht in den Kragen.

Der Einbrecher weiß auch nichts davon, daß gerade dieses Fenster Gegenstand besonders intensiver Überlegungen war — damals, als Erwin Böhme schließlich mit seinem Architekten und mit den Plänen unter dem Arm zur kriminalpolizeilichen Beratungsstelle gekommen war und nun von den beamteten Sicherheitsexperten wissen wollte, an welchen Details des geplanten Hauses Einbrecher wohl Gefallen finden würden. Solche Beratungsstellen, die dem Bürger kostenlos mit ihren Kenntnissen zur Verfügung stehen, gibt es in praktisch allen großen deutschen Städten. Sie verfügen über eine umfangreiche Mustersammlung von technischen Sicherungen. Sie sind besetzt mit erfahrenen Praktikern von der Kriminalitätsfront, die alle Einbrechertricks kennen und sich auf dem Markt für technische Sicherungseinrichtungen auskennen.

Während sich Herr Böhme damals ausschließlich für die speziellen Sicherungsprobleme seines Bauvorhabens interessierte, nahm sein Architekt die Gelegenheit wahr, sich gleich ein wenig umfassender zu informieren. Bereitwillig zeigte ihm der Beratungsbeamte die umfangreiche Sammlung, demonstrierte Einbruchmeldeanlagen und machte auf die Vorzüge und Mängel einzelner Produkte aufmerksam.

„Woher wissen Sie eigentlich was gut und schlecht ist?“ fragte der Architekt schließlich ein wenig skeptisch. „Probieren Sie das aus wie die Stiftung Warentest?“

Der Beamte lächelte: „Wir wissen schon, worauf es ankommt. Wir merken auch, wenn man ein sogenanntes Sicherheitsschloß mit einer Nagelfeile öffnen kann. Für kompliziertere Tests haben wir unsere zentralen Prüfstellen — zum Beispiel im Landeskriminalpolizeiamt Hannover. Und natürlich helfen uns auch die Ergebnisse aus dem Prüflabor des VdS in Köln.“

„VdS?“ mischt sich Herr Böhme ein, „das ist doch der Verband der Sachversicherer! Und die prüfen Alarmanlagen?“

„So ist es! Wenn ein Juwelier sich versichern will und vor Abschluß des Vertrages eine Einbruchmeldeanlage einbauen muß, dann muß die Versicherung ja wissen, ob die Anlage etwas taugt. Und Sie können sich darauf verlassen: Wenn da irgendwo ein winziger Wurm drin ist, die finden ihn. Sie müßten sich das Labor einmal ansehen. Da könnten Sie mehr über Alarmanlagen lernen als irgendwo sonst.“

Natürlich ist diese Empfehlung des Beamten nicht ganz ernst gemeint. Der Architekt hätte kaum Zeit für eine solche Reise. Und das Prüflabor des VdS käme auch nicht mehr zu seiner eigentlichen Arbeit, wenn es sich ständig durch Besucher stören ließe. Für uns haben die Ingenieure aber eine Ausnahme gemacht: Während Helmut M. im dichten Hamburger Schneetreiben seinen Bohrer am Fenster ansetzt, machen wir einen Sprung nach Köln, um zu sehen, was es dort zum Thema Alarmanlagen zu lernen gibt.

Alarmanlagen auf dem Prüfstand

„Verband der Sachversicherer — Prüflabor" steht auf einem kleinen Schild an dem zweistöckigen gelben Gebäude an der Amsterdamer Straße in Köln. Nur selten betreten Außenstehende dieses Haus. Und vielleicht würde ein Uneingeweihter auch verständnislos den Kopf schütteln: Denn hier versuchen Ingenieure und Elektronikspezialisten mit allen technischen Finessen zu überwinden, was andere Ingenieure mühsam konstruiert haben. Kontakte, Alarmzentralen und Sirenen werden unter härtesten Bedingungen getestet. Und nur wenn sie alle technischen Foltermethoden heil überstehen, erhalten sie das begehrte Prädikat „VdS anerkannt".

Die Verdienste dieses zentralen Prüflabors kann man nur ermessen, wenn man sich genauer anschaut, was unter der Bezeichnung „Alarmanlage" den Markt überschwemmt: Weit mehr als 2000 Firmen behaupten, mit der von ihnen hergestellten oder installierten Anlage habe der Dieb keine Chance. In der Mehrzahl aller Fälle ist das schlicht gelogen. Aber wer hat eine Möglichkeit, vorher zu überprüfen, welche Anlage wirklich etwas taugt? Wer hat eine Chance festzustellen, ob die schöne Sirene auf dem Dach auch dann noch heult, wenn im Winter zwanzig Zentimeter Neuschnee darauf liegen — und wann die eingebaute Batterie ihren Geist aufgibt, wenn wirklich einmal der Strom ausfällt?

Die Klimakammer im Prüflabor des VdS bringt es an den Tag.

Das Thermometer zeigt —20°. Durch das dicke Glas des Sichtfensters fällt an der Motorsirene im Innern der Klimakammer nichts besonderes auf. Aber als der Prüfingenieur den Schalter umlegt, bleibt sie stumm: Eingefroren. Und damit beim Test durchgefallen. Der Hersteller wird sich etwas einfallen lassen müssen.

Auf dem nächsten „Prüfstand" geht es Magnetkontakten an den Kragen. Sie werden in der Alarmtechnik besonders häufig verwendet — meist um das Öffnen von Fenstern und Türen anzuzeigen. Ihr recht einfaches Funktionsprinzip: Solange sich ein Magnet in der Nähe des Kontaktes befindet, zieht er den beweglichen Teil des Schalters an und hält so den Stromkreis geschlossen. Entfernt man den Magneten, öffnet sich der Schalter. Der Strom wird unterbrochen. Wenn man einen solchen Kontakt in den feststehenden Teil — also den Tür- oder Fensterrahmen —

Im Labor des Verbandes der Sachversicherer in Köln: Wochenlang werden mit dieser Einrichtung Magnetkontakte geprüft. Die Zählwerke reichen bis 9 999 999. Wenn sie wieder auf Null stehen, haben alle Kontakte zehn Millionen Schaltvorgänge überdauert. *(Foto: VdS)*

Ein Rütteltisch versetzt eine Alarmzentrale in mörderische Schwingungen. Geräte, die solche Tests im VdS-Prüflabor bestehen, werden sich mit großer Wahrscheinlichkeit auch in der Praxis bewähren. (Foto: VdS)

einbaut und einen schlichten kleinen Stabmagneten in ein Bohrloch im Türblatt oder Fensterflügel steckt, wird beim Öffnen automatisch der Magnet aus der Nähe des Kontaktes entfernt, damit der Stromkreis unterbrochen und Alarm ausgelöst. Vorausgesetzt: Der Schalter funktioniert zuverlässig.

Und eben dies wird hier getestet:

In sechs übereinander angeordneten Reihen rasen Leuchtdiodenziffern einer astronomischen Zahl entgegen: Zehn Millionen mal wird der Strom für einen Elektromagneten eingeschaltet und wieder unterbrochen. Wobei das Zählwerk jeden Impuls getreulich registriert. Jedesmal müssen sich dabei auch die fünf Schalter, die sich hier im Test um die Anerkennung bewerben, blitzschnell öffnen und schließen. Ein eigenes Zählwerk für jeden Schalter hält fest, wie oft tatsächlich ein Kontakt zustande kam.

Nach wochenlangem Test bleiben die Zahlenreihen stehen. Alle sechs zeigen exakt die Zahl „10 000 000". Keiner der Schalter hat auch nur ein einzigesmal versagt. Die Kandidaten haben die Prüfung bestanden.

In einem anderen Raum steht ein neuentwickeltes Gerät gerade mit einigen Schwierigkeiten den Vibrationstest durch: Ein Rütteltisch versetzt den grauen Kasten und sein elektronisches Innenleben in mörderische Schwingungen. Schon manche Alarmzentrale, bei der der Hersteller allzu sehr am Material gespart hatte, ist hier buchstäblich in ihre Einzelteile zerfallen.

Viele weitere Prüfungen ergänzen das Programm. Und selbst wenn die Geräte alle Anfechtungen unbeschadet überstehen, gibt es oft nur eine vorläufige Anerkennung: Vor das endgültige Qualitätsattest setzen die Spezialisten vom VdS häufig noch ein Jahr Dauertest!

Wie Alarmgeräte funktionieren

Hier im Prüflabor in Köln kann man umfassender als irgendwo anders einen Einblick in die Funktionsweise der verschiedenen Alarmgeräte gewinnen.

Selbstverständlich muß jede Anlage ganz speziell für den Einzelfall zusammengestellt und geplant werden. Und viele Details können sich zwangsläufig nur an den Bedürfnissen des Einzelfalls ausrichten. Ich möchte Ihnen in diesem Buch aber doch so viel über Alarmsysteme sagen, daß Sie die grundsätzliche Entscheidung treffen können, welche Art von Alarmauslösern und Alarmgebern für Sie in Frage kommen. Und der folgende Überblick soll auch helfen, zunächst einmal zu entscheiden, ob eine Alarmanlage für Ihre speziellen Verhältnisse überhaupt sinnvoll ist.

Zunächst einmal ein paar Sätze, die Sie vielleicht ein wenig enttäuschen. Aber ich verspreche: Es kommt auch eine Menge Positives.

- Alarmanlagen — oder wie sie korrekt heißen: Einbruchmeldeanlagen — können den Dieb nicht fernhalten. Sie können nur melden, daß er da ist.
- Diese Meldung ist nur dann sinnvoll, wenn es jemanden gibt, der sie entgegennimmt und veranlaßt, daß der Einbrecher auch wirklich gestört oder festgenommen wird.
- Vor der Spekulation, jeder Einbrecher werde schon von selbst nach Hause gehen, wenn irgendwo eine Sirene heult, möchte ich warnen. Profis kennen genau die Lärmschutzvorschriften, nach denen sich eine Alarmsirene nach ein paar Minuten selbsttätig abschalten muß. Wenn sie ein Fenster geöffnet und damit den Alarm ausgelöst haben, lassen sie es offenstehen und ziehen sich zunächst einmal zurück. Dann beobachten sie aus sicherer Entfernung, ob etwas geschieht. Und sie können in aller Regel davon ausgehen, daß nichts geschieht. Nach einer Weile steigen sie durch das offene Fenster wieder ein und räumen in aller Seelenruhe aus.

Ich kenne viele solche Fälle aus eigener Erfahrung. Wenn hinterher die Nachbarn gefragt werden, warum sie nicht die Polizei angerufen haben, als die Sirene heulte, kam in allen Fällen fast gleichlautend die Antwort: „Wir dachten, das ist doch nur falscher Alarm."

Aber, keine Angst: Dies alles sind nicht etwa Gründe, von einer Alarmanlage ganz abzuraten. Gegen alle genannten Schwächen ist heute ein Kraut gewachsen. Gerade deshalb aber ist es notwendig, daß man die Alarmtechnik in groben Zügen kennt — und daß man weiß, wie sich Gangster verhalten, wenn sie mit einem Alarm konfrontiert werden.

Wenn Sie ein Alarmgerät erfinden sollten, müßten Sie Überlegungen in drei Richtungen anstellen:

- Erstens: Wie kann ich rein technisch feststellen, daß ein Unbefugter ins Haus eingedrungen ist — und zwar so, daß meine Technik nur einen Eindringling, nicht aber irgendwelche harmlosen Erscheinungen wie Wind, fallende Blätter oder ähnliches zur Kenntnis nimmt.
- Zweitens: Wie erreiche ich, daß der Einbrecher daran gehindert wird, sein Vorhaben auszuführen und sich mit der Beute zurückzuziehen.
- Drittens: Wie schalte ich das alles zusammen, und wie erreiche ich, daß der Besitzer — nicht aber der Einbrecher — die Anlage in Betrieb setzen und wieder ausschalten kann, ohne Alarm auszulösen.

Nach bestandener Prüfung ein Jahr Dauertest im Keller des VdS-Labors.

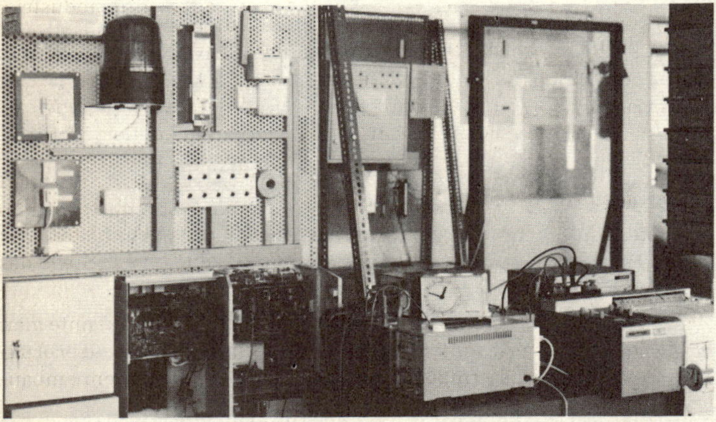

Wichtigster Bestandteil dieses Versuchs ist die Uhr. Hier wird die Notstromversorgung getestet. *(Fotos: VdS/Sigrid Balke)*

Vom Stolperdraht zur Satellitentechnik

Wenn Sie sich bisher nie mit Alarmtechnik beschäftigt haben, werden Ihnen zur ersten Frage wahrscheinlich genau die Alarmauslöser einfallen, die auch die Erfinder der ersten Einbruchmeldeanlagen an ihre Geräte angeschlossen haben: Dünne, kaum sichtbare Drähte, dicht über dem Fußboden gespannt und mit einem Kippschalter verbunden. Oder Trittkontakte mit einer schwachen Feder, die das Gewicht der darüber liegenden Fußmatte gerade noch aushält, die aber zusammengedrückt wird, wenn ein Mensch darauf tritt.

Beide Alarmauslöser gibt es im übrigen heute noch. Und sie haben für bestimmte Zwecke auch durchaus ihren Sinn. Daneben aber zeigt die weitere Entwicklung der Alarmtechnik sehr anschaulich den oft spannenden Wettlauf zwischen der Phantasie der Gangster und dem Einfallsreichtum der Sicherungsindustrie.

Die ersten Anlagen funktionierten noch nach dem sogenannten Arbeitsstromprinzip: Man baute in Türen und Fenster kleine Aufenthaltsschalter ein, wie sie normalerweise in Auto- oder Kühlschranktüren verwendet werden. Erst wenn der Schalter beim Öffnen der Tür oder des Fensters bewegt wurde, floß Strom zu einer Klingel oder Hupe — also nur, wenn es Arbeit für die Alarmanlage gab. Die Kehrseite, die sich besonders bei Einbrechern schnell herumgesprochen hatte: Man brauchte nur die Leitungen durchzuzwicken, und schon konnte auch im Alarmfall kein Strom mehr fließen.

Der nächste Punkt ging dann wieder an die Denker der Geräteindustrie, die sich gleich zwei Gegenmaßnahmen einfallen ließen: Leitungen wurden nicht mehr auf der Außenwand verlegt. Wo es nicht anders möglich war, versuchte man sie wenigstens zu verstecken oder durch stabile Stahlrohre zu schützen.

Und man ging mehr und mehr zum Ruhestromprinzip über, das lange Zeit praktisch ausschließlich angewandt wurde: Wie der Name ahnen läßt, steht das ganze Leitungssystem im Ruhezustand unter Strom. Jetzt wird der Alarm ausgelöst, wenn sich irgendwo ein Schalter oder Kontakt öffnet — und natürlich auch, wenn an irgend einer Stelle des Systems die Leitung unterbrochen wird.

Damit aber tauchte schon wieder eine neue Gefahr auf: Was konnte man tun, wenn Einbrecher auf die Idee kamen, die Kontakte zu überbrükken? Wenn sie gewissermaßen eine Umleitung für den Strom einbauten?

Als tatsächlich die Ganoven zum erstenmal ein Stück Draht mitbrachten, hatten die Alarmtechniker auch schon eine Lösung des Problems ausgeknobelt: Sie bauten — von außen völlig unzugänglich — kleine Widerstände in ihre Schalter und Kontakte ein. Nach der Installation wurde der Gesamtwiderstand des Leitungssystems gemessen und die Anlage genau darauf eingestellt. Mit jedem Eingriff in das Leitungssystem änderte sich nun zwangsläufig dieser Widerstand. Und in diesem Punkt sind die Geräte empfindlich: Sie reagieren sofort mit Alarm.

In neuerer Zeit hat die Mikroelektronik auch in der Alarmtechnik ein neues Zeitalter eingeläutet. Statt Arbeits- oder Ruhestromprinzip beginnt sich jetzt ein „Abfrageprinzip“ durchzusetzen: Die Zentrale fragt die einzelnen Melder in kürzesten Zeitabständen mit Hilfe von digitalen Signalen nach ihrem Zustand. Gibt man dabei jedem Melder eine eigene Kennung, können alle an eine Ringleitung angeschlossen werden; der Installationsaufwand wird wesentlich geringer. Die Prinzipien, nach denen die Melder selbst funktionieren, sind freilich weitgehend dieselben wie bei den herkömmlichen Anlagen.

Die Arbeitsweise der gebräuchlichsten Öffnungskontakte für Fenster und Türen kennen Sie aus dem Prüflabor des Verbandes der Sachversicherer in Köln. Es sind die Magnetkontakte. Und mit ihnen kennen Sie schon ein sehr wesentliches Bauelement eines recht ehrwürdigen Alarmsystems, das aber auch heute noch zu den zuverlässigsten zählt: Gemeint ist die „Außenhautüberwachung“.

Die „Haut“ eines Hauses besteht aus vielen verschiedenen Materialien: Stein, Holz, Dachziegel, Glas, beweglichen Öffnungen wie Türen, Fenster, Terrassentüren, Kellerfenster, Dachluken, Lichtkuppeln oder Garagentoren. An irgendeiner Stelle muß der Einbrecher diese Haut durchdringen, wenn er sich im Innern bedienen will.

Die wichtigste Rolle neben den Öffnungskontakten spielen bei der Außenhautsicherung die Glasbruchmelder. Auch hier ist die Technik gewaltig fortgeschritten: In den Anfangszeiten der Alarmtechnik mußte man sich mit Erschütterungsmeldern behelfen. Jeder versehentliche Stoß gegen die Scheibe und jeder vorbeidonnernde Lastwagen löste den Kontakt aus und führte immer wieder zu lästigen Fehlalarmen. Alarm ohne Anlaß aber ist genau so unerwünscht wie ein Versagen der Anlage im Ernstfall.

Die Lösung brachte ein Werkstoff, den Sie vielleicht, ohne es zu wissen, schon in Funktion gesehen haben. Falls Sie sich einmal gefragt haben, wie in Feuerzeugen ohne Feuerstein und ohne Batterie der Zündfunke entsteht: Das Geheimnis heißt „Piezo“ und besteht aus einem keramischen Material, das unter Druck eine elektrische Spannung von mehreren tausend Volt abgibt. In Glasbruchsensoren eingebaut wandelt das Material jede Schwingung der Scheibe in schwache Stromstöße um. Und

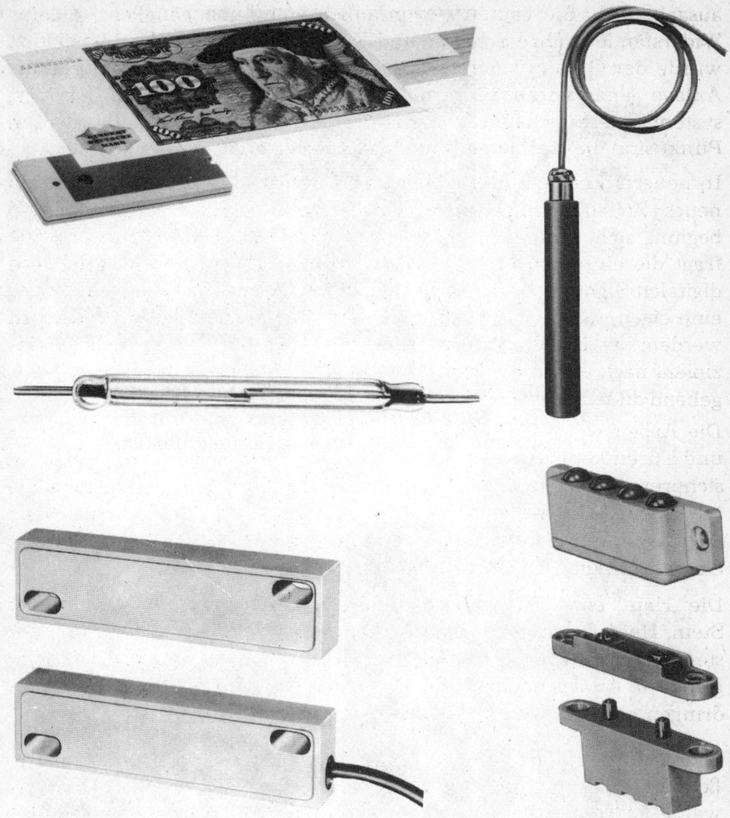

Verschiedene Alarmauslöser: Links oben ein Opto-Schalter. Er besteht aus einer lichtempfindlichen Fotozelle. Nimmt zum Beispiel ein Bankkassierer die Geldscheine weg, die auf einem solchen Melder liegen, um sie einem Räuber auszuhändigen, wird Alarm ausgelöst, ohne daß er auf einen Knopf drücken muß. Links Mitte: Eingegossen in ein Vakuum ein Magnetkontakt, wie er in den meisten Öffnungsmeldern verwendet wird. Links unten: Kontakt und Magnet in Kunststoffkästchen, die in gleicher Höhe am Fenster und am Rahmen befestigt werden. Rechts oben ein Pendelmelder. Er schlägt Alarm, wenn jemand dagegen stößt und ist besonders geeignet zur Überwachung von Lichtschächten, Lüftungsöffnungen und großen Kabelkanälen. Rechts unten: Stößelkontakte, mit denen sich Schiebetüren und Schiebefenster sichern lassen.

(Fotos: wörl-alarm, BBC)

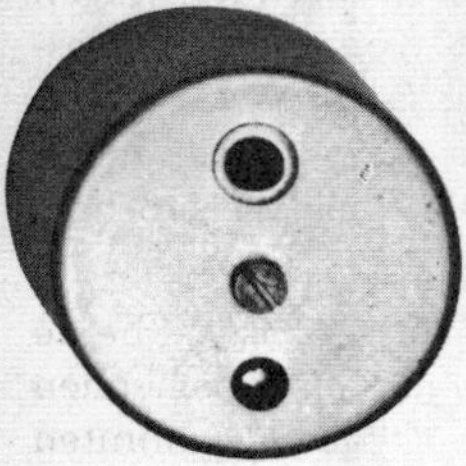

Ein Glasbruchmelder (links) und ein Montagebeispiel (rechts) aus einem Frankfurter Museum. Gute Glasbruchsensoren sind mit einem Lämpchen ausgerüstet, das anzeigt, wo Alarm ausgelöst worden ist.

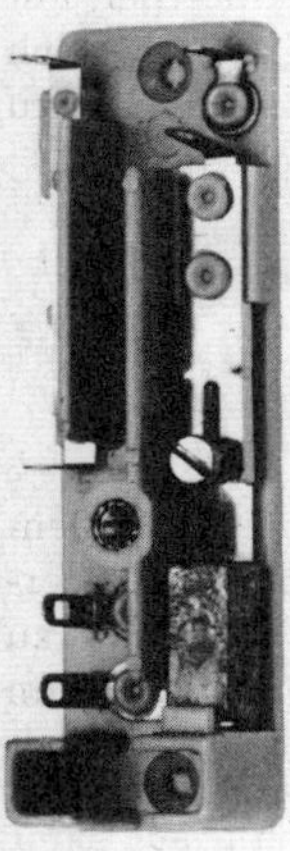

Links und Mitte: Ein Erschütterungskontakt. Die Empfindlichkeit kann eingestellt werden. Dennoch empfiehlt es sich nicht, Erschütterungskontakte auf einfachen Fensterscheiben zu verwenden. Auf der Innenscheibe einer Isolierverglasung sind die Kontakte unbeabsichtigten Erschütterungen von außen jedoch weniger ausgesetzt. Rechts: Ein Körperschallmikrofon, das auch zur Glas-Überwachung verwendet werden kann. (Fotos: Hörmann, wörl-alarm)

nun, da man es nicht mehr mit mechanischen, sondern mit elektrischen Schwingungen zu tun hat, bereitet es technisch kein großes Problem, nur die Schwingungen auszuwerten, die entstehen, wenn Glas zerbrochen oder angeritzt oder angebohrt wird — und alle anderen Erschütterungen auszufiltern. Als noch funktionssicherer gelten die „aktiven Glasbruchmelder“: Ein Sender verbreitet von einer Ecke aus im Glas Schwingungen, die von einem Empfänger an der gegenüberliegenden Ecke ausgewertet werden. Wird dieses Glas angeritzt oder zerbrochen, kommen die Signale verändert oder gar nicht mehr an.

Neben diesen wichtigsten Alarmauslösern hält die Industrie heute praktisch für jede Einstiegsmöglichkeit auch einen entsprechenden Melder oder Sensor bereit — selbst gegen die nach dem berühmten Film benannte „Rififi“-Methode: zum Beispiel Alarmtapeten mit sehr dünnen Drähten, die bei einem Mauerdurchbruch mit Sicherheit an irgendeiner Stelle abgerissen werden — oder aber Körperschallmikrofone, die auf Geräusche ansprechen, die nicht durch die Luft übertragen werden, sondern durch festes Material. Hammer und Meißel überhören sie auf keinen Fall.

Die Außenhautüberwachung hat viele Vorteile: Der Einbrecher löst bereits Alarm aus, wenn er die Beine noch draußen hat. Er weiß noch nicht, ob sich der Diebstahl wirklich lohnt. Er wird deshalb eher dazu neigen, sich zurückzuziehen und es lieber woanders zu versuchen.

„Radar“, Ultraschall und Infrarot

Die andere Möglichkeit — oft aber auch eine gute Ergänzung zur Außenhautsicherung — sind die Raumüberwachungsanlagen: Ebenso unvermeidlich, wie der Einbrecher an irgendeiner Stelle die Außenhaut zu durchdringen hat, muß er sich im Innern des Hauses bewegen. Denn wenn er überall nur am Fenster stehen bleibt, kommt er mit leeren Händen nach Hause.

Bewegungsmelder arbeiten nach einem Prinzip, das sich relativ leicht erklären läßt: Sie senden Wellen aus, die sich in einem bestimmten Bereich des Raumes verteilen und entweder vom selben Gerät oder von einem speziellen Empfänger wieder aufgenommen werden. Die ankommenden Wellen werden gemessen — und solange sich nichts im Raum bewegt, bleiben die Meßwerte unverändert. In dem Moment aber, wo ein Mensch den Raum betritt, kommt ein Teil der Wellen früher oder später an oder verändert seinen Charakter. Darauf spricht das Gerät an.

Ultraschall - Bewegungsmelder. Genauso wie hörbare Schallschwingungen breiten sich die Wellen im ganzen Raum aus. Betritt zum Beispiel ein Mensch das Zimmer, ändert sich das unhörbare „Klangbild“.
(Foto: Telefonbau und Normalzeit)

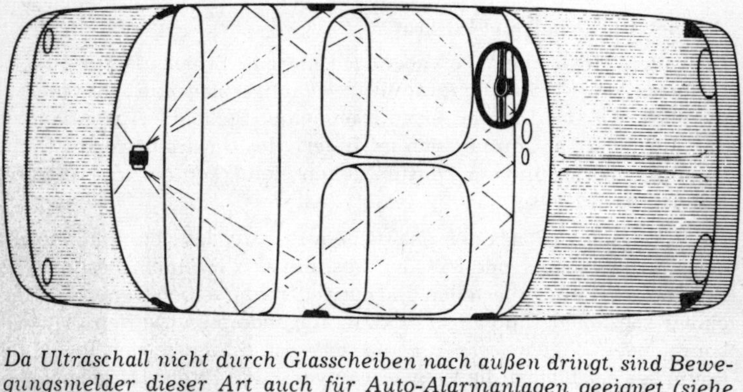

Da Ultraschall nicht durch Glasscheiben nach außen dringt, sind Bewegungsmelder dieser Art auch für Auto-Alarmanlagen geeignet (siehe auch Kapitel „Die Tricks der Fahrzeugdiebe“).
(Zeichnung: Papp/Praetorius)

Passiver Infrarotmelder. Geräte dieser Art sind in vielen Formen und Ausführungen im Handel.
(Foto: Hörmann)

Kaum von einer Steckdose zu unterscheiden. Passiver Infrarotmelder im raffinierten Tarngewand.
(Foto: eff-eff-Alarm)

Infrarot-Sender und Empfänger zur Konstruktion einer unsichtbaren Lichtschranke.
(Foto: wörl-alarm)

Noch ein Beispiel guter Tarnung. Links eine Wandlampe, rechts ein Radar-Bewegungsmelder. *(Foto: Zettler)*

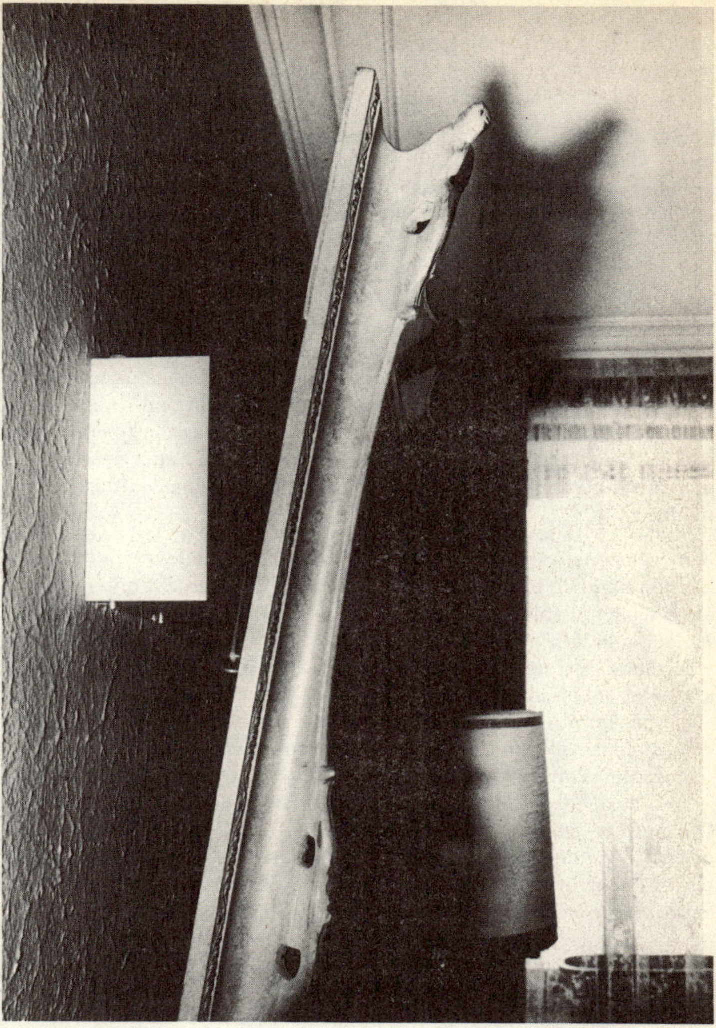

Auch in diesem Fall wird ein Einbrecher nicht so schnell merken, daß ein Mikrowellen-Gerät ihn entdeckt hat. *(Foto: ADARMA)*

Bei guten Anlagen läßt sich die Empfindlichkeit genau einstellen, so daß die Elektronik beispielsweise eine Stubenfliege oder sogar den Kanarienvogel ignoriert, einen Menschen aber mit Sicherheit bemerkt — auch wenn er sich noch so klein macht.

Es ist beinahe logisch: Bewegungsmelder sind störanfälliger als beispielsweise Magnetkontakte, für die es nur zwei Möglichkeiten gibt, nämlich auf oder zu. Ein Alarmtechniker hat mir einmal von einem Fall erzählt, an dem er beinahe verzweifelt wäre: Er hatte nach allen Regeln der Kunst eine Alarmanlage mit Bewegungsmeldern in einem Selbstbedienungsladen installiert. Die Anlage „arbeitete" mit schöner Regelmäßigkeit: Jedesmal wenn der Laden über das Wochenende geschlossen und die Melder scharf geschaltet wurden, heulte zwei Stunden später die Sirene. Aber auch nur dann. Weder abends noch sonntags gab es Probleme. Die Ursache des Übels, die nach langem Suchen gefunden wurde: Mitten durch den Laden — versteckt hinter Spiegeln und einer dünnen Verkleidung — lief ein Abflußrohr, an das im Stockwerk darüber lediglich eine Badewanne angeschlossen war. Die Wanne einer älteren Dame, die aus alter Gewohnheit ganz regelmäßig am Samstagnachmittag ihr Bad nahm!

Nun — einmal erkannt — war das Problem nicht schwer zu lösen. Sie können nämlich bei Bewegungsmeldern zwischen recht unterschiedlichen Wellen wählen. Im Fall des Selbstbedienungsladens arbeitete der Melder mit Mikrowellen, wie sie beispielsweise auch in Radaranlagen verwendet werden. Sie durchdringen auch Holz und Glas — zwar gedämpft, aber immerhin noch so weit, daß das Wasser den Alarm auslösen konnte. Und gelegentlich hat eine solche Anlage, die nicht genau eingestellt war, auch schon Passanten, die außen vor dem geschlossenen Fenster vorbeigingen, für Einbrecher gehalten. Besonderes Augenmerk ist bei Mikrowellenanlagen (sie arbeiten im sogenannten Gigahertzbereich) auch Leuchtstoffröhren und Quecksilberdampflampen zuzuwenden. Unter Umständen registrieren die Melder die Gasbewegungen in den Beleuchtungskörpern. Meist können Fehlalarme dieser Art jedoch durch eingebaute Sperrfilter unterdrückt werden.

Wichtig am Rande: Gigahertzanlagen gelten postalisch als Funkanlagen, das heißt, sie sind genehmigungspflichtig und kosten Gebühren (zur Zeit 5 Mark im Monat).

In dem Selbstbedienungsladen hat sich der Techniker dadurch geholfen, daß er den Mikrowellen-Melder durch ein Ultraschallgerät ersetzt hat. Ultraschall durchdringt weder Holz noch Glas. Da er aber ebenso wie normale hörbare Schallwellen durch Luftmoleküle übertragen wird, sind diese relativ preiswerten Geräte auch nicht frei von Störanfälligkeiten. Luftturbulenzen können ebenso Alarm auslösen, wie etwa das Klingeln eines Telefons. In dem Laden war beides nicht zu befürchten, so daß die preiswertere Lösung im Endeffekt sogar die bessere war.

Ein drittes Gerät zur Raumüberwachung ist erst vor wenigen Jahren auf dem Sicherheitsmarkt aufgetaucht und hat, nachdem anfängliche Kinderkrankheiten überwunden waren, einen erstaunlichen Siegeszug angetreten: Der sogenannte „passive Infrarotmelder".

„Infrarot" ist bekanntlich eine dem sichtbaren Licht eng verwandte Wärmestrahlung, die in der Alarmtechnik früher schon für unsichtbare Lichtschranken verwendet wurde. Aber diese Geräte mußten zunächst einmal aktiv Infrarotstrahlen aussenden, um auf eine Unterbrechung reagieren zu können.

Der passive Infrarotmelder sendet nichts mehr aus, er empfängt nur noch, und er untersucht die Wellen, die ihn erreichen, daraufhin, ob sie von der Körperwärme eines Menschen verursacht worden sind. Die Funktion des Gerätes beruht auf der Erkenntnis, daß Infrarotstrahlen durchaus nicht gleichförmig sind. Wir kennen das vom sichtbaren Licht: Auch dort entscheidet nicht nur die Helligkeit, sondern auch die Oberflächenbeschaffenheit der Gegenstände in unserem Blickfeld über die Art der Wahrnehmung. Auge und Gehirn des Menschen vermögen Lichtstrahlen unterschiedlicher Wellenlänge zu unterscheiden. Wir empfinden sie als verschiedene Farben.

Auch bei Infrarotstrahlen hängt die Wellenlänge sowohl von der Temperatur als auch von der Oberflächenbeschaffenheit der Strahlungsquelle ab. Und der passive Infrarotmelder ist darauf getrimmt, genau die richtige „Farbe" zu erkennen — die spezielle Infrarotstrahlung, die von einem lebenden Menschen ausgeht. Zusätzlicher Schutz gegen Fehlalarme, die von Wärmequellen mit einem sehr breiten Strahlungsspektrum ausgelöst werden könnten: Der Detektor reagiert nicht auf das bloße Vorhandensein von entsprechenden Strahlen, sondern auf rasche Veränderungen, wie sie auftreten, wenn ein Mensch den Raum betritt oder verläßt. Dennoch sollte man ein solches Gerät nicht unmittelbar auf Heizkörper richten. Und man sollte es auch nicht bei geöffnetem Fenster in Betrieb setzen. Erstens käme dies einer sträflichen Einladung an Einbrecher gleich. Und zweitens haben die Alarmanlagen-Hersteller bei der Berechnung der Filter einkalkuliert, daß ein großer Teil der infraroten Sonnenstrahlung durch die Fensterscheiben abgehalten wird.

Schließlich gehören passive Infrarotmelder auch nicht in Räume mit naturbedingten Temperaturschwankungen. Wer den Dachboden überwachen will, weil ein Dieb ja auch einmal Ziegel abheben und sich zwischen den Dachlatten durchquetschen könnte (eine sehr sinnvolle Überlegung!), sollte, um Fehlalarme bei wechselnder Sonnenstrahlung zu vermeiden, lieber auf Mikrowellen oder Ultraschall oder auf die ganz klassischen Melder — wie etwa eine unsichtbare Lichtschranke oder Trittkontakte — ausweichen.

Reine Raumüberwachungsanlagen haben gegenüber der Außenhautüberwachung ein paar Nachteile, die man kennen sollte: Eine Außenhautüberwachung können Sie auch scharf schalten, wenn Sie zuhause sind, sofern Sie die Fenster geschlossen halten. Sie begeben sich damit gewissermaßen selbst unter die geschützten Güter. Ein wichtiger Gesichtspunkt; denn Sie sind, wie es der Leiter einer Kripo-Beratungsstelle einmal treffend formulierte, viel mehr zu Hause als im Urlaub. Für manche Eigenheimbesitzer, die oft geschäftlich auf Reisen sind und deren Frau — allein in einem großen Haus — dann immer etwas Angst hat, ist dies der Hauptbeweggrund, sich eine Alarmanlage installieren zu lassen.

Weiterer Nachteil der Innensicherung: Der Einbrecher wird erst bemerkt, wenn er sein Ziel im Grunde genommen schon erreicht hat und in das Haus eingedrungen ist. Er hat unter Umständen beim Einsteigen bereits erheblichen Schaden verursacht, und er wird — wenn er erst einmal drinnen ist — sich eher überlegen, ob er nicht trotz der heulenden Alarmsirene noch ein paar Wertgegenstände zusammenraffen sollte, bevor er sich zurückzieht.

Besonders gefährlich wird die Sache, wenn jemand beispielsweise das Schlafzimmer aus der Sicherung ausklammert und, während er sich zuhause aufhält, im übrigen Haus Raumüberwachungsanlagen eingeschaltet hat. Ein Kriminalbeamter hat mir einmal von einem Fall erzählt, in dem eine solche Anlage zu allem Überfluß auch noch mit einer Verzögerungsschaltung ausgestattet war. Sie sorgte dafür, daß das installierte Ultraschallgerät zwar sofort ansprach, als der Einbrecher sich in dem geschützten Bereich bewegte, daß die Sirene aber erst 30 Sekunden später anlief. Auf den ersten Blick eine recht sinnvolle Einrichtung: Sie gibt dem Hausbesitzer die Chance, wenn er heimkommt, den gesicherten Bereich zu betreten und innerhalb der eingestellten Frist die Alarmanlage auszuschalten. In besagtem Fall aber war der Einbrecher in den 30 Sekunden bis ins Schlafzimmer vorgedrungen. Er war kein Profi und hatte bei seinen Einbrüchen jedesmal wieder Herzklopfen. Die Pistole hatte er sich eigentlich nur besorgt, um sich selbst zu beruhigen und ein Gefühl der Stärke zu geben. Als er jetzt im Schlafzimmer stand, die Bewohner aufwachten und gleichzeitig eine Sirene losheulte, verlor er die Nerven und schoß. Der Hausbesitzer wurde schwer verletzt.

Raumüberwachungsanlagen haben freilich auch ein paar entscheidende Vorteile. Der wichtigste: Im Gegensatz zur Außenhautsicherung, die aus einem komplizierten Netz von vielen verschiedenartigen Meldern besteht, braucht jeder Raum normalerweise nur ein Überwachungsgerät und damit auch nur eine einzige Leitung. Gerade bei nachträglichem Einbau kann das der ausschlaggebende Gesichtspunkt sein. Dann sollte man allerdings die geschilderten Gefahren kennen und berücksichtigen.

Wenn Sie Einbrecher nachhaltig ärgern wollen, dann sollten Sie versuchen, beide Sicherungsmöglichkeiten miteinander zu kombinieren. Daß dies einen erheblichen Sicherheitsgewinn bringt, läßt sich schon daraus ersehen, daß bei gewerblichen Anlagen, von denen Versicherungsschutz und Prämienhöhe abhängen, eine solche Kombination sogar vorgeschrieben ist. Sie erinnern sich vielleicht noch an den zu Beginn dieses Kapitels geschilderten Trick: Der Einbrecher schlägt eine Scheibe ein. Wenn der Glasbruchmelder Alarm auslöst, zieht der Dieb sich vorübergehend zurück und wartet, bis die Sirene verstummt. Bei einer reinen Außenhautsicherung kann er — wenn niemand auf den Alarm reagiert — nach einer Weile einsteigen, ohne daß Alarm ausgelöst wird: Die Scheibe braucht er nicht noch einmal einzuschlagen. Und wenn er durch die Scherben kriecht, ohne den Fensterflügel zu bewegen, dann nimmt auch der Öffnungskontakt keine Notiz von seiner Anwesenheit. Ein zusätzlicher Bewegungsmelder im Innern des Hauses, kombiniert mit einer hochwertigen Alarmzentrale, läßt sich aber in einem solchen Fall nichts vormachen: So oft der Einbrecher auch wiederkommt, er löst immer wieder Alarm aus. Und der Dieb muß dann doch allmählich damit rechnen, daß auch die stursten Nachbarn Verdacht schöpfen.

Radarkontrolle im Vorgarten

Wenn die Außenhautüberwachung besser ist als die reine Innenraumüberwachung, weil sie einen Eindringling früher registriert, dann wäre es eigentlich nur logisch, den Schutz dadurch zu vervollkommnen, daß man bereits im „Vorfeld" nach ungebetenen Besuchern forscht — also beispielsweise im Garten rund um das Haus eine Freilandüberwachung installiert.

Noch vor ein paar Jahren hätte ich davon energisch abgeraten. Wer sich damals an eine Freilandsicherung wagte, hatte meist seine liebe Not mit ständigen Fehlalarmen — weil sich nun einmal im Freien vieles unkontrolliert bewegt: Von Nachbars Katze bis zu fallenden Blättern von den eigenen Bäumen. Auch Regen und Schnee blieben nicht ohne Einfluß — sowohl auf die Strahlung als auch auf die Geräte selbst.

Beispiel für eine Freilandsicherung: Rund um die parallel zum Zaun gespannten Drähte wird ein elektrostatisches Feld aufgebaut. Nähert sich jemand dem Feld, löst die Anlage Alarm aus. (Foto: DOM)

Heute ist das Problem einer Lösung schon sehr viel näher gekommen. Schutzgehäuse mit eingebauter Heizung sorgen dafür, daß die empfindliche Technik nicht mehr von Eis oder Schnee außer Gefecht gesetzt werden kann. Und während früher jede Unterbrechung des Strahlengangs zwischen Sender und Empfänger zum Alarm führte, unterscheidet heute eine empfindliche Zählschaltung zwischen (harmlosen) kleinen Impulsen, wie sie von Blättern, Vögeln oder Katzen ausgelöst werden, und (verdächtigen) großen Unterbrechungen, wie sie ein Mensch verursacht.

Der Anstoß für diese Entwicklung kam aus dem gewerblichen und industriellen Bereich; denn dort ist die Freilandsicherung oft wichtiger als der Schutz eines Gebäudes. Zum Beispiel in Frachthöfen, in denen nachts Lastzüge mit wertvoller Ladung im Freien stehen, oder in Betrieben, die mit terroristischen Anschlägen rechnen müssen und für die es lebenswichtig sein kann, die Angreifer bereits zu orten, wenn sie das Gelände betreten, und nicht erst, wenn sie schon vor der Tür stehen. Man schützt sich dort zusätzlich gegen Fehlalarme, indem man in einigem Abstand vom äußeren Zaun einen zweiten Innenzaun baut. Der Raum dazwischen wird zum Beispiel durch eine Mikrowellenrichtstrecke überwacht. Jetzt kann man davon ausgehen: Ein Mensch, der im geschützten Bereich auftaucht, kann sich nicht zufällig dorthin verlaufen haben, er muß von außen oder innen einen Zaun überstiegen haben.

In der Industrie geht man inzwischen immer mehr zu einer Zweistufen-Kontrolle über: Spricht die Freilandsicherung an, werden automatisch starke Scheinwerfer eingeschaltet — und gleichzeitig mehrere Fernsehkameras, die so plaziert sind, daß sie den gesamten Außenbereich überblicken. Der Wachhabende in der Sicherheitszentrale sieht auf den dazugehörigen Monitoren jetzt nicht nur, wodurch der Alarm ausgelöst ist, er kann auch die Zahl der Angreifer feststellen und beobachten, in welchem Teil des Geländes sie möglicherweise weiter vordringen.

Der Perfektion sind keine Grenzen gesetzt: Es gibt heute computergesteuerte Sicherheitszentralen, die dem Wachhabenden einen Grundriß des Werkes auf einen Bildschirm projizieren und den jeweiligen Standort des Einbrechers angeben. Gleichzeitig erhält er präzise Anweisungen auf dem Bildschirm, was laut Alarmplan zu tun ist — bis hin zur privaten Telefonnummer des Vorstandsmitgliedes, das bei Störungen verständigt werden muß.

Für den privaten Bereich ist dies noch sehr zarte Zukunftsmusik, aber sie ist in Ansätzen schon deutlich vernehmbar (siehe auch Kapitel „Ein Blick in die Zukunft"). Wer hohe Werte zu schützen hat oder sich bedroht fühlt, sollte durchaus die gebotenen Möglichkeiten ernsthaft prüfen.

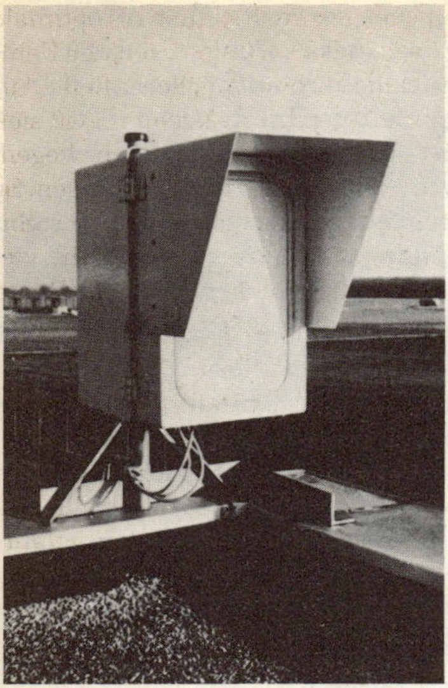

Radar-Freilandüberwachung: Links ein Gerät mit einer Reichweite von 300 Metern. Rechts ein Mikrowellensystem, das in einer Säule geschützt aufgestellt wird. Unten: Vorbildliche Montage zwischen zwei Zäunen.

(Fotos: wörl-alarm, Siemens, Telefonbau und Normalzeit)

Auch im privaten Bereich hat sich eine abgestufte Reaktion als optimale Lösung erwiesen: Das heißt, daß die Freilandsicherung wegen der Fehlalarm-Gefahr keine Sirene, sondern lediglich eine möglichst helle Außenbeleuchtung einschaltet. Der Einbrecher muß befürchten, daß sich jemand im Haus aufhält. Er kann sich nicht mehr ungesehen bewegen, sondern müßte versuchen, im vollen Scheinwerferlicht einzudringen. Er weiß auch nicht, ob irgendwo hinter einem Fenster eine Kamera steht, die für die Polizei sein Gesicht ablichtet. Und da er noch nicht viel investiert hat, fällt es ihm auch nicht besonders schwer, sich ohne Beute zurückzuziehen. Dringt er doch weiter vor, gerät er an die Außenhautüberwachung und löst den vollen Alarm aus.

Auch hier läßt sich der Schutz nach dem Vorbild der Industrie ausbauen. Es ist weder ein unüberwindliches technisches, noch ein ruinöses finanzielles Problem, rund um das Haus zusätzlich zu den Scheinwerfern Fernsehkameras und im Schlafzimmer einen Monitor zu installieren. Die Fernsehkamera an der Türsprechanlage wird bei besonders gefährdeten Objekten in ein paar Jahren ohnehin zur Selbstverständlichkeit geworden sein.

Alarmzentralen — und Schalter mit Pfiff

Sie kennen nun die verschiedensten Möglichkeiten, wie die Alarmtechnik zunächst einmal von der Anwesenheit eines Eindringlings Notiz nimmt. Eine weitere Finesse werden wir noch kennenlernen, wenn wir zu Helmut M. und seinen Bemühungen um das Erdgeschoßfenster der Hamburger Villa zurückkehren.

Aber mit der bloßen Wahrnehmung ist es ja nicht getan. Alle genannten Melder lösen nicht mehr aus als einen elektrischen Impuls, der so schwach ist, daß er nicht einmal eine normale Glühbirne zum Glimmen bringen würde.

Zu jeder Alarmanlage gehört deshalb als wichtigster Baustein eine Zentrale, die diese Impulse auswertet und gegebenenfalls in Schaltbefehle für angeschlossene Geräte umsetzt.

Auch einfachste Zentralen sollten möglichst über eine hochwertige Notstromversorgung verfügen. Denn die schönste Alarmanlage nützt nichts, wenn jeder Stromausfall (den ein Einbrecher auch einmal absichtlich herbeiführen kann) sie außer Gefecht setzt.

Üblicherweise faßt man immer mehrere örtlich benachbarte Melder zu einer Meldelinie zusammen. Da jede Linie meist einzeln abschaltbar und auch mit einer gesonderten Kontroll-Lampe ausgerüstet ist, kann man auch bei größeren Anlagen mit einem Blick auf die Zentrale feststellen, wo Alarm ausgelöst wurde oder wo sich eine Störung ergeben hat. Auf die Weise ist es auch möglich, den Meldelinien unterschiedliche Funktionen zuzuordnen. Zum Beispiel: Außenhautsicherung und Bewegungsmelder sollen nur bei scharf geschalteter Anlage Alarm auslösen. Daneben können Überfallmelder (Drucktaster) installiert werden, die auch bei ausgeschalteter Anlage das Alarmprogramm in Gang setzen, Die Freilandsicherung soll nur die Außenscheinwerfer und gegebenenfalls die Fernsehkameras auslösen. Die Sabotagelinie, die auf unbefugte Eingriffe an Sirenengehäusen, außenliegenden Leitungen und am Gehäuse der Zentrale reagiert, muß bei scharf geschalteter Anlage den gleichen Alarm zur Folge haben wie ein Einbruch. Aber ein solcher Sabotageversuch darf auch bei ausgeschalteter Anlage nicht unbemerkt bleiben. In diesem Fall springt eine kleine, weniger laute Sirene an, die nach außen hin keine Aufregung verursacht, innen aber nicht überhört werden kann.

Bitte lassen Sie die Zentrale auch nicht an den Platz hängen, der Ihnen als erster einfällt. Es liegt natürlich nahe, einen Punkt irgendwo in der Mitte des Hauses zu wählen, von dem aus nach allen Seiten kurze Leitungswege möglich sind. Geradezu ideal scheint der Einbauschrank, in dem auch die häusliche Stromverteilung und der Verstärker für Ihre Türsprechanlage untergebracht sind. Genau dort sucht aber auch der Einbrecher, wenn er im Haus von einem Alarm überrascht wird, um die Anlage auszuschalten oder zu zerstören. Statt eines konkreten Plazierungshinweises (der dann ja schon wieder zum Wegweiser für Einbrecher würde) darf ich Ihnen den Rat geben: Lassen Sie Ihre Phantasie ein wenig spielen und suchen Sie gemeinsam mit dem Techniker, der die Anlage einbaut, nach einem Platz, der ihm eine vernünftige Leitungsführung ermöglicht und der dennoch so ungewöhnlich ist, daß ein Einbrecher ihn zumindest nicht auf Anhieb findet.

Wenn Sie sich für eine bestimmte Zentrale entschieden haben, brauchen Sie noch eine Möglichkeit, um die Alarmanlage scharf oder unscharf zu schalten. Das hört sich zunächst einfach an, bedarf aber doch einiger Überlegungen: Ein normaler Schalter außerhalb des gesicherten Bereichs kommt nicht in Frage. Der Einbrecher könnte ihn finden, die Alarmanlage ausschalten und in aller Seelenruhe ausräumen.

Auch eine Verzögerungsschaltung, die dem Hausbesitzer die Möglichkeit gibt, nach dem Scharfschalten den gesicherten Bereich zu verlassen, und die auch den Alarm erst auswertet, wenn die Anlage nicht innerhalb einer bestimmten Zeit ausgeschaltet wird, birgt — wie wir gesehen haben — erhebliche Gefahren in sich.

Alarmzentralen für jeden Zweck. Ihre Größe richtet sich vor allem nach der Zahl der installierten Melder und der entsprechenden Meldelinien.
(Foto: eff-eff-Alarm)

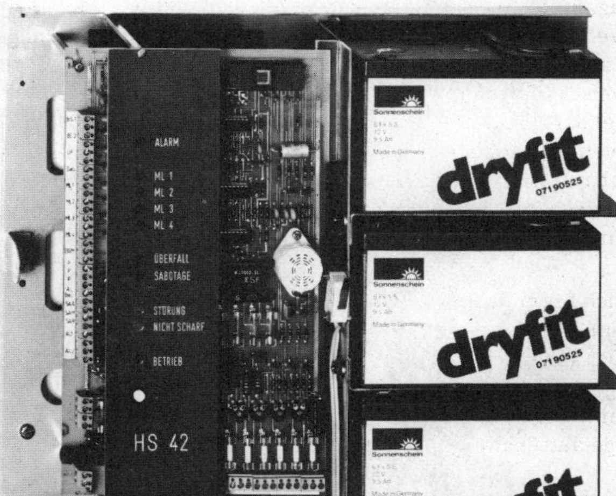

Besonders wichtig: Eine gute Notstromversorgung. Hier nehmen die Batterien ebensoviel Platz in Anspruch wie die ganze Elektronik.
(Foto: Hörmann)

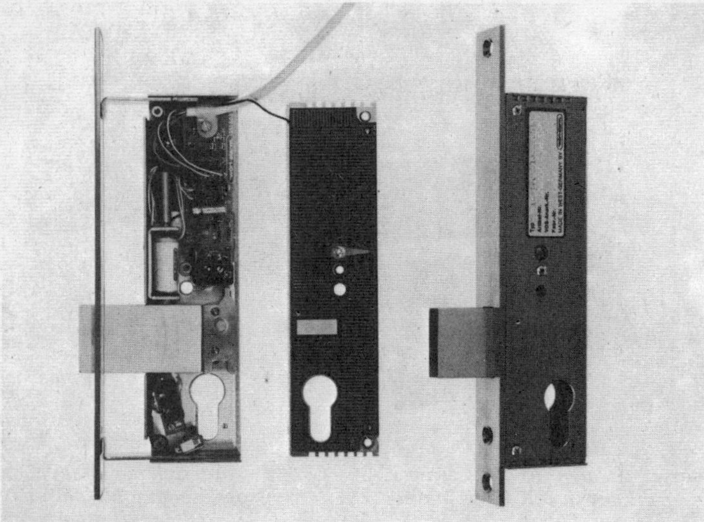

Elektromechanisches Schloß. Der Begriff „Blockschloß", zunächst die Bezeichnung für ein bestimmtes Produkt, hat sich inzwischen allgemein eingebürgert. Hier sehr gut zu erkennen: Das elektronische Innenleben und die Sabotagesicherung durch eine Frontplatte mit einer ruhestromüberwachten Leiterschleife. (Foto: wörl-alarm)

Ein Blockschloß mit einem Zylinder, der gegen Abbrechen besonders gesichert ist. Das Schloß erfüllt mehrere Funktionen: Es verriegelt mechanisch die Tür, es schaltet die Alarmanlage scharf und es blockiert (daher der Name), wenn irgendwo der Stromkreis nicht geschlossen ist – wenn also beispielsweise vergessen wurde, eine Tür oder ein Fenster zu schließen. (Foto: DOM)

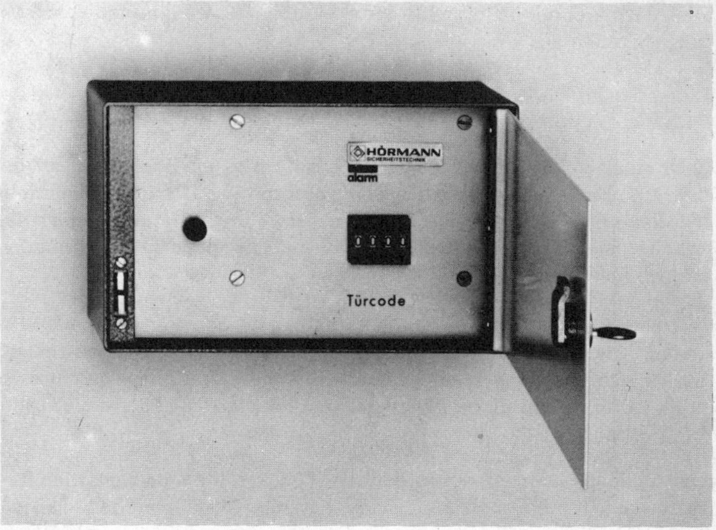

Ein Beispiel für einen „geistigen Verschluß": Im Innern der Wohnung wird in einem verschließbaren Kästchen ein „Türcode" eingestellt ...

...und nur wer dann an einem Zahlentableau den richtigen Code eintastet, kann die Alarmanlage unscharf schalten. Geistige Verschlüsse sollten nur in Verbindung mit einem Blockschloß und/oder einer Türsperreinrichtung verwendet werden. Sie verhindert mechanisch, daß die Tür bei scharf geschalteter Anlage geöffnet wird, und hilft so, Fehlalarme zu vermeiden.

(Fotos: Hörmann)

Die Alarmtechnik bietet heute im wesentlichen zwei empfehlenswerte Möglichkeiten an:

Einen von außen zugänglichen Schalter, der nur mit einem Sicherheitsschlüssel betätigt werden kann.

Oder einen sogenannten „geistigen Verschluß" — ein Zahlentableau, bei dem zum Entschärfen der Anlage eine bestimmte Ziffernfolge eingestellt werden muß. Beinahe überflüssig zu erwähnen: Natürlich darf der Schalter nicht so beschaffen sein, daß man tagsüber die Kombination einfach ablesen kann.

Gut bewährt hat sich eine Kombination aus beiden Verschlußmöglichkeiten. An der Eingangstür wird ein sogenanntes Blockschloß eingebaut. Es läßt sich nur versperren, wenn alle Kontakte der Anlage geschlossen sind — d. h., wenn nirgendwo versehentlich eine Tür oder ein Fenster offen geblieben ist.

Hat das Haus mehrere verschließbare Türen, sollte man zusätzlich Riegelkontakte einbauen lassen. Dann hat man die Gewißheit, daß die Türen nicht nur zu, sondern auch verschlossen sind, wenn das Blockschloß sich bewegen läßt. Ein zusätzliches Zahlentableau hat den Vorteil, daß auch bei Überfällen auf den Schlüsselinhaber an der Eingangstür automatisch Alarm ausgelöst wird — weil er dann nämlich nicht sofort den zweiten notwendigen Handgriff vornehmen kann. Und selbst wenn es einem Einbrecher gelingt, in den Besitz des Schlüssels zu kommen, kann er ohne Kenntnis der richtigen Zahlenkombination die Anlage nicht entschärfen.

Wenn irgend möglich, sollten Sie im übrigen, wenn Ihr Haus so ausgerüstet ist, nur die Tür mit dem Blockschloß als Ein- und Ausgangstür benutzen. Eine große Zahl von Fehlalarmen wird dadurch ausgelöst, daß beispielsweise der Hausherr die Zwischentür von der Garage zum Haus aufschließt, ohne zu ahnen, daß seine Frau zum Einkaufen gefahren ist und die Alarmanlage scharf geschaltet hat. Und wenn wir schon dabei sind: Kaum weniger häufig gibt es falschen Alarm, weil irgend jemand eine Terrassentür oder ein Fenster nur zugedrückt, aber nicht verschlossen hat und dann irgendwann nachts der Wind sein Spiel damit treibt.

In unserer Betrachtung der Alarmtechnik sind die Impulse, die von den Meldern kommen, bis jetzt erst in der Zentrale eingetroffen. Irgend etwas muß damit geschehen, damit aus dem kleinen Ruck eines Schaltrelais oder der digitalen Information in einem Mikroprozessor auch wirklich ein Alarm wird.

Lärm, Licht und ein heimlicher Hilferuf

Alarmsirenen, Klingeln und Hupen sind so bekannt, daß kaum ein Wort darüber verloren werden muß. Immerhin wäre es denkbar, daß Ihr Alarmtechniker Ihnen empfiehlt, statt einer Sirene einen „Druckkammer-Lautsprecher" einzubauen. Und dann sollten Sie diesem Rat auch folgen.

In einer normalen Sirene entsteht der Ton durch die schnelle Bewegung mechanischer Teile. In einem Druckkammer-Lautsprecher wird der Lärm elektronisch erzeugt. Und wo sich nichts bewegt, kann auch nichts einfrieren.

Fast ebenso wichtig wie der akustische Alarm, aber oft vernachlässigt: Ein gut sichtbares optisches Signal. Nicht nur weil Diebe schon seit dem Mittelalter nicht ohne Grund als „lichtscheu" eingestuft werden, sondern auch um der Polizei oder anderen Personen, die Hilfe leisten wollen, den Weg zu weisen.

Bei einzeln stehenden Häusern empfiehlt es sich, rund um das Gebäude unter dem Dach Halogen-Scheinwerfer anzubringen, die im Alarmfall das gesamte Umfeld des Hauses hell erleuchten. In vielen Fällen — insbesondere wenn an die Installation gleich bei der Planung gedacht wird (siehe Kapitel „Ein Wort an Bauherren und Architekten") — kann die Alarmanlage auch die gesamte Innenbeleuchtung einschalten. Zumindest aber sollte an einer von der Straße gut sichtbaren und für den Täter möglichst unzugänglichen Stelle des Hauses eine gelbe oder rote Rundumleuchte installiert werden. Sie erspart es Helfern, das gefährdete Objekt nach Gehör aufzuspüren. Vor allem aber bleibt sie in Betrieb, auch wenn nach zwei oder drei Minuten (je nach den örtlichen Vorschriften) die Sirene verstummt. Auch wer erst danach eintrifft, hat dann eine Chance, der Ursache des Alarms auf den Grund zu gehen.

Mehr und mehr hat sich in den letzten Jahren auch das automatische Telefon-Wähl- und Ansagegerät (kurz AWAG) durchgesetzt. Diese Geräte werden durch einen Alarm in Gang gesetzt (Sie erinnern sich, wie es zur Festnahme des Kellerfenster-Einbrechers Josef H. kam?). Sie wählen automatisch vorher einprogrammierte Telefonnummern und spulen, wenn am anderen Ende jemand abnimmt, einen auf Tonband gesprochenen Text ab.

Eine Änderung der Postvorschriften ermöglichte in neuester Zeit den Durchbruch einer neuen Form des „stillen Alarms": Mit dem sogenannten „Digitalen Wählgerät" (DWG) werden keine allgemein gehaltenen, gesprochenen Texte übermittelt, sondern aussagekräftige elektronische Impulse. Jetzt heißt die Meldung nicht mehr einfach „Alarm", sondern „Glasbruch im Erdgeschoß", „Brand im Keller",

„Terrassentür geöffnet“ oder auch „Tiefkühltruhe ausgefallen“. Durch den Austausch von Signalen über die Telefonleitung wird sichergestellt, daß der Alarm auch wirklich angekommen ist. Darüber hinaus kann über die gleiche Wählleitung auch umgekehrt auf die Anlage eingewirkt werden (z. B. scharf- oder unscharfschalten).

Hintergrund der Beliebtheit dieser Geräte: Mit der Zunahme privater Alarmanlagen tönt es immer häufiger von allen möglichen Dächern — und im größten Teil der Fälle tönt da falscher Alarm, weil auf dem Sicherheitsmarkt viel technisch Minderwertiges verkauft wird und weil die Eigentümer guter Anlagen nicht mit der notwendigen Disziplin und Konzentration mit ihrem gesicherten Haus umgehen. Ein deutsches Gericht hat beispielsweise einen Verbrauchermarkt, dessen Einbruchmeldeanlage häufig ohne Anlaß Lärm machte, dazu verurteilt, die Außensirene außer Betrieb zu setzen (OLG Schleswig, Urt. v. 19. 9. 1979 — 4 U 192/78). In der Schweiz gehen einzelne Kantone dazu über, lauten Alarm zu verbieten (Genf) oder zur Nachtzeit einzuschränken (Basel-Stadt). Zumindest aber besteht die normale Reaktion normaler Nachbarn darin, daß sie warten, bis das laute Ding, das sie aus dem Schlaf gerissen hat, endlich verstummt.

Anders beim Telefon-Wählgerät: Hier können Sie die Gefahrenmeldung gezielt an einer Stelle loswerden, von der Sie wissen, daß sie dann auch reagiert. Allerdings darf diese Stelle nicht die Polizei sein. Warum, erfahren Sie im nächsten Kapitel, in dem wir uns noch einmal intensiv mit den Möglichkeiten dieses Geräts beschäftigen.

Darüber hinaus sind der Phantasie kaum Grenzen gesetzt. Sie können alles per Alarmanlage in Gang setzen, was sich elektrisch ein- und ausschalten läßt und was nicht gegen irgendwelche Vorschriften verstößt — angefangen von dem Elektromotor, der die Tür zum Hundezwinger öffnet, bis zum Tonbandgerät, das die Anwesenheit eines erbosten Vierbeiners vortäuscht — sofern Sie sich davon etwas versprechen.

Nachdrücklich abraten möchte ich energischen Bastlern allerdings von der Konstruktion irgendwelcher Einbrecherfallen, die Gesundheitsschäden zur Folge haben können oder sogar lebensgefährlich sind. Sie müssen nicht nur damit rechnen, daß Sie sich strafbar machen. Bitte denken Sie auch daran, wie oft Fehlalarme versehentlich durch Personen ausgelöst worden sind, die durchaus zum Betreten des Gebäudes berechtigt waren — angefangen von Ihnen selbst, wenn Sie einmal mit Ihren Gedanken woanders sind, bis hin zur Putzfrau oder zur Tante, die auf Besuch ist und mit der Anlage nicht zurechtkommt.

Eine kleine Geschichte möchte ich aber in diesem Zusammenhang noch erzählen, weil sie mir besonders originell erscheint:

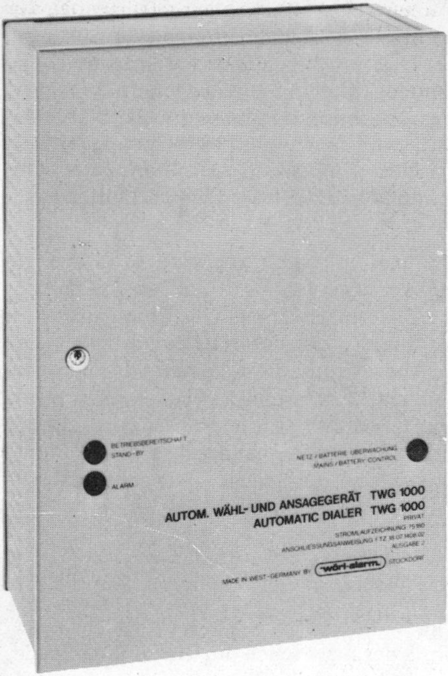

Ein paar Beispiele für gebräuchliche Alarmgeber: Oben ein automatisches Telefon-Wähl- und Ansagegerät (AWAG). Rechts, von oben nach unten: Eine Rundumleuchte, eine Sirenengehäuse und ein Druckkammerlautsprecher, der eine Menge Lärm erzeugen kann, ohne daß sich mechanische Teile bewegen.
(Fotos: wörl-alarm, BBC)

Die Geschichte spielt in Württemberg — angeblich der Heimat der Tüftler und der Dickköpfe. Dort, in einer Stadt in der Nähe von Stuttgart, widerfuhr einem Einbrecher Erstaunliches: Als er das aufgebrochene Fenster an einem Einfamilienhaus öffnete, tönte aus einem Lautsprecher hoch oben an der Hauswand schmissige Marschmusik. Einen Moment lang stutzte er verblüfft, dann machte er sich schwungvoll und fröhlich pfeifend an sein diebisches Werk. Wenige Minuten später standen zwei Polizisten neben ihm und erklärten ihm die vorläufige Festnahme.

Der Hintergrund der Geschichte offenbart ein gehöriges Maß an angewandter Psychologie: Der Hausbesitzer lebte seit Jahren mit seinem Nachbarn in erbitterter Fehde. Jedesmal, wenn er Gäste hatte und es im Haus und Garten etwas laut zuging, rief der Nachbar mit tödlicher Sicherheit die Polizei an. Eine Alarmsirene, die auf einen Einbruchsversuch hindeutete, hätte der Widersacher jenseits des Gartenzauns wahrscheinlich mit Befriedigung zur Kenntnis genommen. Die Musik, die der Einbrecher über die Alarmanlage und ein Tonbandgerät auslöste, führte jedoch prompt zu einer Beschwerde bei der Polizei — wie der Hausbesitzer es pfiffig vorausberechnet hatte.

Das Geheimnis eines Schiebefensters

Helmut M., der Einbrecherprofi, der inzwischen durch den Rahmen des Erdgeschoßfensters unter dem Balkon ein Loch gebohrt hat und gerade seine Bohrmaschine wieder sorgfältig verpackt, ist fest davon überzeugt, daß er alles über Sicherungstechniken und Alarmanlagen weiß. Gerade dieser Glaube an die eigene Unfehlbarkeit aber führt zu einem für ihn verhängnisvollen Fehlschluß.

Erwin Böhme hat sich damals für eine Außenhautsicherung und lauten Alarm entschieden. Und nachdem sein Architekt erst einmal Feuer gefangen hatte, haben beide zusammen eine Menge Phantasie investiert, um zu verhindern, daß Einbrecher die Alarmeinrichtungen orten und womöglich außer Betrieb setzen konnten: Zu allen Deckenleuchten und Außenlampen wurde eine zweite Leitung verlegt, so daß sie im Alarmfall alle gleichzeitig eingeschaltet werden konnten. Die gelbe Blinkleuchte auf dem Dach wurde am Standbrett für den Schornsteinfeger so angebracht, daß sie (wenn außer Betrieb) von unten nicht ausgemacht werden konnte. Helmut M. hat auch vergeblich nach dem typischen grauen Kasten mit den Schallschlitzen Ausschau gehalten, in dem normalerweise Sirenen stecken. Dem Vogelhäuschen hoch oben an der Giebelwand, mit dem die Sirene geschickt getarnt war, maß er keine Bedeutung bei.

Auch am Wohnzimmerfenster ist ihm nichts Ungewöhnliches aufgefallen. Mit einem kurzen Blick hat er registriert, daß weder ein Erschütterungsmelder, noch ein Glasbruchsensor von innen an die Scheibe angeklebt war. Nun glaubte er endgültig davon ausgehen zu können, daß er nicht mit einer Alarmanlage rechnen mußte.

Wie gesagt: Dieses Fenster hatte bei der Projektierung der Einbruchmeldeanlage ein kleines Spezialproblem aufgeworfen: Frau Böhme wollte ein Fenster, das sie im Sommer weit öffnen konnte — ohne jedesmal die Blumen und Grünpflanzen auf dem Fensterbrett wegräumen zu müssen. Aus diesem Grunde sollte ein Schiebefenster eingebaut werden. Ein normaler Glasbruchsensor — wo auch immer man ihn angebracht hätte — wäre nur über eine lange frei bewegliche Leitung an das Alarmsystem anschließbar gewesen. Dies wollte weder der Bauherr, noch sein auf Ästhetik bedachter Architekt. Erwin Böhme entschloß sich deshalb, dieses eine Fenster mit einem Glas auszurüsten, das Sie unter dem Namen „Sekurit" von Autoscheiben kennen. Es ist das Glas, das bei der geringsten Verletzung aufgrund seiner inneren Spannung spontan über die gesamte Fläche in kleine Splitter zerspringt. Dieses Glas gibt es im Handel mit einer eingebrannten Leiterschleife in einer Ecke: Zerspringt das Glas, wird auch die Schleife unterbrochen. An die Anlage angeschlossen wurde die Scheibe über einen sogenannten Stößelkontakt. Er besteht aus Federkontakten am feststehenden und am beweglichen Teil des Fensters. (Erst später hat Erwin Böhme erfahren, daß man auch einen Glasbruchmelder so anschließen kann.)

Solange das Fenster geschlossen und die Scheibe unversehrt ist, bleibt der Stromkreis geschlossen. Wird das Fenster geöffnet oder zerspringt die Scheibe, wird der Strom unterbrochen. Und das bedeutet Alarm.

Der Fenstergriff, nach dem der Einbrecher mit seiner Stricknadel durch das Bohrloch angelt, läßt sich erstaunlich leicht drehen. Einen Augenblick lang glaubt der Einbrecher, seine Mühe sei umsonst gewesen: Eine neue Generation von abschließbaren Fenstergriffen, die in gesichertem Zustand durchdrehen, ohne das Fenster zu entriegeln, hat ihn in letzter Zeit schon ein paarmal zum Aufgeben gezwungen. Dann aber spürt er Widerstand, und er sieht durch die Scheibe, daß der vorher senkrechte Hebel jetzt waagrecht steht. Vorsichtig beginnt er das Schiebefenster beiseite zu drücken.

Einige Sekundenbruchteile geschieht gar nichts. Die Kontakte werden durch ihre Federkraft noch gegeneinander gedrückt, scheinen für einen Augenblick aneinander zu kleben, doch dann passiert es:

Einen Moment steht der Einbrecher wie gelähmt mitten in dem Spektakel, der um ihn herum losbricht: Die Sirene heult auf, im Haus dröhnt eine überdimensionale Klingel, Haus und Garten sind in gleißendes Licht getaucht. Und über die Nachbarhäuser streicht rhythmisch das Lichtfeld der Rundumleuchte auf dem Dach.

„Das ist zuviel“, schießt es Helmut M. durch den Kopf. „Dabei kann der gleichgültigste Nachbar nicht ruhig bleiben.“ Jetzt bewährt sich, daß er jedes Werkzeug nach Gebrauch immer sofort wieder verstaut. Er braucht nur mit einem Griff seine Tasche zu schnappen und durch den Garten und über einen niedrigen Zaun zu verschwinden. Kaum spürt er, daß sich seine Turnschuhe bei der hastigen Flucht mit Schnee füllen.

Er landet im Garten eines Reihenhauses — ohne Durchgang zur Straße. Plötzlich geht in einem Zimmer im ersten Stock Licht an.

„Verdammt“, denkt Helmut M. verächtlich. „Unternehmen tun sie nichts. Aber neugierig sind sie!“

Und das ist der zweite verhängnisvolle Irrtum an diesem Abend. Erwin Böhme konnte seine Nachbarn guten Gewissens bitten, sofort die Polizei anzurufen, wenn seine Alarmanlage ansprang: Er hatte sich von der kriminalpolizeilichen Beratungsstelle anerkannte und bewährte „Errichterfirmen“ empfehlen lassen. Und er hatte einen Wartungsvertrag abgeschlossen, so daß er vor technischen Fehlern seiner Anlage ziemlich sicher war. Dazu kam in diesem Fall, daß ein Nachbar sich beim ersten Sirenenton im Bett nur aufzurichten brauchte, um aus seinem Fenster durch die winterlich kahlen Bäume auf das Grundstück des Hauses Böhme sehen zu können. Die Gestalt, die da mit einer Tasche in der Hand durch den Garten flitzte, ließ keinen Zweifel daran, daß es ernst war.

Und so ist ein Polizeiwagen, der in der Nähe Streife fuhr, bereits über Funk informiert und auf dem Weg zum Alsterdamm, während Helmut M. sich in den Schatten eines kleinen Gartenhäuschens drückt, um erst einmal zu verschnaufen.

Inzwischen ist es hinter einigen weiteren Fenstern hell geworden. Zum Teil sind hinter den Vorhängen schemenhaft die Bewohner zu erkennen, die die Festbeleuchtung im Hause Böhme mustern und warten, was da kommt. Zwei Frauen unterhalten sich von Balkon zu Balkon lautstark über die nächtliche Störung.

Helmut M. kennt das alles. Er hat nicht zum ersten Mal eine Alarmanlage ausgelöst. Und schlagartig kehrt seine eiskalte Ruhe zurück, als ihm auffällt, daß ein Haus dunkel geblieben ist: Auf dem Reihenhausgrundstück unmittelbar neben ihm scheint niemand zu Hause zu sein. Und für einen routinierten Einbrecher in seiner Situation bot sich der Weg durch das unbewohnte Haus nach vorn zur Straße geradezu an. Vielleicht, so überlegte er jetzt schon wieder, fand er unterwegs sogar etwas Brauchbares.

Während er den Bohrer ansetzt, achtet er kaum noch darauf, daß Sirene und Klingel plötzlich verstummen. Er merkt nichts davon, daß zwei Polizisten sich das Wohnzimmerfenster unter dem Balkon mit dem Bohrloch betrachten und daß einer von ihnen plötzlich auf die Fußspuren im frisch gefallenen Schnee deutet.

Die Beamten brauchen nur noch der Spur zu folgen, um Helmut M. in dem Moment festnehmen zu können, als er gerade mit dem Geißfuß die angebohrte Terrassentür hochhebt.

Die Frage, ob es nun der verräterische Neuschnee war, der zum plötzlichen Ende seiner kriminellen Karriere geführt hat, oder sein Übermut oder ob hauptsächlich die Alarmanlage seine Festnahme ermöglichte, ist nie entschieden worden. Das Gericht, vor dem der Einbrecher ein paar Monate später stand, hatte genug damit zu tun, die rund 400 Straftaten, die die Polizei zweifelsfrei beweisen konnte, zu sortieren.

Testergebnis „mangelhaft“

Vielleicht ist Ihnen aufgefallen, daß in diesem Kapitel bisher fast nur von Alarm-„Anlagen“ und nicht von Alarmgeräten die Rede war. Und wenn man bedenkt, daß eine Alarmanlage für ein Einfamilienhaus einschließlich Installation ungefähr bei 6000 Mark anfängt, dann ist die Versuchung verständlich, mit preiswerten Kompaktgeräten (zwischen 700 und 1500 Mark) oder Materialsätzen für den Eigenbau günstiger davon zu kommen.

Zunächst zu den Kompaktgeräten: Sie arbeiten meist mit Mikrowellen, Ultraschall oder Infrarot (das kennen Sie von den Bewegungsmeldern). Und sie haben den vermeintlichen Vorteil, daß Sensor, Scharfschalteinrichtung und Alarmgeber in einem Gerät vereinigt sind. Man braucht es nur auf den Bücherschrank zu stellen.

Gerade darin aber liegt — abgesehen von den bereits besprochenen Nachteilen der Bewegungsmelder — die Gefahr. Der Einbrecher braucht das Ding, das ihn da antutet, nur abzustellen oder mit ein paar kräftigen Hammerschlägen zu zerstören, um wieder seine Ruhe zu haben. Wenn Sie aber nicht mehr wollen, als den Dieb für einen Moment zu erschrekken, dann ist ein Horrorposter billiger.

Ganz davon abgesehen haben solche Geräte zuweilen auch sonst noch allerlei Macken. Bei einer Untersuchung durch die Stiftung Warentest haben sämtliche geprüften Apparate dieser Art mit der Note „mangelhaft“ abgeschnitten.

Und hier ist ein Punkt erreicht, an dem der Satz „wenig Sicherheit ist besser als gar keine“ nicht gilt. Wenn Sie tatsächlich nur einen Tausender für Ihre Sicherheit ausgeben können oder wollen, dann stecken Sie ihn lieber in die Verbesserung der mechanischen Sicherheit an Eingangstüren und Fenstern.

Soll es aber eine Einbruchmeldeanlage sein, kaufen Sie bitte nicht irgendetwas, was laut Prospekt dem Einbrecher keine Chance läßt. Auch eine Vielzahl von Prüfplaketten und Gütesiegeln rechtfertigt nicht in allen Fällen und für alle Sicherheitsanforderungen gleich hohes Vertrauen. Als Anhaltspunkt kann gelten: Was eine VdS-Anerkennung besitzt, hat zumindest strenge Prüfungen bestanden und wird von den Versicherern (die ja ein erhebliches wirtschaftliches Eigeninteresse an der Schadenverhütung haben) als geeignet angesehen. Da nicht für alle Risiken höchste Sicherheit erforderlich ist, gibt es ein gesondertes Anerkennungsverfahren für preiswertere Geräte im Bereich der Hausratversicherung. Seit einiger Zeit verfügen auch die kriminalpolizeilichen Beratungsstellen über Listen mit zuverlässigen Installationsfirmen. Nicht ohne Bedeutung ist bei der Auswahl auch die Mitgliedschaft in einem anerkannten Fachverband (ZVEI, BHE).

Zu erwähnen wären in diesem Kapitel schließlich auch noch die Winzlinge unter den Alarmgeräten, die in Form von Keilen, Kugeln oder sirenenbewehrten Türsperren auf dem Markt sind. Auch diese Geräte können sich natürlich nicht mit Alarmanlagen vergleichen, aber dafür wollen die Hersteller auch nur zwischen 20 und 100 Mark haben. Wenn man nicht zuviel von ihnen erwartet, können sie durchaus einen diesem Preis angemessenen Nutzen haben. Ich selbst habe auf Reisen meist einen Alarmkeil bei mir, den ich in Hotelzimmern unter die Tür klemme. Ich erwarte von ihm keine komplette Sicherheit, aber er verhindert immerhin, daß sich jemand mit einem zweiten Schlüssel einschleicht, während ich schlafe.

Gleich wichtig: Gerät — Installation — Wartung

Nehmen wir einmal an, Sie hätten die Aufgabe, die Buchhaltung Ihrer Firma auf elektronische Datenverarbeitung umzustellen. Sicher kämen Sie nicht auf die Idee, die Geräte zu kaufen und dann die Installation selbst in Bastelarbeit auszuführen oder Ihren Hauselektriker damit zu beauftragen. Es ist völlig klar, daß die hochkomplizierte Datentechnik auch spezielle Kenntnisse bei der Installation erfordert.

Alarmanlagen-Produktion – automatisch an der Lötmaschine ...

... und in sorgfältiger Handarbeit. Trotz rationeller Großserien ist menschliches Fingerspitzengefühl gefragt. (Fotos: eff-eff, wörl-alarm)

Bezeichnung	Symbol	Bezeichnung	Symbol	Bezeichnung	Symbol
Schließblech-kontakt (SK)		Ultraschall-schranke (USS)	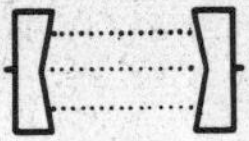	Scharfschalt-einrichtung, (SM) elektro-mechanisch	
Öffnungs-kontakt (ÖK)		Ultraschall-Doppler (USD)	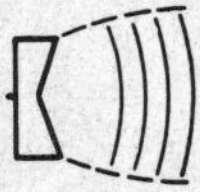	Überfall-melder (ÜM)	
Magnet-kontakt (MK)		HF-Feld-änderungs-melder (HFM)		Scharfschalt-einrichtung, „geistig" (SG)	
Vibrations-kontakt (VK)		Kapazitiv-Feld-änderungs-melder (KFM)		Zentrale (Z)	
Pendel-kontakt (PK)		400 MHz-Feld-änderungs-melder (HFM)		Notstrom-versorgung (EV)	
Fadenzug-kontakt (FK)		400 MHz-Schranke (HFS)	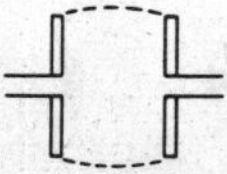	Verteilerdose (V)	
Folie zur Fensterüber-wachung (FO)		2,4 GHz-Doppler (GD)		Registrierein-richtung/ (RE) Zeitschreiber	
Durchbruch-melder (FÜ) (Flächenüber-wachung)		2,4 GHz-Schranke (GS)		akustischer elektronischer Signalgeber (SA)	
Druckmelder (DM) z.B. Trittmatte		9,5 GHz-Doppler (GD)		akustischer elektro-mechanischer Signalgeber (SA)	
Körperschall-melder (KS)		9,5 GHz-Schranke (GS)		optischer (SO) Signalgeber	
Glasbruch-melder (GM)				Verbund-Sicherheits-glas mit Alarm-drahteinlage (ADG)	
Lichtschranke (Sender/Emp-fänger) (LS/LE)					
Infrarotmelder (IM)					

Die Wiedergabe der Symbole, die bei der Projektierung von Alarmanlagen benutzt werden, soll Ihnen helfen, die Arbeit des Fachmanns zu verstehen und zu kontrollieren. Sie sind keine Anleitung zum Selbstbau. (Tabelle: VdS)

Fachgerechte Installation und regelmäßige Wartung einer Einbruchmeldeanlage sind ebenso wichtig wie die Auswahl geeigneter Bausteine. Eine polizeiliche Liste bewährter und anerkannter „Errichterfirmen" hilft bei der Entscheidung. (Foto: ADARMA)

Nicht viel anders ist die Situation bei modernen Einbruchmeldeanlagen: Wenn eine solche Anlage wirklich auf alle Versuche eines Einbrechers, sie mechanisch oder elektrisch außer Betrieb zu setzen, mit Alarm reagieren soll, muß sie mit höchster Präzision gebaut, installiert und eingemessen sein. Unter uns gesagt: Systeme, die so robust sind, daß sie die redlichen Bemühungen eines Heimwerkers nicht übelnehmen, lassen sich auch von Einbrechern eine Menge gefallen.

Ihre Einbruchmeldeanlage muß auch immer in einem Schwebezustand höchster Alarmbereitschaft bleiben. Sie soll weder abstumpfen, noch überempfindlich und hysterisch auf harmlose Geschehnisse reagieren. Dazu ist es notwendig, sie ständig zu überprüfen und zu warten.

Sie brauchen also nicht nur einen zuverlässigen Hersteller als Partner, sondern auch eine Firma, die die Gewähr dafür bietet, daß die Anlage fachgerecht installiert und ständig in Schuß gehalten wird. Aus diesem Grund finden Sie am Schluß dieses Buches nicht nur eine Liste von Herstellern, die sich zumindest mit einem Teil ihrer Produkte den strengen Prüfungen des Verbandes der Sachversicherer unterworfen haben. Daneben gibt es eine Liste von Errichterfirmen, die ebenfalls das Prädikat „VdS-anerkannt" führen dürfen. Gerade weil Installation und Wartung praktisch ebenso wichtig sind wie die Qualität der Bausteine, aus denen sich eine Anlage zusammensetzt, hat der VdS schon vor Jahren ein Anerkennungsverfahren für Installationsfirmen eingeführt. Dabei müssen sich die verantwortlichen Techniker zunächst einmal einer theoretischen Prüfung unterziehen. Können sie die geforderte Qualifikation nachweisen, erhalten sie eine vorläufige Anerkennung. Erst wenn die Ingenieure des VdS mehrere Anlagen, die diese Firma gebaut hat, geprüft und für gut befunden haben, erfolgt die endgültige Anerkennung — im Hinblick auf die erforderlichen Spezialkenntnisse nur für die Geräte eines Herstellers und auch nur für einen bestimmten Bereich rund um den Sitz der Firma, damit Störungen ohne lange Anfahrtswege so schnell wie möglich behoben werden können.

Aus diesen Gründen ist das Kapitel „Alarmanlagen" in diesem Buch auch nicht als Anleitung zum Selbstbau gedacht. Es soll Ihnen einen Überblick über die vorhandenen Möglichkeiten geben, es soll Ihnen die Entscheidung erleichtern, ob eine Einbruchmeldeanlage in Ihrem Fall sinnvoll ist, und es soll Ihnen helfen, die Arbeit des beauftragten Spezialisten zu verstehen und zu überprüfen.

Wenn Sie die Absicht haben, sich eine Einbruchmeldeanlage zuzulegen, dann sollten Sie zwei Merksätze nicht aus dem Auge verlieren:

- Eine Alarmanlage ist kein Ersatz für mechanische Sicherheit, sondern eine Ergänzung.

- Nehmen Sie die Hilfe von Fachleuten in Anspruch! Das Spezialwissen der Beamten in den kriminalpolizeilichen Beratungsstellen steht Ihnen kostenlos zur Verfügung. Nutzen Sie es!

Eine vorbildlich eingerichtete Kriminalpolizeiliche Beratungsstelle. (Foto: Hessisches Landeskriminalamt)

Sie können dann bereits mit klaren Vorstellungen über die Beschaffenheit der Anlage Angebote von Errichterfirmen in Ihrem Wohngebiet anfordern. Wenn Sie für die Absicherung hoher Risiken im gewerblichen oder industriellen Bereich verantwortlich sind, kann es sich empfehlen, die Dienste eines besonderen Sicherheits-Planungsbüros in Anspruch zu nehmen. Es ist nicht nur in der Lage, ein umfassendes Sicherheitskonzept zu erarbeiten, das auch technische Sicherungen und organisatorische Schutzmaßnahmen beinhaltet. Ein solches Büro übernimmt normalerweise die Projektierung der Anlage ebenso wie die Ausschreibung, Überwachung und Abnahme der Arbeiten.

Zum Schluß dieses Kapitels noch einmal eine kleine Geschichte, die eine wichtige Lücke in dem bisher entwickelten Sicherheitskonzept deutlich macht:

Ein Mann, der in München in einer besonders einbruchsgefährdeten Villengegend wohnte, wollte sich, um seine Sicherheit zu erhöhen, einen Hund anschaffen. Er erkundigte sich intensiv nach den speziellen Eigenheiten der verschiedenen Rassen, um den wirklich idealen Wachhund aussuchen zu können. Aber immer gab es ein paar Einschränkungen, bis ihm ein Kenner schließlich empfahl: „Ein Schäferhund hat Kraft genug, um sich bei einem Einbrecher Respekt zu verschaffen; aber er nimmt rasch die Gewohnheiten seines Herrn an und schläft nachts. Ein Spitz ist zwar klein, und er schlägt, wenn er allein im Haus ist, kaum einen Einbrecher in die Flucht. Aber er bewahrt immer seine natürlichen Instinkte und macht zu jeder Tages- und Nachtzeit einen Heidenlärm, wenn etwas nicht stimmt. Also: Sie brauchen beides. Einen Spitz, der bellt, wenn der Einbrecher kommt, und einen Schäferhund, der davon aufwacht und den Einbrecher beißt!"

Wenn Sie den Spitz mit Ihrer Alarmanlage gleichsetzen, die zwar Lärm macht, aber dem Einbrecher nichts tut, dann fehlt Ihnen jetzt noch der Schäferhund, der auf den Alarm reagiert.

Im nächsten Kapitel erfahren Sie, daß diese wichtige Ergänzung zur Alarmanlage viel einfacher und preisgünstiger zu haben ist, als Sie bisher vielleicht geglaubt haben.

Nachtwächter sind ganz anders

„Alarm bei Objekt 208, Alarm bei Objekt 208 ...“, tönt es mehrfach aus einem kleinen Lautsprecher in der Funkzentrale. Der Wachhabende reagiert kühl und rasch. Er hat bereits eine Mappe mit der Aufschrift „208“ in der linken Hand. Mit der rechten drückt er eine Taste und spricht in das Mikrofon, das vor ihm im Bogen aus dem Leitstand ragt:

„Alarm bei 208. Das ist eine Villa mit Zahnarztpraxis in der Gerhardinger Straße . Kennt ihr den Weg?“

Im Bereitschaftsraum sind zwei junge, drahtige Männer aufgesprungen. Einer von ihnen ruft, während er sich die Uniformmütze auf den Kopf stülpt: „Ja, kenn ich!“

Der zweite nimmt an einer Durchreiche einen stabilen Umschlag entgegen, auf dem ebenfalls die Zahl 208 vermerkt ist. Inhalt: Ein genauer Alarmplan mit dem günstigsten Zufahrtsweg, mit Einzelheiten über die Sicherung des Hauses und allen Anweisungen des Eigentümers für den Alarmfall. Die Schlüssel für die Villa in der Gerhardinger Straße hängen verplombt in einem besonders gesicherten Schrank. Sofort, nachdem der Wachhabende sie seinem Kollegen ausgehändigt hat, trägt er die Zeit der Entnahme in ein Schlüsselbuch ein.

Wer sich an die Festnahme des Kellerfensterspezialisten Josef H. erinnert, ahnt wahrscheinlich schon, daß wir uns im Augenblick nicht etwa in der Funkleitstelle einer Polizeibehörde befinden, sondern in der Zentrale einer deutschen Wach- und Schließgesellschaft.

In allen größeren Städten haben die Wach- und Sicherheitsunternehmen in den letzten Jahren solche Notrufzentralen eingerichtet, an die jedermann seine Alarmanlage anschließen lassen kann. Hintergrund: Immer häufiger hatte sich herausgestellt, daß eine Einbruchmeldeanlage allein noch nichts bringt, wenn niemand den Alarm verfolgt. Der naheliegendste Ausweg — eine Leitung unmittelbar zur Polizei — war sehr schnell verstopft: Der Kapazität der Polizei-Zentralen sind enge Grenzen gesetzt. Neuanschlüsse wurden nur noch in Ausnahmefällen für besonders gefährdete Objekte zugelassen.

Heute enden Tausende von Alarmdrähten bei den privaten Wach- und Sicherheitsunternehmen. Tag für Tag, Nacht für Nacht, gehen speziell ausgebildete Alarmverfolger modernen Schlages den Notrufen aus Kaufhäusern und Fabriken, Einzelhandelsgeschäften und Privatwohnungen auf den Grund. Zum Teil werden von hier aus per

Fernbedienung Alarmanlagen ein- und ausgeschaltet. Und manchmal enthält die zu jedem angeschlossenen Objekt gehörende Einsatzmappe Spezialanweisungen wie „Anschlußinhaber löst über Funk Signal aus, wenn er ärztliche Hilfe braucht. Bei Alarm sofort Notarzt verständigen!"

In den Anfangszeiten mußte das Privileg eines privaten Notrufanschlusses in allen Fällen teuer bezahlt werden. Nicht so sehr bei den Bewachungsunternehmen als vielmehr bei der Post, die für eine ständig geschaltete Leitung pro Kilometer 40 Mark im Monat verlangt.

Heute kann man sich mit einem automatischen Telefonwählgerät wesentlich preisgünstiger behelfen. Es wählt im Alarmfall vorher programmierte Nummern (beispielsweise die der Wach- und Schließgesellschaft) und spult ein Tonband mit den notwendigen Daten ab oder übermittelt einem speziellen Empfangsgerät verschlüsselte, digitale Informationen. Entscheidender Nachteil: Wenn ein Einbrecher weiß oder ahnt, wie Sie ausgerüstet sind, kann er Ihr Telefon-Wählgerät überlisten. Ich empfehle deshalb, die Grundgebühr für einen gesonderten Hauptanschluß auszugeben — einen Hauptanschluß, dessen Rufnummer nicht (oder nicht unter Ihrem Namen) im Telefonbuch eingetragen wird.

Dennoch bleibt ein Unsicherheitsfaktor. Jeder hat beim Telefonieren schon erlebt, daß die Leitung plötzlich gestört war. Ein Telefonwählgerät merkt nicht, ob es womöglich wegen einer gestörten Leitung plötzlich ins Leere spricht. Dagegen sind Postmietleitungen ständig ruhestromüberwacht. Bei einer Leitungsstörung, die sich nicht sofort wieder beheben läßt, rücken die Alarmverfolger aus, um nachzusehen, ob noch alles in Ordnung ist. Der höhere Preis für die ständige Verbindung mit der Notrufzentrale schlägt sich also durchaus in größerer Sicherheit nieder.

Für den Schutz eines normal ausgestatteten Einfamilienhauses dürfte jedoch die preiswerte Lösung ausreichen. Freilich sind der Sparsamkeit Grenzen gesetzt: Wer die Gebühren für die private Notrufzentrale sparen und sein Wählgerät auf die Rufnummer der Polizei programmieren will, kommt nicht weit. Telefonwählgeräte müssen von der Post genehmigt werden. Dem Antrag ist eine Einverständniserklärung des Teilnehmers beizufügen, der angerufen werden soll. Und diese Erklärung werden Sie von der Polizei aus den geschilderten Gründen kaum erhalten.

Auch der Alarm bei Objekt 208, der vor wenigen Minuten in der Notrufzentrale eingegangen ist, kam über ein Telefonwählgerät.

Der Zahnarzt, in dessen Haus ein Glasbruchmelder angesprochen hat, bezahlt für die ständige Bereitschaft der Wach- und Schließgesellschaft monatlich 65 Mark. Dafür hat er die Gewißheit, daß sich auch wirklich

Private Notrufzentrale in einer deutschen Großstadt. Alarmanlagen von fast 700 Teilnehmern sind hier aufgeschaltet.

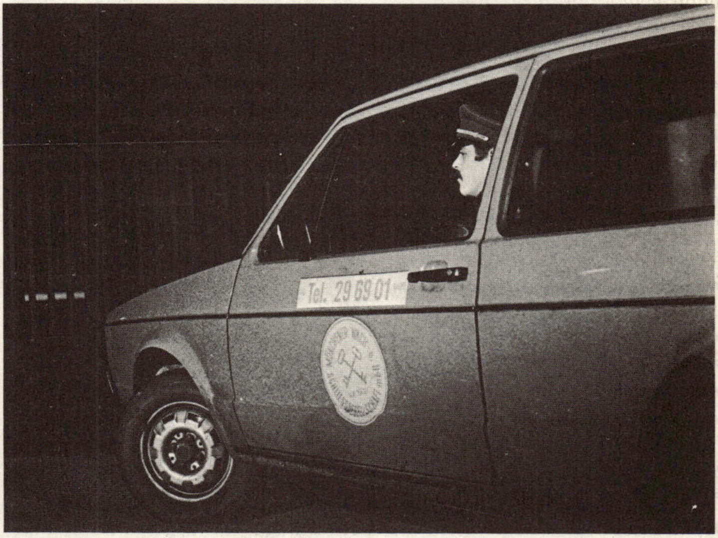

Alarmverfolger mit Funkwagen bei einem nächtlichen Einsatz.
(Fotos: Münchener Wach- und Schließgesellschaft)

immer jemand um die Ursache eines Alarms kümmert. Und er weiß, daß das Bewachungsunternehmen seine besten Leute losschickt, wenn der automatische Notruf ankommt.

Einen davon kennen wir schon. Es ist Helmut Fischer, der auch den Aktivitäten des Josef H. ein Ende gesetzt hat. Ein Mann mit Background, wie man so schön neudeutsch sagt: Gelernter Konditor, dann mehrere Jahre bei der Bundesbahn als Zugbegleiter und im Ladedienst. Mit 24 meldet er sich zur Polizei. Er wird schnell bis zum Hauptwachtmeister befördert. Aber dann hat er das Gefühl, daß es nicht so recht weitergeht. In dieser Situation stolpert er über ein Inserat der Wach- und Schließgesellschaft. Er bewirbt sich und wird nach der üblichen Sicherheitsüberprüfung eingestellt.

Das ist jetzt vier Jahre her. Und aus dem spontanen Entschluß ist ein Job fürs Leben geworden.

Auch Fischers Kollege Heiner Schwarz zählt zu den alten Hasen. Er hat Maurer gelernt. Nach einem Arbeitsunfall durfte er zunächst nichts Schweres mehr heben. Er sattelte um: Die Wach- und Schließgesellschaft bot ihm einen Beruf, in dem er vor allem die Augen offen halten mußte. Jede Nacht fuhr er ein großes Revier ab, kontrollierte Türen und Fenster, drehte Wasserhähne und vergessene Kochplatten ab und verständigte über Funk die Zentrale, wenn er irgendwo auf die Spuren eines Einbrechers stieß.

Nebenher absolvierte er in einem Sportverein ein eisernes Training. Bis er die Folgen seines Unfalls restlos überwunden hatte. Inzwischen hatte er mehrere Lehrgänge besucht. Er lernte, daß man eine Tür immer bis ganz an die Wand aufstößt, um sicher zu sein, daß sich niemand dahinter versteckt. Er übte, wie man als Wachmann um eine Hausecke geht — nämlich in weitem Bogen und mit mindestens zwei Metern Abstand. Man brachte ihm bei, daß man eine Taschenlampe nicht vor dem Körper, sondern möglichst weit weg hält, um für einen bewaffneten Einbrecher nicht zur Zielscheibe zu werden. Er paukte Psychologie und die wichtigsten Rechtsgrundlagen seines Berufs.

Nach einem dreiviertel Jahr erst kam die Waffe — ein Revolver, Kaliber 38 Spezial — und die Schießausbildung dazu. Er machte einen großen Sprung nach vorn und wurde zum Beifahrer eines Geldtransporters bestellt. Erst als er sich auch hier bewährt hatte, kam die Versetzung zur „Elitetruppe“ — zu den Alarmverfolgern.

Wir sind jetzt seit zwei Minuten mit dem Funkwagen unterwegs. Ich stelle den beiden Wachmännern die Fragen, die wahrscheinlich jeder Journalist stellen würde, der Gelegenheit hat, bei einem solchen Einsatz dabei zu sein. Ob sie manchmal Angst haben, zum Beispiel.

„Natürlich!“ antwortet Heiner Schwarz. Und sein Kollege ergänzt: „Helden sind nicht gefragt. Man muß Angst haben, sonst ist man nicht vorsichtig genug.“

„Halten Sie Ihren Beruf für wichtig?“

Beide zögern einen Augenblick. Dann kommt eine Antwort von Helmut Fischer: „Eigentlich wäre es schöner, wenn wir unwichtig wären. Es ist im Grunde traurig, daß man heute jedes bißchen privaten Besitz bewachen muß. Und seit ich das beobachte, ist es nicht besser geworden. Im Gegenteil!“

Wir biegen in die Gerhardinger Straße ein..Nach wenigen Metern rollt der Wagen aus. Schon bevor das Fahrzeug ganz zum Stehen gekommen ist, hat Heiner Schwarz kurz die Zentrale verständigt. Fast geräuschlos steigen die beiden aus. Einer geht links um das Haus, einer rechts herum.

Genau gleichzeitig kommen sie an der Rückfront bei einem eingeschlagenen Fenster an. Seit dem Alarm sind jetzt vier Minuten vergangen. Heiner Schwarz gibt seinem Kollegen mit dem Kopf ein Zeichen. Lautlos zieht Fischer sich zu einer Hausecke zurück, von wo aus er zwei Fronten des Hauses beobachten kann, während Schwarz zurück zum Wagen huscht. Von hier aus kann er die beiden anderen Gebäudefronten überblicken.

Er greift zum Funkgerät.

„Einbruch festgestellt“, gibt er in dem knappen Stichwort-Jargon durch, der im Funkverkehr üblich ist. „Der Täter dürfte noch im Objekt sein. Bitte Polizei hinzuziehen. Und einen Arzt. Vielleicht auch einen Krankenwagen. Es eilt!“

Ich muß den Wachmann sehr verwundert angeschaut haben. Denn er erklärt fast entschuldigend: „Das ist besser, wenn die Polizei sofort dazu kommt. Wenn wir zu zweit hinten rein gehen, haut er vielleicht durch die Vordertür ab. Und geht nur einer, das ist zu gefährlich.“

„Das ist klar. Aber wieso Arzt und Krankenwagen?“

Jetzt ist er es, der verwundert schaut: „Haben Sie das nicht gesehen? Das ganze Fensterbrett ist voll Blut. Der muß sich ziemlich verletzt haben, als er die Scheibe eingeschlagen hat!“

Ich habe es wirklich nicht gesehen. Aber es stimmt. Als wenige Minuten später zwei Polizeibeamte das Haus durchsuchen, brauchen sie nur der Blutspur zu folgen. Sie führt durch mehrere Zimmer und schließlich in einen Waschraum, wo der Einbrecher gerade versucht, sich mit einem Handtuch notdürftig zu verbinden. Die Vorsicht der beiden Wachmänner erweist sich als berechtigt. Der Festgenommene hat eine geladene

Pistole in der Hosentasche. Und in der Jacke finden die Beamten ein paar Olympiamünzen, die der Einbrecher bei der Suche nach dem Badezimmer in einem Schrank gesehen und schon einmal eingesteckt hat.

Inzwischen ist auch der Arzt eingetroffen. Er versorgt an Ort und Stelle die Verletzung. Der Krankenwagen erweist sich als überflüssig. Aber das konnte vorher niemand wissen.

Als das Polizeiauto mit dem festgenommenen Einbrecher wieder abfährt, sind seit dem Alarm genau 17 Minuten vergangen. Der Einsatz ist beendet. Ein Problem ist allerdings noch zu lösen:

„Was machen wir mit dem eingeschlagenen Fenster?" fragt Helmut Fischer über Funk.

Die Antwort zeigt, daß auch der Wachhabende in der Zentrale zu den Routiniers in diesem Gewerbe gehört: „Der Geschädigte ist zur Zeit im Ausland. Wir haben seine Schwester verständigt. Die ist mit ihrem Mann unterwegs zum Objekt, und die werden dort übernachten. Bleibt an Ort und Stelle, bis sie da sind."

Der Zahnarzt wird nach seiner Rückkehr für den nächtlichen Einsatz an das Bewachungsunternehmen 70 Mark zahlen müssen. So viel kostet jede Alarmverfolgung neben der monatlichen Pauschale — gleichgültig, ob die Reinemachefrau einen Fehlalarm ausgelöst hat oder ob, wie hier, durch das Erscheinen der Wachmänner ein Schaden von 100 000 Mark oder mehr verhindert worden ist.

Und noch ein großer Vorteil ergibt sich aus der Aufschaltung einer Alarmanlage auf die Notrufzentrale eines Bewachungsunternehmens. Wäre die Schwester des Kunden nicht erreichbar gewesen, hätte die Firma zunächst einen Wachmann gestellt, noch in der Nacht die Feuerwehr gerufen, um das Fenster zu verschalen, und dann die Alarmanlage wieder scharf geschaltet.

Bewachung in Zahlen

Neben der Alarmverfolgung bieten die Sicherheitsunternehmen auch heute noch ihre traditionellen Dienste an. Zum Beispiel die Revierbewachung: Das heißt, ein Wachmann fährt oder geht in der Nacht mehrmals auf unterschiedlichen Wegen und zu unterschiedlichen Zeiten ein festgelegtes Revier ab und kontrolliert in diesem Bereich die Gebäude aller Kunden, die einen Bewachungsvertrag abgeschlossen haben. Dabei achten die Kontrolleure durchaus nicht nur auf Einbrecher: Sie hätten ihr Geld schon allein durch die verhinderten Brand- und Wasserschäden verdient. 12 500 Brände pro Jahr können im Durchschnitt rechtzeitig gelöscht werden, weil Wachmänner sie entdecken, bevor die Flammen aus dem Dach schlagen. Und 82 000 Wasserrohrbrüche werden jährlich von Wachleuten entdeckt. In vielen Fällen wäre der Schaden ohne ihre Aufmerksamkeit bis zum nächsten Morgen ins Unermeßliche gestiegen.

Und wenn wir schon bei Zahlen sind: Sechseinhalb Millionen offene Fenster und Türen werden geschlossen, bevor Einbrecher die Einladung bemerken. 800 000 steckende Schlüssel oder Schlüsselbunde werden abgezogen und sichergestellt. Und auch die ganz konkrete, direkte Verbrechensvorbeugung kann sich sehen lassen: Die Jahresbilanz der deutschen Wach- und Sicherheitsunternehmen wies, als sie letztmals erstellt wurde, rund 34500 verhinderte Einbrüche oder Diebstähle aus — und mehr als 7000 mit Unterstützung der Polizei festgenommene Einbrecher und andere verdächtige Personen.

Vielleicht an dieser Stelle eine kurze Abschweifung zur Problematik des Verhältnisses zwischen Bewachungsgesellschaften und Polizei. Vereinzelt tauchen immer wieder einmal Bewachungsunternehmen auf, die sich als „Privat-Polizei“ bezeichnen oder deren Leute sich so aufführen. Die überwältigende Mehrheit der seriösen Sicherheitsfirmen hütet sich aber sehr sorgfältig vor „Grenzkonflikten“ mit den staatlichen Ordnungshütern. Die immer wieder einmal geäußerte Sorge, daß die 65 000 uniformierten und zumindest zum Teil bewaffneten deutschen Wachmänner, die im Gegensatz zur Polizei, zum Grenzschutz und zur Bundeswehr keiner politischen Kontrolle unterstehen, als Privatarmee mißbraucht werden könnten, ist zweifellos unberechtigt. Schaut man sich beispielsweise den Lehrplan der Werkschutzschulen an, die einen großen Teil der Wachleute ausbilden, so stellt man fest, daß die engen Grenzen der eigenen Rechte sich wie ein roter Faden durch das Lernprogramm ziehen: Wachmänner haben nur die „Jedermann-Rechte“, also das Recht auf Notwehr, Nothilfe und das vom Kunden übertragene Hausrecht. Auch jeder Bürger darf einen Tatverdächtigen vorläufig festnehmen — aber nur so lange, bis er auf dem schnellstmöglichen Wege der Polizei übergeben werden kann. Für Wachleute gilt nichts anderes. Auch deshalb haben die beiden Alarmverfolger in unserem Beispiel das Haus nicht betreten. Sie begnügten sich damit, die Flucht des Einbrechers zu verhindern, und überließen die Festnahme der Polizei. Auch Josef H. wurde lediglich bis zum Eintreffen der Polizei festgehalten.

Gemessen an dem Schaden, der durch das Personal der Sicherheitsfirmen verhindert wird, sind die Kosten durchaus erträglich. Kein Bewachungsunternehmen nennt gern genaue Zahlen, weil stets nach dem Aufwand im Einzelfall kalkuliert wird. Der Preis kann in diesem Bereich ebenso wenig einheitlich sein wie die Leistung.

Aber die Größenordnung der Kosten läßt sich doch ungefähr fixieren: (Stand: Mitte 1984)

1. Anschluß an eine Notrufzentrale mit Telefonwählgerät. Monatliche Pauschale 60 bis 70 Mark
   Anschluß mit digitalem Wählgerät 50 bis 70 Mark
   Dazu eventuell Postgebühr für eigenen Amtsanschluß 27 Mark
2. Anschluß an eine Notrufzentrale über feststehende Leitung (Postmietleitung). Monatliche Pauschale 60 bis 70 Mark
   Dazu Postgebühren pro Entfernungskilometer monatlich 40 Mark
   Einmalige Einrichtungsgebühr der Post 400 Mark
3. Alarmverfolgung. Pauschal pro Einsatz 70 bis 80 Mark
4. Revierkontrolldienst. Zwei bis drei Außenkontrollen pro Nacht in unregelmäßigen Abständen. Je nach Lage und Ausdehnung des Objekts monatlich pauschal 200 bis 500 Mark
5. Veranstaltungsdienst (Eingangskontrolle, Ordnungsdienst, Verkehrslenkung). Pro Mann und Stunde 14 bis 18 Mark
6. Ständige Bewachung eines Objektes („Separatbewachung"). Pro Mann und Stunde 14 bis 22 Mark
7. Tagespförtner mit Fremdsprachenkenntnissen. Pro Mann und Stunde 16 bis 25 Mark
8. Industrieschutz durch speziell ausgebildete Werkschutzkräfte. Pro Mann und Stunde 18 bis 26 Mark
9. Personenschutz durch bewaffnete Detektive mit Sonderausbildung. Pro Mann und Stunde 35 bis 50 Mark

Neben diesen Dienstleistungen bieten viele Wach- und Sicherheitsunternehmen noch eine ganze Palette von Spezialleistungen an. Sie reichen vom Sicherungsposten, der bei Gleisarbeiten die Bauarbeiter vor herannahenden Zügen warnt, über Baustellen-, Parkplatz- und Aufzugbewachung bis zur Rundum-Betreuung von Wohnungen, während die Eigentümer in Urlaub sind — von der Ausarbeitung kompletter Sicherheitskonzepte über die Lieferung und Installation von Alarmanlagen bis zu Geld- und Werttransporten, die zum Teil von spezialisierten Firmen, überwiegend aber von den Wach- und Schließgesellschaften angeboten werden.

Dieser Service scheint mir keineswegs nur für Großfirmen interessant. Deshalb dazu noch ein paar Einzelheiten:

Geld auf der Straße

Der bargeldlose Zahlungsverkehr hat den Transport von Banknoten nicht überflüssig gemacht: Ungefähr eine Billion Deutsche Mark werden jährlich auf den Straßen transportiert (zur Veranschaulichung dieser Größenordnung: Das sind tausend Milliarden — und jede einzelne dieser tausend Milliarden besteht aus tausend Millionen).

Eine faszinierende Beute also, die da Tag für Tag über Deutschlands Straßen rollt. Nur ein Fünftel dieser Summe, nämlich 200 Milliarden, werden unter Bedingungen transportiert, die man als sicher bezeichnen kann: In gepanzerten Spezialfahrzeugen und unter dem Schutz einer bewaffneten Begleitmannschaft. Wie einige Beispiele aus den letzten Jahren zeigen, sind auch die spezialisierten Geldtransporteure nicht sicher vor Angriffen ebenso spezialisierter Gangster. Zumindest der Auftraggeber aber ist die Sorge um die Sicherheit des Geldes los, wenn er die Dienste einer Spezialfirma in Anspruch nimmt.

Auf weit gefährlicheren Pfaden wandeln die restlichen 800 Milliarden. Bei manchen Fällen, die wir in der Redaktion der Sendereihe „Aktenzeichen XY ... ungelöst" fürs Fernsehen bearbeitet haben, standen uns buchstäblich die Haare zu Berge: Da wurden zum Beispiel zwei Lehrlinge beauftragt, jeden Tag rund 100 000 DM Tageseinnahmen eben über die Straße zu bringen und in den Nachttresor der gegenüberliegenden Bank einzuwerfen. Niemand hatte ihnen gesagt, wie wichtig es ist, bei Geldtransporten alle Regelmäßigkeiten zu vermeiden, nicht stets denselben Weg zu gehen und die gleiche Zeit zu wählen. Ein paar Wochen ging alles gut. Dann standen plötzlich zwei maskierte Räuber neben dem Nachttresor, und da den beiden auch niemand gesagt hatte, wie sie sich in einem solchen Fall verhalten sollten (Gefahren schweigt man am besten tot. Nur keine Angstmache unter dem Personal!) griff der eine die bewaffneten Räuber mit den bloßen Fäusten an, der andere hielt die Tasche fest und schrie um Hilfe.

Das Ergebnis: Die Räuber machten von ihren Waffen Gebrauch, beide Lehrlinge erlitten schwere Verletzungen, und die Tasche mit dem Geld war doch weg. Zu allem Überfluß stellte sich dann auch noch heraus, daß die Versicherung nicht den vollen Schaden abdeckte, weil in den Versicherungsbedingungen die Summe, die auf einmal transportiert werden durfte, auf 50 000 DM begrenzt war.

Diese Geschichte ist nicht etwa die Geschichte eines seltenen Ausnahmefalls. Und es geht auch nicht immer nur um Geld und Gesundheit: Mehrmals in jedem Jahr bezahlen Menschen ihr falsches Verhalten beim Geldtransport mit dem Leben.

So zum Beispiel ein Toto- und Lottoeinnehmer in Lörrach, nahe der Schweizer Grenze. Seine Umsätze sind freitags stets besonders hoch, weil neben der deutschen Kundschaft auch viele Schweizer über die Grenze kommen, um ihr Glück im deutschen Zahlenlotto zu versuchen.

Auch er bringt seine Tageseinnahmen mit schöner Regelmäßigkeit jeden Freitag um die gleiche Zeit zur selben Bank. Zu seiner Sicherheit — wie er meint — führt der Mann einen Gasrevolver mit sich, der einer scharfen Waffe täuschend ähnlich sieht. Daß dieses Gerät einen Sicherheitsgewinn bringt, erweist sich als tödlicher Irrtum. Als der Lottoeinnehmer an einem Freitag im Mai plötzlich drei maskierten Räubern gegenübersteht, zückt er seinen Gasrevolver. Die Täter halten das Ding für eine scharfe Waffe und schießen sofort. Sie schießen schneller und treffen besser als der Geschäftsmann aus Lörrach, der tödlich verletzt neben seinem Fahrzeug zusammenbricht. Auch der Gasrevolver in einer solchen Situation gehört zu den Ausnahmen von der Regel „lieber wenig Sicherheit als gar keine".

Wer auch nur gelegentlich Geld zu transportieren hat und entscheiden soll, auf welche Weise dies am zweckmäßigsten geschieht, muß die Situation auf dem kriminellen Markt kennen: Er muß wissen, daß er es nicht nur mit professionellen einheimischen Räubern zu tun hat, die nach schwachen Stellen beim Geldtransport suchen. Er muß wissen, daß beispielsweise ganze Banden von italienischen Spezialisten aus Raubüberfällen auf Geldtransporte ein durchorganisiertes Gewerbe gemacht haben:

Ein Vortrupp, der sich meist ständig in Deutschland aufhält, übernimmt die „Marktforschung". Den ausgebildeten Spähern entgeht kein Geldtransport, der sich lohnt und der irgendwelche Angriffspunkte bietet. Wenn sie genug wissen, wird der Tag für das Unternehmen festgelegt. Die Akteure reisen per Flugzeug aus Rom oder Mailand an und finden alles vor, was sie brauchen. Sämtliche Informationen über den Geldtransport, und von der „Abteilung Beschaffung" bereitgestellte, meist gestohlene schwere und schnelle Motorräder. Für die eigentliche Tatausführung gibt es drei Möglichkeiten:

- Ist der Bankbote zu Fuß oder mit dem Fahrrad unterwegs, braust der Motorradfahrer heran, der Beifahrer springt vom Soziussitz, entreißt dem Boten die Tasche, und bevor dieser richtig verstanden hat, was eigentlich passiert ist, ist das Motorrad schon aufheulend im Verkehr verschwunden.
- Steht die Geldtasche stets am gleichen bestimmten Platz in einem Fahrzeug, verfolgen die Motorradfahrer den Wagen. Wenn er an einer Ampel oder Vorfahrtstraße anhalten muß, zerschlägt der Beifahrer mit einem schweren Hammer eine Autoscheibe und greift sich die Geldtasche.
- Ist die Tasche nicht ohne weiteres zugänglich — weil sie zum Beispiel im Kofferraum steht oder ein Mitfahrer sie zwischen den Beinen hat

Geldtransportfahrzeuge müssen durchaus nicht immer aussehen wie Mondlandefähren. Aber auch dieser unauffällige Wagen unterscheidet sich von serienmäßigen Fahrzeugen dadurch, daß er ein paar Zentner mehr wiegt: Er ist rundherum gepanzert. (Foto: Safemobil/Motorola)

Wer meint, er könne rauben, ohne rot zu werden, irrt sich zumindest in diesem Fall: Eine Rauchbombe in der Geldtransporttasche färbt die Scheine und den Täter. (Foto: Baum/Sessner)

— fahren die Italiener ebenfalls an einer Ampelkreuzung neben das haltende Geldtransportfahrzeug, zerstechen unauffällig einen Reifen und schlagen zu, wenn die Insassen wegen der Panne anhalten.

Was also tun?

Wegen der paar tausend Mark, die man als Geschäftsmann oder als Tankstellenpächter abends zum Nachttresor zu bringen hat, ein Geldtransportunternehmen anheuern? Ich würde diese Frage nicht so unbesehen mit „nein“ beantworten, wie Sie es vielleicht bisher getan haben. Natürlich braucht es für die Tageseinnahmen einer Tankstelle keinen Panzer mit einer bewaffneten Kompanie. Aber viele Spezialunternehmen halten — je nach Größenordnung der transportierten Summe — abgestufte Sicherungsmöglichkeiten zu abgestuften Preisen bereit.

Wenn Sie sich von einer der am Schluß dieses Buches aufgeführten Spezialfirmen ein Angebot unterbreiten lassen, dann sollten Sie auch mit einkalkulieren, daß Sie durch diesen Service nicht nur Sicherheit gewinnen, nicht nur sich oder Ihre Mitarbeiter von einer erheblichen Gefährdung befreien und unter Umständen auch Ihre Versicherungssituation verbessern können. Es ist mit zu bedenken, daß der selbst durchgeführte Transport auch Geld kostet: Sie müssen den Mitarbeiter bezahlen oder ihre eigene kostbare Zeit opfern. Und das Firmenfahrzeug fährt auch nicht umsonst.

Der Räuber wird rot

Wenn Sie nach gründlicher Prüfung zu dem Ergebnis kommen, daß es doch sinnvoll ist, Geld- und Werttransporte selbst zu übernehmen, sollten Sie unbedingt ein paar Grundregeln beherzigen:

- Keine Gewohnheiten einreißen lassen. Zeit, Fahrstrecke, Fahrzeuge und beauftragte Personen ständig wechseln.
- Besonders wunde Punkte sind Anfang und Ende der Transportfahrt, weil sie sich kaum variieren lassen. Überprüfen Sie Ihre Abrechnungsgewohnheiten. Es kann sinnvoll sein, schon einige Zeit vor Geschäftsschluß alles bis dahin angesammelte Geld zum Nachttresor zu bringen. Der Transporteur kann sich dann unauffällig unter die Kunden mischen. Er ist wesentlich weniger gefährdet, als wenn er um 19.30 Uhr mit seiner Tasche mutterseelenallein aus dem Laden kommt. Bedienen Sie sich auch verschiedener Nachttresore bei unterschiedlichen Banken!
- Wenn größere Geldmengen geholt werden müssen, sprechen Sie mit Ihrer Bank ein möglichst diskretes Auszahlungsverfahren ab. Je-

mand, der vor aller Augen an der Kasse dicke Geldbündel entgegennimmt, ist immer besonders gefährdet.

- Wählen Sie Transportwege, auf denen möglichst nicht angehalten werden muß. Auch bei Zwischenfällen, wie etwa einer Reifenpanne: Weiterfahren!
- Achten Sie bei der Auswahl der beauftragten Mitarbeiter auf Ausgeglichenheit und Besonnenheit. Helden können ebenso viel Schaden anrichten wie Hasenfüße.

Schließlich sollten Sie auch auf einen geeigneten Transportbehälter Wert legen. Normale Aktentaschen oder Handtaschen bieten keinerlei Schutz vor Räubern. Gewarnt werden muß aber auch vor Taschen, die am Handgelenk des Geldboten festgekettet werden. Räuber sind gelegentlich nicht sehr zart besaitet. Für ihr Ziel spielt es keine Rolle, ob der Geldbote beim Entreißen der Tasche verletzt wird. Auch Taschen, in denen sofort beim Entreißen eine Alarmsirene ausgelöst wird, können für den Geldboten gefährlich werden: Räuber haben oft den Finger am Abzug und lassen sich durch unvorhergesehene Zwischenfälle leicht nervös machen.

Gut bewährt haben sich jedoch Spezialtaschen mit einer Farb-Rauchbombe: Der Zündmechanismus wird beim Entreißen der Tasche ausgelöst, arbeitet jedoch mit Verzögerung. Erst wenn der Räuber sich mit der Tasche entfernt hat, explodiert die Rauchbombe. Der dichte rote Qualm färbt sowohl den Täter, als auch die Tasche und die Geldscheine nachhaltig ein. Die Farbe ist vom Räuber nur sehr mühsam, von den Geldscheinen gar nicht zu entfernen: Die Beute ist für den Täter wertlos geworden. Der rechtmäßige Besitzer erhält die verfärbten Scheine jedoch bei der Landeszentralbank anstandslos umgetauscht.

Eine Schwäche dieser Tasche soll nicht verschwiegen werden: Befinden sich die Scheine in normalen, dicht schließenden Geldbomben, bleiben sie weitgehend unversehrt. Manche Geschäftsleute sind aus diesem Grunde dazu übergegangen, die Tageseinnahmen bereits am Nachmittag vor Schalterschluß in einer solchen Spezialtasche ganz normal zur Bank zu bringen und einzuzahlen. Nur die kleineren Beträge, die danach noch eingehen, kommen in Geldbomben und in den Nachttresor — oder aber bis zum nächsten Morgen in einen Panzerschrank. Möglicherweise werden in absehbarer Zeit auch spezielle Geldbomben auf dem Markt erhältlich sein, bei denen kleine Löcher oder Schlitze den roten Qualm durchlassen.

Ein tolles Gestänge mit vielen Riegeln schützte früher die Schatztruhen. Bewegt wurden sie mit einem simplen Buntbartschlüssel.(Foto: Zinser)

Lafettenverschluß eines modernen Panzerschranks. Die Lafette läßt sich nur herausziehen, wenn eine Zahlenkombination richtig eingestellt ist. Mit dem richtigen Schlüssel kann man dann im Innern des Schranks ein „Fernschloß" entriegeln. (Foto: Garny/Werbeagentur Schindler)

Ein Gangster scheitert an D10

Und noch mehr Wissenswertes über Panzerschränke

Erwin B. ist sauer auf D10. Das ist kein Insektenvernichtungsmittel und auch kein Phantasiename für eine Weltraumstation. „D10" ist die Bezeichnung für eine Sicherheitsstufe bei einem Panzerschrank. Und ein Geldbehälter mit dieser Sicherheitsstufe hat Erwin B. dahin gebracht, wo er heute sitzt.

Der junge Mann mit dem dünnen blonden Haar und der scharfen Falte über der Nasenwurzel beugt sich über den Tisch, der im Besucherraum der Justizvollzugsanstalt die Grenze zwischen drinnen und draußen markiert: „Hätte ich gewußt, daß das Ding so gut ist", sagt er leise, als verriete er ein Geheimnis, „dann hätte ich die Finger davon gelassen".

Erwin B. hätte es eigentlich wissen müssen. Wie jeder Einbrecher, der sich an größere Sachen heranwagt, kannte er Panzerschränke und ihr Innenleben besser als die meisten, die solche Wertbehälter kaufen und irgendwo aufstellen. Wie überhaupt Ganoven meist besser über den neuesten Stand der Sicherungstechnik Bescheid wissen als diejenigen, die sich damit schützen wollen. Und sie sehen es gar nicht gern, wenn ihr Informationsvorsprung zusammenschrumpft, weil auch die möglichen Opfer anfangen, sich das notwendige Wissen anzueignen.

„Das Übel hat schon damit angefangen", erzählt der Tresorknacker jetzt freimütig, „daß das verdammte Ding kein Schlüsselloch hatte. Mit Sprengstoff war also nichts."

Der Schrank, an dem Erwin B. gescheitert ist, hatte ein sogenanntes Protektor-Schloß mit Lafettenverschluß: Nur wenn zuerst eine Zahlenkombination richtig eingestellt ist, läßt sich eine Lafette herausziehen. Man legt den Schlüssel an die dafür vorgesehene Stelle, schiebt die Lafette mitsamt dem Schlüssel wieder zurück — und wenn man jetzt außen dreht, entriegelt der Schlüssel tief im Innern der Panzerschranktür die Zuhaltungen des komplizierten Schlosses.

Erwin B. hat sich für den Einbruch in den Supermarkt gründlich vorbereitet. Vier Wochen lang beobachtete er jeden Tag das Personal, bis er wußte: Donnerstagabends wurden die Tageseinnahmen nicht wie sonst zum Nachttresor der Bank gebracht, sondern blieben in der Firma. Den Grund erfuhr er erst später bei der Gerichtsverhandlung: Jeden Freitag wurde gleich vormittags der Lohn des Aushilfspersonals bezahlt, und dafür mußte Bargeld im Panzerschrank liegen.

Natürlich hat der Tresorknacker auch festgestellt, daß es in dem Supermarkt keine Alarmanlage gibt.

Um ins Haus zu kommen,braucht es nichts weiter als einen Hammer, um im Dunkeln an der Rückseite des Gebäudes eine Scheibe einzuschlagen.

Dann öffnet er von innen eine Tür und transportiert mit einer firmeneigenen Sackkarre sein Schweißgerät ganz bequem bis zum Panzerschrank. Die Fenster im Büro des Filialleiters verdunkelt er mit Packpapier. Als Kühlflüssigkeit für seine heiße Arbeit holt er sich einen Kasten Limo aus der Getränkeabteilung.

Um 22.38 Uhr ist es dann soweit: Mit leisem Knallen entzündet sich die Flamme des Schweißbrenners. Behutsam öffnet Erwin B. das Ventil der Sauerstoff-Flasche und richtet die Flamme, die in der Spitze eine Temperatur von fast 2000 Grad entwickelt, gegen den Stahl der Panzertür.

Zischend frißt sich die Hitze in das Metall. Aber plötzlich beginnt die Flamme zu zittern: Erwin B., der sich rühmt, die sichere Hand eines Chirurgen zu haben, hält den Schneidbrenner ins Leere. Er kämpft mit einem Hustenanfall, und seine Augen fangen an zu brennen und zu tränen.

Der Mann flucht leise vor sich hin. Kein Zweifel: Das ist nicht der übliche Qualm von verbranntem Metall — da muß eine Substanz hinter der äußeren Stahlplatte stecken, die in der Hitze des Schneidbrenners zu einem stinkenden Nebel verdampft: Gummi oder Schwefel, vielleicht auch beides!

Erwin B. ist kein Typ, der sich von unvorhergesehenen Schwierigkeiten entmutigen läßt. Millimeter für Millimeter arbeitet er sich voran. Immer wieder muß er unterbrechen, die Verdunkelung entfernen, das Fenster öffnen, das Fenster wieder schließen und das Packpapier wieder anbringen — um schon nach wenigen Sekunden wieder in das Tuch zu husten, das er sich krampfhaft vor Mund und Nase hält.

Es ist fast 2 Uhr früh, als das herausgeschnittene Stück der Stahlwand endlich scheppernd auf den Boden fällt. Vor Erwin B. liegt hellgrau der Beton der Türfüllung.

Und wieder flucht der Mann vor sich hin. Er hat im Beton kleine schwarze Flecken entdeckt. Was das bedeutet, weiß er nur zu genau. Und tatsächlich: Als er den Schneidbrenner auf das Material richtet, wird es nicht spröde und rissig, wie er das eigentlich gewöhnt ist, sondern schmilzt zu einer zähen und nahezu unangreifbaren Masse zusammen: Der Beton enthält kleine Basaltstücke — erstarrte Lava, die in der Hitze des Schneidbrenners teigig, aber nicht flüssig wird.

Ein Aufbruchsversuch an einem hochwertigen Panzer-Geldschrank.
(Foto: Forschungs- und Prüfgemeinschaft)

Dem Einbrecher bleibt nichts anderes übrig als den Beton wieder erkalten zu lassen und dann mühsam mit Hammer und Meißel weiterzumachen.

Wer schon einmal versucht hat, in eine gute Betonwand ein Loch zu klopfen, weiß, was das bedeutet! Und in dieser Panzerschranktür steckte nicht nur guter Beton! Die Füllung trägt die Bezeichnung B 55 (früher: B 600). Das bedeutet: Ein Kubikzentimeter dieses Materials hält einem Druck von 600 kp stand, das sind immerhin zwölf Zentner! Und wenn eine Fertigbetonfirma eine Bestellung für B 55 erhält, dann kommen dafür fast nur zwei Verwendungsmöglichkeiten in Frage: Geldschränke — oder Fundamente für eine Brücke!

Erwin B. hält einen Augenblick inne. Er wischt sich den Schweiß von der Stirn, legt den Hammer beiseite und reibt sich die schmerzende rechte Schulter.

Aufgeben? Vielleicht wäre es das beste, überlegt er. Der Meißel ist stumpf geworden, und er hat nur noch einen neuen dabei. Wenn er die Schlagbohrmaschine aus dem Auto holen würde ...?

Aber aus Erfahrung weiß er, daß sie ihm nichts nützen wird. Das Material ist zu hart. Und zweifellos sind im Beton dicht an dicht gewundene Stahlarmierungen eingegossen, an deren Kanten schon mancher Bohrer abgebrochen ist.

Also doch aufgeben? Mit einem entschlossenen Ruck schüttelt der Mann die schweißnassen blonden Haare aus der qualmgeschwärzten Stirn. Er greift zum Ersatzmeißel und beginnt wieder wütend mit dem Hammer darauf zu dreschen. Draußen hinter dem Packpapier wird es schon langsam hell. Aber Erwin B. achtet nicht darauf. Und er denkt auch nicht daran, auf die Uhr zu schauen. Er haut mit dem Hammer auf den Meißel, flucht über die verdammte Sicherungstechnik und denkt voll Groll an frühere Zeiten, als er es auch in großen Firmen fast nur mit Schränken der Sicherheitsstufe „B" zu tun hatte: Außenwand mit dem Schneidbrenner ausschneiden, das bißchen Schamott aus der Tür räumen, Innenwand ausschneiden ... und nach zwei Stunden war er meistens mit den Kohlen aus dem Schrank schon wieder zu Hause. Aber heute — kein Wunder, daß die „Kollegen", die er so kannte, sich nach und nach auf Wohnungen und Villen umstellten. Die sagten sich: Lieber die Mäuse aus zehn verschiedenen Küchenschränken holen als aus einem solchen verdammten Geldschrank!

Erwin B. ist so vertieft in seine Arbeit und seinen Groll, daß er das Auto total überhört, das draußen in einiger Entfernung auf den Parkplatz fährt. Da der Einbrecher normalerweise kein Frühaufsteher ist, hat er beim Ausbaldowern auch nie gesehen, daß der Geschäftsführer jeden Morgen um 6 Uhr eintrifft, um für die Putzfrauen aufzuschließen.

Und während Erwin B. sich im Büro weiter mit dem Beton herumschlägt, steht draußen, keine fünf Meter von ihm entfernt, ein Mann, der sich wundert, daß die Fenster seines Büros mit Packpapier verhängt sind. Ein Mann, dem auch das Klopfen gar nicht gefällt — und der deshalb die Polizei anruft.

Um 6.10 Uhr wird Erwin B. auf frischer Tat verhaftet. Und damit bleiben ihm sogar ein paar Enttäuschungen erspart. Denn hinter dem Beton wäre er auf eine dicke Spezialpanzerplatte gestoßen, die so widerstandsfähig ist, daß sie genau maßgerecht mit allen Löchern und Aussparungen gegossen werden muß, weil man sie nachträglich praktisch nicht mehr bearbeiten kann.

Und selbst wenn er es geschafft hätte, auch diese Platte zu durchschneiden und das Schloß freizulegen, hätte sich die Tür nicht geöffnet: In dem Augenblick, in dem die Flamme des Schneidbrenners die Panzerplatte durchstoßen hätte, wäre ein Mechanismus ausgelöst worden, der die dicken Stahlbolzen der Verriegelung unabhängig vom Schloß blockiert hätte.

Der Wert des „Widerstandswertes"

Erwin B. hat am eigenen Leib erfahren, was der Sicherheitsfachmann meint, wenn er von einem hohen „Widerstandswert" spricht: Jede Sicherung läßt sich überwinden. Aber manche leisten eben so lange Widerstand, daß der Einbrecher festgenommen werden kann oder aufgeben muß, bevor er fertig ist.

In unserem Beispiel war der mechanische Widerstand sehr hoch. Man kann aber auch die Zeit verkürzen, die dem Einbrecher zur Verfügung steht. Hätte eine Alarmanlage schon das Eindringen des Täters gemeldet oder wäre einem Wachmann bereits am Abend das zerbrochene Fenster aufgefallen, dann hätte Erwin B. nicht einmal die äußere Stahlplatte ungestört herausschneiden können. Andererseits muß man natürlich auch immer damit rechnen, daß Rechtsbrecher den technischen Fortschritt für ihre Zwecke nutzen — also Arbeitszeitverkürzungen auch bei Einbrechern! Deshalb ergibt erst die Kombination beider Faktoren — gute mechanische Sicherung und wenig Zeit, um sie zu überwinden — einen ausreichenden Schutz.

Nicht alles heißt „Tresor"

Doch bleiben wir noch einen Augenblick bei den „Tresoren": Wer korrekt formulieren will, verwendet diese Bezeichnung nur noch für Tresor-

Räume, die beispielsweise in Banken fester Bestandteil eines Gebäudes sind. Alles, was man transportieren kann, sind ein- oder mehrwandige „Stahlschränke“ oder „Panzer-Geldschränke“ mit bestimmten, genau definierten Sicherheitsstufen. Dem Verband Deutscher Maschinen- und Anlagenbau (VDMA) und dort speziell der Fachgemeinschaft Geldschränke und Tresoranlagen ist es zu verdanken, daß man heute an diesen Bezeichnungen erkennen kann, wieviel Sicherheit man kauft. Früher war es eine reine Glaubensfrage, ob ein Tresor oder ein Safe einem Einbrecher länger standhielt, ein Geldschrank oder ein Panzerschrank, eine Panzerkasse oder ein Kassenschrank — und was es sonst noch alles an Phantasienamen gab.

Aber die deutschen Geldschrankhersteller sind noch einen Schritt weiter gegangen, um eine ganz besondere Problematik zu lösen: Wer beispielsweise eine Zwei-Gang-Bohrmaschine kauft, braucht nur eine Steckdose, um selbst feststellen zu können, ob die Maschine wirklich auf zwei unterschiedliche Geschwindigkeitsstufen einstellbar ist. Wie aber wollen Sie prüfen, ob ein Panzergeldschrank „weitgehenden Schutz gegen Angriffe mit schweren Einbruchswerkzeugen einschließlich thermisch wirkender Werkzeuge“ bietet — ohne ihn durch einen Versuch zu zerstören? Sie müssen sich darauf verlassen können, daß zu einer ganz bestimmten Sicherheitsstufe auch ganz klare Konstruktionsmerkmale gehören. Deshalb unterwerfen sich praktisch alle bedeutenden Hersteller der ständigen Überwachung durch die „Forschungs- und Prüfgemeinschaft Geldschränke und Tresoranlagen“. Neutrale Fachleute stellen fest, ob ein Produktionsbetrieb überhaupt die Voraussetzungen für die Herstellung hochwertiger Geldschränke und Tresoranlagen bietet, sie prüfen einen Prototyp daraufhin, ob alle Mindestanforderungen berücksichtigt sind, und sie kommen mindestens viermal jährlich unangemeldet in die Betriebe, um sich zu überzeugen, daß nicht etwa in der laufenden Fertigung am „Innenleben“ der Schränke gespart wird. Nur wer sich freiwillig dieser Gütesicherung unterwirft, darf auf seinen Produkten ein Schild anbringen, auf das man sich verlassen kann: den RAL-Prüfvermerk.

Lange Zeit standen Safes, Panzerkassen und all die anderen ehrwürdigen Monstren mit den vielen Namen fast nur in Banken und Kontoren. Und woanders brauchte man sie auch nicht. Aber in einem Punkt hatte Erwin B. recht: Die Kriminalstatistik belegt eindeutig, daß Gangster es sich nicht gern unnötig schwer machen: Immer mehr Einbrecher kapitulieren vor den Festungen, die das große Geld bei Banken, Juwelieren und Supermärkten schützen. Immer häufiger holen sie sich stattdessen das Kleingeld aus Privathäusern und Wohnungen.

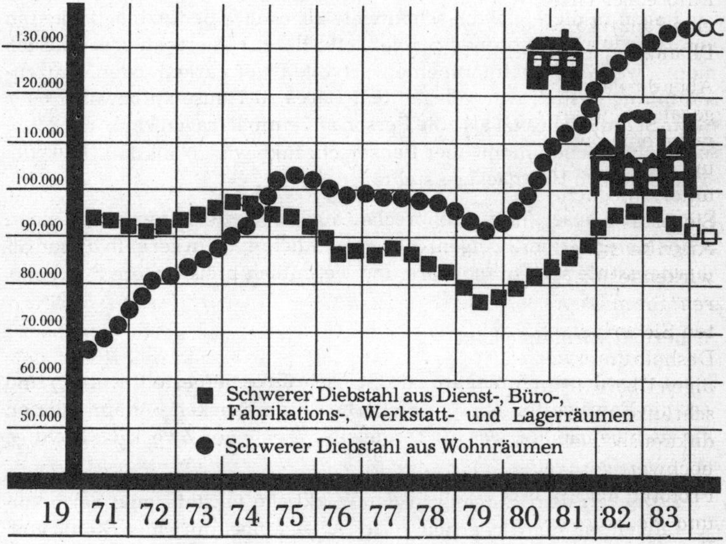

Die angegebenen Deliktsgruppen sind nicht gleichbedeutend mit „Geschäftsbereich" und „Privatbereich". Es handelt sich um zwei herausgegriffene Beispiele aus der Polizeilichen Kriminalstatistik, die den Trend besonders deutlich machen. *(Grafik: Praetorius)*

Je konsequenter sich diese Entwicklung fortsetzt, um so höher wird die Wahrscheinlichkeit, daß der ungeschützte Privatmann eines Tages zu den über 100 000 gehört, die Jahr für Jahr zu Hause bestohlen werden.

Wer sich davor bewahren möchte, muß einmal die Denkweise eines Einbrechers nachvollziehen: Er kommt nicht in ein Reihenhaus, weil er denkt, daß dort womöglich mehr Geld liegt als in der Bank. Er weiß genau, daß er dort nur mit durchschnittlicher Beute rechnen kann. Aber sie ist normalerweise so leicht zu holen, daß er in wenigen Stunden eine ganze Häuserzeile abgrasen kann und dabei einen besseren Schnitt macht als wenn er sich die ganze Nacht mit einer Tresortür abplagt und dann womöglich doch aufgeben muß.

Die verbreitete Überlegung „bei mir ist doch so gut wie nichts zu holen“ ist — wie Sie bereits wissen — ein Fehlschluß. Wer Einbrecher von seinem Haus oder seiner Wohnung fernhalten will, muß ihnen darum das Eindringen schwer machen — so schwer, daß die Beute, die der Dieb in der Wohnung vermuten kann, die Mühe nicht mehr lohnt.

Sie haben in diesem Buch schon viele abgestufte Schutzmöglichkeiten kennengelernt — von der Schließkette bis zur Alarmanlage. Und ich meine, wer als Privatmann eine wertvolle Briefmarken- oder Münzensammlung besitzt, wer gelegentlich Bares zu Hause aufbewahrt oder mehr Schmuck besitzt als eine Person auf einmal tragen kann, der sollte schon ein bißchen mehr über Panzerschränke wissen, als daß „D10“ für etwas ziemlich Hartnäckiges steht.

Für Privathäuser, in die Einbrecher auch heutzutage nur selten einen Schneidbrenner mitbringen, gibt es nämlich auch unterhalb dieser Sicherheitsstufe sehr brauchbare und wesentlich preiswertere Schränke.

Sicherheit wird eingebaut

Schauen wir uns einmal an, wie Geldschränke hergestellt werden und was die Fabrikanten alles an Sicherheit hineinpacken — dann können wir auch beurteilen, was für den jeweils gegebenen Zweck das Richtige ist:

Gleich neben dem Eingang in der Werkhalle entsteht eine Serie von Schränken mit der Sicherheitsstufe „A“ — Möbel mit einer Stahlwand, immerhin mehrere Millimeter dick, und mit einer Panzerung vor dem Schloß, die einem Bohrer schon erheblichen Widerstand entgegensetzt. Was muß ein Einbrecher mitbringen, um diesen Schrank zu knacken?

Der Schlosser, der gerade sorgfältig die Kanten verschweißt, schiebt die Schutzbrille hoch:

„Also, das ist schon was anderes als die Blechspinde in manchen Büros, bei denen schon ein besserer Büchsenöffner reicht.“ Der Mann im blauen Arbeitsanzug spricht bedächtig, so als wäge er jedes seiner Worte genau ab: „Hier dagegen müßte ein Dieb schon ganz schön hart arbeiten.“

„Ich meine, mit was für Werkzeug ... “

Der Schlosser überhört die Frage und wendet sich wieder seiner Arbeit zu. Natürlich weiß er, wie man diesen Schrank aufbrechen könnte. Aber

Panzer-Geldschränke werden weitgehend in solider Handarbeit hergestellt. *(Fotos: Pohlschröder)*

er spricht nicht darüber. Nicht zu Hause, nicht am Stammtisch und auch nicht hier in der Werkhalle. Aus Prinzip. Es könnte schließlich mal ein Falscher fragen.

In der nächsten Abteilung: Mehrwandige Stahlschränke, Sicherheitsstufe „B". Sie sind schon fast fertig. Nur der Lack und die Schlösser fehlen noch. Bei einigen wird der Raum zwischen den beiden Stahlwänden gerade mit hitzebeständigem Material gefüllt. Papiere in diesem Schrank werden später leichte Brände überleben. Denn ein solcher Schrank soll ja nicht nur vor Dieben schützen: In der Bundesrepublik registrieren die Feuerversicherungen immerhin rund 500000 Brände pro Jahr, bei denen oft unersetzliche Papiere vernichtet werden. Daneben trotzen die Stahlschränke der Stufe „B" auch leichtem Einbruchswerkzeug eine ganze Weile. Gegen thermisch wirkende Werkzeuge (Schneidbrenner) sind sie allerdings nicht gefeit.

Streng nach dem Alphabet kommen wir nach „A" und „B" in der nächsten Werkhalle zu den „C"-Schränken. Hier sind zwei Sicherheitsstufen möglich: „C1" und „C2". Praktisch werden zur Zeit nur „C2"-Schränke gebaut und verkauft. Sie wurden eigens entwickelt, um für die oft recht hohen Werte in Privathaushalten einen weitgehenden Schutz gegen mechanisch wirkende leichte Einbruchswerkzeuge (also nicht gegen Schneidbrenner) zu ermöglichen. Erst bei „C" beginnt die beschriebene Gütesicherung. Erst ab dieser Stufe also können Sie einen RAL-Prüfvermerk erwarten. Wird darin die Sicherheitsstufe „C1F" oder „C2F" bescheinigt, dann ist der Schrank so konstruiert, daß er seinen Inhalt auch gegen leichte Brände schützt.

Schaut man einmal in die halbfertigen Wertbehälter hinein, fällt bei vielen im Boden ein fingerdickes Loch auf. Der Meister, der in der Werkhalle den Fremdenführer spielt, scheint den fragenden Blick auf dieses Loch schon zu kennen. Er winkt drei kräftige Männer herbei, die wortlos den Schrank hochwuchten, ihn zwei Meter wegtragen und wieder abstellen.

„Deshalb das Loch!" erklärt der Meister, während seine Leute den Geldschrank an seinen alten Platz zurücktragen. „Da kommt ein stabiler Anker rein, und der wird im Fußboden eingegossen. Wenn Sie diesen Anker rausreißen wollen, brauchen Sie einen Kran mit 6 Tonnen Tragkraft."

Ich erinnere mich plötzlich wieder an eine ganze Reihe von Fällen, die ich für das Fernsehen bearbeitet habe: Da hatten die Einbrecher mit einem Zeitaufwand von weniger als einer Stunde einfach den ganzen Geldschrank mitgenommen. So konnten sie ihn irgendwo in einem Versteck in aller Ruhe aufbrechen. Niemand störte sie — selbst wenn sie für die Arbeit Tage brauchten. Aber all diese Schränke hatten weniger als eine Tonne gewogen — und keiner war im Boden verankert gewesen.

„Wir halten ein paar Modelle ganz bewußt so leicht", setzt der Meister hinzu — und meint mit „leicht" immerhin bis zu zwölf Zentner! „Das hängt nämlich mit der Deckentragekraft zusammen: Wenn Sie sich einen normalen großen D20-Schrank von meinetwegen 4 Tonnen ins Wohnzimmer stellen, dann landen Sie unweigerlich mitsamt Ihrem Schrank beim Nachbarn einen Stock tiefer. Ein Möbel von dieser Größenordnung muß gleich bei der Bauplanung in der Statik berücksichtigt werden. Aber, wie gesagt: Mit der Verankerung trägt diese hier auch keiner weg!"

Damit ist das Thema für ihn erledigt. Er drängt zu einem Nebenraum, um ein paar Spezialitäten zu zeigen, auf die er besonders stolz ist. Unterwegs zeigt er beiläufig auf drei würfelförmige Behälter, die nebeneinander auf einer Werkbank stehen.

„Das sind die Betonproben von heute morgen."

„Betonproben?"

„Wir gehen immer auf Nummer sicher: Von jeder Betonlieferung füllen wir in diese Würfel Proben ab. Nach 28 Tagen Abbindezeit kommen sie zur Prüfung in die Technische Hochschule. Erst wenn wir wissen, daß sie dort die Belastungsprobe bestanden haben, wird die Partie Schränke ausgeliefert, die mit diesem Beton gefüllt worden sind."

Schränke für jeden Zweck

Dann sind wir im Spezialitätenkabinett angelangt: Hier stehen kleine Stahlschränke zum Einbau in Möbel und in die Wand. Früher nannte man sie hauptsächlich Möbeltresore und Wandsafes, außerdem waren noch 32 andere Bezeichnungen verbreitet. Heute heißen sie einheitlich „Einsatzschrank" und „Einmauerschrank". Bei den Einmauerschränken ist nur die Tür besonders gesichert — und nur für sie gilt die angegebene Sicherheitsstufe. Die Schränke müssen an Ort und Stelle in Beton von besonders guter Qualität eingegossen werden, damit ein Einbrecher nicht an die schwächer geschützten Seitenwände herankommt.

Daneben ein Spezialschrank, beispielsweise für Kaufhäuser — konstruiert nach dem Spardosenprinzip: Durch einen Einwurfschacht — wie bei einem Nachttresor — kann das Geld, das sich an den einzelnen Kassen ansammelt, zu jeder beliebigen Zeit im sicheren Innenraum des Panzerschranks deponiert werden. In der Tür aber, durch die es sich wieder herausholen läßt, läuft ein Uhrwerk. Auch mit dem richtigen Schlüssel und der richtigen Kombination kann sie niemand öffnen, bevor die eingestellte Zeit abgelaufen ist. Auch ein bis an die Zähne bewaffneter Räuber wäre vor diesem Zeitpunkt machtlos.

Einige Hersteller bauen auch zunehmend elektronische Verschlüsse in die Türen ihrer Geldschränke ein: Auf Drucktasten — angeordnet wie bei einer Rechenmaschine — muß man genau in der richtigen Reihenfolge eine mehrstellige Zahl eingeben. Stimmt sie, öffnet sich die Tür. Ist aber eine einzige Zahl falsch, gibt die eingebaute Alarmanlage lautstark bekannt, daß sich da ein Unbefugter zu schaffen macht.

Prunkstück der Sammlung: Ein Panzer-Geldschrank der höchsten Sicherheitsstufe „E10". Selbst wenn es einem Einbrecher gelänge, alle Schichten des Schrankes zu durchstoßen, würde er hier noch einmal zusätzlich auf eine massive Panzerung treffen, die aus einem der härtesten Stoffe besteht, die es überhaupt gibt. Die Versicherungen empfehlen diesen Schrank allen, die gelegentlich eine Million zu Hause aufbewahren.

Zum Schluß dieses Kapitels nun noch einmal tabellarisch die wichtigsten Merkmale der einzelnen Sicherheitsstufen:

Benennung	Erklärung*	Gewicht
Einwandiger Stahlschrank Sicherheitsstufe A nach VDMA 24 992	Beweglicher Stahlschrank; dient hauptsächlich zur Aufbewahrung von Schriftgut; aufgestellt in Räumen, in denen die Brandgefahr gering ist.	150 kg bis 250 kg
Sicherheitsmerkmale:	Leichter Schutz gegen Angriffe mit mechanisch wirkende leichten Einbruchswerkzeugen. Kein Schutz gegen thermisch wirkende Werkzeuge. Kein Schutz gegen Brände.	
Mehrwandiger Stahlschrank Sicherheitsstufe B nach VDMA 24 992	Beweglicher Stahlschrank, in dem der Raum zwischen Außen- und Innenmantel mit hitzebeständigem Isolierstoff ausgefüllt ist; dient hauptsächlich zur Aufbewahrung von Schriftgut und Wertgegenständen; aufgestellt in Räumen, in denen die Brandgefahr gering ist.	150 kg bis 600 kg
Sicherheitsmerkmale:	Begrenzter Schutz gegen Angriffe mit mechanisch wirkenden, leichten Einbruchswerkzeugen. Kein Schutz gegen thermisch wirkende Werkzeuge. Schutz gegen leichte Brände.	

Benennung	Erklärung*	Gewicht
Ein- oder mehrwandiger Stahlschrank Sicherheitsstufe C	Beweglicher Stahlschrank in zwei Sicherheitsstufen; dient hauptsächlich zur Aufbewahrung von Schriftgut und Wertgegenständen; aufgestellt in Räumen, in denen die Brandgefahr gering ist. Stahlschränke der Sicherheitsstufe C mit hitzebeständiger Isolierung erhalten die zusätzliche Kennzeichnung F. Diese Schränke bieten Schutz gegen leichte Brände.	
Stahlschrank Sicherheitsstufe C 1 nach RAL-RG 626/2		250 kg bis 700 kg
Sicherheitsmerkmale:	Definierter, begrenzter Schutz gegen Angriffe mit mechanisch wirkenden, leichten Einbruchswerkzeugen. Kein Schutz gegen thermisch wirkende Werkzeuge. Kein Schutz gegen Brände.	
Stahlschrank Sicherheitsstufe C 2 nach RAL-RG 626/2		300 kg bis 800 kg
Sicherheitsmerkmale:	Definierter, weitgehender Schutz gegen Angriffe mit mechanisch wirkenden, leichten Einbruchswerkzeugen. Kein Schutz gegen thermisch wirkende Werkzeuge. Kein Schutz gegen Brände. (Schränke unter 300 kg müssen entsprechend verankert werden).	
Panzer-Geldschrank	Mehrwandiger beweglicher Panzer-Geldschrank, der einem bestimmten Widerstandswert nach den Prüfvorschriften der Forschungs- und Prüfgemeinschaft Geldschränke und Tresoranlagen e. V. entspricht; dient zur Sicherung von Geld, Wertgegenständen und Schriftgut. Der Widerstandswert wird durch Widerstandseinheiten (WE) gekennzeichnet, die bei einer Typprüfung mit der optimalen Werkzeugkombination von mechanisch und/oder thermisch wirkenden Einbruchswerkzeugen ermittelt werden.	
Panzer-Geldschrank Sicherheitsstufe D 10 nach RAL-RG 626/10		700 kg bis 3.000 kg
Sicherheitsmerkmale:	Definierter, begrenzter Schutz mit 100 Widerstandseinheiten (WE) gegen Angriffe mit schweren Einbruchswerkzeugen einschließlich thermisch wirkender Werkzeuge. Begrenzter Schutz gegen Brände.	

Benennung	Erklärung*	Gewicht
Panzer-Geldschrank Sicherheitsstufe D 20 nach RAL-RG 621/20		1.000 kg bis 3.500 kg
Sicherheitsmerkmale:	Definierter, weitgehender Schutz mit 165 Widerstandseinheiten (WE) gegen Angriffe mit schweren Einbruchswerkzeugen einschließlich thermisch wirkender Werkzeuge. Begrenzter Schutz gegen Brände.	
Panzer-Geldschrank Sicherheitsstufe E 10 nach RAL-RG 621/10		1.400 kg bis 4.000 kg
Sicherheitsmerkmale:	Definierter, hervorragender Schutz mit 350 Widerstandseinheiten (WE) gegen Angriffe mit schweren Einbruchswerkzeugen einschließlich thermisch wirkender Werkzeuge. Begrenzter Schutz gegen Brände.	
Einmauerschrank	Schrank mit einwandigen Stahlwänden in Mauerwerk eingebaut und fest verankert; Tür kann den Sicherheitsstufen A oder B nach VDMA 24 992 entsprechen. Verwendungszweck und Sicherheitsmerkmale wie die jeweiligen Schränke.	20 kg bis 100 kg
Einsatzschrank	Stahlschrank bzw. Panzer-Geldschrank der Sicherheitsstufen A und B nach VDMA 24 992 sowie C bis D 10, meist in kleinen Abmessungen, der in Möbel oder hinter Wandverkleidungen fest eingebaut wird. Verwendungszweck und Sicherheitsmerkmale wie die jeweiligen Schränke.	100 kg bis 1.500 kg

* Nach der Begriffsbestimmung der Fachgemeinschaft Geldschränke und Tresoranlagen im Verband Deutscher Maschinen- und Anlagenbau (VDMA) e.V.

Ein Wort an Bauherren und Architekten

Ich möchte dieses Kapitel mit einem Geständnis beginnen: Ich verstehe nichts von Architektur und von den „anerkannten Regeln der Baukunst" — jedenfalls nicht mehr, als jeder andere Normalverbraucher, der allenfalls einmal als Bauherr an der Entstehung eines Gebäudes beteiligt war. Umgekehrt finden sich bei Architekten häufig nur dürftige Kenntnisse über die Kriminalität und die verbreiteten Arbeitsweisen von Einbrechern. Auch für sie ist dieses Buch geschrieben. Und sie sollten deshalb auf die wichtigsten Fragen, die sich bei jeder Bauplanung hinsichtlich der Sicherheit gegen kriminelle Angriffe stellen, auch eine Antwort finden.

Weil ich selbst diese Antworten nicht mit der notwendigen Kompetenz geben könnte, hat dieses Kapitel die Form eines Interviews. Es beruht auf einem Gespräch mit einem Mann, der sich zum Ziel gesetzt hat, künftigen Architekten schon während ihres Studiums auch möglichst viel Ingenieurwissen mitzugeben, damit sie später die Arbeit der Spezialisten sinnvoll in ihre Überlegungen mit einbeziehen und koordinieren können: Diplom-Ingenieur Klaus W. Usemann, Professor an der Universität Kaiserslautern und Inhaber eines der wenigen Lehrstühle für Technische Gebäudeausrüstung im deutschsprachigen Raum.

Frage: Architekten und Bauherren stehen häufig vor einem gemeinsamen Problem: Sie wollen, daß das Haus möglichst viel Sicherheit auch gegen Straftaten bietet, aber sie wissen nicht, was eigentlich alles dazu gehört. Wie kommt es, daß Architekten in dieser Frage so häufig überfordert sind?

Professor Usemann: Sicherheitstechnik wird weder als Lehrfach an den Hochschulen angeboten, noch gibt es allgemein anerkannte fixierte technische Sicherungsgrundsätze. Wer mit dem Problem konfrontiert ist, muß sich mit oder ohne Unterstützung diverser Stellen seine Sicherheit selbst zusammenstellen. Alle Landeskriminalämter unterhalten Beratungsstellen, die kostenlos Ratschläge erteilen, wie Gebäude und Wohnungen gegen Verbrechen gesichert werden können. Damit verbundene ständige Ausstellungen zeigen Muster von Einbruchmelde- und Raumsicherungsanlagen. Die steigende Bedeutung der Sicherungstechnik zwingt vor allem künftige Architekten dazu, sich vertiefende Kenntnisse anzueignen.

Frage: Bei der Planung eines Gebäudes sind unzählige Gesichtspunkte zu berücksichtigen. Nach einem genauen Zeitplan sind Entscheidungen zu treffen — von den Baugrunduntersuchungen bis zur Auswahl der Tapeten. In welchem Stadium sollten Sicherungsüberlegungen einsetzen?

Professor Usemann: Diese Anforderungen müssen von Anfang an in die Konzeption einbezogen werden. Bereits bei der Planung des Baus müssen Architekt und Bauherr die erforderlichen Sicherheitsmaßnahmen überdenken. Enge Zusammenarbeit zwischen dem Bauherrn und Architekten, den kriminalpolizeilichen Beratungsstellen, den Fachabteilungen der Schutzpolizei und dem Verband der Sachversicherer ist wichtig und sehr empfehlenswert, um die Arbeit aller an der Sache Beteiligten zu erleichtern. Sicherheitstechnische Anlagen müssen sich so in den gesamten Bauablauf einfügen, daß schon vor Baubeginn zumindest in den Umrissen festliegt, welche Anlagen in welcher Art und in welcher Größe eingebaut werden sollen. Die Sicherheitstechnik verliert damit die Eigenschaften einer Zugabe zum konstruktiven Baugefüge und wird im Sinne des Bauens als einem kontinuierlichen Fertigungsprozeß zu einem integrierten von Anfang an eingeplanten Bestandteil des Gebäudes.

Frage: Gilt das ausnahmslos?

Professor Usemann: Fast ausnahmslos. Ob Sie eine Hebetürsicherung an der Terrassentür sofort einplanen oder nachträglich einbauen, macht kaum einen Unterschied. Aber wenn nicht an abschließbare Fenstergriffe gedacht worden ist, bezahlen Sie bereits doppelt: Zuerst für die normalen Beschläge und später noch einmal für die Sicherheitsbeschläge. Oder wenn zum Beispiel nicht daran gedacht worden ist, daß Außensteckdosen prinzipiell von innen abschaltbar sein sollen, damit ein Einbrecher keine Werkzeugmaschinen einsetzen kann. Dann sind später schon recht aufwendige Arbeiten erforderlich, um das Versäumte nachzuholen. Schließlich gibt es eine Kategorie von Fehlern, die überhaupt nicht mehr gutzumachen sind.

Frage: Was ist damit gemeint?

Professor Usemann: Das fängt schon bei der Entwurfsplanung an. Wenn zum Beispiel tote Winkel im Grundriß vorhanden sind, wird die Überschaubarkeit im Vorfeld des Gebäudes erschwert. Für die Außenbeleuchtung ist ein größerer Aufwand erforderlich und ein Alarmsystem rund um das Gebäude wird komplizierter. Oder ein anderes Prinzip, gegen das aus Unwissenheit oft gesündigt wird: Der Bereich außen vor der Eingangstür sollte unbedingt vom Innern des Hauses überschaubar sein, und an diese Stelle gehört die Heim-Wechselsprech- und Türöffnungsanlage. Dann ist beispielsweise an innenliegende WC- und Baderäume zu denken. In Bungalows werden die fehlenden Fenster dann häufig durch Lichtkuppeln mit Lüftungsöffnungen ersetzt, durch die ein Einstieg sehr leicht möglich ist. Sie lassen sich wirksam nur durch ein innenliegendes stabiles Gitter sichern. Aber ich finde, gerade im Bad, wo man sich selbst im Spiegel müde und unrasiert begegnet, haben Gitter etwas besonders Deprimierendes.

Frage: Wie läßt sich das Problem lösen?

Professor Usemann: Wenn solche innenliegende Räume erforderlich sind, dann mit Kunstlicht und einer Entlüftung, die keinen Einstieg ermöglicht.

Frage: Woran ist bei der Entwurfsplanung noch zu denken?

Professor Usemann: Manchmal sind es ganz einfache Details, die einen großen Sicherheitsgewinn bringen: In Kellerräumen zum Beispiel, in denen die Fenster nicht als Fluchtweg ausgelegt sein müssen, kann man statt eines großen Fensters, mehrere kleine anordnen — so klein, daß ein Einbrecher nicht hindurch schlüpfen kann. Je nach der beruflichen und finanziellen Situation des Bauherren ist auch darüber nachzudenken, ob vielleicht irgendwann einmal ein Panzergeldschrank aufgestellt werden soll. Im Keller über gewachsenem Boden ist dies kein Problem. Aber bei Geschoßdecken muß der Statiker wegen der punktförmigen Belastung zu Rate gezogen werden. Das gilt auch für den Transportweg des Schrankes — zum Beispiel über Treppenstufen im Eingangs- und Kellerbereich. In einem Wohnhaus mit einer zulässigen Deckenbelastung von zum Beispiel 500 kp/m^2 (ca. 5000 N/m^2) darf also kein Panzerschrank mit einem Gewicht von 2500 kg aufgestellt werden. Da der Transportweg durch Gänge und Türen beengt ist, muß bei der Auswahl und Anordnung an dieses Problem — insbesondere bei späterer Anschaffung — gedacht werden. Natürlich müssen auch eingemauerte oder in Betonwände eingelassene Schränke bereits im Entwurf berücksichtigt werden — wegen der erforderlichen Nischen, Aussparungen und Verankerungen.

Frage: Welche mechanische Sicherungsmöglichkeiten würden Sie außerdem von vornherein mit einbeziehen?

Professor Usemann: Es sollte zu denken geben, daß immerhin rund die Hälfte der Einbrecher durch Wohnungsabschluß- und Haustüren kommen.Türen sind heute leider in modernen Bauten vielfach nur ein optischer Wohnungsabschluß. Der überwiegende Teil kann sogar nur als Attrappe bezeichnet werden: Zwischen millimeterdünnen Holz- und Metallplatten befindet sich eine waffelartige Füllung aus Karton. Nur an den Stellen, wo das Schloß und die Türbänder eingesetzt werden, wird ein kleiner Fleck Massivholz eingepaßt. Grundsätzlich sollte eine Sicherheitstür sofort angeordnet werden. Empfehlenswert: „die solide Eichentür". Die Umfassungszarge einer Außentür sollte durch zwölf kräftige Flachstahlanker fest im Mauerwerk gehalten werden.

Ein wichtiger Schwachpunkt bei der Gebäudesicherung ist auch der Treppenhausbereich. Zwischen Garage und Wohnhaus und zwischen Keller und Erdgeschoß sollte eine gesicherte Tür angeordnet werden, ebenso wie bei Türen zum Dachgeschoß oder bei Bodentreppen.

Aber der Architekt muß nicht nur die Türen, Fenster usw., sondern auch die anderen erkennbaren Schwachstellen in den Umfassungswänden und Decken in der Planung besondere Aufmerksamkeit widmen. Zum Beispiel gegen das Durchbrechen, da Täter auch andere Einstiegwege, wie Mauerwerk, Oberlichter, Zwischendecken usw. wählen. Die Sicherungsmaßnahmen sind nicht nur auf das Erdgeschoß oder den Keller zu beschränken. Auch die oberen Geschosse und das Dach sollten in die Sicherheitsvorkehrungen einbezogen werden. Dies gilt ganz besonders, wenn die oberen Bereiche über Vordächer, Mauervorsprünge, Balkone, Regenfallrohre, Müllboxen oder eine Pergola erreicht werden können.

Zu beachten ist auch die Gefahr des Einstiegs von Nebengebäuden aus (z. B. Garagen oder Terrassen). Natürlich sollte man versuchen, solche „Kletterhilfen" schon bei der Planung des Gebäudes zu vermeiden. Wo dies nicht möglich ist, müssen wenigstens die Fenster auch in den oberen Geschossen entsprechend abgesichert werden.

„Sicherheit beginnt beim Grundriß" – Gespräch zwischen Professor Usemann und Peter Hohl. (Foto: Horst Walker)

Frage: Was sollte ein Architekt über Einbruchmelde-Anlagen wissen?

Professor Usemann: Der Architekt ist nach den allgemein geltenden Regeln der Baukunst für die Koordination der Sicherungsanlagen mit dem Baukörper verantwortlich. Ohne Frage ist jede der technischen Einrichtungen eines Gebäudes eine äußerst komplizierte Anlage, deren Projektierung und Einbau das ganze Spezialwissen des Fachmanns erfordert. Die Aufgabe des Architekten setzt aber da ein, wo sich bei einem Bauwerk auf beschränktem Raum die Elektriker, Installateure, Klima- und Aufzugsspezialisten, Fernmeldetechniker und Rohrpostfachleute gegenseitig ins Gehege kommen. Um hier ordnend einzugreifen und die Einheit und die Einheitlichkeit des ganzen wahren zu können, muß der Architekt von jedem Spezialgebiet wenigstens die Anfangsgründe beherrschen. Er müßte also an sich alle Einzelbestandteile einer Einbruchmelde- und Raumsicherungsanlage beurteilen und sich ihre wechselseitige Beeinflussung vorstellen können. Nicht weniger, aber auch nicht mehr: Er muß sich als Koordinator auch auf die Spezialisten verlassen und ihnen vertrauen, daß sie mit ihren Fachkenntnissen nach bestem Wissen die geeigneten Sicherungsmaßnahmen ausgesucht haben.

Elektrisch betriebene Alarmanlagen zählen zu den Fernmeldeanlagen und sind als Schwachstrominstallationstechnik ein Gewerk des Technischen Ausbaus. Für das Errichten von Fernmeldeanlagen sind die VDE-Bestimmungen, Vorschriften und Richtlinien zu beachten. Fernmeldeanlagen werden in der Bestimmung VDE 0800 berücksichtigt. Maßgeblich sind hier die Bestimmungen VDE 0833, Teil 1 und 3 für Einbruch- und Überfallmeldeanlagen. Solche Anlagen genügen erhöhten Ansprüchen an die Sicherheit der Nachrichtenübertragung und sind so aufgebaut, daß ein Versagen weitgehend unmöglich sein sollte.

Frage: Gibt es in diesem Zusammenhang allgemeine Empfehlungen, die nicht in den Bestimmungen und Richtlinien stehen?

Professor Usemann: Es hat sich sehr bewährt, alle Kabel eines Alarmsystems in gerillten oder glatten Kunststoffrohren unter Putz zu verlegen. Die Alarmtechnik ist in einer außerordentlich schnellen Entwicklung begriffen. Die Installation in Rohren erleichtert spätere Umstellungen und Erweiterungen. Das Leerrohrnetz wird gemeinsam mit den Arbeiten für das Starkstromleitungsnetz geplant und ausgeführt. Wer beim Neubau nicht über die notwendigen Mittel verfügt, um die gesamte Einbruchmeldeanlage einbauen zu können, sollte doch zumindest die unter Putz zu verlegenden Leerrohre für eine spätere Verdrahtung einbauen lassen. Es ist nicht erforderlich, die Kabel hierfür bereits zu verlegen, denn die Leitungstechnik kann sich schon in wenigen Jahren ändern. Nicht vergessen sollte man aber eine ausreichende Zahl von

Durchzugkästen und Abzweigdosen, sowie die Kabelführung für Alarmgeber, wie Sirenen, Rundumleuchten oder Außenscheinwerfer. Diese Signalgeber sollten im übrigen sinnvoll in die Planung für Außenanlagen eines Gebäudes integriert und nicht nachträglich an das Haus angeflickt werden.

Bei der Elektroinstallation sollte man im übrigen dafür Sorge tragen, daß die gesamte Innen- und Außenbeleuchtung gleichzeitig eingeschaltet werden kann — sowohl durch eine Einbruchmeldeanlage als auch zum Beispiel durch einen Schalter im Schlafzimmer oder einem anderen Raum. Hierfür müssen gleich bei der Planung zusätzlich gesonderte Stromkreise vorgesehen werden.

Frage: Wo liegen die wesentlichen Unterschiede zwischen dem gewerblichen und dem Privatbereich?

Professor Usemann: Im gewerblichen Bereich hängt sehr häufig der Versicherungsschutz von einer ausreichenden Sicherung ab. Zum Aufbau von Einbruchmeldeanlagen dürfen dort nur anerkannte Teile eines anerkannten Einbruchmeldesystems verwendet werden. Es empfiehlt sich, frühzeitig mit dem Verband der Sachversicherer Verbindung aufzunehmen. Bei Einbruchmeldeanlagen für gewerbliche Risiken ist ein Installationsattest durch eine anerkannte Fachfirma erforderlich. Wenn Einbruchmeldeanlagen an die Polizei-Notrufzentrale angeschlossen werden sollen, ist der Abschluß eines Wartungsvertrages Bedingung.

Außerdem sind in diesem Fall die „Richtlinien über Polizei-Notrufanlagen" des jeweiligen Bundeslandes zu beachten. Die technischen Einrichtungen für das Anschalten an solche Anlagen müssen vorhanden und an das System des jeweiligen Konzessionärs angepaßt sein. Für den Anschluß an vom Verband der Sachversicherer anerkannte Bewachungsunternehmen gelten die „Richtlinien für Hauptmeldeanlagen von Bewachungsunternehmen".

Nach Feststellungen bei Errichterfirmen werden die Richtlinien über Polizei-Notrufanlagen nicht nur in den Bundesländern unterschiedlich gehandhabt, sondern auch innerhalb der einzelnen Länder verschieden angewendet. Das ist ein Planungsproblem, besonders in den Großstädten! Die unterschiedliche Handhabung und Auslegung von Richtlinien läßt zum Beispiel in der Stadt A ein durch ein Einbruchmeldesystem gesichertes Objekt an den Notruf anschließen, wogegen in der Stadt B wegen einer hohen Aufschaltquote das gleiche Objekt mit dem gleichen Einbruchmeldesystem nicht aufgeschaltet wird. Es ist also äußerst wichtig, mit der Polizei Verbindung aufzunehmen, bevor man in eine Sackgasse plant und investiert.

Frage: Nehmen wir an, ein Architekt hat keine großen Erfahrungen mit Alarmsystemen. Wie findet er Firmen, die mit der notwendigen Zuverlässigkeit Alarmanlagen projektieren und einbauen?

Professor Usemann: In diesem Fall würde ich immer empfehlen, sich mit der kriminalpolizeilichen Beratungsstelle im zuständigen Landeskriminalamt in Verbindung zu setzen. Dort werden namentliche Listen der Elektroinstallationsfirmen geführt, die Sicherungsanlagen entsprechend den kriminalpolizeilichen Vorstellungen planen, installieren und in Betrieb halten. Wegen des sehr engen Spezialgebietes ist eine eingeschränkte Ausschreibung möglich. Es steht dem Architekten frei, nur bestimmte Fachfirmen zu einem Angebot aufzufordern. Grundsätzlich sollten bei Ausschreibungen die technischen Anforderungen in den Vorschriften VDE 0833 — auch bei der Ausführung — zur Auflage gemacht werden. Besonders günstige Angebote sollten daraufhin geprüft werden, ob dafür womöglich später die Wartungskosten höher sind.

Frage: Die Polizei verbreitet nicht ohne Grund den Slogan „ein Telefon im Schlafzimmer erspart lebensgefährliche Wege im Nachthemd". Aber wenn ich mir ansehe, wie an manchen Häusern an der Straßenseite außen am Gebäude die Telefonleitungen verlegt sind, sind da wohl einige Zweifel angebracht?

Professor Usemann: Die Empfehlung, einen zweiten Telefonapparat im Schlafzimmer installieren zu lassen, ist auf jeden Fall richtig. Richtig ist aber auch, daß die Telefonleitungen natürlich unterirdisch ins Haus geführt werden sollen. Das ist in Neubaugebieten und bei umfangreichen Altbaumodernisierungs-Vorhaben heute selbstverständlich. Bei Baulükken oder einzelnen Modernisierungen empfiehlt es sich, die Bauabteilung für Fernmeldeanlagen der Bundespost für den Tag zu bestellen, an dem die Straße für den Hausanschluß an die Versorgungsleitungen geöffnet wird. Die Bundespost muß allerdings im Planungsstadium rechtzeitig mit einer solchen Bitte konfrontiert werden.

Frage: Letzte, aber sicher nicht unwichtigste Frage: Was kostet Sicherheit?

Professor Usemann: Die Mehrkosten für ausreichende mechanische Sicherungen können mit etwa 1 bis maximal 2 % der reinen Gebäudekosten angenommen werden. Eine hochwertige Einbruchmeldeanlage ist mit 2 bis 3 % dieser Bausumme anzusetzen. Diese Sätze gelten jedoch nur für den Fall, daß gleich bei Planung und Bauausführung Sicherheit mit berücksichtigt wird. Späterer Austausch und nachträglicher Einbau werden stets um einiges teurer.

Richtige Planung, guter mechanischer Schutz und eventuell auch elektronische Überwachung schützen vor Besuchern solcher Art. Auch wenn Sie verreisen und dem Einbrecher mehr Zeit gönnen müssen als sonst. *(Foto: wörl-alarm)*

Bevor Sie in den Urlaub fahren ...

Urlaubszeit — schönste Zeit. Auch für ein paar tausend Diebe, die gern auf Sommerferien verzichten. Sie haben von Mai bis Oktober zu Hause Hochsaison. Denn, wenn die einen fröhlich aufbrechen, können die anderen endlich ungestört einbrechen.

Und das ist das wesentlich Stichwort: „Ungestört!“

Wir müssen davon ausgehen, daß es absolut hundertprozentige Sicherheit nicht gibt. Selbst die Bank von England kann man knacken, wenn man das richtige Werkzeug und ein paar Tage Zeit hat. Ins Deutsche und auf Ihre Wohnung übertragen, bedeutet das: Sobald ein Einbrecher weiß, daß Sie dem Alltag für drei Wochen den Rücken gekehrt haben, kann er sich Zeit nehmen. Und dann kriegt er auch die dickste Tür und die perfekteste Rolladensperre auf.

Also: Sicherungen sind gut. Ein bißchen Geheimniskrämerei um Ihren Urlaub ist noch besser.

Dazu brauchen Sie allerdings Unterstützung: einen Freund oder Nachbarn, der für Sie nicht nur die Blumen gießt und den Hamster füttert, sondern auch die Ganoven an der Nase herumführt. In England gibt es in einigen Wohngegenden regelrechte Clubs, deren Mitglieder sich gegenseitig helfen, ihren Urlaub zu verheimlichen. Auch sonst achten innerhalb dieser zwanglosen Vereine die Nachbarn immer ein wenig auf verdächtige Umtriebe in andern Grundstücken ihrer Straße. Was bei uns so häufig vorkommt — daß nämlich eine Alarmsirene bei den Nachbarn allenfalls Unwillen erregt, keinesfalls aber eine hilfreiche Aktivität — wäre dort undenkbar.

Die Solidarität der möglichen Geschädigten in einer Straße, in einem Wohnviertel oder gar in einer ganzen Stadt hilft nicht nur Schaden abzuwehren, sie hat auch große kriminalpolitische Bedeutung: Normalerweise verfährt jeder beim Schutz seines Eigentums frei nach dem alten Stoßgebet an den Schutzheiligen gegen Feuersbrünste „Oh, heiliger Sankt Florian, verschon' mein Haus, zünd' andre an!“ Wer sein Haus mit einer hohen Schutzbarriere umgibt, nimmt in Kauf, daß der gescheiterte Einbrecher es woanders versucht, wo er es leichter hat. Kriminalität wird nicht verhindert, sondern verdrängt.

Kein besonders sozialer Effekt, wenn man ehrlich ist. Und er läßt sich auch auf zwei Wegen durchaus vermeiden:

Erstens: Durch Sicherungsmaßnahmen, die den Einbrecher nicht nur verscheuchen, sondern möglichst zu seiner Festnahme führen. Dies kann beispielsweise geschehen durch einen stillen Alarm und einen entsprechenden Vertrag mit einer Bewachungsgesellschaft.

Zweitens: Durch möglichst großflächige Solidarität im Schutz gegen Einbruch. Wenn ein Täter nach einem mißglückten Versuch nicht einfach zum Nachbarhaus gehen kann, sondern zu einem schlechter gesicherten Objekt erst eine weite Reise unternehmen muß, geht unter Umständen so viel Zeit verloren, daß sich ein zweiter Einbruchsversuch in derselben Nacht nicht mehr lohnt.

Daß dies keine graue Theorie ist, beweist das Beispiel einer Stadt, die für Einbrecher eigentlich besonders reizvoll sein müßte: Bad Homburg vor der Höhe, am Rande des Taunus gelegen und bevorzugtes Wohngebiet der Frankfurter Geldprominenz. Hier reiht sich in den entsprechenden Vierteln eine Traumvilla an die andere. Und es bedarf nicht der geschulten Phantasie eines Einbrechers, um sich vorzustellen, welche Werte in diesen Häusern angehäuft sind.

Aber dem aufmerksamen Beobachter fällt noch eine Übereinstimmung auf: Die Villen sind — vielfach nachträglich — zu uneinnehmbaren Festungen mit Mauern, Stacheldraht und Gittern ausgebaut. Die Solidarität, die sich hier dokumentiert, kam auf äußeren Druck zustande. Anstoß dafür war die Furcht vor Mordanschlägen und Entführungen durch Terroristen. Frappierende Nebenwirkung: In Bad Homburg ist die Zahl der Villeneinbrüche praktisch auf Null gesunken.

Gründen Sie einen Nachbarschaftsclub!

Ziel der vorbeugenden Verbrechensbekämpfung muß es deshalb sein, dem Einbrecher nicht nur in Einzelfällen, sondern möglichst überall Schwierigkeiten in den Weg zu legen. Wenn ein Einbrecher nicht mehr problemlos auf ein anderes Objekt ausweichen kann, fehlt ein wichtiger Anreiz für eine kriminelle Existenz.

Nachbarschaftsclubs könnten ein wichtiger erster Schritt in dieser Richtung sein. Wenn sie der Versuchung widerstehen, Wildwest zu spielen, sich „Bürgerwehr" zu nennen und nachts mit Gasrevolvern oder Knüppeln in Vorgärten zu lauern, könnten sie sich des Wohlwollens vieler Stellen erfreuen. Die kriminalpolizeilichen Beratungsstellen, die natürlich ebenfalls an möglichst großflächigem Schutz interessiert sind, würden diese Clubs zweifellos besonders intensiv betreuen. Man könnte sich vorstellen, daß Versicherungsgesellschaften oder einzelne Zweige der Sicherungsindustrie gewissermaßen Patenschaften für solche Vereinigungen übernehmen und es so ermöglichen, daß auch bei finanziell schwächer gestellten Familien innerhalb eines Gebietes keine Sicherungslücke entsteht. Denkbar wäre schließlich eine Zusammenarbeit mit dem Verein WEISSER RING (siehe auch Seite 297), der sich unter anderem die Unterstützung der Bemühungen um eine intensivere Vorbeugung zum Ziel gesetzt hat. Und auch ich selbst bin bereit, jeden seriösen Zusammenschluß dieser Art mit Rat und Tat zu unterstützen, soweit es mir möglich ist.

Wenn Sie eine zwanglose Gemeinschaft der beschriebenen Art ins Leben rufen wollen, dann ist der Beginn der Urlaubszeit sicher eine besonders gute Gelegenheit. Denn wie gesagt: Nachbarschaftshilfe ist die einfachste Art, zu vertuschen, daß ein Haus wochenlang leer steht.

Wie Ihr Haus „bewohnt" spielt

Und so täuscht ein Haus glaubhaft vor, daß die Bewohner daheim sind: Die Rolläden bleiben tagsüber oben und werden erst abends heruntergelassen. Wenn es dunkel wird, scheint Licht durch die Ritzen — und wer lauscht, hört aus der Wohnung gelegentlich das Radio oder den Fernseher. Selbstverständlich wird täglich der Briefkasten geleert. (Auch wenn Sie Post und Zeitung nachschicken lassen, kann der Briefkasten durch Werbeprospekte, Anzeigenblätter und ähnliches nach ein paar Tagen auf verräterische Weise überquellen.) Bei dem täglichen Rundgang eines Nachbarn werden automatisch auch andere Informationsmöglichkeiten für Diebe unwirksam. Zum Beispiel kleine Papierschnitzel, die Einbrecher ins Schlüsselloch stecken, um später zu kontrollieren, ob inzwischen jemand das Haus betreten oder verlassen hat.

Im Idealfall steht auch am Müllabfuhrtag die Mülltonne mit wenigstens einem Abfallbeutel vor dem Haus. Versierte Einbrecheraugen schöpfen, wie Sie wissen, gern auch aus dieser Informationsquelle: Fehlt die Mülltonne und ist dann womöglich auch noch der Rasen etwas zu lang, steht das Haus unter Umständen schon bei einem Dunkelmann auf dem Abendprogramm. Ebenso verräterisch kann im Winter unberührter Neuschnee werden, an den Sie womöglich nicht denken, wenn Sie bei trockenem Wetter in die Skiferien abreisen.

Sie können Ihren Helfer ein wenig entlasten, wenn Sie Licht und Radio durch Zeitschaltuhren an- und abschalten lassen. Allerdings: eine Einbrecherbande in Süddeutschland, die vor jeder Tat genau beobachtete, hat ein so ausgerüstetes Haus dennoch als unbewohnt erkannt — weil das Licht nämlich jeden Tag exakt zur gleichen Minute an- und wieder ausgeschaltet wurde. Also: Lassen Sie die Zeiten während Ihres Urlaubs ein paarmal verstellen.

Besonders problematisch wird die Situation immer dann, wenn Sie öffentlich bekannt geben müssen, wann Sie verreisen — weil Sie zum Beispiel als Arzt oder Zahnarzt während dieser Zeit Ihre Praxis schließen und auf einen Vertreter hinweisen müssen oder weil Sie Ihre Kunden schon Wochen vor Antritt der Reise durch ein Schild „Betriebsferien" auf Ihre bevorstehende Abwesenheit aufmerksam machen. In diesem Fall sollten Sie überlegen, ob es sich nicht lohnt, noch ein bißchen tiefer in die Tasche zu greifen: Die meisten Wach- und Sicherheitsunternehmen lassen auch über kurzfristige Aufträge während der Urlaubszeit mit sich reden. Und neuerdings bieten in Großstädten (z. B. Hamburg) spezielle „Homesitter" ihre Dienste an — Blumengießen inbegriffen.

Falls Ihre Alarmanlage ohnehin schon bei einer privaten Notrufzentrale aufgeschaltet ist, dürfen Sie nicht vergessen, Ihre Beschützer zu informieren, in welcher Zeit Sie verreist sind, wo man Sie notfalls erreichen kann und was geschehen soll, wenn beispielsweise ein Einbrecher ein Fenster eingeschlagen oder die Eingangstür zerstört hat.

Das „trojanische Sofa" und der rätselhafte Bautrupp

Bitte rechnen Sie auch damit, daß Gangster nicht nur bereit sind, Gewalt anzuwenden, sondern oft auch ein erhebliches Maß an Phantasie investieren. Zwei Beispiele mögen dies verdeutlichen — zwei Fälle, die sich zwar schon vor einigen Jahren ereignet haben, die aber recht gut zeigen, was gemeint ist.

Beispiel eins: Vor dem Haus eines verreisten Ehepaars fährt ein Lastwagen vor. Zwei Männer steigen aus und klingeln. Da niemand öffnet, fragen sie im Nachbarhaus nach den Bewohnern. Als sie von der Reise erfahren, wird einer von ihnen fürchterlich böse. Er schimpft wie ein Rohrspatz auf die Leute, die zu bestimmten Terminen Möbel bestellen und dann nicht zu Hause sind. Die Nachbarin bedauert, aber der Mann läßt sich nicht beruhigen.

„Komm, wir stellen die Couch in den Vorgarten!" sagt der Fahrer schließlich wütend zu seinem Kollegen. „Wenn die so blöd sind, sind sie selber schuld, wenn das Ding beim nächsten Regen naß wird!"

Für Notfälle, gibt die Nachbarin jetzt schließlich zu, habe sie einen Schlüssel für das Haus. Wenn die Männer die Couch nicht mehr mit zurück nehmen wollten, dann sei es doch wohl besser, sie ins Haus zu stellen als in den Vorgarten.

Immer noch brummig, aber doch einigermaßen versöhnt, laden die beiden Herren nun aus ihrem Lastwagen eine große Bettcouch aus und tragen sie in die Wohnung. Argwöhnisch beobachtet die Nachbarin jeden ihrer Schritte. Aber sie verlassen das Haus wieder und verabschieden sich, ohne daß irgend etwas Ungewöhnliches geschehen ist. Die Nachbarin schließt sorgfältig ab.

Am nächsten Tag ist der Lastwagen wieder da. Der Fahrer — diesmal ausgesucht höflich — entschuldigt sich wortreich bei der Nachbarin. Das Lager habe beim Ausschreiben der Lieferscheine einen Fehler gemacht. Nicht eine Couch sei bestellt gewesen, sondern ein Sessel — und auch nicht jetzt, sondern erst in vier Wochen. Die Couch sei für jemanden anders bestimmt gewesen, der gestern abend noch reklamiert habe. Dadurch sei der Irrtum aufgefallen.

Wieder läßt die Nachbarin die Männer keinen Augenblick aus den Augen, während sie die Couch aus der Wohnung heraus und auf ihren Lastwagen wuchten. Wieder geschieht nichts Außergewöhnliches. Wieder schließt die Frau sorgfältig ab.

Der Lastwagen fährt nur ein paar Kilometer weiter und hält auf einem Parkplatz. Die beiden Männer klettern auf die Ladefläche und heben die Polster hoch. Im Bettkasten kauert ein Komplize, der wegen seiner knabenhaften Figur in der Unterwelt den Spitznamen „Liliput" hat. Um ihn herum alles, was er in 24 Stunden in aller Ruhe einsammeln konnte: Eine teure Münzsammlung, ein paar ebenso wertvolle Briefmarkenalben, Schmuck, Gemälde, zwei Orientbrücken, eine Nerzjacke und eine Sammlung alter Taschenuhren, die der Hausherr in zweieinhalb Jahrzehnten zusammengetragen hat.

Die „trojanische Couch", mit der ein klein geratener Komplize ins Haus geschafft und wieder herausgetragen wird, zeigt, daß man auch mit Ungewöhnlichem rechnen muß. Der zweite Fall macht deutlich, daß Diebe nicht immer heimlich kommen — und daß sie nicht immer Licht und Lärm scheuen, sondern gelegentlich das unbemerkte Anschleichen durch freches und unverfrorenes Auftreten ersetzen.

Beispiel zwei: An einem Montagmorgen im Juli werden die Bewohner einer ruhigen Vorortstraße durch Baulärm aufgeschreckt. Ein Lastwagen kippt vor einem Bungalow einen Kubikmeter Kies ab. Zwei Männer in Arbeitskleidung sperren die Baustelle vorschriftsmäßig ab und bringen einen Kompressor in Stellung. Eine Stunde lang dringt dann aus der Garage das Dröhnen von zwei Preßlufthämmern. Danach haben die andern Bewohner der Straße zunächst einmal wieder Ruhe.

Am Nachmittag fährt ein paarmal ein geschlossener Transporter rückwärts in die Garage hinein und zehn Minuten später wieder heraus.

Am Abend kuppeln die beiden Männer den Kompressor wieder an den Lastwagen, beseitigen die Baustellenabsperrung und fahren davon. Nur der Kies bleibt liegen.

In dieser Straße gab es keinen Nachbarschaftsclub, nicht einmal etwas Ähnliches: Keiner wußte, daß die Bewohner des Hauses, an dem offensichtlich nur einen Tag gebaut worden ist, in Urlaub gefahren waren.

Und so waren sie alle sehr überrascht, als vierzehn Tage später die Polizei bei ihnen vorsprach und sie fragte, ob sie nichts davon bemerkt hätten, daß jemand in dem Bungalow die Wand zwischen Garage und Wohnzimmer herausgebrochen und durch das große Loch das Haus praktisch völlig ausgeräumt habe.

Dieses Gaunerstück wäre in einer Gegend, in der die Nachbarn sich gegenseitig helfen, undenkbar. Dort wüßte jeder mit Sicherheit: Wenn jemand aus der Straße während seines Urlaubs eine Baufirma bestellt hätte, hätte er vorher Bescheid gesagt. In einer solchen Gemeinschaft wäre also mit absoluter Sicherheit noch während der „Bauarbeiten" die Polizei angerufen worden.

Zum Schluß dieses Kapitels noch ein paar ganz spezielle Tips, die ohne großen Aufwand vor großem Schaden bewahren können:

- Fertigen Sie von allen Wertsachen einen genauen Steckbrief an (was dabei zu beachten ist, finden Sie in dem Kapital „Der Wertsachen-Paß hilft Ihnen und der Polizei")
- Was Sie wirklich hundertprozentig wiedersehen wollen, sollten Sie „auslagern" — zu Freunden, die zu Hause bleiben, oder bei größeren Werten in ein Bankschließfach.
- Machen Sie Ihr Haus von außen so dicht, wie Sie nur können, aber lassen Sie innen alles offen. Wenn ein Einbrecher erst einmal drin ist, nötigt ihm eine abgeschlossene Schublade auch keine Ehrfurcht mehr ab. Er bricht sie auf, und Sie haben zum Verlust auch noch den Sachschaden. Allerdings dürfen Sie dann keine Wertsachen in den Schränken zurücklassen, für die Ihre Versicherung „Möbelverschluß" vorschreibt (siehe Tabelle Seite 223).

  In die Gründe für die offenen Schränke sollten Sie auch Ihren Nachbarn einweihen, damit er nicht bei einem Kontrollgang glaubt, nachholen zu müssen, was Sie vermeintlich vergessen haben.
- Informieren Sie Ihren Nachbarn über alles, was im Laufe Ihres Urlaubs möglicherweise geliefert wird und bezahlt werden muß. Dann kann er mit Sicherheit davon ausgehen, daß der Mann, der während

Ihrer Abwesenheit eine Versicherungsprämie kassieren will oder gegen Barzahlung eine angeblich bestellte Ware loswerden möchte, ein Schwindler ist.

- Vergessen Sie nicht, Ihre Urlaubsadresse zu hinterlassen. Wenn doch einmal eingebrochen wird, ist es sehr wichtig, daß die Polizei Sie sofort erreichen kann.
- Nehmen Sie sich vor der Abreise eine halbe Stunde Zeit für eine Endkontrolle. Wenn Sie auf der Reise das übliche Gefühl beschleicht, irgend etwas Wichtiges vergessen zu haben, dann können Sie wenigstens sicher sein, daß es nicht das offene Küchenfenster oder das Garagentor war.

Auf der Reise und am Urlaubsort möchte man sich einmal richtig entspannen und nicht wie im Alltag ständig seine Gedanken beisammen haben müssen. Die Lösung heißt: Gewöhnung.

Ich habe mir beispielsweise ein paar einfache Sicherungsvorkehrungen zur festen Gewohnheit gemacht. Sie erfordern keine Entscheidung, keine Anstrengung, keine Konzentration, sondern laufen gewissermassen von selbst, während ich mich ungestört entspannen kann:

- Auf Bahnhöfen und Flughäfen halte ich immer körperlichen Kontakt mit meinen Gepäckstücken, wenn ich sie abstelle, drücke also beispielsweise mit den Beinen dagegen. Auch wenn ich sie nicht im Auge habe, würde ich sofort merken, wenn sie jemand wegnimmt.
- Bei längeren Bahnreisen befestige ich die — selbstverständlich abgeschlossenen — Koffer mit einem normalen Drahtseil-Fahrradschloß an der Gepäckablage. Auch diese Sicherung ist theoretisch überwindbar, während ich im Speisewagen oder im Waschraum bin. Aber Diebe in Fernzügen nehmen erfahrungsgemäß nur, was sie leicht und schnell bekommen können. Unverpackte Wertsachen, wie Geldbeutel, Brieftasche oder Fotoapparat nehme ich auch in den Speisewagen mit.
- Bei Drängeleien und Rempeleien habe ich, ohne viel nachzudenken, sofort eine Hand am Portemonnaie, die andere an der Brieftasche. Und dann nichts wie weg von den kontaktfreudigen Zeitgenossen, bevor sie mir, ohne daß ich es merke, von der Hand, die den Geldbeutel schützt, die Armbanduhr abgezogen haben.
- Im Hotel deponiere ich Bargeld, Paß und Wertsachen prinzipiell an der Rezeption.
- Ausländisches Geld besorge ich mir bei der Bank, weil ich ausländische Noten nicht gut genug kenne, um zu bemerken, wenn mir

jemand bei dem günstigen Angebot auf der Straße Falschgeld oder alte, aus dem Verkehr gezogene Noten andreht.

- Auch das Angebot, auf der Straße besonders preisgünstig wertvolle Markenuhren oder Goldarmbänder zu erwerben, bedarf keiner Entscheidung. Ich lehne es gewohnheitsmäßig ab, weil ich weiß, daß solche „Kostbarkeiten" aus billigstem Material in großen Mengen eigens zu dem Zweck hergestellt werden, um sie Touristen als angebliche Schmuggelware anzubieten. Sie sind nicht einmal einen Bruchteil des vermeintlichen Vorzugspreises wert.
- Wenn mich ein Landsmann anpumpt, dem in der Fremde Herzergreifendes widerfahren ist, biete ich ihm an, ihn zum nächsten deutschen Konsulat zu fahren. Dort hat man Gelegenheit, seine Geschichte zu überprüfen, bevor man ihm Geld borgt. Wenn er versucht, mir statt der Fahrt doch lieber Bares abzuschwatzen, weiß ich, woran ich bin.

Eigentlich fahre ich auch aus Gewohnheit nicht mit dem eigenen Wagen nach Italien, weil dort im Sommer mehr Autos gestohlen werden als in Deutschland im ganzen Jahr. Aber das berührt schon ein anderes Thema. Und darüber gibt es soviel zu sagen, daß es zweifellos ein eigenes Kapitel wert ist.

Vorher sollten wir uns aber noch kurz mit drei besonderen Formen des Urlaubs befassen, die auch besondere Sicherungsüberlegungen erforderlich machen.

Wochenendhaus, Wohnwagen, Zelt

Beginnen wir mit den Wochenendhäusern, weil wir da am meisten von dem anwenden können, was wir bereits wissen.

Früher diente das Wochenendhaus meist dem vorübergehenden Rückzug in das einfache Leben — der Erholung auch vom Komfort des Alltags. Die wenigen Einbrecher, mit denen man zu jener Zeit zu rechnen hatte, waren meist Landstreicher. Sie hatten kein Interesse, die spartanische Einrichtung wegzuschleppen, sondern suchten eine trokkene Übernachtungsmöglichkeit und allenfalls mit etwas Glück einige Lebensmittel und Getränkevorräte. Sie schleppten auch kein Werkzeug mit sich herum, sondern suchten sich Wochenendhäuser, die sie mit der bloßen Hand öffnen konnten.

Heute hat sich das Bild gewandelt: Die Wochenendhäuser sind nicht nur größer und stattlicher geworden, sie werden auch vielfach mit viel Geschmack und entsprechendem finanziellen Aufwand ausgestattet.

Immer häufiger finden Einbrecher Fernsehgeräte, Stereoanlagen, wertvolle Teppiche, Antiquitäten und — sehr zum Kummer der Polizei — auch scharfe Waffen.

Kein Wunder, daß solche Beute — dicht beisammen in ganzen Wochenendsiedlungen, die von Montag bis Freitag verlassen auf Diebe warten — auch Profis anlockt. Immer wieder schlagen sich die Einbruchs-Kommissariate mit spezialisierten Banden herum, die von Siedlung zu Siedlung ziehen und reiche Beute machen.

Wer heute ein Wochenendhaus sichern will, darf also nicht mehr nur mit Landstreichern rechnen. Das Haus muß Einbrechern trotzen, die zumindest ein Brecheisen, einen großen Schraubenzieher, eine Handbohrmaschine, eine Rohrzange und einen Vorschlaghammer bei sich haben. Dementsprechend massiv müssen die Gegenmaßnahmen aussehen. Alles, was wir für normal bewohnte Häuser an mechanischen Sicherungen kennengelernt haben, ist auf das Wochenendhaus übertragbar — nur muß es im Grunde genommen noch stärker und stabiler sein, weil der Einbrecher mehr Zeit hat und mehr Lärm in Kauf nehmen kann als in einem Wohngebiet.

Drei Einstiegsmöglichkeiten sollten besonders gut gesichert werden:

Dachluken: Wenn ein Dieb ein Dachfenster von außen geöffnet hat, was nicht sehr schwierig ist, sollte er innen stabile Quereisen vorfinden, die ihm den Einstieg verwehren. Sie müssen natürlich mit ausreichender Festigkeit mit dem Dachgebälk verbunden sein.

Fenster: Hier genügt normalerweise eine Sicherung, die nur bei Abwesenheit der Bewohner eingesetzt wird. Zum Beispiel stabile, gegen Aushängen gesicherte Klappläden, die man vor Verlassen des Hauses schließt und von innen noch einmal zusätzlich durch Querverstrebungen aus Eisen oder Stahl sichert. Einbruchhemmendes Glas kann den Widerstandswert der Fenster noch beträchtlich erhöhen.

Die Eingangstür: Wenn die ganze Tür und die Zarge zu schwach sind, ersetzen Sie sie am besten durch eine fertige Sicherheitstür. Ist das Türblatt stabil genug, um Durchbruchversuchen zu trotzen, können Sie sich beispielsweise ein Spezialschloß einbauen lassen, das nach allen vier Seiten Stahlstangen in entsprechende Aussparungen der Zarge schiebt. Zusätzlich erschweren Sie dem Einbrecher sein Handwerk, wenn Sie stabile Riegel anbringen, die mit entsprechend guten Vorhängeschlössern gesichert werden. Daß der Täter die Riegel einfach abreißt oder abschraubt, verhindern Sie, wenn Sie durchgehende Schrauben mit Gegenmuttern auf der Innenseite verwenden und den Schlitz für den Schraubenzieher anschließend ausfeilen oder abschleifen.

Wohlgemerkt: All diese Sicherungen sind nicht unüberwindlich. Je höher die Werte in den Wochenendhäusern, umso intensiver sollte man nach einer Möglichkeit suchen, zusätzlich die Zeit, die dem Einbrecher zur Verfügung steht, auf ein „normales“ Maß zurückzudrehen. Es gibt keine Sicherung, die einem hartnäckigen und auch nur halbwegs gut ausgerüsteten Einbrecher, der Montag früh anfängt, bis zum Freitagnachmittag trotzt.

In vielen Fällen empfiehlt es sich, daß sich die Besitzer der Häuser einer Wochenendsiedlung zusammentun und gemeinsam mit einem Bewachungsunternehmen Verbindung aufnehmen. Wenn alle zusammen legen, ist der Betrag, den der einzelne für diesen großen Gewinn an Sicherheit aufbringen muß, relativ bescheiden.

Natürlich kann man auch die Frage stellen, ob die Installation einer Einbruchmeldeanlage sinnvoll ist.

Hier, wie im normalen Wohnbereich hängt die Antwort auf diese Frage davon ab, ob es jemanden gibt, der in der Lage ist, den Alarm wahrzunehmen und zu veranlassen, daß die Täter gestört oder festgenommen werden. Eine Sirene, die in einer menschenleeren Siedlung nur zum eigenen Vergnügen heult, stört Einbrecher wenig. Als Ausweg bietet sich zunächst ein Telefonwahlgerät an. Wenn es zu einer Wochenendsiedlung Telefonleitungen gibt, verlaufen diese jedoch meist oberirdisch, so daß die Täter leicht die Verbindung unterbrechen können.

Daß auch in Wochenendgebieten der Erfindungsreichtum der Hausbesitzer gelegentlich der Phantasie der Täter überlegen ist, beweist ein Fall aus dem Kreis Offenbach:

Dort baute sich ein geschickter Bastler eine Lichtschranke ein, schloß aber weder eine Sirene, noch ein Telefonwählgerät an. Der Alarm hatte lediglich zur Folge, daß in sämtlichen Innenräumen helle Scheinwerfer aufleuchteten. Im Lichte dieser Scheinwerfer entdeckten die Täter bei einem Einbruch sofort die Kamera, die im Flur an einer Wand angebracht war. Während sie sie abmontierten und zerstörten, wurden sie von einer zweiten versteckten Kamera, von der Art, wie sie häufig in Banken installiert sind, fotografiert. Der Hausbesitzer konnte der Polizei am nächsten Tag Fotos der Täter liefern, die wenig später zur Festnahme der Wochenendhauseinbrecher führten. Die gesamte Beute wurde sichergestellt.

Wenn Sie mit dem Wohnwagen oder mit dem Zelt in Urlaub fahren, haben Sie es mit dem Schutz einerseits ein bißchen leichter, weil Campingplätze nie so menschenleer sind wie Wochenendsiedlungen. Und weil Campingbehausungen normalerweise auch nicht so wertvoll ausgestattet werden wie manche Wochenendhäuser.

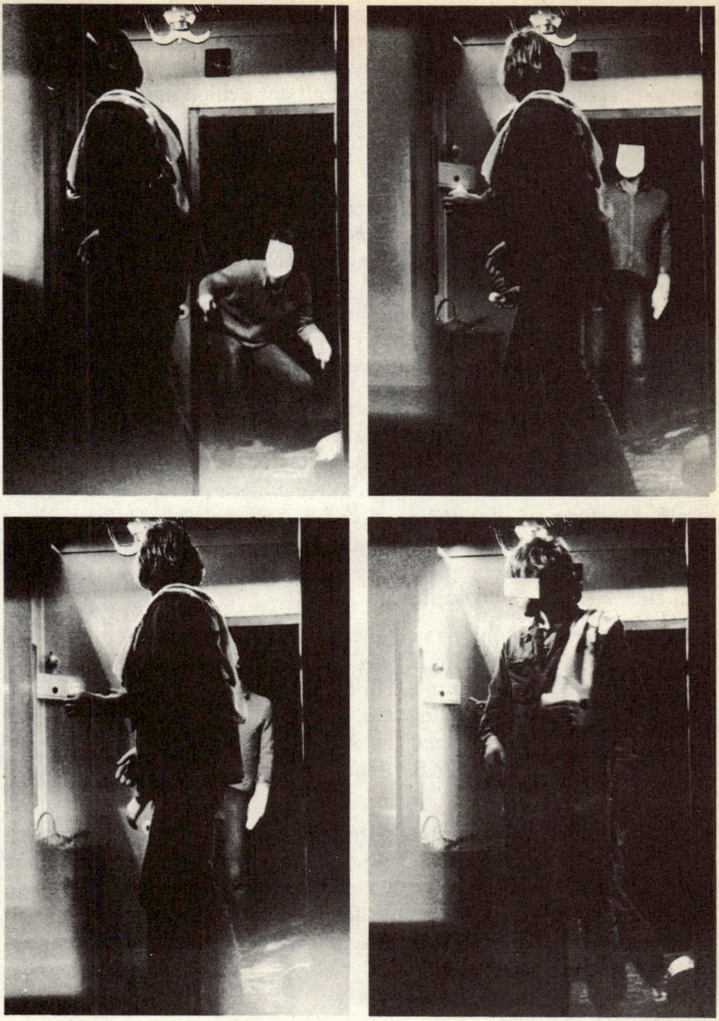

Originalfotos von einem Einbruch in ein Wochenendhaus – aufgenommen von einer automatischen Kamera. Die Täter, deren Gesichter hier unkenntlich gemacht worden sind, entdeckten zwar eine Kamera und machten sie unbrauchbar. Aber sie zerstörten nur eine zur Ablenkung aufgestellte Attrappe. *(Fotos: Kripo)*

Andererseits haben Sie es ein bißchen schwerer, weil sich die mechanische Sicherheit an Wohnwagen nur sehr begrenzt und an Zelten naturgemäß gar nicht verstärken läßt. Beim Wohnwagen müssen Sie im Grunde genommen schon beim Kauf auf das Schloß und auf halbwegs stabile Fenster achten.

Ein paar weitere Möglichkeiten:

- Die Wohnwagenhändler bieten zum Teil sogenannte „Wohnwagentresore“ an. Sie sind natürlich nicht mit einem Panzerschrank vergleichbar, aber haben immerhin den Vorteil, daß ein Dieb Geld und Papiere nicht gleich in der ersten Schublade findet, sondern erst eine zeitraubende Suche auf sich nehmen muß und dann zusätzlich vor einem Behälter steht, der fest eingebaut ist, und ihm auch noch einmal einen gewissen Zeitaufwand abverlangt.

- Unter Umständen können Sie auch größere Sicherheit erreichen, wenn Sie den meist leicht zerstörbaren durchsichtigen Kunststoff in den Fensteröffnungen durch Polycarbonat ersetzen — das besonders schlagzähe Material, das wir bereits kennengerlernt haben, als wir uns mit Fenstern an Wohnhäusern befaßt haben. Diese Maßnahme ist allerdings nur sinnvoll, wenn die Fenster nicht in eine normale Gummidichtung, sondern in eine stabile Halterung eingelassen sind. Gleiches gilt für die Dachluke.

- Ersatzweise empfiehlt es sich, dicke Aluminiumbleche — etwas größer als die Fensteröffnungen — anfertigen zu lassen, die man von innen verschrauben kann. Bevor Sie Löcher in die Wohnwagenwand bohren, sollten Sie allerdings zunächst einmal Gummistopfen besorgen, die im Normalzustand die Außenwand wieder abdichten. Die Stärke der Löcher können Sie dann so wählen, daß die Gummistopfen hineinpassen.

- Wenn Ihr Wohnwagen überwiegend zwischen anderen Campingbehausungen steht, kann sich durchaus eine Alarmanlage empfehlen. Es gibt solche Anlagen, die speziell für Wohnwagen, Gartenlauben, kleinere Wochenendhäuser und Jachten konstruiert sind. Aber auch einige der Autoalarmanlagen, die wir im nächsten Kapitel kennenlernen werden, sind geeignet.

Praktisch gar nicht zu sichern ist ein Zelt. Die Außenhaut ist im wahrsten Sinne des Wortes nur eine Haut. Und ein Vorhängeschloß am Reißverschluß schreckt nur Diebe, die keine Schere und kein Messer dabei haben. Hier gibt es nur einen wirklich sinnvollen Rat: Lassen Sie nichts Wertvolles im Zelt zurück, wenn Sie nicht zu Hause beziehungs-

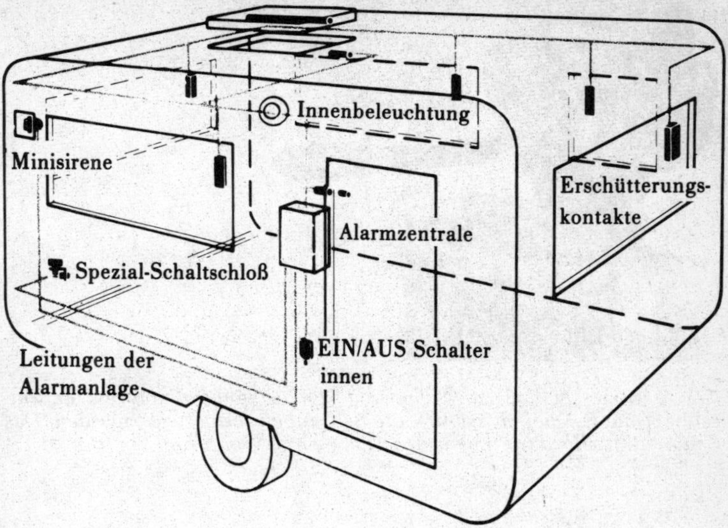

Es liegt in der Natur der Sache und des Materials: Wohnwagen lassen sich mechanisch nicht so gut sichern wie massive Häuser – manchmal mit unangenehmen Folgen. So wurde einem jungen Paar am Rande eines Campingplatzes im Ausland der Wohnwagen komplett ausgeräumt. Nachdem sie in der nächsten Stadt wenigstens das Notwendigste gekauft und den Wohnwagen neu eingerichtet hatten, gingen sie auf den Schreck noch einen trinken. Sie mußten in der darauffolgenden Nacht doch auf dem Fußboden schlafen; denn als sie zurückkamen, war der Wohnwagen wieder leer. Gegen solche Unverfrorenheit hilft auch der Rat wenig, nichts Wertvolles in der Campingbehausung zurückzulassen. Fälle dieser Art haben allerdings Seltenheitswert.

Da Caravans häufig zwischen anderen bewohnten Wagen oder Zelten stehen, kann eine Alarmanlage sinnvoll sein. Die Zeichnung zeigt ein Installationsbeispiel für eine solche Anlage, die speziell für Wohnwagen entwickelt wurde und mit einfachen Mitteln eine recht gute Überwachung gewährleistet. Betrieben wird sie im übrigen mit der 12-Volt-Autobatterie, so daß Sie nicht auf einen Anschluß an das Stromnetz angewiesen sind. (Zeichnung: DOM/Praetorius)

Ein spezielles Schloß zur Sicherung von Außenbordmotoren. Es umschließt die Knebel, mit denen die Schrauben festgezogen werden. Das Schloß hilft allerdings nur gegen Diebe ohne Werkzeug.

Vielfach sind die Knebel so konstruiert, daß man sie zueinander drehen kann und dann die Löcher direkt übereinanderliegen. Ein gutes Vorhängeschloß, durch diese Löcher gesteckt, macht es Dieben mindestens genau so schwer, den Motor abzubauen. (Fotos: Praetorius)

Eine Kassette, die man mit der Karosserie verschrauben oder mit einer stabilen Kette bzw. einem Stahlseil verankern kann, macht zwar das Auto nicht zum Tresor; aber sie legt normal ausgerüsteten Automardern doch ein schwieriges Hindernis in den Weg.

Wer auf mehrtägigen Reisen Wertgegenstände mitführt, kann die Kassette auch nachts aus dem Auto nehmen und im Hotelzimmer „vor Anker legen". Sofern das Hotel nicht über einen guten Panzerschrank verfügt.
(Fotos: Praetorius)

weise „zu Zelte“ sind. Geld und Papiere sind dann am sichersten in einem Brustbeutel aufgehoben, den man bei sich trägt oder beim Baden einer vertrauenswürdigen Person zur Aufbewahrung übergibt. (Falls Sie sich bei unserem kleinen Test aufs Glatteis haben führen lassen: Es gibt keine „Zelt-Tresore“ und auch keine Masse, die die Zeltplane undurchdringlich macht).

Wer aus irgendeinem geheimnisvollen Grunde beim Zelturlaub darüber hinaus Wertgegenstände mit sich führt, kann sich allenfalls dadurch helfen, daß er sein Fahrzeug mit einer Alarmanlage ausstattet und die Dinge, die er nicht verlieren will, im Kofferraum deponiert — möglichst in einer Kassette, die mit Schrauben, mit einem dicken Stahlseil oder mit einer Kette fest mit dem Auto verbunden wird und die es für diesen Zweck vorbereitet im Handel gibt.

Zum Thema Urlaub schließlich noch zwei allerletzte Worte: Erstens: Wassersportler sollten wissen, daß Außenbordmotoren zur begehrten Beute von Hafendieben gehören. Und sie sollten außerdem wissen, daß sich diese Motoren mit besonders dafür konstruierten Schlössern oder aber mit normalen Vorhängeschlössern sichern lassen.

Zweitens: Wintersportler müssen sich leider immer die Frage stellen, ob sie wohl am Ende des Urlaubs ihre Ski noch besitzen. Vor einigen Jahren hat mir ein Münchner Ingenieur einmal eine sehr sinnvoll konstruierte Skisicherung vorgeführt. Ich habe ihn leider später aus den Augen verloren und nie erfahren, ob das Gerät serienmäßig hergestellt worden ist. Wenn er oder ein anderer Leser eine wirklich brauchbare Skisicherung kennt, ist er herzlich eingeladen, sich mit mir in Verbindung zu setzen.

Aber Wintersportgeräte sind nicht die einzigen Wertsachen, die man zuweilen notgedrungen einfach am Straßenrand abstellen muß. Auch wo kein Schnee liegt, finden Diebe im Freien lohnende Beute.

Die Tricks der Fahrzeugdiebe

Fahrräder, Mopeds, Motorräder und Autos — das bedeutet Werte von 200 bis 100 000 Mark, die weder von dicken Mauern noch von Gittern, gelegentlich nicht einmal von Schlössern geschützt werden. Es wäre ein reines Wunder, wenn Diebe solche Beute, die außerdem bequem zu Geld zu machen ist, völlig unbeachtet ließen.

So zeigt denn auch ein Blick in die Kriminalstatistik die heiße Konjunktur auf diesem kriminellen Markt (alle Zahlen einschließlich der Versuche und der Fälle von Gebrauchsentwendung). Auffällig die recht unterschiedliche Entwicklung bei den verschiedenen Fahrzeugen:

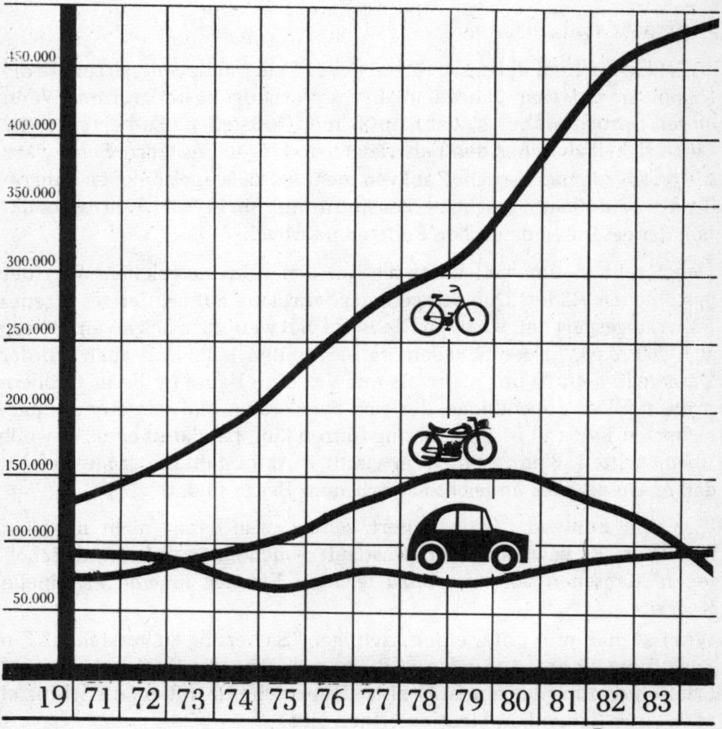

Hier für das Jahr 1983 zunächst noch einmal die genauen Zahlen:

Diebstahl von Kraftwagen:	80211
Diebstahl von Mopeds und Krafträdern:	118550
Diebstahl von Fahrrädern:	458703
Diebstahl aus und an Kraftfahrzeugen:	677299

Rechnet man die Sachbeschädigungen an Kraftfahrzeugen und die Fälle, in denen die Täter durch Betrug und Unterschlagung oder Hehlerei in den Besitz der Fahrzeuge kamen, noch hinzu, so ergibt sich die erstaunliche Tatsache, daß jede dritte Straftat ein sogenanntes „Fahrzeugdelikt" ist.

Ich meine, schon das ist Grund genug, sich um die Vorbeugung rund um Zwei- und Vierräder sehr viel intensiver Gedanken zu machen, als Sie es vielleicht bisher für nötig gehalten haben.

Fahrräder sind „in"

„Alle, die ihr Radl lieben, schützen es vor Fahrraddieben", so reimte die Kripo vor ein paar Jahren in ihrem Vorbeugungsprogramm. Wenn dieser Spruch wahr ist, dann muß man feststellen: Es herrscht viel Lieblosigkeit zwischen den Fahrrädern und ihren Besitzern. Sonst wäre die geradezu phantastische Zahl von mehr als 450000 gestohlenen Fahrrädern pro Jahr kaum möglich — das sind immerhin 15 % der Jahresproduktion der gesamten deutschen Fahrradindustrie!

Dabei geht es um weit mehr als um den rein materiellen Wert der gestohlenen Räder. Den Jungen, der jahrelang auf sein erstes eigenes Fahrrad gespart hat, wirft ein Diebstahl viel weiter zurück als ein Betrag von 200 Mark in der Schadensstatistik ahnen läßt. Und auch auf der Täterseite geht es um mehr als nur um eine Beute in dieser Größenordnung: Der Jugendliche, der sich zum ersten Mal von einem ungesicherten Fahrrad in Versuchung führen läßt, hat damit eine Schwelle überschritten. Wenn er nicht erwischt wird, besteht die große Gefahr, daß er Geschmack an leicht erworbenem Besitz findet.

Wer sein Fahrrad richtig sichert, schützt also damit nicht nur sein Eigentum. Er bewahrt unter Umständen auch einen bisher unbescholtenen Menschen vor dem allzu leichten Einstieg in eine kriminelle Karriere.

Was hat man nun unter einer „richtigen" Sicherung zu verstehen? Ein Schloß am Rahmen, das einen Riegel zwischen die Speichen schiebt? Oder einen Ring aus einem Drahtseil, der sich nur mit einem Schlüssel oder einer Zahlenkombination öffnen läßt?

Ein Experiment für dieses Buch: Fahrraddiebstahl vor ungefähr hundert Zeugen vor dem Mainzer Hauptbahnhof. Niemand stellte auch nur eine Frage an den jungen Mann. *(Foto: Praetorius)*

Tausende von sichergestellten Fahrrädern finden nicht zu ihren Besitzern zurück, weil die Anzeigen keine Rahmennummern enthalten.

Besser als gar nichts ist beides allemal. Die Grenzen dieser Sicherungen erkennen Sie aber schnell, wenn Sie einmal Ihr Fahrrad auf diese Weise abschließen und es dann selbst — so, als ob Sie ein Dieb wären — durch eine belebte Straße transportieren. Soviele Leute, wie Sie dabei ansprechen oder die Polizei benachrichtigen, werden im Ernstfall auch versuchen, einen Dieb aufzuhalten. Falls Sie es nicht ausprobieren wollen, kann ich Ihnen das Ergebnis auch vorweg sagen: Mit großer Wahrscheinlichkeit können Sie ihr Rad bis in alle Ewigkeit weiterschieben, ohne daß irgend jemand reagiert.

Richtig gesichert ist das Fahrrad erst, wenn Sie es mit dem Drahtseilschloß (aber nehmen Sie nicht das billigste!) oder mit einer Stahlkette an einem Verkehrsschild, an einem Zaun, einem Geländer, einem Laternenpfahl, einem Fahrradständer oder auch notfalls an einem zweiten Fahrrad festmachen. Die Wahrscheinlichkeit, daß ein Dieb ein Verkehrsschild absägt, um ein Fahrrad zu stehlen, ist erfahrungsgemäß nicht sehr groß.

Auch bei Mofas und Mopeds empfiehlt es sich, sie auf die geschilderte Weise ortsfest an die Kette zu legen. Bei schweren Motorrädern kann es nicht schaden. Da sie sich aber auch von Kraftmeiern nicht mit angehobenem Hinterrad schieben lassen, reicht hier normalerweise ein Schloß mit entsprechend langem Bügel aus gehärtetem Stahl aus, sofern zusätzlich ein Zündschloß und ein Lenkerschloß vorhanden ist.

Schätzungsweise hunderttausend Fahrräder werden pro Jahr wiedergefunden oder von der Polizei sichergestellt. Es wäre überhaupt kein Problem, sie den rechtmäßigen Eigentümern zurückzugeben. Die Polizei müßte nur die Rahmennummern der sichergestellten Räder mit den Nummern der gestohlenen vergleichen — wenn es in den Diebstahlsanzeigen Nummern gäbe!

Tatsache ist aber leider, daß die Bestohlenen oft nicht einmal die Marke, geschweige denn die Rahmennummer angeben können. Mein Tip: Es ist viel einfacher, die Beschreibung eines Fahrrads aufzunehmen, solange man es noch hat und nachsehen kann, als sich nach einem Diebstahl den Kopf zerbrechen zu müssen. Damit man dabei nichts Wichtiges vergißt, hat die Polizei einen „Fahrradpaß" entwickelt. Wer sich ein solches Formular bei der kriminalpolizeilichen Beratungsstelle (Adressen im Anhang) holt und sorgfältig ausfüllt, kann nach einem Diebstahl alle Fragen beantworten. Sollten Sie an Ihrem Rad keine Rahmennummer finden, dann lassen Sie doch beispielsweise Ihre Personalausweis-Nummer einschlagen. Die können Sie selbst dann noch nachsehen, wenn Sie Ihren Fahrradpaß einmal verlieren!

Beschreibung meines Fahrrades:

Art des Rades: Herren / Damen / Kinder / Bambi / Sport / Klapp / Polo (Bonanza)*-Rad

Farbe des Rahmens: ______________ und der Schutzbleche:

Marke des Rades: ______________________________________

Nummer (wenn vorhanden): ______________________________

Eingeschlagene Nummer ist entweder auf Steuerknopf oberhalb der Gabel, auf Rahmen Sattels oder der Radaufhängung der Hinterräder.

Bereifung (Maßangabe auf dem Mantel): ________________

Sattelform: Normal / „Bananenform" * / oder ______________

Gangschaltung: Duomatik / Automatik / Mehrgangschaltung

Gängen / ohne Gangschaltung *

Einen solchen Fahrradpaß stellt die Polizei jedem Interessenten kostenlos zur Verfügung.

Ein Motorradschloß, das so schnell keiner durchkneift. Der Bügel besteht aus 14 mm starkem gehärtetem Stahl. (Foto: Praetorius)

Das Rad anzuschließen ist gut. Auch den Rahmen mit an die Kette zu legen, ist noch besser. *(Foto: Kripo)*

Mehr Fahndung — weniger Autodiebstähle

Es ist schon seltsam: Während die Kriminalität insgesamt unaufhaltsam ansteigt, verzeichnete die Kripo erst mehrere Jahre beim Autodiebstahl, dann bei den Mopeds und Motorrädern einen fast ebenso stetigen Rückgang. Über die Ursachen dieses Rückgangs gibt es bisher keine gesicherten Erkenntnisse. Aber sie wären es zweifellos wert, intensiv erforscht zu werden. Hier könnte man Anhaltspunkte auch für die Vorbeugung auf anderen Gebieten gewinnen, wenn sich feststellen ließe, was erst den Auto- und dann den Motorraddiebstahl für Gangster von Jahr zu Jahr unattraktiver werden ließ.

Wenn man nach Anhaltspunkten sucht, muß man versuchen festzustellen, welche Veränderungen der „Umweltbedingungen" für Auto- und Motorraddiebe zeitlich mit dem Rückgang ihrer jeweiligen Aktivitäten zusammenfallen.

Möglicherweise spielt die Tatsache eine Rolle, daß die anfänglichen „Hochs" — erst bei den Autos, dann bei den Motorrädern — einen hohen Anteil von Gebrauchsdiebstählen enthielten. Mancher, der früher für den Sonntagsausflug einen fahrbaren Untersatz gestohlen hätte, besaß in der Folgezeit dann selbst ein Fahrzeug.

In noch stärkerem Maße scheint mir ausschlaggebend zu sein, daß sich für Autodiebe zumindest vorübergehend das Risiko, erwischt zu werden, erhöht hat. Autodiebstähle gehören zu den wenigen Kriminalitätsbereichen, in denen die Polizei bis 1980 auf steigende Aufklärungsquoten verweisen konnte. Sucht man nach den Hintergründen für diese Erfolge, so stößt man auf einen zeitlichen Zusammenhang mit der Einführung des Polizeicomputers und mit der Zunahme von Straßenkontrollen im Zuge der Fahndung nach terroristischen Gewalttätern. Ein Autodieb muß heute damit rechnen, daß unmittelbar nach einer Diebstahlsanzeige jede deutsche Polizei- und Grenzkontrollstelle durch eine Anfrage beim Sachfahndungscomputer feststellen kann, daß das Auto gestohlen ist. Und er mußte lange Zeit damit rechnen, unterwegs in ein Netz zu geraten, das gar nicht für ihn ausgelegt war, in dem er sich aber dennoch verfing. Mittlerweile sind die Straßenkontrollen seltener geworden. Und immer noch hat ein Dieb die Chance, sich mit ausgetauschten Nummernschildern durch die Kontrollen zu mogeln. Sein Risiko wird sich noch einmal schlagartig erhöhen, wenn die im Prinzip längst beschlossenen fälschungssicheren Autokennzeichen eingeführt werden.

Der Rückgang der Moped- und Motorraddiebstähle schließlich könnte damit zusammenhängen, daß diese Fahrzeuge in zunehmendem Maße gesichert werden. Im Gegensatz zu den Radfahrern lassen die motorisier-

Großfahndungen nach Terroristen erhöhen auch das Risiko für Autodiebe. Vielleicht war dies einer der Gründe für den vorübergehenden Rückgang der PKW-Diebstähle. *(Foto: dpa)*

Der Computer des Bundeskriminalamtes informiert die Fahnder in Sekunden über gestohlene Fahrzeuge. *(Foto: BKA)*

ten Zweiradfahrer zumindest den Gelegenheitsdieben wenig Chancen — und sie sind nach den Beobachtungen der Hersteller auch bei der Anschaffung hochwertiger Sicherungen nicht geizig.

Wie gesagt: Dies sind Hypothesen, die der Überprüfung bedürfen. Ich möchte diese Überprüfung ausdrücklich anregen. Es gibt nicht oft eine so gute Chance festzustellen, wie sich Kriminalität in einem bestimmten Bereich auch zahlenmäßig eindämmen läßt.

Wenn Sie selbst eines Tages nicht in Ihr Auto einsteigen können, weil es nicht mehr vorhanden ist, spielt es für Sie persönlich allerdings kaum eine Rolle, ob dieser Autodiebstahl einer von hunderttausend oder einer von fünfzigtausend war. Immer noch werden in Deutschland täglich 220 Autos und 325 Mopeds bzw. Motorräder gestohlen — Grund genug, auf den eigenen fahrbaren Untersatz ein wenig aufzupassen.

Daß man Autodiebe erfreut, wenn man das Auto nicht abschließt, die Fenster nicht hochkurbelt oder gar den Zündschlüssel stecken läßt, dürfte sich inzwischen herumgesprochen haben. Vielleicht haben Sie auch schon einmal irgendwo gelesen, daß man, wenn man den Schlüssel abgezogen hat, das Steuer so weit herumdrehen soll, bis das Lenkradschloß einrastet. Viele Autofahrer verzichten darauf, weil ihnen niemand gesagt hat, was diese zusätzliche Mühe bewirken soll. Wenn ein Dieb mit dem Auto losfahren will, so glauben sie, rastet das Schloß ja sowieso ein, sobald er die erste Kurve zu fahren versucht.

Dazu sind zwei Dinge zu sagen: Erstens: Wenn ein Dieb wirklich einfach so losfahren würde, wie sich das viele Autofahrer vorstellen, würde er unter Umständen mit dem schönen neuen Auto an einer Mauer landen, falls unterwegs plötzlich die Lenkung blockiert. Ein Effekt, den der Eigentümer sich kaum wünschen dürfte.

Zweitens machen Sie einen Trick möglich, der unter Kriminellen längst als alter Hut gilt, von dem aber viele Autofahrer keine Ahnung haben: Wenn das Lenkradschloß nicht eingerastet ist, packt der Dieb das Steuerrad und reißt es mit einem Ruck herum. Dabei brechen manche der Verriegelungen in den gängigen Lenkradschlössern ab. Ist das Schloß aber eingerastet, fehlt für diesen Trick der notwendige Spielraum. Wie groß der Unterschied tatsächlich ist, können Sie in etwa ermessen, wenn Sie sich vorstellen, Sie dürften beim Holzhacken mit dem Beil nicht ausholen, sondern müßten die Schneide „aus dem Stand" in das Holz hineindrücken.

Auf höchst einfache und preiswerte Art können Sie dem Dieb das Handwerk erschweren, wenn Sie an irgendeiner versteckten Stelle einen kleinen Schalter einbauen lassen, mit dem sich der Zündstrom unterbrechen läßt. Sie stehlen dem Autoknacker Zeit, die er normalerweise nicht hat — noch zumal, wenn Sie auch hier ein bißchen Phantasie investieren. Was damit im konkreten Fall gemeint ist, mag ein Beispiel verdeutlichen: Ein Freund von mir hat bei einem Autoelektriker die Zündstromunterbrechung auf den Schalter für die Heckscheibenheizung legen lassen. Die Zuleitungsdrähte für die Heckscheibe ließ er mit einem Kippschalter unter dem Armaturenbrett verbinden. Selbst wenn ein Autodieb diesen Schalter entdeckt, hat er noch lange nicht die Zündstromunterbrechung gefunden.

Von einer anderen guten Idee habe ich bisher nur gehört; aber sie müßte eigentlich ebenfalls funktionieren: Danach kann man den Zündstrom über einen Magnetschalter führen, der irgendwo unsichtbar hinter der Innenverkleidung eingebaut wird. Der Autobesitzer, der die richtige Stelle genau kennt, kann den Schalter mit einem Magneten bewegen. Jeder andere wird vergeblich suchen!

Nachdrücklich abraten möchte ich von Sicherungen, die die Kraftstoffzufuhr unterbrechen. Im Vergaser bleibt nämlich immer soviel Benzin, daß der Dieb starten und ein paar Meter weit fahren kann. Dann bleibt der Wagen stehen — unter Umständen mitten auf der Straße oder auf einer Kreuzung. Abgesehen von der Gefahr für andere Verkehrsteilnehmer, wird ihr Auto nicht schöner, wenn der nächste Lkw-Fahrer es zu spät sieht und zu Schrott fährt.

Auch in diesem Zusammenhang stellt sich schließlich die Frage, ob eine Alarmanlage sinnvoll ist. Die meisten speziell für Autos konstruierten Anlagen arbeiten mit Öffnungskontakten an den Türen, an der Motorhaube, am Kofferraum und gegebenenfalls auch an teuren außen montierten Zubehörteilen. Wer sich auch dagegen schützen will, daß ein Autoknacker eine Scheibe einschlägt, um etwa vom Rücksitz den Musterkoffer mit der Schmuckkollektion zu angeln (der dort allerdings nicht hingehört), dem sei eine Anlage empfohlen, die neben den Öffnungskontakten auch über einen Ultraschall-Bewegungsmelder verfügt. Er reagiert auch auf die Hand, die durch die zerbrochene Fensterscheibe hereinlangt, mit Alarm.

Bei den meisten Gerätetypen haben Sie zwei Möglichkeiten, die Anlage scharf zu schalten: Entweder mit einem von außen zugänglichen Schlüsselschalter oder mit einem Schalter, den man versteckt irgendwo im Kofferraum unterbringt. In diesem Fall arbeitet der Öffnungskontakt am Kofferraumdeckel mit einigen Sekunden Verzögerung. Diese Zeit reicht für den Autobesitzer, um die Anlage auszuschalten, aber nicht für den Dieb, um den Schalter lange zu suchen.

Wer mehrere hundert Mark für Anschaffung und Installation einer Autoalarmanlage ausgibt, sollte auch noch ein paar Mark drauflegen und die Hupe so installieren lassen, daß ein Dieb sie von außen weder sieht, noch die Zuleitungsdrähte abzwicken kann. Bei hochwertigen Anlagen wird ein zweites Signalhorn extra für die Alarmanlage an einer von außen unzugänglichen Stelle eingebaut.

Nach den bestehenden Vorschriften darf die Hupe im Alarmfall übrigens maximal 30 Sekunden lang tönen. Um so wichtiger ist es, daß das Signal besonders auffällt — zum Beispiel durch einen rhythmisch abgehackten Ton. Optische Signale — also zum Beispiel über die Warnblinkanlage — sind leider nicht zulässig, damit die Bedeutung dieser Signale im Straßenverkehr nicht verwässert wird.

Meiden Sie Italien!

Auf die Gefahr hin, daß der Fremdenverkehr unserer italienischen EG-Freunde leidet, muß ich Ihnen den Rat geben: Fahren Sie nicht mit dem Auto nach Italien, wenn Sie Ihr Fahrzeug anschließend noch benötigen. Dies gilt insbesondere dann, wenn Sie einen Mercedes, einen BMW oder einen Porsche fahren. Südlich der Alpen sollen nicht nur pro Jahr viermal soviel Autos gestohlen werden wie in der Bundesrepublik, die Behörden dort sind auch nicht sehr kooperativ, wenn es darum geht, daß sichergestellte Fahrzeuge wieder in den Besitz der rechtmäßigen Eigentümer kommen sollen.

Es sieht auch so aus, als sei gegen italienische Autodiebe kein Kraut gewachsen. Vor einiger Zeit rief mich ein Bekannter an: „Ich muß heute noch nach Mailand zu einer Konferenz, alle Flüge sind ausgebucht. Also bleibt nur das Auto. Was soll ich tun?“

Ich riet ihm, einen Angestellten als Fahrer mitzunehmen, damit ständig jemand auf das Auto aufpassen konnte.

Es war ein sehr schöner und ein sehr teurer Mercedes. Und mein Freund ist ohne ihn zurückgekommen, obwohl er meinen Rat befolgt hat.

Sein Fahrer erzählte mir später, wie es passiert ist: „Ich saß die ganze Zeit im Auto, während mein Chef auf der Konferenz war. Ich hätte mich um keinen Preis der Welt da weggerührt — weder um Zigaretten zu holen, noch um ein Paar Würstchen zu kaufen. Auf einmal — ich denk, ich seh nicht richtig — kommt ein ungefähr achtjähriger Bengel und fängt an, mit einem Nagel irgendetwas in die Motorhaube zu ritzen. Ich steige aus, er um die Ecke davon, ich hinterher. Als ich um die Ecke biege, ist der Bub spurlos verschwunden. Und als ich mich wieder umdrehe, ist das Auto auch weg!“

Dem nächsten, der mich fragt, werde ich raten, nicht nur ständig auf das Auto aufzupassen, sondern auch noch wichtige Teile wie zum Beispiel den Verteilerfinger auszubauen, solange er nicht fährt.

Wenn Sie doch aus irgendeinem Grunde mit dem Auto nach Italien fahren müssen und wenn es Ihnen dort gestohlen wird, sollten Sie unbedingt sofort telefonisch, telegrafisch oder per Fernschreiber Ihre Polizeidienststelle zu Hause über den Diebstahl informieren und dabei alle Fahrzeugdaten mit angeben (den Kraftfahrzeugschein haben Sie ja hoffentlich in der Brieftasche und nicht im Handschuhfach).

Sie verhindern damit wenigstens einen Trick, der in letzter Zeit ein paarmal Furore gemacht hat: Die gestohlenen Autos aus deutscher Produktion werden durchaus nicht alle via Genua verschifft. Eine nicht geringe Anzahl versehen die Diebe sofort mit italienischen Kennzeichen und exportieren sie ausgerechnet nach Deutschland!

Da es in Italien keine Kraftfahrzeugbriefe gibt, brauchen die Gangster lediglich ordnungsgemäß den Einfuhrzoll zu entrichten und mit der Zollbescheinigung zum nächsten Straßenverkehrsamt zu gehen. Wenn das Fahrzeug nicht als gestohlen gemeldet ist, stellt das Kraftfahrtbundesamt in Flensburg anstandslos einen Kraftfahrzeugbrief aus, und der Wagen kann ganz legal zu einem anständigen Preis verkauft werden.

Das Auto ist kein Tresor — auch hinten nicht!

Es war ein Schweizer Polizeibeamter, der eine eigentlich selbstverständliche Weisheit treffend und trocken formulierte, als ein Tourist bei ihm einen Diebstahl aus dem Kofferraum anzeigte: „Ein Auto ist kein Tresor — auch hinten nicht!"

Daß offen im Auto herumliegende Wertgegenstände wie Handtaschen, Fotoapparate, Kofferradios oder ähnliches eine Aufforderung an Diebe darstellen, wissen Sie zweifellos. Aber wußten Sie auch, daß versierte Autoknacker nur zwischen fünf und zehn Sekunden brauchen, um die meisten Autotypen völlig geräuschlos und ohne Beschädigung zu öffnen? Sie beherrschen meisterhaft den Umgang mit Drahtschlingen, Stäben und Haken, deren Länge und Stärke präzise darauf abgestimmt ist, die Verriegelungsmechanismen der verschiedensten Autotypen zu öffnen.

Lange Zeit galt es als zwar nicht idealer aber doch ganz passabler Ausweg, Gepäck oder Wertgegenstände wenigstens aus dem Innenraum des Fahrzeugs herauszunehmen und im Kofferraum zu deponieren. Doch dann begann die kriminelle Karriere des Mannes, der den Trick mit dem Loch erfunden hat. Er studierte die Mechanik aller gängigen Kofferraumschlösser, dann wußte er bei den wichtigsten Autotypen, wo er anzusetzen hatte. Mit einem Hammer und einem spitzen Stahlstift schlug er genau an der richtigen Stelle ein unauffälliges kleines Loch in das Blech des Kofferraums. Wenn niemand auf den kurzen Knall reagierte, brauchte er durch das Loch nur noch mit dem Schraubenzieher auf ein Schloßteil zu drücken, und schon sprang der Kofferraum auf. Seine Beute war beträchtlich. Von der Musterkollektion eines Schmuckvertreters in Frankfurt bis zum kompletten Urlaubsgepäck einer Berliner Familie auf der Ferieninsel Sylt, von der Fotoausrüstung eines Seilbahnbenutzers in der Schweiz bis zu den gerade eben erstandenen Antiquitäten eines Hotelgastes in Österreich sammelte er ein, was er kriegen konnte.

Bei der zeitlichen und örtlichen Zusammenstellung der Tatorte ergab sich, daß mindestens ein weiterer Täter die Masche bereits übernommen hatte, bevor der „Erfinder" ermittelt und festgenommen wurde.

Also: Der Kofferraum ist zwar ein bißchen sicherer als der Fahrgastraum eines Autos, weil es nach wie vor weniger Loch-Spezialisten gibt als normale Autoknacker — und weil man dem Kofferraum von außen seinen Inhalt nicht ansieht und die Mißerfolgsquote deshalb größer ist. Im Prinzip hat der Schweizer aber natürlich schon recht, wenn er meint, das Auto sei auch hinten kein Tresor.

Wenn Sie schon unbedingt halbwegs wertvolle Sachen im Kofferraum lassen müssen (z. B. weil sie sonst noch unsicherer im Zelt untergebracht wären), dann sollten Sie sich wenigstens eine Kassette anschaffen, die sich mit der Karosserie fest verschrauben oder zumindest mit einer stabilen Kette oder einem Stahlseil verankern läßt.

Öffentlich die Räder geklaut

Ein Autodelikt hält in der Kriminalstatistik einen traurigen Rekord. Der „Diebstahl an Kraftfahrzeugen" weist mit ca 6 % die niedrigste Aufklärungsquote auf. Gemeint sind Diebstähle von Zubehörteilen, die sich abmontieren lassen, ohne den Fahrgastraum, den Kofferraum oder die Motorhaube aufzubrechen.

Dabei geht es durchaus nicht nur um Bagatellen. Zusatzscheinwerfer, Funkantennen, neue Stoßstangen oder ein Satz Leichtmetallfelgen mit neuwertigen Gürtelreifen — das ist mehr wert als die Beute, die ein Wohnungseinbrecher in manchen Küchenschränken findet.

Rund eine Viertelmillion Straftaten dieser Art registriert die Polizei jährlich. Und wie gesagt: Nur ein winziger Bruchteil kann aufgeklärt werden. Das Üble an dieser Situation: Der einzelne Autofahrer hat kaum eine Chance, sich gegen Zubehördiebe zu schützen. Er kann zwar an den Schrauben, mit denen Scheinwerfer und Stoßstangen befestigt sind, mit einer Zange das Gewinde zerstören. Er macht damit aber zugleich seiner Werkstatt das Leben schwer, wenn die Teile einmal ausgetauscht werden müssen. Er kann eine der Schrauben, mit denen die Felgen befestigt sind, austauschen gegen eine Schraube mit speziell geformtem Kopf, die sich nur mit einem dazu passenden Spezialschlüssel lösen läßt — aber was hindert Gangster, sich diese Spezialschlüssel ebenfalls zu beschaffen? Einige Zubehörteile lassen sich an eine Autoalarmanlage anschließen — eigens für die Teile aber ist der Aufwand für die Anlage zu hoch.

Es gibt nur ein wirksames Mittel, Diebstähle an Kraftfahrzeugen zu verhindern: Mehr Aufmerksamkeit und Solidarität unter den möglichen Opfern!

Ein Test der Zeitschrift „ADAC-Motorwelt" hatte vor einiger Zeit ein niederschmetterndes Ergebnis:

Die Redakteure sind mit Werkzeug und Wagenheber losgezogen und haben unter den verschiedensten Bedingungen — im Parkhaus, in der belebten Innenstadt, am Rande des Wochenmarktes, in einer ruhigen Vorortstraße — an dort geparkten Autos alle vier Räder abmontiert, das Auto auf Backsteine aufgebockt, die Räder in ihren eigenen Kofferraum geladen und sind abgefahren. Nicht ein einziges Mal hatte jemand den Mut, die Herren zu fragen, ob sie das, was sie da tun, auch dürfen.

Man sollte freilich nicht alle Vorwürfe auf die Passanten häufen, die geflissentlich weggeschaut haben.

Vielleicht hat mancher von ihnen schon schlechte Erfahrungen gemacht. Vielleicht hat der eine oder andere schon einmal einen Autofahrer angesprochen, der sein eigenes Auto demontiert hat, und ist dabei fürchterlich angeschnauzt worden.

Meine Empfehlung: Wenn Sie solche Vorgänge beobachten, gehen Sie nicht einfach weiter, als ginge Sie das ganze nichts an! Nächste Woche kann es Ihr Auto oder Ihr Haus sein!

Falls Sie sich nicht selbst einmischen wollen (was durchaus verständlich und manchmal sogar empfehlenswert ist!), dann investieren sie zwei Groschen und rufen Sie die Polizei an, zu deren Aufgaben es gehört, solche Vorgänge zu überprüfen. Bleiben Sie danach bitte in der Nähe und notieren Sie sich Einzelheiten über die Täter und ihr Fahrzeug. Auch wenn die Polizei zu spät kommt, hat eine schnelle Fahndung dann Aussicht auf Erfolg.

Umgekehrt: Wenn Sie einmal selbst an Ihrem Auto montieren und jemand fragt Sie, ob Sie dazu berechtigt sind, fahren Sie ihn bitte nicht an! Er fragt schließlich, um Ihr Auto zu schützen. Honorieren Sie seinen Mut, indem Sie sich freundlich ausweisen und ihm für seine Aufmerksamkeit danken.

Redakteure einer Autozeitung „klauen" öffentlich Autoräder. Sie hoffen vergeblich auf eine Reaktion der Passanten. (Foto: ADAC-Motorwelt)

Unfall mit Blechschaden. Fahrlässigkeit oder Absicht? Manchmal lohnt es sich, die Frage an der richtigen Adresse zu stellen. (Foto: dpa)

Vorsicht, Unfall-Falle!

Ihr Wagen kann nicht nur mit Gangstern Bekanntschaft machen, wenn er einsam am Straßenrand steht, sondern auch, während Sie am Steuer sitzen und frohgelaunt durch die Gegend fahren.

Da sind zum Beispiel folgende Situationen denkbar:

- Sie fahren hinter einem anderen Wagen langsam auf einen Fußgängerüberweg zu. Am Straßenrand steht eine Frau, die keine Anstalten macht, den Überweg zu benutzen. Kurz bevor Sie bei dem Zebrastreifen ankommen, setzt die Frau plötzlich einen Fuß auf die Straße. Ihr Vordermann steigt hart in die Bremse. Sie fahren auf. Offizielle Unfallursache: Sie haben zu wenig Abstand gehalten und den Auffahrunfall deshalb verschuldet.
- Sie wollen eine Vorfahrtsstraße überqueren, von links kommt in einiger Entfernung langsam ein Autofahrer, der offenbar einen Parkplatz sucht. Sie schauen nach rechts, die Straße ist frei. In dem Moment, in dem Sie anfahren, überholt ein Wagen den Parkplatzsucher und rammt Sie. Klarer Fall: Sie haben die Vorfahrt verletzt und sind schuld.
- Auf der Landstraße fahren vor Ihnen dicht hintereinander zwei Fahrzeuge. Als Sie endlich eine Chance haben, zu überholen, biegt der vordere Wagen plötzlich nach links in einen Feldweg ab. Sie können nicht mehr bremsen und fahren ihm voll in die Seite. Der Fahrer des zweiten langsamen Wagens bezeugt, daß der erste geblinkt hat. Sie hätten also nicht überholen dürfen und sind an dem Unfall schuld.

Was Sie normalerweise nicht wissen können: In allen drei Beispielen sind die Unfälle vorsätzlich herbeigeführt. Mit Hilfe fingierter Reparaturrechnungen kassieren die Gangster anschließend von Ihrer Versicherung erhebliche Schadenersatzsummen. In Wirklichkeit wird das Blech nur notdürftig wieder für den nächsten Unfall hergerichtet. Ungerechtfertigte Schadenersatzzahlungen Ihrer Versicherung haben nicht nur unweigerlich die nächste Prämienerhöhung zur Folge, Sie verlieren auch Ihren Schadenfreiheitsrabatt und riskieren unter Umständen eine Strafanzeige mit Bußgeld und Punkten in Flensburg.

Nachdem diese Masche vor einigen Jahren geradezu beängstigend aufgeblüht war, haben die Versicherungen einen zentralen Datenaustausch beschlossen. Auch wenn die Unfallgangster bei immer wieder anderen Haftpflichtversicherungen zur Kasse bitten, läßt sich die Häufung feststellen. Wenn Sie also nach einem Unfall den Verdacht haben, daß er nicht zufällig zustande gekommen ist, machen Sie die Polizei und Ihre

Versicherung auf diesen Verdacht aufmerksam. Mit Hilfe der zentralen Datei kann dann leicht festgestellt werden, ob Sie mit einem „Stammkunden“ zusammengestoßen sind.

Vorsicht geboten ist auch nach wie vor bei einem ganz normalen Unfall: Abschleppunternehmen, Autovermieter, Reparaturwerkstätten, Gutachter, Rechtsanwälte und Finanzierungsinstitute sind auch heute noch gelegentlich durch ein lukratives Provisionssystem freundschaftlich miteinander verbunden. Wenn Sie nicht aufpassen, reicht Sie einer an den anderen weiter und hat dabei durchaus nicht Ihren Nutzen, sondern sein eigenes Geschäft im Auge. Da werden nicht selten mit Gewalt Kosten gemacht, die die gegnerische Versicherung später mit Recht als überflüssig bezeichnet und nicht erstattet. In diesem Fall müssen Sie selbst dafür aufkommen. Besser ist es, nach einem Unfall seine Rechte selbst wahrzunehmen, sich zunächst einmal mit der zuständigen Versicherung in Verbindung zu setzen und, wenn man Helfer braucht, sie selbst auszusuchen und zu beauftragen.

Augen auf auch beim Verkauf

Daß man beim Kauf eines Gebrauchtwagens auf überpinselte Roststellen, verborgene Unfallschäden und manipulierte Kilometerstände hereinfallen kann, ist allgemein bekannt. Auch die Empfehlung, sich im Kaufvertrag ein Rücktritts- oder Schadenersatzrecht für den Fall zu sichern, daß der Verkäufer derartige verborgene Mängel verschwiegen hat, ist oft genug angesprochen worden.

Aber wußten Sie, daß man auch beim Verkauf eines Gebrauchtwagens böse hereinfallen kann?

Da gibt es zum Beispiel Schwindler, die ausschließlich samstags hochwertige Autos kaufen, einen guten Preis bieten, das Fahrzeug sofort mitnehmen und einen Scheck dalassen, der leider nicht gedeckt ist.

Oder die Firmen, die ständig per Inserat bekannt geben, daß sie gute Gebrauchtwagen ankaufen. Dagegen ist im Prinzip nichts einzuwenden. Aber lassen Sie die Finger davon, wenn der Ankäufer mit Ihnen zwar über einen guten Preis spricht, dann aber in den Kaufvertrag nicht die ausgehandelte Summe einsetzt, sondern die Bemerkung „DAT-Schätzpreis“. Diese Schätzpreise lagen dann in allen derartigen Fällen, die mir bekannt geworden sind, weit unter den anvisierten Marktpreisen. Wenn die Ankaufsfirma sich darüber hinaus nicht mit ihrer Verdienstspanne zufrieden gibt, sondern sich im Vertrag noch den Abzug von allerlei Abschlägen und Gebühren vorbehält (darauf sollten Sie ebenfalls achten!), dann bleibt nur ein recht kläglicher Erlös übrig. Und mancher Geschädigte hat dann nicht einmal dieses Geld gesehen. Einige Inhaber dieser windigen Firmen legen es ganz bewußt darauf an, die Zahlungen so lange wie möglich hinauszuzögern und dann ihren Laden zuzumachen und zu verschwinden.

Und noch einen Trick sollten Sie in diesem Zusammenhang kennen: Wenn Sie sich verführen lassen, die gesamten Fahrzeugpapiere, einschließlich des Kraftfahrzeugbriefs zur Probefahrt mitzunehmen, kann es passieren, daß der Interessent Sie unterwegs bittet, doch einmal nach dem seltsamen Geräusch links hinten zu sehen. Sie brauchen jetzt nur noch auszusteigen, um dem Mann die seltene Chance zu bieten, ein Auto mit allen Papieren und mit den Originalschlüsseln zu klauen.

Mit einiger Wahrscheinlichkeit hat er auch genug Zeit, um das Fahrzeug zu verkaufen. Denn, wenn Sie jetzt zur Polizei kommen, können Sie auf Anhieb nicht einmal die Fahrgestellnummer Ihres Wagens angeben. Die stand ja in den Papieren, und die Papiere hat der Dieb. Beim Auto ist das noch keine Katastrophe. Es gibt zwar eine kleine Verzögerung, die dem Gauner zu einem nützlichen Vorsprung verhilft, aber alle Einzelheiten über das verschwundene Auto sind ja noch einmal bei der Zulassungsstelle registriert und lassen sich dort erfragen.

Was aber, wenn Ihr Fernsehgerät, Ihr Fotoapparat, Schmuck, Teppiche, Pelze, Antiquitäten oder nur das Autoradio gestohlen werden? Ob Sie dann der Polizei eine genaue Beschreibung geben können, die Ihnen unter Umständen wieder zu Ihrem Eigentum verhilft, hängt ausschließlich davon ab, ob Sie rechtzeitig für diesen Fall vorausgeplant haben.

Der Wertsachen-Paß hilft Ihnen und der Polizei

Die Stimme des Anrufers klang aufgeregt: „Der Ring, den Sie da gezeigt haben, ist meiner!", verkündete er mit dem Brustton der Überzeugung. „Der ist mir im letzten Jahr bei einem Einbruch gestohlen worden!"

Die Telefonistin, die mich gerufen hatte, weil sie das Gespräch für besonders wichtig hielt, schaute mich fragend an.

Ich nickte.

Nun drückte sie den zweiten Hörer ans Ohr und schrieb alle Einzelheiten mit, die der Mann über den Einbruch angab.

Draußen im XY-Studio lagen auf einem Samttablett noch die Schmuckstücke, die wir gerade gezeigt hatten. Sie waren von der Polizei bei einer Bande besonders aktiver Einbrecher sichergestellt worden.

Die landläufige Vorstellung, daß alles, was gestohlen wird, spurlos verschwindet und sich auf geheimnisvolle Weise in Luft auflöst, ist falsch. Die Polizei fängt bei ihren Ermittlungen nicht nur Täter, sie beschlagnahmt auch Diebesgut im Wert von vielen Millionen Mark. Manches davon kann den rechtmäßigen Eigentümern zurückgegeben werden. Unvorstellbare Werte aber lagern zunächst eine Zeit lang in Asservatenkammern bei der Polizei und bei der Staatsanwaltschaft. Und dann müssen diese Gegenstände, wenn sich innerhalb einer angemessenen Frist der rechtmäßige Eigentümer nicht findet, ganz offiziell denen zurückgegeben werden, die sie vor der Sicherstellung zuletzt in Besitz hatten — also den Gangstern.

Die deutsche Polizei verfügt über einen im Prinzip großartigen Helfer: Den Sachfahndungscomputer, der in der Lage ist, in Sekunden alle gestohlenen und alle sichergestellten Gegenstände daraufhin zu untersuchen, ob es irgendwo Übereinstimmungen gibt. Er kann freilich nicht wie ein Mensch durch Augenschein vergleichen. Er braucht möglichst viele Daten und Zahlen. Und er kann auch nur die Gegenstände erfassen, von denen die Polizei weiß, daß sie gestohlen sind.

„Natürlich habe ich den Diebstahl angezeigt!", antwortete der Anrufer auf meine Frage. Und dann fing er an, auf die Polizei zu schimpfen, die ja schließlich auch von sich aus hätte merken können, daß der Ring derjenige war, der bei ihm gestohlen worden ist — ohne ihn erst über das Fernsehen zu zeigen.

Die Kripo hat einer Einbrecherbande die Beute abgejagt. Aber wem gehören die Sachen? Wenn sie zu keiner Diebstahlanzeige passen, ...

... wandern sie in den Asservatenkeller der Staatsanwaltschaft und müssen irgendwann den Gangstern zurückgegeben werden. (Fotos: Kripo)

Ich bin der Sache später nachgegangen und habe festgestellt, daß der Mann sehr viel mehr Grund gehabt hätte, über sich selbst ärgerlich zu sein als über die Polizei. In seiner Anzeige war das Diebesgut folgendermaßen beschrieben:

„Drei bis vier Ringe mit Steinen, eine Perlenkette, eine Damenarmbanduhr Schweizer Fabrikat mit dunklem Lederarmband, ein Perserteppich ca. 1 m breit und 2 m lang mit rotem Muster, ein 24teiliges Silberbesteck, Stempel oder Gravur nicht bekannt."

Bei den gestohlenen Ringen also nichts über die Art und die Zahl der Steine, kein Hinweis auf Punzzeichen, nicht einmal ein Goldstempel. Keine Frage: Da ist auch der Computer machtlos.

Umgekehrt gibt es zahlreiche Fälle, in denen gute Beschreibungen dazu geführt haben, daß sichergestelltes Diebesgut sofort identifiziert und dem rechtmäßigen Eigentümer zurückgegeben werden konnte. Die Bestohlenen haben in diesen Fällen nicht nur sich selbst geholfen, sondern auch der Polizei: Für das Gericht, das über eine Einbruchsserie zu befinden hat, kann es einen großen Unterschied ausmachen, ob sich fünf Fälle nachweisen lassen oder fünfhundert. Auch für den Staatsanwalt ist es unbefriedigend, wenn er ein paar wenige Fälle anklagt, obwohl ein Blick in seine Asservatenkammer ihm sagt, daß die Täter noch Dutzende oder gar Hunderte weiterer Straftaten begangen haben müssen. Die Folgen schleppen sich durch bis in die Statistik: Die Aufklärungsquote beim schweren Diebstahl (unter 20 %) ist nicht zuletzt aus diesen Gründen so niedrig. Jeder angezeigte Einbruch schlägt sich in der Statistik nieder. Wenn die Polizei aber einen Täter oder eine Bande ermittelt, werden nur die Taten als geklärt abgehakt, die den Verdächtigen nachgewiesen werden können. Man vermag nur zu ahnen, wieviel tausend Einbrüche in der Statistik nach wie vor als ungeklärt gelten, obwohl die Täter in Wirklichkeit längst hinter Gittern sitzen.

Dabei wäre alles so einfach: Es müßte eigentlich einleuchten, daß man einen Gegenstand nur dann genau beschreiben kann, wenn man ihn zur Verfügung hat. Sie sollten sich deshalb unbedingt einen „Wertsachenpaß" zulegen. Ein Merkblatt „Erkennungszeichen notieren", das man nur auszufüllen braucht, können Sie bei der nächsten kriminalpolizeilichen Beratungsstelle anfordern — ein gewöhnliches Schulheft tut es aber genauso.

Und bitte nehmen Sie sich nicht vor, dies irgendwann einmal zu tun, legen Sie jetzt sofort einen Termin fest, an dem Sie einen halben Tag Zeit haben. Sie werden zu diesem Zeitpunkt ein Metermaß, ein Schreibwerkzeug und einen Fotoapparat benötigen. Wenn Sie selbst nicht fotografieren, kann vielleicht ein Freund aushelfen.

Gegenstand	Hersteller oder Marke	Typenbezeichnung Fabrik-Nr.	Unverwechselbare Merkmale	Neuwert DM	Zeitpunkt der Anschaffung
Beispiel: Koffer-Radio	Blaupunkt	Typ: Frankfurt gerät Nr.: 3000-73-6439	Frontseite links, unten abgesplittert	280,-	März 1972
Fotoapparat					
Filmkamera					
Uhr					
Schreibmaschine					
Diktiergerät					
Tonbandgerät					
Radiogerät					
Fernsehgerät					

Muster einer Wertsachen-Liste entsprechend dem Merkblatt „Erkennungszeichen notieren", das man kostenlos bei der Kripo anfordern kann.

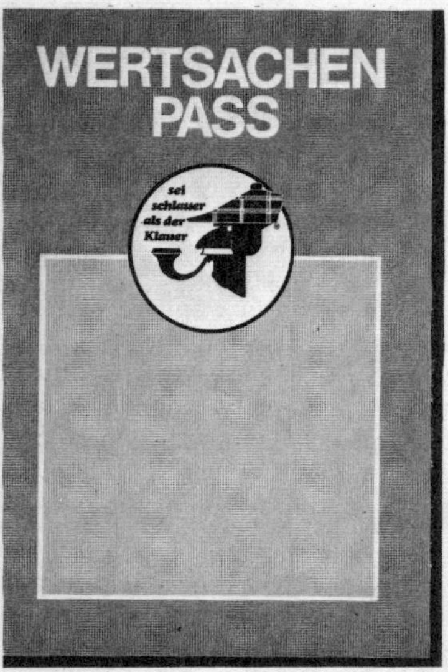

Diesen Wertsachen-Paß stellen einige Volksbanken und Raiffeisenkassen ihren Kunden kostenlos zur Verfügung.
(Entwurf: Hans-Georg Fuchs)

Notieren Sie dann von jedem Gegenstand, um den es nach Ihrer Meinung schade wäre, wenn Sie ihn nicht wieder bekämen, folgende Merkmale:

1. Hersteller oder Marke
2. Typenbezeichnung und Fabriknummer
3. Farbe
4. Abmessungen
5. Material
6. Individuelle Merkmale
7. Neuwert
8. Zeitpunkt der Anschaffung

„Unsichtbare Tinte"

Sie werden feststellen, daß oft gerade die wertvollsten Gegenstände weder eine Markenbezeichnung, noch eine Gerätenummer aufweisen. Denken Sie nur an Antiquitäten, Teppiche, Pelzmäntel, Sammlungen und dergleichen. Hier ist es besonders wichtig, die Beschreibung so ausführlich wie möglich festzuhalten. Besondere Bedeutung kommt dabei kleinen individuellen Merkmalen zu, wie etwa Beschädigungen, nachträgliche Veränderungen, Reparaturen — oder auch Kennzeichen, die Sie eigens angebracht haben, um Ihr Eigentum gegebenenfalls wieder zu erkennen. Als nützlich für diesen Zweck erweisen sich kleine Graviergeräte. Neuerdings sind auch Markierungsstifte und Flüssigkeiten im Handel, die wie eine „unsichtbare Tinte" arbeiten. Erst unter einer Ultraviolettlampe wird die Schrift sichtbar. Die Polizei wird sehr bald dazu übergehen, sichergestellte Gegenstände grundsätzlich auch unter der Ultraviolettlampe zu betrachten. Wenn Sie mit der Spezialflüssigkeit vorher auf Ihren Teppich oder die alte Wanduhr Ihren Namen und Ihre Rufnummer geschrieben haben, braucht der Sachbearbeiter bei der Kripo nur noch zum Telefon zu greifen.

Sie sollten sich allerdings nicht ausschließlich auf diese Kennzeichnung verlassen, denn auch die Gangster werden sich entsprechende Gedanken machen. Alle wertvollen Gegenstände, insbesondere, wenn sie nur durch unmittelbaren Augenschein zu identifizieren sind — wie etwa Teppiche, Schmuckstücke, Pelze und Antiquitäten — sollten Sie deshalb zusätzlich fotografieren.

Und bitte vergessen Sie nicht, daß auch in der Küche, im Keller und auf dem Dachboden Dinge liegen könnten, die für Diebe interessant sind. Zum Beispiel Ihre Skiausrüstung und Ihre schöne neue Bohrmaschine.

Unsichtbar, unschädlich und reinigungsfest ist eine Flüssigkeit zur Kennzeichnung von Teppichen und anderen Wertsachen.(Foto: „Spetekeon“)

Ein vorbildlich angelegter Wertsachen-Paß bringt vielfachen Nutzen: Zum einen brauchen Sie sich bei der Polizei nicht zu schämen, wenn Sie einen Diebstahl anzuzeigen haben. Zum zweiten brauchen Sie sich bei der Abrechnung mit Ihrer Versicherung nicht den Kopf zu zerbrechen, was alles fehlt und wieviel es wert gewesen sein könnte. Zum dritten haben Sie es leichter, nachzuweisen, was Ihnen gehört, wenn wieder einmal im Fernsehen sichergestellte Gegenstände gezeigt werden und sich außer Ihnen noch jemand meldet, der behauptet, der Ring oder Teppich gehöre ihm.

Diesen vielfältigen Nutzen kann das Dokument allerdings nur unter einer Bedingung entfalten: Wenn Sie es auch nach dem Einbruch noch besitzen. Also legen Sie den Wertsachen-Paß bitte nicht für den Dieb bereit. Am besten lagern Sie die Aufzeichnungen aus. Deponieren Sie sie bei einem Freund — oder beispielsweise bei Ihrer Bank — zusammen mit allen anderen Papieren und Wertgegenständen, die Sie nicht täglich brauchen und die Sie auf keinen Fall verlieren wollen.

Banken und Versicherungen — Partner in Sachen Sicherheit

Für Krimi-Autoren ist es immer wieder eine faszinierende Vorstellung, ihre „Helden“ wie die Maulwürfe einen Gang unter ein Bankgebäude buddeln zu lassen. Dann bohren sie von unten ein Loch in den dünnen Betonfußboden des Tresorraums und bedienen sich aus den prall gefüllten Kundensafes.

In ein paar wenigen Fällen ist Gangstern ein solcher Coup tatsächlich gelungen — in Deutschland zuletzt Anfang der Sechziger Jahre in Düsseldorf, und vor einigen Jahren berichtete die Presse über einen aufsehenerregenden Fall dieser Art in Frankreich.

Bei Banken, die in den letzten Jahrzehnten neu gebaut worden sind, kann man aber auch dieses Risiko weitgehend ausschließen. Da wird nicht nur der Boden der Tresorräume genauso mit Sicherheit vollgepackt wie die Wände und die Decken. Da haben nicht nur Körperschallmikrophone ständig das Ohr am Beton und lauschen, ob sie irgendwo einen Hammerschlag oder eine Bohrmaschine vernehmen. Zumeist werden Tresorräume heute auch so weit in die Tiefe verlegt, daß sie rings vom Grundwasser umschlossen sind. Sie von außen auch nur zu erreichen würde einen technischen Aufwand erfordern, der selbst einem Einbrecherprofi nicht zur Verfügung steht und der sich auch nicht unauffällig genug einsetzen läßt.

Und so fährt man in den meisten großen Banken mit dem Aufzug ein paar Stockwerke tief in den Tresorraum.

Schon da fängt die Sicherheit an. Denn statt Druckknöpfen für die Wahl des Stockwerks gibt es hier nur Schlüssellöcher. Und für das Schloß neben dem schlichten „K“, das für „Keller“ steht, besitzen nur wenige Bankangestellte den passenden Schlüssel.

Es ist merkwürdig: So oft sich unten die Aufzugstür öffnet und ich den dicken Teppich im Vorraum betrete, beschleicht mich ein Gefühl der Feierlichkeit. Es erinnert beinahe ein wenig an die festgelegten Riten eines religiösen Kultes, wenn der Bankangestellte rasch und sicher die Zahlenkombination einstellt, die Verriegelungen mit dem großen Handrad zurückschiebt und dann langsam die viele Tonnen schwere Tresortür in Bewegung setzt. Dann der große Schlüssel für die Gittertür — und im Tresorraum die vielen Fächer mit den blanken rostfreien Stahltüren. Alle tragen eine anonyme Nummer. In vielen Tresoranlagen haben die

Fachtüren zwei Schlüssellöcher. Dort öffnen der Bankschlüssel und der jeweilige Kundenschlüssel nur gemeinsam das Fach. Bei neueren Anlagen wird die Bank-Verriegelung nicht mehr „vor Ort", sondern von einem zentralen Steuerpult aus elektronisch entsperrt. Immer aber ist sichergestellt, daß zwei Schließvorgänge erforderlich sind: Weder kann ein Schlüsseldieb ohne Mitwirkung der Bank ein fremdes Fach öffnen, noch hat ein Bankangestellter ohne Mitwirkung des Kunden eine Chance, an die Wertsachen heranzukommen. So kann gar nicht erst ein Verdacht aufkommen, wenn ein Kunde glaubt, es fehle etwas.

Ganz bewußt nimmt die Bank auch den Inhalt der Fächer nicht zur Kenntnis. Jedes Tresorabteil enthält einen Blechbehälter, der den Inhalt auch dann vor neugierigen Blicken schützt, wenn man ihn herausnimmt. Eine Reihe von verschließbaren Kabinen macht es möglich, sich völlig unbeobachtet mit seinen Papieren oder seinem hier deponierten Vermögen zu beschäftigen.

Wenn man bedenkt, was Sicherheit heute allgemein kostet, kann ein Plätzchen in diesem Bunker für den Normalbürger doch eigentlich kaum erschwinglich sein! Eine Vorstellung, die ebenso verbreitet wie falsch ist. Sicher schwanken die Mietpreise je nach örtlichen Gegebenheiten, aber allzuweit dürften sie nirgendwo von der Preisliste der Wiesbadener Volksbank entfernt sein, die hier als Beispiel dienen soll:

Höhe	Breite	Tiefe	Jahresmiete
3 cm	25 cm	38 cm	ca. 30,- DM
8 cm	25 cm	38 cm	ca. 50,- DM
13 cm	25 cm	38 cm	ca. 60,- DM
18 cm	25 cm	38 cm	ca. 90,- DM

Im Preis inbegriffen ist auch noch eine Versicherung bis zum 500fachen der Jahresmiete, höchstens 20 000 Mark. Eine höhere Versicherung ist gegen eine geringfügige Prämie möglich.

Ihr Geldinstitut kann darüber hinaus auch noch auf andere Weise zum Partner Ihrer Sicherungsüberlegungen werden: Größere Banken bieten häufig die Möglichkeit, sogenannte „Verwahrstücke" im Tresorraum zu deponieren. Das heißt: Sie können, bevor Sie in Urlaub fahren, Ihren seltenen Gobelin, die beiden Picasso-Originale und die wertvollsten Alben aus Ihrer Briefmarkensammlung in einen Koffer packen und für drei Wochen hinter 80 cm Stahlbeton einschließen lassen.
Viel genutzt wird auch die Möglichkeit, das Sparbuch nicht mit nach Hause zu nehmen, sondern in den Panzerschrank der Bank zur Aufbe-

Kundenmietfächer im Tresorraum einer großen Bank. Hier wird für wenig Geld viel Sicherheit geboten.

Eine Tresortür mit einem Gewicht von vielen Tonnen schirmt die Kundenfächer ab. (Fotos: Praetorius)

wahrung zu geben. Falls Sie verreisen und das Sparbuch unterwegs brauchen: Viele Banken, besonders in Kur- und Urlaubsorten, vermieten Fächer eines Stahlschrankes, der in der Schalterhalle steht. So brauchen Sie sich keine Sorgen zu machen, ob ein Dieb womöglich Ihr Hotelzimmer oder Ihre Handtasche plündert, während Sie am Strand liegen oder in der Moorpackung sitzen.

Die Banken, die selbst die Verringerung ihrer Kassenbestände als wirksamstes Mittel gegen Räuber einsetzen, bieten auch ihren Kunden die Möglichkeit, große Bargeldansammlungen, die zum Anreiz für Kriminelle werden könnten, zu vermeiden. Ohne die Nachttresoranlagen, die es erlauben, größere Bargeldbeträge auch außerhalb der Schalterzeiten einzuzahlen, wäre mancher nächtliche Geschäfts- oder Tankstelleneinbruch sehr viel lukrativer. Ein Automat, der sich rasch ausgebreitet hat, spuckt für Bankkunden mit einer Berechtigungskarte zu jeder beliebigen Tages- und Nachtzeit Bargeld aus. Niemand braucht mehr für unvorhergesehene Ausgaben große Scheine bei sich zu tragen. Auch die Kreditkarte, die die Barzahlung von Hotelrechnungen, Fahrkarten, Flugtickets und Einkäufen überflüssig macht, ist für viele zur Selbstverständlichkeit geworden, nachdem alle deutschen Kreditinstitute gemeinsam eine solche Karte herausgegeben haben (die sogenannte „Eurocard") und ihre Verbreitung nach Kräften fördern.

Den größten Einfluß auf die „Verringerung der Kassenbestände" in privaten Geldbeuteln aber hatte zweifellos die Einführung des Euroschecksystems, um das es viel Begeisterung, eine Menge Probleme und neuerdings wieder ein paar ernsthafte Zweifel gegeben hat.

Euroscheck und Karte getrennt verwahren — wirklich ein guter Rat?

Der springende Punkt am Euroschecksystem ist die Garantie der Bank, daß sie Schecks bis zu dreihundert Mark ohne Rücksicht auf den Kontostand des Kunden einlöst, wenn die Nummer der Scheckkarte auf der Rückseite vermerkt ist. Innerhalb dieser Größenordnung kann es also nach außen hin keine ungedeckten Schecks geben. Der Geschäftsmann geht kein Risiko ein. Der Kunde kann daher sicher sein, daß er überall mit Scheck bezahlen kann und kein Bargeld mit sich herumschleppen muß.

Schon bald nach Einführung der Euroschecks bildeten sich — ausgehend vom Ruhrgebiet — weitverzweigte Banden, die rasch festgestellt hatten, wie leicht sich mit diesem neuen Instrument unrechtmäßig Geld machen ließ. Ganz gezielt klauten sie Scheckformulare und Scheckkarten. Nun brauchten sie nur noch die aus der Scheckkarte ersichtliche Unterschrift zu üben, und schon war jedes Formular dreihundert Mark wert. Häufig erbeuteten sie auch noch den Ausweis des Kontoinhabers. Sie

Ein Automat, in den man kein Geld einwirft. Im Gegenteil: Das Gerät spuckt Geld aus, sofern man über eine Kundenkarte verfügt. Auf diese Weise können Bankkunden in vielen Großstädten auch an den Wochenenden Bargeld abheben. Sie brauchen nicht auf Verdacht größere Beträge mit herumschleppen, die womöglich Räuber reizen.

Nachdem die Karte die Tür geöffnet hat, braucht man nur noch die richtige Kontonummer und den gewünschten Betrag einzutasten, um Bargeld abheben zu können.
(Fotos: Praetorius)

tauschten das Foto aus, und nun brachte sie auch die vorsichtige Frage eines Schecknehmers nach ihrer Legitimation nicht mehr in Verlegenheit.

Hauptlieferanten der Gangster waren weibliche Kontoinhaber. Während Männer gelegentlich mal das Jackett mit den Scheckformularen im Auto zurückließen, dann aber immer noch das Portemonnaie mit der Scheckkarte bei sich hatten, fand sich in Damenhandtaschen normalerweise das ganze Sortiment: Schecks, Scheckkarte und Ausweis.

Und so zogen sich die Banden ein ganzes Heer von Frauen heran, die die gestohlenen Scheckformulare für sie einlösten. Beliebtester Typ war die Hausfrau in mittleren Jahren, möglichst mit einem Kind dabei, die nirgendwo Verdacht erregte. Im Branchenjargon wurden diese Frauen deshalb „Euro-Muttis" genannt. Eine einzige fleißige Euro-Mutti konnte es am Tag auf 20 000 Mark Beute bringen. Der Gesamtschaden ging Jahr für Jahr in die Millionen.

Die Kreditinstitute bildeten Fonds oder schlossen Versicherungen ab, um den Schaden zu decken. Gleichzeitig propagierten sie gemeinsam mit der Polizei den dringenden Rat, Scheck und Scheckkarte immer getrennt aufzubewahren.

Dann aber sickerte durch, daß die Versicherungen nur eintraten, wenn beide Dokumente zusammen gestohlen wurden. Ein paar ganz Schlaue verbreiteten nun die Empfehlung, Scheck und Scheckkarte auf jeden Fall zusammen aufzubewahren, weil nur dann die Versicherung eintritt. Die Verwirrung war komplett.

Wie sieht die Situation nun wirklich aus?

Richtig ist, daß die Versicherung normalerweise nur dann eintritt, wenn Schecks und Scheckkarte zusammen mißbräuchlich benutzt werden. Die meisten Versicherungen tragen aber nur 80 bis 90 % des entstandenen Schadens. Auf dem Rest bleiben Sie sitzen, wenn Sie sich die Dokumente stehlen lassen (lediglich die Sparkassen unterhalten keine Versicherung, sondern decken den Schaden in voller Höhe aus einem besonderen Fond ab).

Aber: Wenn Ihnen nur die Scheckkarte gestohlen wird, können Sie auf keinen Fall einen Verlust davontragen. Wenn jemand Scheckformulare auf Ihre Kontonummer fälscht, können Sie nicht für den Schaden haftbar gemacht werden — auch dann nicht, wenn der Täter Ihre Scheckkarte verwendet hat. Euroschecks hingegen, die ohne die dazugehörige Scheckkarte gestohlen werden, können Sie ganz normal sperren lassen.

Wenn nun ein Geschäftsmann einen der Euroschecks annimmt und der Täter eine gefälschte Scheckkarte vorlegt, hat der Schecknehmer ja keine Möglichkeit, zu überprüfen, ob diese Kartennummer wirklich für Ihr Konto ausgegeben worden ist. Es könnte sein, daß Ihre Bank dann den Scheck einlöst, obwohl die falsche Scheckkartennummer darauf steht, um das Vertrauen in den Euroscheck nicht zu untergraben. In diesem Fall muß aber dann auch die Bank oder die Versicherung für den Schaden aufkommen.

Auf keinen Fall sollten Sie allerdings dem Dieb die Chance geben, die echte Scheckkartennummer zu verwenden — indem Sie sie beispielsweise irgendwo aufschreiben. Eine solche Notiz gehört weder ins Scheckheft, noch in den Taschenkalender, in dem unter den persönlichen Daten überflüssigerweise zuweilen eine Rubrik für die Scheckkartennummer vorgesehen ist.

Fazit: Es bleibt bei der Empfehlung, Schecks und Scheckkarte getrennt aufzubewahren.

Wichtig ist dieser Rat im übrigen auch für Reiseschecks. Hier gilt er nicht für die Scheckkarte, sondern für das Verzeichnis, in das Sie die verausgabten Schecks eintragen sollten. Viele Reiseschecks sind mit einer Verlustversicherung ausgestattet (es lohnt sich immer, beim Kauf extra danach zu fragen). Wenn die Schecks verloren gehen, müssen Sie mit Hilfe des Verzeichnisses nachweisen können, wieviele Sie noch besessen haben. Sorgen Sie also bitte dafür, daß Sie zumindest das Verzeichnis noch besitzen, wenn man Ihnen die Reiseschecks klaut.

Versicherungen haften nicht für Leichtsinn

Wir sprachen schon darüber: Eine Hausratversicherung ist eine feine Sache, weil sie hilft, den Schaden besser zu verkraften, wenn es doch einmal passiert. Aber auch im Umgang mit der Versicherung gibt es ein paar Punkte zu beachten, wenn man nicht eines Tages im Schadenfall eine böse Überraschung erleben will.

Haben Sie gewußt, daß die Versicherungen nicht nur einem Juwelier und einem Pelzhändler, sondern auch dem Privatkunden ein Minimum an Einbruchsicherungen vorschreiben — oder doch zumindest wärmstens empfehlen?

Normalerweise gehen die Versicherungsgesellschaften von vier Risikostufen aus, die Ihnen auch Auskunft darüber geben können, wie gefährdet Ihr Hausrat ist:

1. Hausrat in ständig bewohnten Wohnungen in Mehrfamilienhäusern (geringste Gefährdungsstufe)
2. Hausrat in ständig bewohnten Einfamilien- (auch Reihen-)häusern

3. Hausrat in Zweitwohnungen, die nicht ständig bewohnt sind, sich aber in von Dritten ständig bewohnten Gebäuden befinden.
4. Hausrat in nicht ständig bewohnten Gebäuden, wie z. B. Villen, Land-, Wochenend-, Ferien-, Jagd-, Garten- und Weinberghäusern (höchste Gefährdungsstufe)

Schon beim einfachen Risiko, also bei der Wohnung im ganz normalen Mehrfamilienhaus erwartet die Versicherung ein hochwertiges Schloß mit Sicherheitsbeschlägen an der Wohnungstür. Bei Versicherungssummen über 100 000 Mark werden erhöhte Anforderungen gestellt. So müssen zum Beispiel Glaseinsätze an Wohnungstüren, Balkontüren und Fenstern, die von außen ohne Hilfsmittel erreichbar sind, entweder mit Verbundsicherheitsglas oder Kunststoffglas (Polycarbonat) oder zusätzlichen mechanischen Schutzvorrichtungen wie Gitter oder Rolläden mit Sperrvorrichtungen versehen sein.

Bei Versicherungssummen über 300 000 Mark ist eine Einbruchmeldeanlage vorgeschrieben.

Viele Kunden verstoßen gegen die „Mindestsicherungsforderungen", ohne es zu wissen —

- entweder weil der Vertreter sie versehentlich nicht darauf aufmerksam gemacht hat
- oder weil sich ihre Versicherungssumme seit Vertragsabschluß erhöht hat und dabei die angegebenen Grenzen überschritten wurden.

Das bedeutet nicht etwa, daß Sie Ihren Versicherungsschutz verlieren. Trotzdem sollten Sie, wenn der Wert Ihres Hausrats 100 000 Mark übersteigt, wenigstens die aufgezählten Mindest-Sicherungen einbauen lassen. Die Versicherungen empfehlen diese Maßnahmen nämlich aus gutem Grund: Sie wissen, daß Ihr Eigentum bei so hohen Werten besonders gefährdet ist!

Wichtig, aber weithin unbekannt: Bei einigen Wertsachen setzen die Versicherungen enge Grenzen oder stellen erhöhte Anforderungen an die sichere Aufbewahrung.

Die nebenstehende Tabelle ist als Anhaltspunkt gedacht. Die für Sie geltenden genauen Entschädigungsgrenzen erfahren Sie bei Ihrer Versicherungsgesellschaft.

Wertsachen	Aufbewahrung	Entschädigungsgrenze	
		allgemein	bei Raub innerhalb der Wohnung
Bargeld, Versicherungsmarken, Barrengold, Goldmünzen und -medaillen	unverschlossen	1 000 DM	10 000 DM
	im verschlossenen Stahlschrank (200 kg)	10 000 DM	
Urkunden, Wertpapiere	unverschlossen	1 000 DM	10 000 DM
	im verschlossenen Stahlschrank (200 kg)	10 000 DM	
Sparbücher (Abhebung durch Unberechtigte)	unverschlossen	1 000 DM	5 000 DM
	unter Möbelverschluß	5 000 DM	
Münzensammlungen (nicht gesetzliche Zahlungsmittel sowie Goldmünzen und -medaillen), Briefmarkensammlungen	unverschlossen	1 000 DM (350 DM je Einzelstück	20 000 DM
	unter Möbelverschluß	20 000 DM (350 DM je Einzelstück)	
Gold-, Silber-, Schmucksachen	unverschlossen	1 500 DM je Einzelstück, insgesamt 20 000 DM (einschl. Entschädigung für Pelze)	20 000 DM (einschl. Entschädigung für Pelze)
	unter Möbelverschluß	20 000 DM (einschl. Entschädigung für Pelze)	

Die Erhöhung von Entschädigungsgrenzen ist zumeist durch besondere Vereinbarung gegen Beitragszuschlag oder Verbesserung der Sicherungen möglich.

In nicht ständig bewohnten Zweitwohnungen sind Bargeld, Wertpapiere, Sparbücher, Sammlungen, Gold und Schmucksachen, sowie Pelze vom Versicherungsschutz völlig ausgeschlossen — in nicht ständig bewohnten Gebäuden zusätzlich noch Kunstgegenstände, Foto- und optische Apparate, echte Teppiche und Schußwaffen.

Die Bestimmung, daß Hausrat bis zu einer gewissen Grenze (meist 10 % der Versicherungssumme) auch dann versichert ist, wenn Sie ihn vorübergehend nicht in der eigenen Wohnung aufbewahren, hat ebenfalls ihre Grenzen. Kein Versicherungsschutz besteht, wenn Ihnen aus dem Kraftfahrzeug Bargeld, Gold, Silber, Schmuck, Wertpapiere, Sparbücher, Sammlungen oder Kunstgegenstände gestohlen werden.

Nicht versichert sind schließlich auch ungefaßte Edelsteine und ungefaßte Perlen — und Schäden durch den sogenannten einfachen Diebstahl, bei dem der Täter keine besonderen Hindernisse überwinden muß — also zum Beispiel dann, wenn Sie die Eingangstür offen lassen oder den Schlüssel außen aufs Fensterbrett legen.

Bitte beachten Sie auch: Wenn Ihre Wohnung für längere Zeit leer steht (weil Sie zum Beispiel eine dreimonatige Vortragsreise durch die USA unternehmen, bei der Sie Ihre Familie begleitet), liegt ein Fall von Gefahrenerhöhung vor, den Sie der Versicherung anzeigen müssen. Und: Für Sammlungen und Wertpapiere müssen der Versicherung im Schadenfall Verzeichnisse vorgelegt werden. Stellen Sie sie auf, so lange Sie die Sachen noch haben.

Jede umfassende Hausratversicherung deckt nicht nur das Risiko des Einbruchdiebstahls, sondern — im Rahmen der aufgezählten Grenzen — auch das Risiko der Beraubung. Das ist nicht unwichtig. Denn auch wenn Sie kein Juwelier und kein Bankier sind, ist diese Gefahr durchaus nicht so abwegig, wie Sie vielleicht glauben.

Tips, die gegen Räuber schützen

Im Wald, da sind die Räuber — behauptet ein Karnevalslied. Wenn Sie sich durch diese Behauptung von Waldspaziergängen abhalten lassen, sind Sie aber vermutlich an der falschen Stelle vorsichtig. Seit die Postkutschen nicht mehr über holprige Waldwege rumpeln, hat die Zahl der Räuber, die im dunklen Tann hausen, doch sehr stark abgenommen.

Heute begegnet man Kriminellen dieser Fachrichtung sehr viel eher an der Theke, auf der Landstraße, in dunklen Toreinfahrten — oder an der eigenen Wohnungstür.

Der Räuber hat im Prinzip dasselbe Ziel wie der Dieb. Er will Geld und Wertsachen, die ihm nicht gehören. Aber er nimmt sie nicht heimlich, sondern offen und dafür mit Gewalt. Entsprechend anders verhält er sich, wenn sein Vorhaben zu scheitern droht. Der Dieb sucht, wenn es ihm nicht gelingt, verborgen zu bleiben, mit größerer Wahrscheinlichkeit sein Heil in der Flucht. Es gibt freilich genügend Ausnahmen mit tragischem Ausgang. Und man muß immer damit rechnen, daß ein ertappter Einbrecher auch einmal zum Angriff übergeht. Der Räuber hingegen wird nicht nur in Ausnahmefällen, sondern mit hoher Wahrscheinlichkeit seinen Druck verstärken, wenn er Widerstand spürt. Hat er vorher nur mit der Waffe gedroht, so wird er jetzt schießen.

Auf dieser Erkenntnis beruht die Empfehlung, bei einem Raubüberfall nicht den Helden zu spielen. Der Rat ist durchaus gut und richtig. Jeder, der etwas anderes empfiehlt, müßte damit rechnen, für Tote und Verletzte verantwortlich gemacht zu werden.

Und trotzdem möchte ich es wagen, diese im Prinzip richtige Regel mit einer Einschränkung zu versehen:

Selbstverständlich müssen Bankangestellte und Kunden wissen, daß Leben und Gesundheit von Menschen wertvoller sind als alles Geld, das der Räuber wegschleppen kann. Aus Gründen, die gleich noch zu erläutern sein werden, halte ich es aber nicht nur für unsinnig, sondern sogar für gefährlich, wenn aus der Nachgiebigkeit gegenüber Räubern eine unumstößliche Religion gemacht wird.

Bei einem Überfall hat zum Beispiel ein Filialleiter, der etwas von Waffen verstand, klar erkannt, daß der Täter eine Spielzeugpistole in der Hand hielt. Er sprang über den Tresen und hielt ihn fest, bis die Polizei kam. Er ist für sein Verhalten nicht etwa befördert worden, sondern mußte sich anschließend bittere Vorwürfe anhören. Durch seine Mißachtung der ehernen Regel „Den Aufforderungen der Bankräuber ist Folge zu leisten“ habe er ein schlechtes Beispiel gegeben. Andere könnten sich — ohne seine genaue Waffenkenntnisse — veranlaßt fühlen, ebenso zu handeln, und an einen Täter mit einer scharfen Pistole geraten.

Niemand scheint zu bedenken, daß das ständig öffentlich propagierte Anti-Helden-Dogma auch den Tätern nicht verborgen bleibt. Wenn man fest damit rechnen kann, daß bei einem Raubüberfall kein Widerstand geleistet wird, ist dies ein erheblicher Anreiz nicht nur für Profis. Unter den Bankräubern findet man mittlerweile Menschen, die nicht einmal die Nerven für einen Autodiebstahl hätten. Und das geschwundene Risiko führt zum Teil zu kuriosen Auswüchsen:

- Eine Analyse des Landeskriminalamtes Nordrhein-Westfalen ergab, daß nur etwa jeder zehnte Einzeltäter mit einer funktionstüchtigen scharfen Waffe ausgerüstet war, die übergroße Mehrzahl kam auch mit Spielzeug- oder Schreckschußwaffen zum Ziel.
- In München betrat ein maskierter Täter eine kleine Bankfiliale. Der einzige Angestellte stand in einer schußsicheren Kassenbox, Kunden waren nicht anwesend. Daraufhin hielt der Räuber die Pistole an die eigene Schläfe und drohte, sich selbst zu erschießen, wenn er nicht den Kassenbestand erhalte. Ohne zu zögern händigte ihm der Kassierer 20 000 Mark aus.
- Ein 15jähriger Junge legte auf einen Frankfurter Banktresen ein mit Wasserfarben bunt bemaltes Schnitzel. Gleichzeitig richtete er eine Wasserpistole auf eine Kundin und drohte, sie mit der angeblich darin befindlichen Säure zu bespritzen. Sie würde dann anschließend so aussehen wie das Schnitzel. Seine Plastiktüte wurde mit Geld gefüllt.
- Ebenfalls in Frankfurt trat ein Mann mit den Worten „Überfall! Geld her!“ an den Kassenschalter. Dabei richtete er ein spitzes Fahrtenmesser gegen die Panzerglasscheibe. Er wurde großzügig bedient.

Ich halte diese und ähnliche Begebenheiten, die zu dem sprunghaften Ansteigen der Raubüberfälle in jüngster Zeit zumindest mit beigetragen haben, für bedenkliche Alarmzeichen. Sicher sollte sich niemand verpflichtet fühlen, für Geld Leben oder Gesundheit zu opfern. Aber sowohl Bankangestellte als auch Kunden und Passanten könnten wenigstens einen Moment darüber nachdenken, ob es nicht eine Chance für eine sinnvolle und ungefährliche Reaktion gibt. Und wer sich auf Grund kaltblütiger Überlegung eine gute Chance ausrechnet und tatsächlich einen Raub verhindert, sollte dafür keinen Tadel, sondern höchste Anerkennung ernten — nicht nur wegen des einen verhinderten Ver-

Für Zeugen oder Betroffene gibt es in einer solchen Situation nur eins: Ruhig bleiben und genau beobachten. Eine Gruppe von Räubern ist immer wesentlich gefährlicher als ein Einzeltäter. Die Aufnahme entstand während eines Bankraubs in Mainz durch eine automatische Kamera. (Foto: Kripo)

Auch dieser Raubüberfall wurde von einer automatischen Kamera fotografiert. Der Täter hält allein Angestellte und Kunden in Schach.
(Fotos: Kripo)

brechens, sondern auch wegen der Täter, die er für die Zukunft entmutigt hat.

Nicht viel anders sieht die Situation aus, wenn man in einer Tankstelle, einem Ladengeschäft oder einer Firmenkasse plötzlich einem Räuber gegenüber steht. Auch hier gilt die Regel: Nicht unüberlegt den Helden spielen, aber so kühl wie möglich prüfen, ob sich eine Möglichkeit ergibt, das Verbrechen ohne Gefahr für sich und andere zu vereiteln!

Gelegenheit macht Räuber

Nicht jeder Überfall ist lang geplant. Und manchmal geht der Anstoß zu einem solchen Verbrechen zweifellos vom Opfer aus.

Wer in einer Nachtbar großzügig Runden schmeißt und sich beim Zahlen in die pralle Brieftasche sehen läßt, tritt anschließend einen gefährlichen Heimweg an.

Nichts gegen Amüsierbetriebe. Ich will weder das Niederdorf in Zürich einebnen, noch in Hamburg Sankt Pauli abreißen. Aber wer auszieht, sich zu amüsieren, muß einfach wissen, daß es zwischen dem Vergnügungsgewerbe und der Kriminalität enge Verwandtschaften gibt. Die Wahrscheinlichkeit, daß Ihr Nachbar auch mal einen kleinen Raubüberfall begeht, wenn es sich lohnt, ist nun einmal bei einem Gelage mit Zuhältern größer als bei einer Kirchenchorprobe.

Es gibt aber auch andere Gelegenheiten, bei denen jemand leichtfertig zu erkennen gibt, daß etwas zu holen ist. Wer beispielsweise in einem Zeitungsinserat mit voller Adresse Goldbarren, Schmuck, wertvolle Sammlungen oder ähnliches zum Verkauf anbietet, muß auch mit Interessenten rechnen, die statt des Kaufpreises eine Schußwaffe bei sich haben. Und wer mit Geld in der Tasche loszieht, um Großeinkäufe bar zu bezahlen, lebt auch nicht ungefährlich.

Mehrere Tätergruppen haben daraus ein einträgliches System gemacht. Der Kasseler Autohändler Rudolf Gerber hat eine dieser Gruppen aus der Nähe kennengelernt.

Gerber suchte in der Zeitung regelmäßig gut erhaltene Lastwagen. Eines Tages meldete sich ein Mann am Telefon, der ihm ein geradezu phantastisches Angebot machte: Zwei fast neuwertige Lastzüge für zusammen 100 000 Mark. Einzige Bedingung, es müsse sofort bar bezahlt werden, denn es handle sich um einen Notverkauf. Der bisherige Besitzer müsse noch am gleichen Tag eine Rechnung bezahlen, um den Konkurs abzuwenden.

Gerber holt das Geld von der Bank ab und fährt zum vereinbarten Treffpunkt, um die Fahrzeuge zu besichtigen. Seine einzige Sorge: Er könnte zu spät kommen; ein anderer könnte schneller sein und ihm dieses Jahrhundertgeschäft vor der Nase wegschnappen.

Am Treffpunkt — einer Autobahnraststätte — wartet der Anrufer bereits. Er steigt zu Rudolf Gerber ins Auto und lotst ihn über Nebenstraßen zu einer Kiesgrube, wo die Fahrzeuge angeblich stehen. Er sei im übrigen der erste und einzige, beruhigt der Fremde den Autohändler unterwegs. Wenn er sofort zugreife, könne keiner ihm die Chance wegschnappen.

Die Fahrt endete tatsächlich an einer Kiesgrube. Aber dort stehen keine Lastzüge, sondern zwei weitere Männer mit Pistolen in der Hand.

Und dann geht alles sehr schnell. Bevor Rudolf Gerber richtig begriffen hat, haben sie ihn schon aus dem Wagen gezerrt und sind mit seinem Mercedes und dem Geldkoffer davon gefahren.

Andere Tätergruppen mit vergleichbarer Arbeitsweise melden sich nicht bei Händlern, sondern bei Privatleuten, die gebrauchte Fahrzeuge suchen. Aber ihre Arbeitsweise ist im Prinzip die gleiche.

Also: Vorsicht, wenn jemand ein ausgesprochen günstiges Angebot macht und verlangt, daß der Kaufpreis in bar gleich zur Besichtigung mitgebracht wird.

Helfen ohne Risiko

In neuerer Zeit hat die Polizei auch wieder mehrere Fälle registriert, in denen moderne Wegelagerer an die Hilfsbereitschaft von Autofahrern appellierten. Die Tatsache, daß sich unter diesen Autofahrern auch Geldboten befanden, spricht dafür, daß sie Ort und Zeit ihrer Aktionen zumindest teilweise sorgfältig planen.

Der Trick ist ganz einfach: Einer der Beteiligten legt sich neben einem Fahrrad oder einem Moped auf die Straße und täuscht einen Unfall vor. Oder ein weibliches Bandenmitglied steht neben einem Auto mit Pannendreieck und winkt.

Wenn ein Autofahrer anhält, um Hilfe zu leisten, tauchen die Komplizen aus ihrer Deckung auf und bitten zur Kasse.

Wir sollten uns hüten, aus diesem Trick etwa die Konsequenz zu ziehen, bei Unfällen keine Hilfe mehr zu leisten. Denn die Zahl der vorgetäuschten Notsituationen ist — verglichen mit den echten Unfällen, bei denen von rechtzeitiger Hilfeleistung Menschenleben abhängen können — geradezu lächerlich gering.

Ein paar Vorsichtsmaßnahmen können aber nicht schaden:

- Als Geldbote sollten Sie prinzipiell weiterfahren, dafür aber an der nächsten Ortschaft oder am nächsten bewohnten Haus anhalten und die Polizei verständigen, damit sie für Hilfe sorgt.
- In allen anderen Fällen sollten Sie einen Blick auf die Umgebung werfen. Gibt es Büsche oder andere Versteckmöglichkeiten für eventuelle Komplizen oder ist es zu dunkel, um etwas zu erkennen, dann halten Sie Abstand und versuchen Sie zunächst einmal aus einiger Entfernung, die Situation zu klären.
- Braucht jemand Benzin oder Werkzeug, wenden Sie ihm nicht den Rücken zu. Er kann sich die Sachen genau so gut selbst aus Ihrem Kofferraum holen, während Sie ihn im Auge behalten.
- Sollte es trotz aller Vorsichtsmaßnahmen zu einem Überfall kommen, gilt auch hier die Regel, die Sie stets beherzigen sollten, wenn Sie als Zeuge oder Opfer mit einem Verbrechen konfrontiert werden: Genau beobachten, möglichst viele Einzelheiten merken und sie so schnell wie möglich aufschreiben, bevor Sie sie vergessen haben oder bevor Sie nach Gesprächen mit möglichen anderen Zeugen nicht mehr wissen, was Sie selbst beobachtet und was Sie gehört haben.

Gangster an der Wohnungstür

Das Delikt weist steigende Tendenz auf. Und betroffen sind nicht nur Menschen, die in ihrer Privatwohnung einen Diamantenhandel betreiben. Opfer eines Raubüberfalls an der Wohnungstür wurde zum Beispiel ein Rentner in Hamburg, dem der Täter mit vorgehaltener Pistole die Ersparnisse in Höhe von 5000 Mark abnahm, und ein Mann in Bayern, der durch Schüsse lebensgefährlich verletzt wurde und bei dem die Räuber überhaupt nichts erbeuteten: Wegen einer zufälligen Namensgleichheit hatten sie ihr Opfer für einen Fabrikbesitzer gehalten.

In allen bekannt gewordenen Fällen hatten die Opfer weder einen Spion, noch eine Sicherheitskette an der Tür. Sie hatten keine Chance, dem ungebetenen Besucher zunächst einmal über eine schützende Barriere hinweg auf den Zahl zu fühlen.

Mit einer einzigen Ausnahme: Bei einem Fall in Essen waren drei Kinder mit einem 16jährigen Kindermädchen allein zu Hause. Hier war die Sicherheitskette vorgelegt. Aber eines der Kinder nahm sie ab, als der freundliche Herr vor der Tür behauptete, der Vati habe ihn bestellt und er solle hier auf ihn warten. Kaum war die Tür offen, tauchte im Treppenhaus ein zweiter Mann auf. Die beiden stürmten in die Wohnung. Während einer mit einem Messer die Kinder und ihre Aufpasserin in Schach hielt, sammelte der andere alles ein, was wertvoll war.

Die Lehre aus diesem Fall: Kindern sollte man als eherne Regel einbläuen, niemanden in die Wohnung zu lassen, wenn die Eltern nicht zu Hause sind. Nicht nur wegen der Räuber an der Wohnungstür. Es gibt auch noch andere Gefahren, die Sie im einzelnen kennen sollten.

So schützen Sie Ihr Kind

Der Fall, von dem ich zu Beginn dieses Kapitels berichten möchte, spielt in einer der schönsten Gegenden Deutschlands. Aber es ist eine der unerfreulichsten und unglaublichsten Geschichten, die mir in der XY-Redaktion je untergekommen sind.

Cornelia K., ein kleines Mädchen aus einem Dorf im Hochschwarzwald, hat sich seit Tagen auf den 4. Juli gefreut — ihren Geburtstag, an dem sie 10 Jahre alt wird. Und ausgerechnet an diesem Tag passiert das, wovor ihre Mutter sie immer eindringlich gewarnt hat: Das Mädchen muß auf dem Heimweg von der Schule zunächst mit dem Bus fahren und dann von der Haltestelle bis zu ihrem Elternhaus noch anderthalb Kilometer zu Fuß gehen. Cornelias Mutter hat ihr streng verboten, Autos anzuhalten. Aber das braucht sie diesmal gar nicht. Der freundliche Mann in dem hellen Kombiwagen hält ganz von selbst und fragt das Mädchen, ob es mitfahren will. Cornelia steigt ein.

Eine Minute später merkt sie, daß sie in der Falle sitzt — als der Mann an ihrem Elternhaus nicht anhält, sondern weiterfährt und schließlich in einen Waldweg abbiegt.

Kerzengerade sitzt das kleine Mädchen im Auto. Es klammert sich mit den Händen am Sitz fest. Und die Angst schnürt ihm die Kehle zu. Als der Mann nach Cornelia greift, reißt sie blitzschnell die Autotür auf und läuft um ihr Leben.

Sie dreht sich nicht um. Trotzdem weiß sie, daß der Mann dicht hinter ihr ist. Sie hört seine Schritte und seinen raschen, keuchenden Atem.

In diesem Augenblick stolpert sie über einen Ast und fällt hin. Sekundenbruchteile später ist der Mann über ihr und beginnt brutal zuzuschlagen. Zuerst mit den Fäusten, dann mit einem dicken Holzstück. So lange, bis Cornelia reglos auf dem Boden liegt.

Der Täter verscharrt sein Opfer nicht, sondern deckt es mit Ästen und Tannenzweigen ab. Weil der Reisighaufen über dem Kind zu hoch geworden ist, tritt er ihn noch ein Stück herunter, dann geht er zu seinem Auto und fährt weg.

Wenn die Geschichte hier zu Ende wäre, könnten Sie mich zu recht fragen, woher ich weiß, was Cornelia während der Autofahrt empfunden hat. Aber die Geschichte ist nicht zu Ende:

Ein freundlicher Autofahrer bietet einem Mädchen an, es ein Stück mitzunehmen. Ob das Kind einsteigt und sich damit in große Gefahr begibt, hängt nicht zuletzt davon ab, ob und wie die Eltern ihre Ermahnungen zur Vorsicht begründet haben. Und ob das Mädchen aus Gesprächen in der Familie wenigstens andeutungsweise weiß, daß es nicht nur gute Menschen gibt. (Foto: Praetorius)

Fünf Stunden später geschieht nämlich etwas ganz und gar Unwahrscheinliches: Der Reisighaufen im Wald beginnt sich zu bewegen. Das Kind erwacht aus einer tiefen Ohnmacht. Trotz seiner schweren Verletzungen schafft es das Mädchen, sich bis zum Waldrand und dort an die Treppe eines Hauses zu schleppen. Es wird noch am gleichen Abend besinnungslos gefunden und ins Krankenhaus gebracht, wo es den Ärzten tatsächlich gelingt, Cornelias Leben zu retten.

Der Täter wurde nach der XY-Sendung ermittelt: Er war verheiratet und hatte selbst vier Kinder.

Als Cornelia wieder vernehmungsfähig war, stellte sich auch heraus, warum sie die Warnung ihrer Mutter mißachtet hatte: Das Verbot, in fremde Autos einzusteigen, ist nie richtig begründet worden. Das Mädchen hielt es für eine Anordnung der Kategorie „Händewaschen" oder „Tischdecken", die man befolgen mußte, um die man sich mit einigem Geschick aber auch drücken konnte.

Genau da liegt der springende Punkt. Aber auch die größte Schwierigkeit für viele Eltern. Es ist kaum möglich, Kindern die sexuellen Motive eines Täters klar zu machen, wenn Sexualität ihnen noch fremd ist oder in ihrer Gefühlswelt erst in Ansätzen eine Rolle spielt.

Umso wichtiger ist die sachliche Aufklärung. Wenn sie es auch noch nicht nachempfinden können, sollten Kinder doch zumindest theoretisch ungefähr wissen, was in Männern vorgeht, die sich an kleinen Mädchen oder Jungen vergreifen. Dazu sind in der Familie Gespräche notwendig, die lange vor der Pubertät einsetzen und die auch Erscheinungen wie Gewalt oder Homosexualität nicht ausklammern. Man sollte bei solchen Gesprächen auch nicht verschweigen, daß Sexualverbrechen für Kinder oft sehr schmerzhaft sind und daß es sogar Täter gibt, die in erster Linie darauf aus sind, ihre Opfer zu quälen. Grausamkeit ist auch für die kindliche Erfahrung bereits eine bekannte Größe.

Das Hauptproblem dabei: Gemeinsam mit dem Kind den schmalen Weg zu finden zwischen Angst und Leichtsinn, zwischen übersteigertem Mißtrauen und allzu sorgloser Vertrauensseligkeit, zwischen Eigenbrötelei und wahlloser Kontaktsuche, zwischen beleidigender Unhöflichkeit gegenüber Fremden und unüberlegter Hilfsbereitschaft.

Der goldene Mittelweg heißt: „Vorsicht". Das ist etwas völlig anderes als Angst. Angst macht schwach. Aber Vorsicht macht stark. Wer auf eine Gefahr gefaßt ist, kann schnell und richtig reagieren, anstatt wie gelähmt dazustehen und zu überlegen, was er jetzt als erstes tun soll.

Erst wenn ihr Kind diesen Unterschied begriffen hat — und wenn es halbwegs verstanden hat, was Sexualtäter zu ihrem Handeln treibt, haben die bekannten Ermahnungen eine Chance, auf fruchtbaren Boden zu fallen:

- Ein Sexualtäter will mit einem oder höchstens zwei Kindern allein sein. Ein Kind in einer größeren Gruppe ist kaum gefährdet, solange es dort bleibt. Sorgen Sie selbst dafür, daß Ihr Kind nicht allein in menschenleeren Gegenden oder zu verkehrsarmen Zeiten unterwegs ist. Auch wenn es die Feierabendruhe stört oder teures Benzin kostet: Holen Sie Ihr Kind von der Turnstunde oder einer Einladung ab, wenn der Heimweg unsicher erscheint.

- Ihr Kind sollte den ganzen Katalog von Versprechungen kennen, mit denen Sexualtäter ihre Opfer aus belebter Umgebung an einen einsamen Tatort locken: Vom Bonbon für die Kleinsten über Spielzeug und Freikarten für Kino oder Rummelplatz bis zur Versprechung: Ich zeig dir ein Kaninchen, ein Eichhörnchen, einen verletzten Vogel (oder ein anderes Tier, das Interesse oder Mitleid der Kinder weckt).

- Besonders verwerflich, aber wahr: Nicht selten täuschen Täter der beschriebenen Art eine Notsituation vor und appellieren an die kindlich unbefangene Hilfsbereitschaft. Entweder spielt der Täter selbst eine Behinderung vor und bittet, ihm die Tasche zu tragen oder das Fahrrad zu schieben. Oder er fordert sein Opfer auf, ihm irgendwohin zu folgen, wo jemand seine Hilfe braucht. Auch wenn es schwerfällt: Hier hilft nur ein striktes (aber begründetes) Verbot, Fremden zu helfen, wenn nicht mindestens zwei weitere Kinder dabei sind.

- Sollten Sie Ihrem Kind ein CB-Funkgerät geschenkt haben, dann erzählen Sie ihm bitte zusammen mit der Gebrauchsanweisung die Geschichte von dem 10jährigen Werner S. aus dem Rheinland, dem ein glücklicher Zufall zu einem besonders interessanten Spiel verhalf: Eines Tages mischte sich ein fremder Gesprächspartner in Werners Funkverkehr mit seinem Freund. Er sei der große Adler, lockte der Unbekannte aus dem kleinen Lautsprecher in Werners Hand. Und er wolle einmal sehen, ob der Junge ein guter Pfadfinder sei. Werners Freund hörte aus seinem Gerät alle Einzelheiten des Lotsenspiels, das bis zu einem verfallenen Haus am Ortsrand führte. Dann herrschte plötzlich Funkstille. Während der Freund noch überlegte, was er jetzt tun sollte, wurde Werner von dem unbekannten Täter auf besonders üble Weise mißbraucht. Ein Suchtrupp fand ihn am nächsten Tag in dem alten Haus — ermordet.

- Zweite Erkenntnis aus diesem Vorfall: Nicht nur Mädchen sind gefährdet. In jedem fünften Fall ist das Opfer ein Junge!

- Prinzipiell sollte Ihr Kind niemanden ins Haus oder in die Wohnung lassen, wenn es allein ist. Das gilt ohne Ausnahme — auch für Nachbarn und Bekannte. Sexualtäter, die sich an Kindern vergreifen, sind oft krankhaft gehemmte Menschen. In vielen Fällen sprechen sie Kinder an, weil sie hier noch einen Rest von Überlegenheitsgefühl und Selbstbewußtsein spüren — und weil sie weniger Widerstand erwarten als bei der Suche nach einem erwachsenen Sexualpartner. Diese Voraussetzungen werden noch wesentlich günstiger, wenn der Täter auf ein Kind zukommt, das ihn wenigstens flüchtig kennt. Das ist der Grund, warum viele Täter dieser Art in der unmittelbaren Nachbarschaft oder im Bekanntenkreis nach Opfern suchen.

  Dieser Umstand birgt zugleich eine große Gefahr in sich: Nachdem der Mann sich abreagiert hat und wieder vernünftig zu denken in der Lage ist, wird ihm klar, daß die Bekanntschaft mit dem Opfer zu seiner Entdeckung führen muß, wenn das Kind von seinem Erlebnis erzählt. Die Versuchung, den einzigen Zeugen mundtot zu machen, ist wesentlich größer als in Fällen, in denen das Opfer nur erzählen kann, daß der unbekannte Mann ziemlich groß war und buschige Augenbrauen hatte.

- Erziehen Sie Ihr Kind zur Pünktlichkeit und gewöhnen Sie es daran, daß Sie immer wissen müssen, wo es sich gerade befindet. Schenken Sie ihm frühzeitig eine Uhr und sorgen Sie dafür, daß es immer genug Groschen bei sich hat, um zu Hause anzurufen, wenn irgend etwas anders läuft als geplant.

  Auch hier ist die Begründung wichtig: Ich habe meinen Kindern von einem Fall erzählt, den die Polizei in Mainz bearbeitet hat: Ein junges Mädchen wurde abends gegen 22 Uhr von einem Sexualtäter überfallen, vergewaltigt und schwer verletzt. Die Eltern machten sich keine großen Sorgen, als ihre Tochter nicht, wie angekündigt, gegen 23 Uhr nach Hause kam, weil sie schon öfter später gekommen war oder spontan bei einer Freundin übernachtet hatte, ohne Bescheid zu sagen.

  Am nächsten Tag wurde das Mädchen tot gefunden. In unmittelbarer Nähe des Elternhauses. Die gerichtsmedizinische Untersuchung ergab, daß sie erst gegen 6 Uhr morgens gestorben war.

  „Darum sollt ihr Bescheid sagen!“ lautet die Schlußfolgerung für meine Kinder. „Wenn euch etwas passiert — das kann ja beispielsweise auch ein Verkehrsunfall sein — und ihr verletzt im Straßengraben liegt, dann kann euer Leben davon abhängen, daß wir noch abends nach euch suchen (weil der gewohnte Anruf ausgeblieben ist) und nicht erst am nächsten Morgen!“

- Drohen Sie nicht mit dem Schutzmann. Das Vertrauen zur Polizei kann Ihrem Kind im Ernstfall das Leben retten!

Wenn Sie es schaffen, daß Ihr Kind schon früh diese Grundsätze akzeptiert, dann wird es auch als Teenager weniger gefährdet sein.

Allerdings kommen nun auch einige neue Risiken hinzu.

Gefahr für junge Mädchen

Die Gefahren, die heranwachsenden Mädchen (und gelegentlich auch Jungen) drohen, lassen sich am besten ebenfalls in einigen beispielhaften Geschichten deutlich machen — Geschichten, die Sie vielleicht auch einmal Ihren Kindern zu lesen geben sollten.

Die erste Begebenheit spielt in Hannover. Hauptfigur wider Willen ist die 14jährige Petra, die auf dem Heimweg zuerst ein Stück mit dem Bus gefahren ist und jetzt das letzte Stück zu Fuß zurücklegt.

Der Abstand zwischen zwei Straßenlaternen ist ziemlich groß hier draußen am Stadtrand. Unwillkürlich macht Petra größere Schritte, wenn sie nach einer Lampe wieder eine dunkle Zone vor sich hat, in der die Schatten in den Hauseingängen und Durchfahrten schwarz und undurchdringlich werden. Nach dem kurzen Regenschauer schimmert der Asphalt in mattem Glanz. Kein Mensch außer ihr scheint an diesem Abend unterwegs zu sein.

Widerwillig gesteht sich Petra ein, daß ihr nun doch ein bißchen unheimlich zumute ist. Noch vor einer halben Stunde hat sie diesen Gedanken weit von sich gewiesen, als Klaus sie am Haus der Jugend gefragt hat, ob er sie nach Hause bringen solle. „Laß mich bloß zufrieden. Ich werd' schließlich demnächst 15, und ich find' den Weg schon alleine", hat sie ein bißchen patzig geantwortet. Wenn Klaus ein Mädchen nach Hause bringen wollte, dann hatte das nämlich durchaus nicht zu bedeuten, daß er einen mochte. Der wollte sich bloß immer als Beschützer aufspielen, weil er der älteste in der Gruppe war.

Am Abkürzungsweg bleibt Petra ein paar Sekunden stehen. Der schmale Fußpfad führt stockfinster ungefähr zweihundert Meter zwischen Gärten hindurch. Aber außenherum, entlang der beleuchteten Straße, müßte sie einen Umweg von fast zehn Minuten machen. Sie gibt sich einen Ruck. „Blödsinn! Als ob Dunkelheit was Gefährliches wäre!" Mit klopfendem Herzen marschiert sie los.

Und dann kriecht ihr plötzlich eine Gänsehaut den Rücken hoch. Kein Zweifel! Hinter ihr nähern sich Schritte! Was tun? Loslaufen? Sich verstecken? Laut schreien? „Ach was!“ redet sie sich selbst gut zu, „das ist bestimmt ein ganz harmloser Passant. Ich werde normal und ruhig weitergehen. Und wenn er mich eingeholt hat, werde ich ihn vorbeilassen!“

Aber der Mann will nicht vorbei. Mit ein paar schnellen Schritten ist er hinter ihr. Petra spürt seinen Arm an ihrer Schulter und gleichzeitig die Schneide eines Messers am Hals. Entsetzt bleibt sie stehen. „Ganz ruhig!“ zischt der Mann hinter ihr, „wenn du machst, was ich sage, passiert dir nichts!“

Was dann kam, waren die schrecklichsten und ekligsten zehn Minuten im Leben des Mädchens. Im Polizeibericht hieß es nüchtern und sachlich: „Der Täter zwang sein Oper zu sexuellen Handlungen. Dabei kam es auch zu einer vollendeten Vergewaltigung.“

Immerhin ist Petra — im Gegensatz zu vielen anderen Mädchen, denen ähnliches passierte — am Leben geblieben. Von einer Kriminalbeamtin erfuhr sie, daß der Mann seit geraumer Zeit in verschiedenen Städten in Niedersachsen sein Unwesen trieb. Und sie erfuhr auch, wie eines seiner Opfer sich erfolgreich gewehrt hatte: Die 17jährige Schülerin Britta hatte ebenfalls Schritte hinter sich gehört. Aber im gleichen Moment, als sie das Messer vor ihrem Gesicht sah, lag der Mann auch schon stöhnend auf dem Rücken. Er hatte vorher nicht wissen können, daß er an eine aktive Judo-Sportlerin geraten war.

Auch Petra braucht sich heute nicht mehr vor dem Heimweg zu fürchten: Sie hat sich gleich nach jenem Abend zu einem Selbstverteidigungskurs angemeldet. „Ich wollte sowieso Sport treiben“, sagt sie heute dazu, „warum dann nicht einen, mit dem ich mich notfalls auch schützen kann? Es hat allerdings keinen Zweck, nur ungefähr zu wissen, wie ein paar Griffe gehen. Man muß sie schon immer wieder trainieren. Wem das zu mühsam ist, der sollte wenigstens auf dem Heimweg allzu dunkle und einsame Stellen vermeiden und lieber einen Umweg machen. Und natürlich: Nicht aus falschem Stolz ablehnen, wenn dich jemand, zu dem du Vertrauen haben kannst, nach Hause bringen will!“

Um Hilfe bitten ist keine Schande

Das Mädchen, das die zweite Geschichte erlebt hat, kann niemandem mehr erzählen, wie das Verbrechen geschehen ist: Dorothea ist tot. Ein kleines Versehen, wie es jedem einmal passieren kann, wurde ihr zum Verhängnis — und vielleicht die Tatsache, daß sie sich im entscheidenden Moment nicht getraut hat, um Hilfe zu bitten.

Am Nachmittag saß sie noch behaglich in der Eisenbahn. Sie ließ die Sommerlandschaft an sich vorbeifliegen und vertraute ihre etwas wehmütige Stimmung in wackliger Eisenbahnschrift ihrem Tagebuch an: Die letzten 14 Tage hatte das Mädchen in einem Zeltlager in Hessen verbracht. Und jeder Gedanke daran endete schließlich bei einem Jungen mit blauen Augen und dunklem Wuschelkopf, der wunderschön Gitarre spielen konnte und der ihr beim Abschied gesagt hatte, er habe immer nur für sie gespielt. Dorothea war 16 und zum erstenmal so richtig verliebt.

Vielleicht kam es daher, daß sie vergaß, in Karlsruhe umzusteigen. Sie bekam einen fürchterlichen Schreck, als der Schaffner sie kurz vor Baden-Oos darauf aufmerksam machte. Plötzlich stimmte die ganze sorgfältig geplante Reise nicht mehr: Sie wollte von Karlsruhe nach Stuttgart — und von dort mit dem Bummelzug weiter nach Crailsheim, wo ihr Vater kurz nach 21 Uhr mit dem Auto auf sie wartete. Als Dorothea nach Karlsruhe zurück- und mit dem nächsten Zug nach Stuttgart gefahren war, gab es keinen Anschluß mehr. Der nächste Zug nach Crailsheim ging erst am nächsten Morgen um 6 Uhr.

Sie hätte zur Bahnhofsmission oder zur Polizei gehen können. Sie hatte genug Kleingeld dabei, um zu Hause anzurufen. Aber sie hat nicht angerufen. Und ihre letzte Tagebuch-Eintragung kurz vor Stuttgart gibt Aufschluß darüber, warum sie das nicht getan hat: „Ich habe das Umsteigen verpennt. Sowas Blödes! Mein Vater wird bestimmt wieder sagen: Das kann auch nur dir passieren!“ Vielleicht hätte er das wirklich gesagt. Aber er hätte Dorothea selbstverständlich trotzdem in Stuttgart abgeholt. Und sie würde heute noch leben.

Stattdessen beschloß sie, auf dem Bahnhof den Frühzug abzuwarten. Es gibt ein paar Zeugen, die sie in dieser Nacht noch gesehen haben, teils allein, teils mit den unterschiedlichsten Typen, die sich zu ihr an den Tisch setzten. Wahrscheinlich hat ihr einer angeboten, sie nach Hause zu fahren. Wahrscheinlich hat sie dieses Angebot — müde und verzweifelt — angenommen.

Am nächsten Tag wurde zuerst ihr Gepäck gefunden — in verschiedenen Abfallbehältern entlang der Autobahn. Dann entdeckten Spaziergänger in einem Wald, 100 km von Stuttgart entfernt, ihre Leiche.

Da Dorothea nicht mehr selbst sagen kann, wie man sich vor einem ähnlich tragischen Schicksal bewahren kann, möchte ich es für sie tun:

Erstens: Man sollte immer genug Kleingeld dabei haben, damit man notfalls zu Hause oder bei Bekannten anrufen kann, wenn man Hilfe braucht oder irgend etwas schief geht.

Zweitens: Wenn man niemanden erreichen kann, den man gut kennt, sollte man sich auf keinen Fall dem ersten besten Fremden anvertrauen, sondern zu Leuten gehen, auf die Verlaß ist: Zur Bahnhofsmission, zu einem Pfarrer, zu einer anderen kirchlichen Einrichtung oder zur nächsten Polizeistation!

Gefahr auf dem Waldparkplatz

Das Mädchen, das den dritten Fall erlebte, hieß eigentlich Adeltrudis; aber ihre Freunde nannten sie einfach Fifi. Das war kürzer und klang auch nicht so geschraubt. Fifi war keineswegs eine besondere Schönheit. Aber sie wußte genau, daß ihr keiner widerstehen konnte, wenn sie lächelte und dabei ein bißchen schräge Augen machte.

Und so wunderte sich auch niemand in der Klasse, daß Fifi als erste einen richtigen festen Freund hatte — nicht einen von den gleichaltrigen Jungs, sondern einen Oberprimaner, der immer mit seinem eigenen VW in die Schule kam.

Für Fifi gab es auch nie Heimwegprobleme. Wenn die ganze Clique in der Diskothek war und die anderen sich überlegten, ob sie mit der Straßenbahn oder per Anhalter nach Hause fahren sollten, brauchten Fifi und ihr Freund Jürgen nur zu ihrem Auto zu gehen. Manchmal nahmen sie noch jemanden mit, der in die gleiche Richtung mußte. Aber meistens wollten sie auf dem Heimweg alleine sein.

Was die anderen nicht wußten: Jürgen machte bei diesen Heimfahrten oft noch einen kleinen Abstecher zu einem Waldparkplatz, auf dem die beiden sich unbeobachtet fühlen konnten. Das erfuhren Fifis Freundinnen erst an jenem Abend, an dem ihnen der Neid auf das Auto gründlich vergangen ist:

Es war etwa gegen 22.30 Uhr, als der VW von der Straße abbog. Wie immer hielt Jürgen etwa in der Mitte des Parkplatzes. Weiter vorne stand noch ein anderes Auto, ein dunkler Opel, in dem sich nichts rührte. Das hatte nicht viel zu bedeuten; denn es gab auch andere Pärchen, die den einsamen Platz kannten.
Die beiden waren nach ein paar Minuten so mit sich selbst beschäftigt, daß sie nicht mehr auf ihre Umgebung achteten.

Sie hörten nicht, wie die Autotüren an dem Opel klappten. Sie sahen nicht die Gestalten, die im Schatten der Bäume auf den VW zuschlichen und sich rechts und links neben dem Auto aufbauten.

Mit einem Schlag flogen beide Autotüren auf. Jürgen und Fifi wurden herausgezerrt. Jürgen war für einen Sekundenbruchteil starr vor Schreck. Dann ballte er die Fäuste und stürzte sich auf einen der Männer. „Laßt das Mädchen in Ruhe!“ schrie er. „Was wollt ihr denn von uns?“

Sie waren zu viert. Einer hielt Fifi umklammert. Drei schlugen Jürgen so zusammen, daß er schließlich wimmernd am Boden lag. Fifi konnte in der Dunkelheit erkennen, daß sie ihn zu einem Baum schleppten und festbanden. Sie machte einen letzten verzweifelten Versuch, sich zu befreien, zu treten, zu kratzen und zu beißen. Aber der Kerl hielt sie fest wie mit einer Stahlzange. Dann kam einer von den drei anderen zurück und gab ihr ein paar so kräftige Ohrfeigen, daß ihr der Kopf dröhnte und ihr Gesicht wie Feuer brannte. „Davon kannst du noch mehr haben, wenn du Ärger machst", knurrte er.

Und dann machten sie sich über das Mädchen her. Einer nach dem anderen.

Als Fifi schließlich schluchzend und benommen aufstand, sah sie nur noch den dunklen Opel ohne Licht abfahren.

Mit zitternden Fingern befreite sie Jürgen von seinen Fesseln, aber er war halb ohnmächtig und konnte auf keinen Fall autofahren. Außerdem hatten die Gangster nicht nur ihre Handtasche und Jürgens Geldbeutel mitgenommen, sondern auch die Autoschlüssel.

Der Weg zum nächsten Haus, zu Fuß mutterseelenallein durch den Wald, ist ihr heute in beinahe ebenso schlimmer Erinnerung wie der Überfall auf dem Parkplatz.

Solche und ähnliche Verbrechen kommen viel häufiger vor als man denkt. Es liegt in der Natur der Sache, daß Liebespaare einsame Stellen suchen — Stellen, die auch Sexualtäter für ihre Überfälle bevorzugen. Auf sogenannten „Liebespaar-Parkplätzen" begibt man sich also nahezu automatisch in Gefahr. Wer auf den Abstecher auf dem Heimweg trotzdem nicht verzichten möchte, sollte beide Türen verriegeln und den Zündschlüssel stecken lassen. Bei Gangstern, die keine Schußwaffe bei sich haben, bleibt dann wenigstens die Chance, zu starten und wegzufahren, während sie noch versuchen, die Türen aufzureißen oder die Scheiben einzuschlagen.

Pulverfaß auf Rädern

Mädchen, die — in den Ferien oder im „Nahverkehr" — per Anhalter fahren, können noch so unterschiedlich sein. Eins haben sie alle gemeinsam: Die anscheinend unerschütterliche Überzeugung, ihnen passiere schon nichts. Ich weiß nicht, worauf dieser Glaube beruht. Vielleicht ist er bequemer als angesichts der erheblichen Gefahren auf das verbreitete und kostenlose Verkehrsmittel zu verzichten. Vielleicht liegt es auch daran, daß alle, die diesen Glauben mit dem Leben bezahlt haben, nicht mehr berichten können, wie falsch ihre Überzeugung war.

Man braucht im Grunde genommen nur einmal darüber nachzudenken, warum Mädchen, die per Anhalter fahren, immer sofort mitgenommen werden — während Jungen oft stundenlang stehen.

Bestimmt nicht, weil Mädchen die Autopolster weniger stark abnutzen. Die Autofahrer, die nur Mädchen mitnehmen, erwarten sich vielmehr häufig einen „Fahrpreis", den sie bei Jungen nicht eintreiben können. Das ist leider nur logisch. Und ein Mädchen, das per Anhalter fährt, darf sich nicht wundern, wenn der freundliche Herr am Steuer plötzlich zudringlich wird.

Das Auto eines Fremden wird in dem Moment, wo die Anhalterin einsteigt, zum rollenden Pulverfaß. Sie hat, wenn sie einmal drinsitzt, fast keinen Einfluß mehr darauf, ob etwas passiert oder nicht. Das hängt nur noch davon ab, ob sie bei diesem Lotteriespiel Glück oder Pech hat, ob der Fremde ein anständiger Kerl ist oder ein unverschämter Fummler oder ein Sexualtäter — oder ein Mörder.
Ich könnte jetzt auf Anhieb ein Dutzend Geschichten erzählen — von Mädchen, die den Heimweg oder die Ferienreise per Autostop antraten, die dann spurlos verschwanden oder tot aufgefunden wurden. Aber ich glaube, es ist wichtiger, die Geschichte eines bestimmten Mannes zu kennen — und zu wissen, daß es solche Typen gibt.

Lange Zeit kannte niemand seinen Namen. Die Polizei wußte nur, daß er zu jenen Männern gehörte, die auf der Suche nach jungen, hübschen Anhalterinnen ständig kreuz und quer durch Deutschland fahren und dabei Zehntausende von Kilometern zurücklegen. Außerdem war bekannt, daß er vermutlich aus Frankreich stammte, einen hellen Peugeot benutzte und im Gesicht einige kleine Narben hatte.

Von alledem hatte Brigitte keine Ahnung. Sie stand seit einigen Minuten an der Autobahneinfahrt am Frankfurter Flughafen und winkte mit dem Daumen, wenn ein Auto kam. Der Tag war klasse gelaufen. Früh am Morgen war sie in Aachen abgefahren, wo sie bei ihrer Tante ein paar Ferientage verbracht hatte. Jetzt war es vier Uhr nachmittags, und wenn sie weiterhin so viel Glück hatte wie bisher, konnte sie abends zu Hause in Würzburg sein.

Gelegentlich faßte sie mit der rechten Hand verstohlen an ihre Hosentasche und freute sich, wenn dort die Geldscheine knisterten, die ihre Eltern für die Fahrkarte geschickt hatten. Und sie malte sich aus, was sie sich davon alles kaufen konnte, während sie mit der linken Hand beinahe automatisch winkte.

Die Sonne stand schon ziemlich schräg, und sie mußte ein wenig blinzeln, wenn sie den Autos entgegenschaute. Und dann kam einer, der würde halten! Man kriegt einen Blick für sowas, wenn man öfter trampt.

Viele Fälle mit tragischem Ausgang beweisen: Trampen ist ein Lotteriespiel mit äußerst unfairen Bedingungen. Der mögliche Gewinn besteht nur aus ein paar kostenlosen Fahrtkilometern und vielleicht einigen interessanten Gesprächen. Der Einsatz ist das Leben. *(Foto: dpa)*

Ein heller Peugeot! Langsam fuhr er an den anderen Anhaltern vorbei, einem Pärchen und ein paar ziemlich gammligen Typen (klar, daß die niemand mitnahm!), und hielt genau neben Brigitte. Die rechte Seitenscheibe war schon heruntergedreht. Der Mann am Steuer beugte sich herüber und fragte:

„Wohin wollen Sie?“

Der Mann sprach mit leicht französischem Akzent. Aber das klang eigentlich ganz charmant. Auch die kleinen Narben im Gesicht machten ihn nicht unsympathisch.

„Nach Würzburg!“ antwortete Brigitte.

„Sie haben Glück! Genau da will ich auch hin!“

Der Mann hielt einladend die Tür auf. Brigitte warf ihren kleinen Koffer auf den Rücksitz. Beim Einsteigen schaute sie auf die Uhr. Das lief ja wirklich unheimlich gut: Ganze sechs Minuten hatte sie auf die nächste Fahrgelegenheit gewartet.

Unterwegs entpuppte der Mann sich als ausgesprochen gastfreundlich. Er bat Brigitte, zwei Pappbecher Vermouth aus einer Flasche einzuschenken, die zwischen den Vordersitzen lag. Als sie ausgetrunken hatten, griff er sich plötzlich an die Schläfe:

„Ach, man sollte wirklich keinen Alkohol trinken. Geben Sie mir doch bitte einmal das Tabletten-Röhrchen aus dem Handschuhfach!“

Brigitte brauchte nicht lange zu suchen. Gleich vorne lag ein Glasröhrchen ohne Etikett mit bunten Kapseln. Sie öffnete es und reichte es dem Mann hinüber. Er ließ eine Kapsel in seine Hand fallen.

„Nehmen Sie doch auch eine“, sagte er dann leichthin. „Das — äh — neutralisiert den Alkohol. Da werden Sie wieder munter. Das ist ganz harmlos!“

Brigitte fühlte sich zwar durchaus nicht unwohl. Aber sie wollte nicht unhöflich sein und nahm ebenfalls eine der Pillen.

Was sie nicht gesehen hatte: Der Mann hatte seine Kapsel gar nicht geschluckt, sondern in der Hand versteckt und unauffällig neben den Sitz fallen lassen.

Plötzlich hatte das Mädchen das Gefühl, daß der Mann sie lauernd von der Seite musterte. Das Gespräch war versiegt, es herrschte — abgesehen vom Summen des Motors — eine fast peinliche Stille in dem Auto. Brigitte wollte etwas sagen, aber sie brachte kein Wort heraus. Dann wurde ihr schwindlig. Vergeblich versuchte sie die schwarzen Schleier zu verjagen, die ihr vor den Augen schwammen. Das letzte, was sie noch bewußt wahrnahm, war das gleichmäßige Knacken des Blinkers, den der Franzose eingeschaltet hatte, bevor er von der Autobahn abbog.

Als sie wieder zu sich kam, fiel gerade das erste Licht der Morgendämmerung zwischen die Bäume. Sie fröstelte. Ihre Kleider waren feucht und klamm. Neben ihr im Laub lag ihr Köfferchen. Gesicht und Hände waren übersät von Insektenstichen. Sie versuchte sich aufzurichten und die Stechmücken zu verjagen, die über ihr in einer dichten Wolke tanzten. Dabei merkte sie, daß ihre Kleider aufgeknöpft waren. Kein Zweifel: Der Mann hatte sie im Schlaf mißbraucht und sie dann im Wald ihrem Schicksal überlassen.

Als wir diesen Fall in der XY-Sendung behandelt hatten, meldeten sich viele weitere Mädchen, denen ähnliches passiert war. Der vermutliche Täter, ein fanzösischer Kaufmann, der in Bad Homburg lebte, konnte sogar ermittelt werden. Aber er ist vor dem Prozeß geflohen. So war nie endgültig festzustellen, wie viele Mädchen er auf dem Gewissen hatte — und ob einige Anhalterinnen, die im Laufe der Jahre tot in der Nähe der Autobahn gefunden wurden, vielleicht die gleichen Pillen bekommen haben und aus ihrem Tiefschlaf nicht mehr erwacht sind.

Der beste Rat, den ich jungen Mädchen in diesem Zusammenhang geben kann, lautet ganz schlicht und einfach: Fahr nicht per Anhalter. Wenn doch einmal aus irgendeinem Grunde nichts anderes übrig bleibt, dann sollte man auf fünf Punkte besonders achten:

- Prüfe beim Einsteigen unauffällig, ob die Türgriffe auch von innen funktionieren. Manche Autofahrer konstruieren nämlich regelrechte Mausefallen.

- Zwei Männer in einem Auto sind oft gefährlicher als einer. Der Fahrer muß mindestens eine Hand am Steuer lassen. Der zweite Mann hat beide Hände frei.

- Merke dir gleich beim Einsteigen Kennzeichen, Autotyp, Besonderheiten am Wagen und am Fahrer. Später hast du vielleicht keine Zeit mehr dazu.

- Sorge dafür, daß immer jemand weiß, auf welche Weise du den Heimweg angetreten hast.

- Wenn dir einmal etwas passiert, dann scheue dich nicht, zur Polizei zu gehen. Es geht dann nicht mehr nur um dich und deine Gefühle. Wenn du keine Anzeige machst, bist du mitverantwortlich für alle weiteren Verbrechen desselben Mannes. Aber drohe nie dem Täter selbst mit einer Anzeige. Er könnte sonst auf die Idee kommen, dich umzubringen, damit du nicht mehr reden kannst.

Tödlicher Ferienjob

Niemand vermag jede mögliche Gefahr detailliert vorauszusagen. Das ist auch nicht notwendig. Ein Mädchen, in dessen Bewußtsein der Inhalt dieses Kapitels fest verankert ist, wird ein Gespür für Gefahren entwickeln — eine Art innere Alarmklingel, die auch bei einer ganz neuen Masche anschlägt.

Zwei recht unterschiedliche Situationen aber verdienen noch besondere Erwähnung, weil die kriminalistische Erfahrung gezeigt hat, daß sie auch ganz besondere Gefahren in sich bergen:

Zum einen die psychische Situation junger Mädchen in der Pubertät. Kein Sexualtäter käme auf die Idee, eine Dreizehnjährige mit einem Bonbon oder einem Spielzeug zu locken. Er weiß im allgemeinen ganz genau, daß Mädchen, die nicht mehr Kind aber auch noch nicht erwachsen sind, auf einen ganz anderen Leim kriechen, wenn sie die Gefahr nicht kennen:

Der gefährlichste Köder für diese Altersstufe heißt: „Anerkennung". Oft genügt es schon, daß der Täter ein paar Komplimente macht, sein Opfer wie eine Erwachsene behandelt, sie vielleicht ganz versehentlich auch älter schätzt als sie ist, um einen sonst durchaus kritischen Verstand lahmzulegen. Die Aussichten, daß nicht nur der harmlose Junge aus der Parallelklasse mit dieser Masche Erfolg hat, sondern auch einmal ein Sexualtäter, sind umso größer, je öfter ein Mädchen zu Hause zu hören bekommt, es sei für dies oder jenes noch zu klein, zu jung und zu unreif. Ein Mädchen, das sich in der Familie eingeengt und zu Unrecht als Kind behandelt fühlt, wird mit allen Mitteln versuchen, unter Beweis zu stellen, wie erwachsen es schon ist. Und es wird auf jede Bestätigung, daß ihm dieser Beweis gelungen ist, mit Begeisterung hereinfallen.

An die zweite gefährliche Situation wird nur höchst selten gedacht. In vielen Jahren der intensiven Beschäftigung mit der Kriminalität bin ich immer wieder auf das Phänomen gestoßen, daß Stellengesuche offensichtlich junger Mädchen oder Frauen anscheinend die Phantasie von Sexualtätern in besonderem Maße anregen.

In allen Fällen, in denen sich Herren mit unsachlichen Absichten auf solche Zeitungsanzeigen gemeldet haben, ging aus dem Text etweder genau oder doch ungefähr das Alter der Bewerberin hervor: „15jähriges Mädchen sucht Ferienjob", „Junge Kindergärtnerin möchte sich verändern. Auch andere Tätigkeit angenehm" oder „Schulabgängerin sucht Beschäftigung gleich welcher Art."

In der Gegend von Augsburg trieb lange Zeit ein Mann sein Unwesen, der bis heute noch nicht ermittelt werden konnte. Er meldete sich telefonisch auf Stellengesuche von jungen Frauen oder Mädchen, behauptete, er sei Tierarzt und suche eine Assistentin, die jedoch keinerlei veterinärmedizinische Vorkenntnisse benötige. Bei einer Zusammenkunft in einem Restaurant machte er den Bewerberinnen zunächst mit einem attraktiven Gehaltsangebot den Mund wässrig. Dann fuhr er mit ihnen im Auto aus der Stadt — angeblich, um ihnen auf einem Bauernhof einen Einblick in ihre künftige Tätigkeit zu ermöglichen. Unterwegs brachte er regelmäßig die Sprache auf die Natürlichkeit, die für diesen Beruf notwendig sei. Zum Beweis seiner eigenen Natürlichkeit hielt er unterwegs an und begann sich auszuziehen. Der angebliche Tierarzt war einer von der harmlosen Sorte. Wenn ein Mädchen sich weigerte, es ihm gleich zu tun, und meinte, so weit müsse die Natürlichkeit nicht gehen, reagierte er in allen bekannt gewordenen Fällen beleidigt und zuweilen auch böse. Er setzte die Mädchen irgendwo ab und ließ sie nach Hause laufen. Aber er hat in keinem Fall Gewalt angewendet.

Von einem andern, ebenfalls bis heute unbekannten Täter, kann man dies leider nicht sagen. Er bestellte in Darmstadt die 15jährige Sabine R., die in der Zeitung einen Ferienjob gesucht hatte, telefonisch zu einem Treffpunkt, um mit ihr über die Arbeitsmöglichkeiten in einem Filmarchiv zu verhandeln. Sabine ist von diesem Treffen nie zurückgekehrt. Sie war zunächst wochenlang verschwunden und wurde dann schließlich tot und völlig entkleidet in einem Kornfeld gefunden.

Wenn Ihre Tochter noch nicht volljährig ist, sollten Sie ihr also auch bei der Prüfung von Stellenangeboten ein wenig helfen (Später kann sie sich nach den gleichen Regeln selbst vergewissern):

- Wenn sich auf ein Stellengesuch jemand telefonisch meldet, lassen Sie sich Adresse und Telefonnummer durchgeben. Vergewissern Sie sich durch einen Rückruf, daß es die Firma gibt und daß der Anrufer dort wirklich die angegebene Position hat.
- Besonderes Mißtrauen ist geboten, wenn der Anrufer behauptet, die Firma befinde sich erst in Gründung und verfüge deshalb noch nicht über Geschäftsräume oder einen Telefonanschluß.
- Höchste Alarmbereitschaft ist notwendig, wenn das Vorstellungsgespräch nicht am Sitz der Firma sondern aus irgendwelchen Gründen an einem neutralen Treffpunkt stattfinden soll.
- In beiden zuletzt genannten Fällen wäre es sträflicher Leichtsinn, Ihre Tochter allein zu einem Vorstellungsgespräch zu schicken. Gehen Sie mit oder bitten Sie eine andere vertrauenswürdige Person, das Mädchen zu dem Treffen zu begleiten. Ein Arbeitgeber, der wirklich gute Gründe hat, unter derart seltsamen Umständen auf Personalsuche zu gehen, wird dafür Verständnis haben.

Aufklärungsziel: Hab keine Angst!

Ich will nicht verheimlichen, daß es unterschiedliche Meinungen über die bestmögliche Vorbeugung gegen Sexualdelikte an Kindern gibt. So weist zum Beispiel der Diplom-Psychologe Michael Baurmann in der Schriftenreihe des Bundeskriminalamtes (Band 47: Kriminalpolizeiliche Beratung, Wiesbaden 1978) darauf hin, daß die Gefahr, die Kindern von Gewalttätern droht, oft überschätzt wird: Im Jahre 1977 sind sechs Kinder aus sexuellen Motiven getötet worden, gleichzeitig aber haben 1354 Kinder im Straßenverkehr ihr Leben verloren.

Eine Untersuchung der angezeigten Fälle ergab, daß die Täter sich in 70 bis 75 % der Fälle auf weniger gefährliche Handlungen beschränkten: Oberflächliche Berührungen, optische und akustische Kontakte sexueller Art oder gegenseitiges Streicheln — zum größeren Teil ohne Gewaltanwendung. Nur in 25 bis 30 % der angezeigten Fälle strebten die Täter den Geschlechtsverkehr oder vergleichbare Handlungen an.

Ich meine, es ist wichtiger, Kinder vor den gefährlichen, als vor den harmloseren Begegnungen mit Sexualtätern zu bewahren — auch wenn sie seltener sind. Baurmann weist aber auch zu Recht auf die Gefahr hin, daß Warnungen vor besonders agressiven Tätern unter Umständen negative psychische Wirkungen auf Kinder haben können — auf die Gefahr, „daß diese dramatischen Informationen die gesamte Thematik überlagern. Alle ‚Kinderfreunde' erschienen dann als potentielle Sexualmörder und Sexualität als eine lebensgefährliche Sache".

Was beim einen Kind richtig ist, kann beim andern falsch sein. Wir sprachen schon davon, daß es gilt, den schmalen Grat zwischen Angst und Leichtsinn zu finden. Dieser Grat kann in jeder Familie an einer anderen Stelle verlaufen.

Vielleicht hilft es, ihn zu finden, wenn man versucht, ihn von beiden Seiten her einzugrenzen: Nachdem ich in diesem Kapitel einige extreme Beispiele erzählt und den Rat gegeben habe, Kinder davor zu warnen, möchte ich auch die Ratschläge des Psychologen (mit freundlicher Genehmigung des Bundeskriminalamtes) ungekürzt wiedergeben. Sie werden manches wiederfinden, was Sie in diesem Kapitel schon gelesen haben. Sie werden aber auch auf Meinungen stoßen, die im Gegensatz dazu stehen. So haben Sie am ehesten die Möglichkeit, selbst festzustellen, wo in Ihrer Familie die Mitte zwischen den Extremen liegt.

Nachstehend also der Auszug aus der BKA-Schriftenreihe:

Hinweise für Eltern und Erzieher zum Thema „Kinderfreunde“

von Michael Baurmann

In der Bundesrepublik Deutschland werden jeden Tag etwa fünfunddreißig Fälle angezeigt, in denen es um einen sexuellen Kontakt mit einem Kind geht. Fachleute rechnen damit, daß bei uns jeden Tag noch zusätzlich 200 bis 300 Fälle passieren, die der Polizei gar nicht bekannt werden. Diese Zahlen bleiben seit Jahren ziemlich unverändert. Bei etwa zehn von den fünfunddreißig Fällen pro Tag kann ein Täter gefaßt und als Schuldiger verurteilt werden.

Die Täter sind fast ausschließlich männlich. Von den Opfern sind etwa 80 % Mädchen und 20 % Jungen.

Über die angezeigten Sexualkontakte

Die oben genannte Zahl der angezeigten und unbekannt gebliebenen Fälle scheint zunächst erschreckend hoch zu sein. Dabei sollte man aber folgendes bedenken.

- Bei den meisten Fällen (etwa 80 %) wendet der Täter keine körperliche Gewalt an.
- Nur bei etwa 20 von hundert Fällen geht der Täter ausdrücklich gewaltsam vor.

Bei 20 % der Fälle handelt der Täter also mit körperlicher Gewalt gegen den Willen des Kindes. Vorwiegend bei diesen Fällen rechnet man mit schwerwiegenden Schäden beim Opfer.

Wenn man diese Sexualkontakte in verschiedene Gruppen einteilt, ergibt sich folgendes Bild:

Etwa 35 % bis 40 %	sind exhibitionistische oder ähnliche Kontakte. (Beispiele: Erwachsener zeigt sein erregtes Geschlechtsteil;. Erwachsener redet unsittlich mit dem Kind oder zeigt Porno-Bilder; Erwachsener berührt das Kind zwar unsittlich, aber nur oberflächlich, also z. B. an der Unterhose.)
Etwa 35 % bis 40 %	sind Petting und masturbatorische Kontakte. (Beispiele: Erwachsener und Kind berühren ihre nackten Geschlechtsteile; Erwachsener und Kind befriedigen sich sexuell mit der Hand.)

Etwa 25 % bis 30 %	sind Geschlechtsverkehr, geschlechtsverkehrähnliche Handlungen und Mund-Geschlechtsteil-Verkehr. (Beispiele: Erwachsener hat Geschlechtsverkehr unter Gewaltanwendung; Erwachsener zwingt Kind zum Mundverkehr.)

Kinder der Altersstufen sieben, neun und dreizehn werden häufiger Opfer als andere.

Die Sexualkontakte finden vorwiegend in Räumen statt (etwa 70 % bis 80 %), und zwar meist im Hause des Täters oder des Opfers. Viele Menschen sind überrascht, wenn sie erfahren, daß diese Fälle seltener im Freien oder im Auto geschehen.

In vielen Fällen kommt es zu einer einzigen sexuellen Handlung, manchmal erstreckt sich dieser Kontakt aber auch über Wochen und Monate.

Kennen Sie den Täter?

Er ist in den meisten Fällen nicht der „fremde böse Mann", wie häufig angenommen wird. Die Männer stammen meist aus der Nachbarschaft, dem Bekannten- und Freundeskreis, manchmal sogar aus der näheren Verwandtschaft (60 % bis 80 % der Opfer kannten den Täter schon vor der Tat!).

- Es kann ein Mensch sein, der keinen Unterschied sieht zwischen Zärtlichkeit mit Kindern und Zärtlichkeit mit erwachsenen Partnern.
- Es kann ein junger, noch unreifer Mensch sein, der Schwierigkeiten hat mit seiner sexuellen Entwicklung.
- Es kann ein Junge sein, der nur wenig älter ist als Ihr Kind. Die beiden machen zusammen Sexualspiele, auch Doktorspiele genannt.
- Es kann ein Mensch sein, der es vorzieht, Kinder als erotische oder sexuelle Partner zu haben.
- Es kann ein unsicherer und gehemmter Mensch sein, der nur schwer Kontakt zu Menschen seines Alters findet.
- Es kann ein älterer, unauffälliger Mensch sein, dessen Persönlichkeit sich im Alter verändert hat.
- Es kann ein seelisch kranker Mensch sein, der unglückliche Erfahrungen hinter sich hat (z. B. unerfreuliche Erfahrungen mit Frauen, eine schlechte Sexualerziehung usw.).
- Es kann ein Bekannter oder Verwandter sein, der plötzlich und überraschend Gewalt anwendet, um zu seinem sexuellen Ziel zu kommen.

Unter diesen schon vorher bekannten Tätern befinden sich überraschenderweise meist auch die gefährlicheren Täter, und nicht unter den fremden.

Es gibt also ganz unterschiedliche Tätertypen, die verschieden gefährlich sind für Ihr Kind.

Wie verhält sich der Täter?

In den meisten Fällen handelt es sich nicht um einen Gewalttäter, sondern um Erwachsene, die behutsam vorgehen und häufig auch zärtlich sind zu dem Kind.

Sie versuchen durch besondere Freundlichkeit und Zärtlichkeit die Zuneigung Ihres Kindes zu erwerben:

- Der Erwachsene macht dem Kind Versprechungen und Geschenke.
- Der Erwachsene knüpft an die sexuelle Unwissenheit und Neugier Ihres Kindes an, indem er z. B. die versäumte Sexualaufklärung der Eltern nachholen will.
- Der Täter nutzt es aus, daß Kinder häufig beigebracht bekommen, daß sie allen Erwachsenen zu gehorchen haben. So glaubt Ihr Kind vielleicht, es müsse auch diesem Erwachsenen gehorchen.
- Der Täter gibt dem Kind Zuneigung, die es von den Eltern nicht bekommt.

Wie verhält sich das Kind?

Viele Kinder haben nicht gelernt, gegen Erwachsene ihren eigenen Willen zu behaupten. Es ist dann gar nicht erstaunlich, wenn diese Kinder sich auch nicht gegen einen Sexualtäter durchsetzen, indem sie z. B. einfach „nein“ sagen. Beim Großteil der gewaltlosen Fälle könnte das Kind mit entschiedenem Auftreten der Deliktssituation ausweichen.

Manchmal ist ein Kind aber sogar mit dem sexuellen Kontakt einverstanden,

- weil es einsam ist und sich von seinen Eltern nicht genügend geliebt und verstanden fühlt,
- weil es dankbar ist, daß sich endlich ein Erwachsener um es kümmert und ernst nimmt,
- weil das Kind Bedürfnisse und Wünsche hat, die nicht berücksichtigt werden,

- weil der Sexualkontakt vielleicht unbewußten sexuellen Wünschen des Kindes entgegenkommt,
- weil es sexuell nicht richtig aufgeklärt wurde und jetzt neugierig ist. Es will mehr über die Sexualität erfahren.

Wie können Sie Ihr Kind schützen?

Fragen Sie sich bitte selbst:

Wie oft habe ich in der letzten Woche mit meinem Kind geschmust?

Wie oft muß ich das Schmus-Bedürfnis meines Kindes zurückweisen, weil ich Wichtigeres zu tun habe?

Wie oft schlage ich mein Kind oder schimpfe mit ihm?

Zeige ich meinem Kind meine Liebe, damit es sich die Liebe nicht bei anderen Menschen suchen muß?

Fühlt sich mein Kind von mir anerkannt?

Habe ich jeden Tag etwas Zeit, um mit meinem Kind über seine Erlebnisse und Wünsche zu sprechen?

Passiert es mir öfter, daß ich es eigentlich „lieb meine" mit meinem Kind, aber leider einen rauhen Ton treffe?

Viele Eltern belügen ihre Kinder, vor allem, wenn sie über sexuelle Dinge reden. Habe ich das auch schon öfter getan?

Weiß ich, daß ich ein Kind hart strafe, wenn ich lange mit ihm „beleidigt" bin (Liebesentzug)?

Sind meine Strafen so hart, daß mich mein Kind aus diesem Grund manchmal belügt?

Besteht zwischen mir und meinem Kind ein solches Vertrauensverhältnis, daß mein Kind keine Angst hat, mir auch mal unerfreuliche Sachen zu erzählen?

Erzählen Sie keine Klapperstorchmärchen!

Sexuelle Aufklärung kann eine Vorsichtsmaßnahme sein gegen solche Delikte und gegen die daraus entstehenden Schäden. Man kann ein Kind nicht vor etwas warnen, wovon es keine Ahnung hat. Geheimnistuerei macht neugierig und untergräbt das Vertrauen gegenüber den „Geheimniskrämern".

Beantworten Sie alle Fragen Ihres Kindes über sexuelle Dinge wahrheitsgemäß. Sie sollten Ihrem Kind möglichst nichts Falsches beibringen, was es später wieder verlernen muß.

Falls Sie sich selbst scheuen, über Sexualität zu sprechen, dann wenden Sie sich doch an eine Erziehungsberatungsstelle, an den Schulpsychologischen Dienst, an eine Psychologische Beratungsstelle, an Pro Familia oder ähnliche Einrichtungen, oder wenden Sie sich an die Lehrkraft, die in der Klasse Ihres Kindes Sexualerziehung unterrichtet oder an die Vertrauenslehrerin der Schule. Man wird Ihnen dort sicherlich weiterhelfen können.

Grundsätzlich sollten alle Ihre Gebote und Verbote gegenüber Ihrem Kind begründet werden. Das Kind wird die Regelungen dann besser einsehen und befolgen können.

Erziehen Sie Ihr Kind schon frühzeitig dazu, daß es nicht jeden mit „Onkel" anredet. Ein Kind sollte auch von den eigenen Eltern nicht gezwungen werden, gegen seinen Willen mit anderen Menschen zärtlich zu sein („Gib der Tante doch endlich ein Küßchen!"). Ihr Kind sollte erfahren, daß es dazu auch „nein" sagen kann.

Geben Sie Ihrem Kind ein festes Taschengeld. Es sollte so viel sein, daß Ihr Kind sich kleine Wünsche selbst erfüllen kann.

Klären Sie Ihr Kind über die hier angesprochenen sexuellen Belästigungen auf und zwar möglichst selbstverständlich und undramatisch. Sie können Ihr Kind entweder informieren, wenn zufälligerweise das Gespräch auf die sogenannten „Kinderfreunde" kommt. Sie können Ihr Kind aber auch im Zusammenhang mit anderen Gefahren aufklären.

Beispiel:

Ihr Kind besucht zusammen mit einer Freundin öfter einen erwachsenen Bekannten in der Nachbarschaft. Sie wissen nicht, ob dies gefährlich ist. Sie haben aber Angst.

Vielleicht befürchten Sie, Ihr Kind könnte beim Überqueren der Straße verunglücken.

Vielleicht befürchten Sie, Ihr Kind könnte das Verhalten eines Erwachsenen nicht verstehen und verwirrt oder ratlos sein.

Vielleicht befürchten Sie, Ihr Kind könnte in folgende schwierige Situation kommen: Ein Erwachsener will mit dem Kind etwas tun, was das Kind als unangenehm, falsch oder verboten empfindet. Das Kind hat Angst, sich zu widersetzen. Weiß es, daß es „nein" sagen darf? Auch gegenüber einem Erwachsenen?

Vielleicht befürchten Sie, daß Ihr Kind abhängig wird von einer anderen Person, zum Beispiel durch Geschenke.

Vielleicht befürchten Sie, jemand könnte sich Ihrem Kind sexuell nähern und Ihr Kind könnte darunter leiden. Es wäre dann eine Hilfe für Ihr Kind, wenn Sie Ihrem Kind ganz konkret sagen könnten, welche sexuellen Annäherungen Sie befürchten. Erzählen Sie Ihrem Kind keine Schauergeschichten aus den Zeitungen. Diese passieren nämlich ganz selten. Ihr Kind wird damit wahrscheinlich nie etwas zu tun haben.

Vielleicht befürchten Sie, Ihr Kind könnte unter einen schlechten Einfluß geraten.

Vielleicht befürchten Sie auch etwas anderes.

In jedem Fall sollten Sie aber versuchen, offen und verständlich Ihre Befürchtungen auszusprechen. Zeitungen und Zeitschriften berichten nicht immer sachlich über Sexualdelikte, sondern greifen häufig dramatische Einzelfälle heraus. Es entsteht der Eindruck beim Leser, daß diese schlimmen Fälle häufig geschehen. Die dort berichteten Fälle sind aber glücklicherweise sehr selten. Wenn Ihr Kind erfährt, daß Sie im Zusammenhang mit Sexualität häufig an Mord und Totschlag denken, dann bekommt Ihr Kind Angst vor Sexualität überhaupt. Es kann dann später sexuelle Schwierigkeiten im Leben bekommen.

Prägen Sie Ihrem Kind ein:

- Es gibt viele gute Menschen, aber auch einige böse.
- Den bösen sieht man es nicht an. Sie können sogar sehr freundlich sein und sehr ordentlich aussehen.

  Man kann sie höchstens daran erkennen, daß sie etwas mit Dir machen wollen, obwohl Du gesagt hast, daß Du es nicht willst. Oder Du erkennst sie daran, daß sie Dich zu etwas zwingen wollen.
- Wenn Du mit jemandem mitgehen oder mitfahren willst oder wenn Dir jemand etwas verspricht oder schenkt, dann kannst Du mir ja davon erzählen.
- Will Dich jemand mit Gewalt mitnehmen, dann versuche, schnell zu anderen Leuten zu laufen.

Wenn doch etwas passieren sollte

Falls sich das Verhalten Ihres Kindes auffällig verändert, z. B. zu Hause oder in der Schule, dann gehen Sie den Gründen *vorsichtig* nach. Es kann sich dabei um ganz normale Entwicklungsvorgänge handeln, denn glücklicherweise sind solche Sexualdelikte ja recht selten.

Geben Sie Ihrem Kind das Gefühl, daß es unangenehme Erlebnisse gleich zu Hause erzählen kann, damit zusammen überlegt werden kann, was zu tun ist. So auch bei Sexualkontakten, die dem Kind unangenehm waren.

Versuchen Sie, darauf zu achten, daß Ihre eigenen Gefühle — wie Schrecken, Angst, Ekel, Wut — keinen Schaden bei Ihrem Kind anrichten. Kinder erleben solche Ereignisse häufig undramatischer als Erwachsene. Häufig richten die Erwachsenen durch ihre nachträgliche Aufregung Schaden an. Die körperliche und seelische Gesundheit Ihres Kindes sollte aber höchstes Ziel sein.

Wenn Sie den sexuellen Kontakt anzeigen möchten

Beeinflussen Sie Ihr Kind nicht, bevor Sie zum Gespräch mit der Polizei gehen. Machen Sie keine Sensation aus dem Vorfall, sondern beruhigen Sie Ihr Kind und lenken Sie es ab.

Vor allem: Bestrafen Sie Ihr Kind nicht, weil es vielleicht im Zusammenhang mit dem Sexualkontakt eines oder mehrere Verbote übertreten hat. Fragen Sie sich selbst, was Sie versäumt haben könnten.

Versuchen Sie, Ihrem Kind zu helfen, damit es das Ereignis möglichst bald verarbeitet hat. Sie können Ihrem Kind sehr helfen, wenn Sie ihm interessiert zuhören und versuchen, es zu verstehen.

Wenn Ihr Kind stärkere seelische Schäden zeigt, dann wenden Sie sich an eine psychologische oder Erziehungsberatungsstelle.

(Ende des Zitats)

Was Frauen über Sexualtäter wissen sollten

Wehren oder gewähren lassen? Das ist die Kernfrage, die eine Frau sich stellen und die sie meist auch mutterseelenallein beantworten muß, wenn ein Mann gegen ihren Willen zudringlich wird und beginnt, Gewalt anzuwenden.

Wer sich wehrt, riskiert, den Täter erst recht aufzureizen und seine Bereitschaft zur Gewalttätigkeit so zu steigern, daß er zum Mörder wird. Andererseits kann es einer Frau, die angesichts dieser Gefahr passiv alles mit sich geschehen läßt, leicht passieren, daß sie vor Gericht gefragt wird, wo denn nach ihrer Meinung der normale Geschlechtsverkehr aufhört und die Vergewaltigung anfängt.

Falsch ist es jedenfalls, daß die Kripo den Rat verbreitet habe, Frauen sollten bei Vergewaltigungsversuchen niemals und nirgendwo Widerstand leisten. Den Polizeibeamten, der das so absolut gesagt haben soll, konnte ich bis heute nicht finden.

Tatsache ist hingegen, daß nach der polizeilichen Kriminalstatistik etwas weniger als die Hälfte aller bekannt gewordenen Fälle von Vergewaltigung Versuche geblieben sind. Man darf unterstellen, daß in der Mehrzahl dieser Fälle der Täter nicht zum Zuge gekommen ist, weil das Opfer sich mit Erfolg zur Wehr gesetzt hat. Man muß weiter davon ausgehen, daß der Prozentsatz der mißglückten Angriffe in Wirklichkeit noch viel höher ist, weil solche Fälle erfahrungsgemäß nur zu einem kleinen Teil bei der Polizei angezeigt werden.

In absoluten Zahlen: Berücksichtigt man neben der Vergewaltigung noch den Straftatbestand der sexuellen Nötigung, so ist es 1983 in rund 4000 Fällen beim Versuch geblieben. Wie oft andererseits Gegenwehr zum Tod des Opfers geführt hat, läßt sich nicht sicher feststellen: 1983 wurden insgesamt 58 Fälle von Sexualmord registriert. Die Zahl gibt keine Auskunft darüber, wie oft der Täter aus Lust am Töten gemordet hat, wie oft er die Zeugin beseitigen wollte und in wieviel Fällen der entscheidende Schritt tatsächlich durch die Gegenwehr des Opfers ausgelöst worden ist.

Selbstverständlich kann man Menschenleben nicht einfach zahlenmäßig mit unerwünschten sexuellen Handlungen vergleichen. Zumindest aber beweist die Statistik, daß Widerstand nicht aussichtslos ist und daß er auch keineswegs zwingend zur Verschärfung der Situation führen muß.

Grundfalsch wäre nun allerdings eine Verallgemeinerung in der anderen Richtung. Ich möchte ausdrücklich davor warnen, nun womöglich Gegenwehr für das allgemein gültige Rezept zu halten. Ein solches Rezept gibt es nicht. Wir werden uns mit der Frage zu befassen haben, in welcher Situation welche Reaktion angemessen und erfolgversprechend ist. Zuvor sollten wir nach einer Antwort auf die Frage suchen, wie man nach Möglichkeit von vornherein vermeidet, in eine Situation zu kommen, in der man diese Entscheidung zu treffen hat.

Wer sich in Gefahr begibt

Kein Zweifel: Es gibt auch im Hinblick auf die Sexualverbrechen besonders kriminogene Situationen. Dieser Fachausdruck meint, daß eine bestimmte Verhaltensweise schon von vornherein den Keim eines Verbrechens in sich trägt.

Sicher wählt gerade bei Sexualverbrechen oft der Zufall das Opfer aus. Aber dieser Zufall ist nicht blind. Man kann in den allermeisten Fällen nicht behaupten, es hätte jeden anderen auch treffen können.

Ein Beispiel mag dies verdeutlichen: An einem trüben und kühlen Tag im Mai unternahm ein 20jähriges Mädchen aus Frankfurt eine Wanderung durch den Taunus. Sie hatte durchaus nicht die Absicht, allein zu gehen. Als aber alle Freunde und Bekannten wegen des schlechten Wetters absagten, machte sie sich aus Trotz ohne Begleitung auf den Wanderweg.

An diesem Tag wartete irgendwo im Taunus ein Mörder auf sein Opfer. Alles spricht dafür, daß dieser Mann und das Mädchen aus Frankfurt sich nie vorher gesehen haben. Eine Situation also, in der man normalerweise sagt, der Zufall habe das Opfer ausgewählt.

Aber in Wirklichkeit hatte der Zufall gar keine andere Wahl. Alle anderen Frauen, von denen bekannt ist, daß sie an jenem trüben Tag im Taunus unterwegs waren, hatten einen oder mehrere Begleiter dabei. Und der Zufall hatte auch keine Möglichkeit, all die Frauen und Mädchen als Opfer auszuwählen, die sich entschlossen haben, zu Hause zu bleiben, als niemand mit ihnen wandern gehen wollte.

Man kann es also auch umgekehrt sehen. Die Voraussetzungen für das Verbrechen hat das Opfer geschaffen. Der Zufall hat nur noch den Täter beigesteuert. Die Wanderung wäre nur dann ohne Zwischenfälle verlaufen, wenn der Mann an jenem Tag zufällig zum Frisör gegangen wäre oder seine Mutter im Krankenhaus besucht hätte.

Die Betrachtung vieler Einzelfälle zeigt, daß es einige Situationen gibt, die ganz regelmäßig zu Sexualverbrechen führen. Wer sie kennt, hat durchaus eine Chance, sie zu vermeiden:

- Bedeutsamste kriminogene Situation: Das Mitfahren in fremden Autos — unabhängig davon, ob eine Frau per Anhalter fährt oder ein Autofahrer von sich aus einer Fußgängerin anbietet, sie mitzunehmen. In dem Moment, in dem Sie einsteigen und die Tür von innen schließen, schaffen Sie die Voraussetzungen für ein Verbrechen. Der Zufall hat nicht mehr viel zu melden. Er kann nur noch darauf Einfluß nehmen, ob der Autofahrer zu denen gehört, die eine solche Gelegenheit ungenutzt lassen.

- In eine beinahe ebenso gefährliche Situation begibt sich eine Frau, die sich von einem Mann nach flüchtiger Kneipenbekanntschaft nach Hause bringen läßt, ohne daß sie an einer näheren Beziehung interessiert ist. Der Mann ist interessiert. Sonst würde er nicht die Mühe auf sich nehmen, sie zu begleiten. Inwieweit er bereit ist, diesem Interesse notfalls mit Gewalt Nachdruck zu verleihen, hängt von seinem Charakter ab, den Sie nach so kurzer Bekanntschaft nicht kennen — und von seinem Alkoholpegel, der nach einem Abend in einer Gaststätte zu allermindest nicht auf Null steht.

- Überdurchschnittlich gefährlich leben alleinstehende Frauen in mittleren Jahren, die sich von einer Art Torschlußpanik erfassen lassen und dann wahllos und unkritisch Bekanntschaften schließen. Sexualverbrecher suchen weibliche Opfer. Eine Frau, die ihrerseits sucht und die durch ihr Verhalten - bewußt oder unbewußt - Bereitschaft signalisiert, pflegen sie nicht zu übersehen.

- Auch Sexualtäter — wenn sie nicht gerade in Gruppen auftreten — müssen mit ihrem Opfer allein sein, damit kein Dritter eingreifen und die Tat verhindern kann. Daß die Gefahr, vergewaltigt zu werden, auf einem Feldweg oder auf einsamer nächtlicher Straße größer ist als zur Hauptgeschäftszeit auf der Frankfurter Zeil, ist allgemein bekannt.

- Nach einer Untersuchung des Darmstädter Frauenarztes Dr. Hartmann ist die Gefahr im Sommer größer als im Winter, an Wochenenden größer als an Werktagen, und in der Zeit zwischen 21 Uhr und 3 Uhr größer als zu allen anderen Tages- und Nachtzeiten.

- Bevorzugte Tatorte sind neben nächtlichen Straßen und einsamen Feld- und Waldwegen vor allem Parkanlagen, menschenleere Bahnstationen, Aufzüge, Keller von Wohnanlagen, Waschküchen und nicht zuletzt Parkhäuser.

Ein paar Situationen sind für Frauen gefährlicher als andere. Auch in Parkhäusern muß man auf Überraschungen gefaßt sein.
(Foto: Praetorius)

- Wer sich zu Hause gegen Einbrecher schützt, schiebt auch einer Reihe von Sittenstrolchen einen Riegel vor: Den gar nicht so seltenen Mischtätern nämlich, die sowohl Geld als auch sonstige Annehmlichkeiten nehmen, wenn eine Frau oder ein Mädchen alleine zu Hause ist.
- Auch ein paar weitere Ratschläge der Kriminalpolizei (Meiden Sie dunkle Abkürzungswege, machen Sie einen Bogen um unbeleuchtete Toreinfahrten und Hauseingänge, fahren Sie lieber einmal Taxi als lange nächtliche Fußwege auf sich zu nehmen), beruhen auf den Erfahrungen aus vielen Einzelfällen und haben ihre guten Gründe. Der Einwand einer fortschrittlichen Frauengruppe, das sei alles Quatsch, da könne man ja gleich zu Hause bleiben, scheint mir nicht stichhaltig. Auch ein Geldbote nimmt für die Werte, die er mit sich herumträgt, ein paar Vorsichtsmaßnahmen auf sich. Den meisten Frauen ist ihre sexuelle Selbstbestimmung durchaus so viel wert, daß sie dafür einen winzigen Teil ihrer Bewegungsfreiheit aufgeben.

Wenn es doch passiert

Die Gefahr, Opfer eines Sexualverbrechens zu werden, ist bei weitem nicht so groß, wie sie gelegentlich gemalt wird. Zählt man die Versuche mit, so werden der Polizei jährlich insgesamt etwa 10000 Fälle von Vergewaltigung und sexueller Nötigung bekannt. Selbst wenn man voraussetzt, daß die Zahl der nicht angezeigten Fälle noch einmal die gleiche Höhe erreicht, dann ist die Wahrscheinlichkeit, daß Ihnen das Fahrrad gestohlen wird, immer noch 22 mal größer. Das heißt, etwas salopp ausgedrückt: Erst wenn 22 Fahrräder gestohlen worden sind, ist jemand einmal mit einer Vergewaltigung an der Reihe.

Sofern Sie die beschriebenen gefährlichen Situationen meiden, sinkt die Wahrscheinlichkeit, Opfer eines Sexualverbrechens zu werden, nahezu auf Null. Das ist eigentlich logisch, denn wenn sich in diesen Situationen die Straftaten häufen, müssen sie außerhalb entsprechend dünner gesät sein. Das bedeutet allerdings auch, daß beispielsweise eine Anhalterin vergewaltigt werden kann, bevor ihr — um in unserm Vergleich zu bleiben — auch nur ein einziges Fahrrad gestohlen worden ist.

Fazit: Wer Vorsicht walten läßt, braucht eigentlich keine Angst mehr zu haben.

Zur Vorsicht gehört aber auch, sich rechtzeitig Gedanken zu machen, bevor der unwahrscheinliche Fall eintritt. Denn im entscheidenden Moment bleibt meist zum Nachdenken keine Zeit.

Und damit wären wir wieder bei der Frage: Wehren oder gewähren lassen? Bevor man diese Frage beantwortet, muß man sich vergegenwärtigen, daß Sexualtäter sich nicht in ein einheitliches Schema pressen lassen. Am einen Ende der Skala steht der Mann, der sich in der Phantasie ein Abenteuer schon lebhaft ausgemalt hat, den eine Frau vielleicht auch bewußt gereizt hat, um dann im entscheidenden Moment nein zu sagen. Ein Mann, der je nach Temperament und Alkoholgenuß dann unter Umständen versucht, seine Träume mit Gewalt in die Wirklichkeit umzusetzen.

Am anderen Ende — zum Glück recht selten — der krankhafte, absolut unberechenbare Mensch, der nicht mehr mit normalen Maßstäben zu messen ist und bei dem jede Reaktion die falsche sein kann.

Dazwischen: Der Familienvater, der später gar nicht mehr verstehen kann, wieso es beim Anblick des tanzenden Mädchens in der Diskothek plötzlich über ihn gekommen ist. Der labile Junge, der für eine normale Beziehung viel zu verklemmt ist. Der primitive Schlägertyp, der gewohnt ist, sich mit Gewalt zu nehmen, was er haben will. Der Frauenhasser, dem es darauf ankommt, zu quälen und zu demütigen.

Ein allgemein gültiges Rezept, das bei so verschiedenen Typen mit so unterschiedlichen Motivationen gleichermaßen wirksam ist, kann es nicht geben. Alle Ratschläge sind deshalb mit einem „wenn" ausgestattet. Und es gibt Fälle, in denen man die nächste Verhaltensweise ausprobieren muß, sobald man feststellt, daß die erste Methode nicht wirkt.

- Wehren Sie sich, wenn Sie glauben, daß Sie dem Täter ebenbürtig oder überlegen sind — oder wenn Sie den Eindruck haben, daß der Mann unsicher ist.

- Schreien Sie, wenn jemand in der Nähe ist. „In der Nähe" bedeutet: Er muß eingreifen können, bevor der Täter Sie mundtot gemacht hat.

- Reden Sie, wenn der Täter bewaffnet ist oder sich nicht in die Flucht schlagen läßt. Aber reden Sie nicht als Frau, sondern möglichst neutral und kühl — über jedes beliebige Thema, sofern es nur von der Sexualität so weit wie möglich entfernt ist.

Sie können ein sehr beruhigendes Sicherheitsgefühl gewinnen, wenn Sie eine Kampfsportart wie Judo, Jiu-Jitsu oder auch Karate trainieren. Aber es wurde an anderer Stelle in diesem Buch schon gesagt: Ein bißchen nützt nichts.

Ein Tränengasspray oder dergleichen ist im allgemeinen nur dann nützlich, wenn Sie auf Täter treffen, die etwas Geduld haben, bis Sie das Gerät in der Handtasche gefunden, mit feuchtem Finger die Windrichtung festgestellt und ihre Position gegenüber dem Täter so eingerichtet haben, daß Sie nicht gegen den Wind sprühen. Mit anderen Worten: Verzichten Sie besser gleich auf diesen vermeintlichen Schutz. Er ist im Ernstfall nutzlos.

Achtung, Betrug!

Suchen Sie eine gut bezahlte Heimarbeit? Wollen Sie ein paar Mark nebenbei verdienen, ohne daß Ihnen jemand vorschreibt, wann und wie lange Sie arbeiten müssen? Haben Sie Ersparnisse, die Sie möglichst gewinnbringend anlegen wollen — so daß mehr dabei herauskommt als auf dem Sparbuch? Wünschen Sie sich heimlich einen Traumberuf? Mannequin, Fotomodell, Filmschauspieler oder Schlagersänger?

Alle diese Bedürfnisse haben eines gemeinsam: Ihre Erfüllung fällt nicht vom Himmel. Diese Ziele zu erreichen ist mühsam und in vielen Fällen unmöglich. Damit aber werden sie zugleich auch zum idealen Köder für die Angel der Betrüger. Sie versprechen alles, was die Menschen gerne haben möchten, und sie verlangen für ihre außergewöhnlichen Fähigkeiten, Dinge zu vermitteln, die es sonst praktisch überhaupt nicht gibt, nichts weiter als Geld. Wem wäre ein schöner Nebenverdienst oder gar eine Karriere in einem Traumberuf nicht ein paar Mark wert?

Aber gehen wir der Reihe nach vor und beleuchten wir zunächst einmal einen Bereich, der mir besonders übel erscheint — weil es dabei immer die trifft, die mit materiellen Gütern ohnehin nicht überreichlich gesegnet sind:

Trauriges Kapitel „Heimarbeit"

Einige hunderttausend Menschen wären dringend darauf angewiesen, ein paar Mark dazu zu verdienen, aber sie können aus den verschiedensten Gründen nicht außer Haus arbeiten gehen — weil sie kleine Kinder haben, weil sie gehbehindert sind, weil sie sich nicht auf regelmäßige Arbeitszeiten festlegen können. Sie alle suchen Heimarbeit.

Dem gegenüber steht — weil Heimarbeit für die meisten Firmen viel zu unrationell ist — ein nur verschwindend geringes Angebot. Die wenigen Arbeitsplätze in den eigenen vier Wänden, die etwa bei Zigarrenfabriken, bei der Schmuckindustrie oder bei Mini-Betrieben zur Verfügung stehen, sind oft seit Generationen in „Familienbesitz".

In dieser Situation ist ganz klar: Wer Heimarbeit anbietet, kann davon ausgehen, daß ihm die Interessenten das Haus einlaufen werden — und daß viele bereit sind, für die begehrte Verdienstmöglichkeit zunächst einmal etwas zu investieren. Kein Wunder, daß Betrüger Heimarbeitsangebote zu ihrem geradezu klassischen Tummelplatz gemacht haben. So ist zu erklären, daß die Anzeigenteile der Tageszeitungen manchmal den Eindruck erwecken, als gäbe es Heimarbeit in Hülle und Fülle. Wer sich auf ein solches Inserat meldet, wird allerdings zunächst einmal enttäuscht: Statt näherer Informationen über die Art der Heimarbeit bekommt er eine Zahlkarte. Gegen Einsendung einer sogenannten Schutzgebühr — meist zwischen 15 und 35 Mark — verspricht man ihm eine Broschüre, die über die verschiedensten Nebenverdienstmöglichkeiten Auskunft geben soll.

Die Broschüre kommt wirklich. Aber die Nebenverdienstmöglichkeiten, die da angeboten werden, haben alle eines gemeinsam: Man braucht dazu besonderes Material oder ein angebliches Spezialgerät, und dafür soll man zunächst wieder einmal Geld schicken.

Der Trick mit den Wundertüten

Ein Beispiel für das, was da so auftaucht: Angeboten wird etwa das Füllen von Wundertüten. Dazu sei es notwendig, daß der Heimarbeiter das notwendige Grundmaterial bei der Firma bestellt (und bezahlt). Für jede fertige Wundertüte wird ein Verkaufspreis von einer Mark in Aussicht gestellt — macht dann pro Tüte einen Verdienst von 20 Pfennig.

Wer den Pferdefuß nicht bemerkt und das Material bestellt, erlebt dann allerdings eine Überraschung: Die fertigen Tüten, die er an die Firma eingeschickt hat, kommen wieder zurück — mit einem höflichen Schreiben, in dem steht, der sehr geehrte Herr Mitarbeiter habe wohl irgend etwas falsch verstanden: Die Firma habe keinerlei Interesse an den fertigen Wundertüten. Man möge sich doch mit örtlichen Einzelhändlern in Verbindung setzen und die fertigen Produkte dort anbieten.

Wer dies versucht, erlebt dann — beinah ist es jetzt vorauszusehen — die zweite Überraschung: Der Einzelhändler bezieht seine Wundertüten — sofern er diese Art Ware überhaupt führt — für weit weniger Geld als der Heimarbeiter für das Rohmaterial bezahlen mußte.

Abnahmegarantie mit „Pferdefuß“

Mancher, der auf diesen Schwindel hereingefallen war, glaubte sich sicher, als er auf eine zweite Sorte von Heimarbeitsangeboten stieß: Auch hier sollte man zwar von der Firma zunächst einmal das Rohmaterial beziehen, dann aber die fertigen Arbeiten gegen gute Bezahlung bei derselben Firma einliefern.

Da sich Ganoven durch viel Phantasie auszeichnen, ist auch die Palette solcher Angebote entsprechend breit gefächert: Sie reicht vom Adressenschreiben (wofür man erst einmal eine neue Schreibmaschine beziehen muß) über das Zusammenschweißen von Plastiktüten (ebenfalls natürlich mit dem entsprechend teuren Gerät) bis hin zur Pelztierzucht (wobei die Zuchtpaare zu einem horrenden Preis von der Firma bezogen werden müssen).

Vielleicht ahnen Sie schon, wie es weitergeht: Wer im Schweiße seines Angesichts und mit einem Aufwand von vielen Stunden alle Arbeiten brav hinter sich gebracht hat und erwartungsvoll die ersten Produkte seiner Tätigkeit einschickt, erhält sein Päckchen wenige Tage später wieder zurück. Dabei ein Brief: Die Abnahmegarantie beziehe sich selbstverständlich nur auf einwandfreie Arbeiten. Und was der Heimarbeiter da eingeschickt habe, sei leider mit kleinen Mängeln behaftet: Bei den geschriebenen Adressen müßten die Nullen in der Postleitzahl groß oder klein (je nachdem) geschrieben werden, die Pelztiere seien nicht ganz makellos, was vielleicht auf unzureichende Unterbringung oder Fütterung zurückzuführen sei, und so weiter. Zum Trost rät man dem Heimarbeiter, es doch noch einmal zu versuchen. Ein Bestellformular für neues „Rohmaterial" liegt bei.

Ein aufschlußreiches Experiment

Bei den Vorbereitungen für eine Sendung der Reihe „Vorsicht, Falle!" wollten wir es einmal genau wissen. Aus vielen Zuschauer-Zuschriften und aus Berichten der Polizei ging hervor, daß sich auf dem Heimarbeitsmarkt offenbar ein neuer Hit etabliert hatte. Mehrere Firmen boten an, zuhause kleine Bilder auf Preßspanplatten aufzukleben und zu lackieren. Das Grundmaterial für 30 Bilder sollte 40 Mark kosten, für die fertigen Werke wurden 100 Mark in Aussicht gestellt. Als Zeitaufwand für den Verdienst von 60 Mark wurden 5 — 6 Stunden angegeben.

Wir haben das Material bestellt, uns dann aber nicht selbst ans Werk gemacht, sondern den Restaurator eines Mainzer Museums beauftragt, die Bilder streng nach Gebrauchsanweisung und so sorgfältig anzufertigen, als handele es sich um unersetzliche historische Gemälde.

Trotz seiner beruflichen Routine brauchte er nicht 6 Stunden, sondern 20 (womit der Verdienst auf lächerliche 3 Mark pro Stunde zusammenschmolz). Das Grundmaterial stellte sich als so minderwertig heraus, daß ein Laie damit in der Tat kaum eine glatte Lackfläche zu Wege gebracht hätte. Unser Restaurator aber schaffte es dennoch, perfekte Bilder abzuliefern.

Wir schickten sie ein und warteten. Und nach einer Woche kam prompt der Brief, den wir aus vielen Zuschauer-Zuschriften kannten: Man bedaure außerordentlich, die fertigen Arbeiten nicht honorieren zu können, da sie leider gewisse Mängel aufwiesen.

Das Geheimnis der Schmetterlingsnetze

Ein Schwindelunternehmen, das von Österreich und später von Liechtenstein aus operierte, hat die Masche noch verfeinert: Um auch in einem Rechtsstreit eine unangreifbare Position zu besitzen, nahm die Firma jeweils einige wenige der fertigen Artikel tatsächlich ab — allerdings nur, um sie in einem nächsten Schritt wieder als viel zu teures Rohmaterial an den Mann zu bringen. Zunächst verkaufte der Betrüger Holzstiele, Draht und Tüll — und ließ daraus hunderte von Heimarbeitern Schmetterlingsnetze anfertigen. Auf vielen tausend Netzen blieben die Heimarbeiter nach bewährtem Rezept wegen angeblicher Qualitätsmängel sitzen. Einige hundert aber kaufte der Schwindler an — zum Preis von 14 Schilling (also etwa 2 Mark).

Dann holte er zum zweiten Schlag aus. Sein nächstes Angebot lautete: Kleine Insekten zu fangen und zu präparieren. Die „Grundausstattung" — eines der bekannten Schmetterlingsnetze und ein Fläschchen Äther mußte bei ihm für 280 Schilling (also etwa 40 Mark) bezogen werden. Wiederum setzte sich ein Heer von Heimarbeitern in Bewegung und fing Zehntausende von Insekten. Wiederum kaufte er nur einige hundert an — von Heimarbeitern, die dann vor Gericht guten Gewissens bezeugten, daß der Schwindler einwandfrei präparierte Insekten tatsächlich ankaufte. Die Klage eines anderen Heimarbeiters, der sich betrogen fühlte, wurde abgewiesen.

Und nun werden Sie sich fragen, was machte der Mann mit den toten Insekten, die er angekauft hatte? Für einen cleveren Gauner kein Problem. Er erfand einfach eine neue Heimarbeit: Das Herstellen von künstlichen Bernsteinen mit eingeschlossenen Insekten. Jetzt waren die kleinen Tierchen — zusammen mit einem durchscheinenden Kunststoff — plötzlich wieder zum wertvollen und teuren „Rohmaterial" geworden.

Inzwischen wurde diese Art Heimarbeit in Österreich untersagt. Es ist recht bezeichnend, daß das Verbot nicht etwa von den hereingelegten Heimarbeitern erreicht wurde, die um oft mühsam ersparte Groschen betrogen wurden — sondern von Naturschützern, die dagegen protestierten, daß Insekten zu kommerziellen Zwecken gefangen und getötet wurden. Der clevere Inhaber der Heimarbeitsfirma hat sich inzwischen nach Südamerika abgesetzt. Andere Schwindelfirmen aber sind nach wie vor mit ähnlichen Angeboten aktiv.

So werden Opfer zu Komplizen

Man darf getrost so ziemlich alle Angebote in den dubiosen Broschüren über einen Kamm scheren. Immer läuft es darauf hinaus, daß man zuerst einmal Geld schicken muß, bevor man Arbeit erhält — und daß es zumindest sehr unsicher bleibt, ob man den Lohn für die Mühe jemals zu sehen bekommt.

Aus dem Rahmen fällt eigentlich nur ein Angebot auf der letzten Seite. Es gehört zu den größten Unverschämtheiten, die mir auf diesem Gebiet je untergekommen sind. Das Angebot lautet: Nebenverdienst durch Übernahme einer selbständigen Heimarbeitsagentur. Mit anderen Worten: Man soll vom Hersteller einige hundert genau der Broschüren beziehen, auf die man soeben hereingefallen ist. Man soll Anzeigen mit Heimarbeitsangeboten in die Zeitung setzen und gegen „Schutzgebühr" das dubiose Druckwerk unter die Leute bringen.

Nichts weiter als diese üble Masche steckt hinter dem scheinbar so reichen Angebot an Nebenverdienstmöglichkeiten auf den Anzeigenseiten. Daß unter verschiedenen Namen oft in einer Zeitungsausgabe fünf- oder zehnmal oder noch öfter mit beinahe dem gleichen Wortlaut Heimarbeit angeboten wird und daß man in allen Fällen, wenn man anfragt, die gleiche wertlose Broschüre angeboten bekommt, bedeutet leider, daß es den Gaunern in erschreckend vielen Fällen gelungen ist, ihre Opfer zu Komplizen zu machen. Mit schönen Worten natürlich. Und so überzeugend, daß die frischgebackenen „Agenturinhaber" meist sehr erstaunt reagierten, wenn die Polizei bei ihnen auftauchte und ihnen eine Strafanzeige wegen versuchten Betrugs präsentierte.

Fazit: Die meisten Heimarbeitsangebote sind unseriös. Wer sich auf die Suche nach den wenigen ernstgemeinten Angeboten machen will, sollte zwar überall anfragen, aber sofort den Rückzug antreten, wenn die Vergabe der Arbeit von irgendeiner Zahlung abhängig gemacht wird.

„Automatisch" Geld verdienen

Der Wunsch, nebenbei Geld zu verdienen, ist so verbreitet, daß er nicht nur die Phantasie der Heimarbeitsschwindler angeregt hat. Geht es bei ihnen im Einzelfall noch um 20 oder 40 Mark, kalkuliert eine andere Gruppe von windigen Geschäftemachern gleich mit Tausenden.

Versetzen Sie sich einmal in die Lage eines Ganoven, der anderen Menschen so viel Geld aus der Taschen ziehen oder sie womöglich veranlassen will, dafür einen Kredit aufzunehmen. Sie müßten Ihren Opfern etwas anbieten, womit man — zumindest nach landläufiger Vorstellung — gewissermaßen automatisch reich wird. Sie müßten ein

Geschäft vorschlagen, von dem die meisten Menschen glauben, daß es nicht mit Arbeit verbunden ist, sondern daß man dabei nur zu kassieren braucht.

Haben Sie die Lösung gefunden? Sie liegt sehr nahe: Fast jeder hat schon einmal neidvoll zugesehen, wie die überquellenden Geldschubladen aus Spielgeräten oder Zigarettenautomaten geleert wurden, und fast jeder gerät ins Träumen, wenn man ihm in Aussicht stellt, diese Schubladen in die eigene Tasche zu leeren. So ist es nicht verwunderlich, daß der Automatenbetrug zu den ältesten, aber auch immer noch zu den üppig blühenden Schwindelgeschäften gehört.

Im Prinzip läuft der Trick immer nach dem gleichen Muster ab: Zunächst wirbt man über Zeitungsinserate Interessenten. Man verspricht einen guten Nebenverdienst und schreibt auch gleich dazu, daß ein kleines Grundkapital notwendig ist.

Bei Interessenten, die sich daraufhin melden, taucht unverzüglich ein Repräsentant der Automatenfirma auf, der auf jede Frage eine Antwort weiß. Die Rentabilität zum Beispiel schildert er in den rosigsten Farben. Bei fünf Stunden Zeitaufwand in der Woche, so behauptet er, seien leicht 2000 Mark im Monat zu verdienen. Ein Kapitaleinsatz von 10 000 Mark für drei oder vier Automaten sei dafür doch wohl nicht zu hoch.

Der Interessent merkt nicht, daß ihm ein Trugbild vorgegaukelt wird. Er weiß: Überall stehen Automaten, also müssen sie sich für die Aufsteller auch rentieren. Er denkt nicht daran, daß die guten Plätze natürlich alle besetzt sind — daß es nur noch Aufstellmöglichkeiten gibt, die die kaufmännisch geführten Automatenfirmen aus gutem Grund meiden. Er denkt nicht daran, daß Automaten nicht zwangsläufig so betriebssicher und stabil sein müssen, wie diejenigen, die er kennt. Er denkt nicht an die Kosten für Wartung und Reparaturen, er kalkuliert nicht mit ein, daß Automaten manchmal aufgebrochen werden. Er hat nur einen naheliegenden Einwand: „Warum", so fragt er den Vertreter, „warum betreiben Sie die Automaten nicht selbst, wenn das Geschäft so lohnend ist?"

Selbstverständlich weiß der Mann auch auf diese Frage eine Antwort: „Wir betreiben sehr viele Automaten selbst, aber mehr Wachstum ist mit Angestellten einfach nicht zu erreichen. Sie brauchen dafür vertrauenswürdige Personen, und die sind nicht so leicht zu finden. Wir haben eine Größenordnung erreicht, in der eine Ausweitung des Geschäfts nur noch durch Partnerschaften möglich ist, wie bei den Großbetrieben auch. Und genau das ist es, was wir Ihnen anbieten."

Einleuchtender gehts nimmer, nur ist es halt leider gelogen.

Da gute Aufstellplätze kaum noch zu finden sind, bleibt die Geldschublade fast immer so gut wie leer, und da die Automatenbetrüger natürlich keine erstklassigen Geräte, sondern billigste Ramschware verkaufen, dauert es selten mehr als ein paar Wochen, bis die Automaten defekt oder aufgebrochen sind.

Und so verstaubt der Traum vom leicht verdienten Vermögen bald irgendwo in einer Dachkammer. Das Geld aber ist dahin. Und bei vielen Geschädigten laufen die Rückzahlungsraten für den aufgenommenen Kredit noch jahrelang weiter.

In der Art der Automaten sind Ganoven nicht wählerisch. Sie bieten an, was sich ihrer Meinung nach gerade am besten verkauft: Zigaretten- und Heißgetränke-Automaten, Münz-Fernsehgeräte für Hotels und Krankenhäuser, Billardtische mit Geldeinwurf, Unterhaltungs- und Gewinnspielgeräte.

Auch in anderer Hinsicht gehen die Herren Schwindelunternehmer mit der Zeit: Nachdem allmählich wirklich oft genug vor den Milchmädchenrechnungen der Automatenvertreter gewarnt worden ist, versprechen die Betrüger in ihren Inseraten neuerdings eine Verdienstgarantie: Wenn ihr „Partner" monatlich nicht mindestens 2500 Mark in den Geldschubladen vorfindet, verpflichtet sich die Automatenfirma schriftlich, die Differenz aus eigener Kasse draufzulegen.

Ein todsicheres Geschäft, so scheint es. Und die Firma ist sogar noch großzügiger: Ihren Anteil an den Einnahmen will sie auf ein Sperrkonto legen, das letzten Endes auch wieder dem „Partner" zugute kommt. Immer wenn sich dort genug Geld angesammelt hat, bekommt er davon einen weiteren Automaten — so lange, bis er 10 Stück beisammen hat. Den Interessenten, die nun anfangen zu rechnen und dabei im Endstadium auf einen Monatsverdienst von 25 000 Mark kommen, scheinen gelegentlich angesichts solcher Perspektiven die Buchstaben auf den Vertragsformularen vor den Augen zu verschwimmen. So entgeht ihnen ein kleines und von den Vertretern durchaus nicht ohne Absicht gehegtes Mißverständnis. Im Vertragstext steht, wenn man ihn genau liest, daß die Verdienstgarantie sich auf den Betrieb von 10 Automaten bezieht. Da die Geräte nichts einbringen, wandert auch nichts auf das Sperrkonto, und so kommt niemand auch nur in den Besitz eines zweiten Automaten.

Die Einkommensgarantie hat also absolut nichts an der Situation geändert. Und nach wie vor finden Sie in den Zeitungen immer wieder zahlreiche Angebote zum Reichwerden „durch Abkassieren von Spiel- und Unterhaltungsgeräten" mit dem verschämten Zusatz „kleines Barkapital erforderlich".

„Werden Sie Generalvertreter"

Dem Automatenbetrug recht nahe verwandt ist die Masche mit den Auslieferungslagern. Auch hierbei nutzen Schwindelfirmen den weitverbreiteten Irrglauben, daß Inhaber eines Auslieferungslagers ihr Geld im Schlaf verdienen: Die Vertreter holen die Aufträge herein, man braucht nur die dicken Einnahmen zu verbuchen und gelegentlich beim Hersteller neue Ware zu bestellen. Und genauso sehen dann die Versprechungen aus, die den Interessenten gemacht werden. Man erzählt den künftigen Generalvertretern, daß sie sich nur einen genügend großen Vorrat irgendeiner gängigen Ware anschaffen müßten, damit der Rubel dann ganz von selbst rolle. Auch hierbei achtet man darauf, möglichst aktuelle Waren anzubieten — früher vor allem Kosmetika, dann Warnblinkleuchten für Kraftfahrzeuge und in neuerer Zeit angesichts allgemein zunehmender Besorgnis über die steigende Kriminalität sogar Alarmanlagen.

Erst viel später merken die Opfer, daß es nur darum ging, ihnen einen riesigen Posten minderwertiger Waren zu einem vielfach überhöhten Preis anzudrehen. Das angebliche Heer von Vertretern existiert nur in der Phantasie der windigen Firmeninhaber. Wenn man genau hinschaut, ist es auch im Vertrag nirgendwo schwarz auf weiß erwähnt.

Fazit: Glauben Sie keinem, der Ihnen in Aussicht stellt, daß Sie ohne Mühe viel Geld verdienen könnten. Wenn einer ein Rezept dafür gefunden hätte — warum sollte er sich dann selbst doch Mühe machen — die Mühe nämlich, die es kostet, Sie zu überreden.

Und noch eins: Bitte versuchen Sie, das Prinzip dieser Tricks zu erkennen. Dann werden Sie den Schwindel auch durchschauen, wenn Ihnen jemand beispielsweise die Ausrüstung für eine selbständige Teppichbodenreinigungsfirma oder die Ausstattung für einen Badewannenbeschichtungsbetrieb aufschwatzen will. Dann werden Sie sich die richtigen Fragen stellen, wenn einer kommt und Aktien anbietet, die in zwei Jahren garantiert das Doppelte wert sind oder Ihnen hohe Gewinne verspricht, wenn Sie in kalifornischen Grundstücken oder in Warentermingeschäften an der Londoner Börse investieren.

Der Trick mit den Musteranlagen

Vor mehr als 15 Jahren erfand eine Betrügergruppe in Niedersachsen eine Masche, die bis heute jedem Ganoven durchschlagenden Erfolg bringt — ganz einfach, weil sie immer noch zu wenig bekannt ist.

Sie haben vielleicht die alte Scherzfrage schon einmal gehört: Woran erkennt man einen guten Verkäufer? Die Antwort: Er schafft es, einem

Bauern mit einer einzigen Kuh eine Melkmaschine zu verkaufen — und die Kuh dafür in Zahlung zu nehmen.

Die Erfinder des erwähnten Tricks waren Melkmaschinenverkäufer, und sie haben den Scherz in beklemmender Weise Wirklichkeit werden lassen. Ihre Opfer waren kleine Landwirte, die nie daran gedacht hätten, für ihre paar Kühe eine teure Melkmaschine anzuschaffen. Und wenn die Verkäufer auf den Hof kamen, war vom Verkaufen auch gar keine Rede:

„Wir suchen einen sauberen, gut geführten Hof für eine Musteranlage", eröffneten sie dem Bauern — und argumentierten weiter: „Hier in der Gegend gibt es viele Interessenten für Melkmaschinen, aber die wollen die Geräte natürlich in Betrieb sehen. Wenn wir bei Ihnen eine Musteranlage installieren, können Sie sie selbstverständlich benutzen. Sie sparen sich das Melken mit der Hand und bekommen außerdem noch eine gute Provision von jedem Exemplar, das nach einer solchen Vorführung verkauft wird."

Der Bauer hat zwar noch ein paar Einwände, weil keiner gerne ständig Fremde in seinem Stall hat; aber innerlich hat er sich schon ausgerechnet, wieviel Zeit er spart, wenn er nicht jeden Tag von Hand melken muß. Erst als der Besucher zwei verschiedene Vertragsformulare auf den Tisch legt, runzelt er skeptisch die Stirn. Denn auf einem der beiden Papiere steht groß „Kaufvertrag". Aber der Vertreter beruhigt ihn: „Das müssen wir aus steuerlichen Gründen machen, weil die Maschine ja bei uns aus dem Bestand raus ist. Und es dient auch Ihrer Absicherung, sonst könnten wir ja in vier Wochen, wenn Sie sich gerade schön daran gewöhnt haben, kommen und das Ding wieder mitnehmen. So aber gehört die Melkmaschine Ihnen. Sie bezahlt sich gewissermaßen von selbst aus den Provisionen und wenn hier zehn Stück verkauft worden sind, kriegen Sie jedes Mal die Provision in bar."

Die Rechnung scheint zu stimmen und der Bauer unterschreibt. Den Kaufvertrag und die Zusatzvereinbarung über die Provision.

Die Maschine wird wenige Tage später geliefert und installiert. In Luxusausführung und zum stolzen Preis von 10 000 Mark — einem Preis, der nur pro forma auf dem Papier steht, wie der Bauer glaubt.

Aber kein Vertreter und kein Interessent betreten in den nächsten Wochen den kleinen Hof. Stattdessen kommt von der Melkmaschinenfirma eine Mahnung. Der Rechtsanwalt, an den sich der Bauer jetzt wendet, muß ihm eröffnen, daß er sich hat hereinlegen lassen: Der Kaufvertrag ist ohne Einschränkung gültig. Wenn die Firma darauf besteht, muß der Bauer die Maschine bezahlen. In der Zusatzvereinbarung aber steht lediglich, daß die Lieferfirma berechtigt ist, Interessenten die Melkmaschine vorzuführen. Nirgendwo steht geschrieben, daß sie die Pflicht hat, dies zu tun. Nachdem dann natürlich auch keine Provisionen kamen, mußten manche der geprellten Landwirte tatsächlich ihr Vieh oder Teile ihres Landes verkaufen, um die nutzlose Maschine zu bezahlen.

Der Trick ist inzwischen vielfältig variiert worden. Als angebliche Musterexemplare werden auf diese Weise Tiefkühltruhen, Waschmaschinen und selbst ganze Fassadenverkleidungen oder -beschichtungen verkauft. Man erkennt den Trick an den zwei getrennten Verträgen bzw. daran, daß der Kunde zwar die Kaufverpflichtung ohne Einschränkung unterschreiben soll, daß die eigentliche Funktion als Musteranlage und die Verpflichtung zur Provisionszahlung aber mehr oder weniger wachsweich und unverbindlich geregelt ist.

Träume zu verkaufen

Können Sie Gedichte schreiben? Haben Sie schon einmal gezeichnet oder fotografiert? Finden Sie, daß Ihre Stimme eigentlich ganz gut klingt? Oder spielen Sie ein Instrument? Sehen Sie gut aus oder haben Sie sich womöglich gar einmal auf einer Laienbühne als Schauspieler(in) versucht?

Wenn Sie auch nur eine dieser Fragen mit JA beantworten können, dann muß ich Sie dringend warnen: Achtung, Gefahr! Denn dann sind Sie ein geeignetes Opfer für eine ganz bestimmte Sorte von Schwindlern.

Sie machen sich ein Stück alltäglicher Allgemeinbildung zunutze: Jeder kennt die Prominenten und Stars, die mit den genannten Begabungen nicht nur viel Geld verdienen, sondern auch berühmt und begehrt geworden sind. Jeder weiß, daß sie die schicksten Autos fahren, auf ihren Weltreisen in den vornehmsten Hotels residieren und ständig von einem Schwarm hübscher Mädchen (oder interessanter Männer) umgeben sind.

Natürlich weiß auch jeder, daß der Weg dahin steinig ist. Zur außergewöhnlichen Begabung müssen harte Arbeit, Durchsetzungsvermögen und Verhandlungsgeschick kommen. Man braucht Beziehungen, man braucht eine Startmöglichkeit. Und so bleibt es im allgemeinen bei der Wunschvorstellung, selbst einmal als großer Star all diese Annehmlichkeiten zu genießen.

Die Geschichte, die Peter S. erlebt hat, ist typisch für die Art, wie Ganoven solche Wunschträume ihrer Mitmenschen zu Geld machen: Peter, 19 Jahre alt, gehört zu den Menschen, die in ihrem Beruf nicht sehr glücklich sind. Er ist Buchhalter geworden, weil sich dafür gerade eine Ausbildungsmöglichkeit angeboten hat, aber seine eigentliche Liebe gilt nicht Zahlen und Bilanzen, sondern seiner Gitarre. Peter kann die Texte aller gängigen Schlager auswendig, und er singt sie auch, wo sich Gelegenheit bietet — zum Beispiel an einem Samstagabend bei einem Talentwettbewerb in seiner Stamm-Diskothek.

Nach der Preisverteilung sitzt Peter etwas niedergeschlagen an seinem Tisch: Es hat nur für einen 8. Platz gereicht, und er ist in einer Stimmung, in der er am liebsten die Gitarre an den Nagel hängen würde. Plötzlich steht ein etwa 50jähriger Mann im blauen Anzug neben ihm: „Merkel", stellt er sich vor, „ich bin Musikverleger und Konzertagent. Sie waren mit Abstand der Beste. Lassen Sie sich bloß von dieser absurden Wertung nicht entmutigen!"

„Meinen Sie wirklich?" fragt Peter erstaunt und geschmeichelt.

„Sonst würde ich es nicht sagen", entgegnet der Konzertagent knapp. „In Ihnen steckt eine große Karriere. Darf ich Ihre Adresse haben?"

Keine Frage, daß Peter gern seine Adresse angibt. Er kann nicht wissen, daß der Mann an diesem Abend mit den Adressen aller elf Teilnehmer nach Hause geht.

Schon wenige Tage später sitzt ein „Repräsentant" der Konzertagentur bei ihm zuhause. Er verspricht Peter das Blaue vom Himmel herunter. Konzertreisen, Schallplattenverträge, Karriere, Ruhm und Reichtum.

Erst ganz am Schluß hat die Sache dann einen kleinen Haken: Auch ein so begabter Neuling wie er berge für den Agenten natürlich ein gewisses Risiko, das er nicht allein tragen könne. Peter müsse sich mit 3000 Mark an der Präsentation und den Einführungskosten beteiligen. Für dieses Geld werde eine Schallplatte gepreßt, die an alle anderen Konzertagenturen und Schallplattenfirmen verschickt werde. Weitere hundert Exemplare soll Peter selbst erhalten, um damit für sich zu werben oder sie auch an Freunde zu verkaufen und damit einen Teil seiner Unkosten wieder hereinzuholen.

Peter zögert einen Moment. Seine Eltern braucht er gar nicht erst zu fragen, die halten seine Musik sowieso für Spinnerei. Aber er verdient schließlich selbst Geld, er ist volljährig, dann sollte es nicht schwer sein, 3000 Mark Kredit von der Bank zu bekommen. Und aus seiner Tätigkeit als Buchhalter weiß er, daß man in jedes gute Geschäft erst einmal etwas hineinstecken muß — notfalls mit Hilfe eines Kredits.

Peter hat sich zu diesem Zeitpunkt auch alles schon viel zu schön ausgemalt, um sich von Bedenken noch abhalten zu lassen. So unterschreibt er den Vertrag, ohne zu merken, daß darin nichts weiter garantiert ist als die Lieferung seiner hundert Schallplatten.

Auch einen Monat später, als er in einem Tonstudio schlecht und recht sein Lieblingslied singt, und dann, als er wiederum wenig später tatsächlich ein Paket mit hundert Schallplatten erhält, sieht er seine Zukunft im rosigsten Licht.

Danach aber wird es still um den Konzertagenten Merkel. Auf entsprechende Anfragen kommen zunächst hinhaltende Antworten und dann schließlich die deprimierende Nachricht, daß sich leider niemand für Peters Stimme interessiert habe und man die Vermittlungstätigkeit deshalb einstellen müsse. Aus vielen ähnlichen Fällen ist bekannt, daß der Konzertagent nie mehr als hundert Schallplatten pressen läßt — und daß er an jedem solchen Vertrag mindestens 2000 Mark verdient. Peter hingegen sitzt auf seinen Schallplatten, die ihm niemand abkaufen will, auf einem Kredit, für den jeden Monat die Raten fällig sind — und reicher geworden ist er nur um eine Erfahrung.

Die Betrugssachbearbeiter der Kriminalpolizei nennen Schwindler dieser Art „Talentvermittler". Neben Vermittlerdiensten bieten sie oft auch eine Ausbildung an, die nicht mehr wert ist als das Papier, auf dem der Vertrag steht. Und immer kostet es erst einmal eine Menge Geld, wenn man Mannequin, Fotomodell, Filmschauspieler oder Starfotograf werden will.

Geschäft mit Not und Schrecken

Auch die folgende Geschichte hat sich wirklich ereignet, und auch sie ist kein Einzelfall: Es ist die Geschichte des 71jährigen Josef K. aus München.

Den ganzen Sommer über sitzt der alte Mann Tag für Tag unter den Arkaden eines Münchner Kaufhauses auf einem Klappstuhl. Vor ihm ausgebreitet eine Art Bauchladen mit Rasierklingen, Schnürsenkeln, Bleistiften und Zahnbürsten. Mit leicht zur Seite geneigtem Kopf lauscht er auf die Schritte der vorübergehenden Menschen. Er kann nur hören, ob jemand bei ihm stehenbleibt, denn Josef K. ist blind.

„Brauchen Sie Rasierklingen? Oder vielleicht Schnürsenkel? Schnürsenkel braucht man doch immer!" spult Josef K. beinahe automatisch seine gewohnten Sätze ab, als endlich wieder einmal ein Passant vor ihm steht.

Und die Stimme eines jungen Mannes antwortet: „Bestimmt kann ich irgendetwas brauchen. Müssen Sie denn von dem leben, was Sie hier verkaufen?“

Josef K. freut sich über die Anteilnahme beinah genau so sehr wie über die Kaufabsicht des Fremden. Und so gibt er bereitwillig Antwort.

Geschickt fragt der Fremde weiter. Und so erfährt er schnell, wie der alte Mann heißt, wo er wohnt, daß seine Frau meist alleine zuhause ist und daß er eine ansehnliche kleine Rente bezieht.

„Und was möchten Sie jetzt kaufen?“ fragt Josef K..

Der alte Mann fragt ins Leere. Sein Gesprächspartner hat sich leise davongemacht. Josef K., der vor 20 Jahren durch eine heimtückische Krankheit das Augenlicht verloren hat, muß wieder einmal eine Enttäuschung schlucken.

Währenddessen steigt der Fremde nur ein paar Straßen weiter die Treppen eines alten Mietshauses empor und klingelt im 2. Stock.

„Sind Sie Frau K.?“, fragt er die Frau, die ihm öffnet.

„Ja, warum?“

„Ich habe keine gute Nachricht für Sie, Frau K., aber bitte regen Sie sich nicht auf, es hätte alles viel schlimmer kommen können.“

Natürlich regt sich Frau K. auf. Sie muß sich an einem Stuhl festhalten, und aus ihrem Gesicht ist alle Farbe gewichen. „Um Gottes Willen“, stammelt sie. „Was ist mit Josef?“

„Ihr Mann ist plötzlich auf die Straße gelaufen. Wir wissen bisher nicht warum. Und natürlich prompt vor ein Auto.“

Mit dem Tonfall eines barmherzigen Samariters erzählt der Fremde unbarmherzig seine Lügengeschichte zu Ende: Josef K. habe eine schwere Kopfverletzung davongetragen und sei nicht ansprechbar. Er müsse möglichst schnell in ein neurochirurgisches Krankenhaus gebracht werden. Dies sei aber nur möglich, wenn vorher ein Vorschuß auf die Überführungskosten geleistet werde. Er sei beauftragt, bei ihr 500 Mark abzuholen — außerdem einen Schlafanzug und Hausschuhe.

Frau K. ist so schockiert und erschüttert, daß sie keinen klaren Gedanken fassen kann. Wie eine Schlafwandlerin holt sie aus einem Zimmer einen Pyjama, Hausschuhe und eine Kassette. Sie reicht dem Mann ein Geldbündel: 420 Mark.

„Mehr hab' ich nicht. Glauben Sie, daß das reicht?“ fragt sie ängstlich.

„Ich werde mich dafür einsetzen. Den Rest können Sie ja später bezahlen“, erklärt der Mann großmütig. Dann verabschiedet er sich.

Während Frau K. in ihrer Wohnung weinend zusammenbricht, wirft der Mann im Hof Schlafanzug und Hausschuhe in eine Mülltonne und macht sich mit dem Geld aus dem Staub — auf der Suche nach dem nächsten Opfer.

Warnen Sie alte Menschen!

Die „Schreckensbotschafter", wie Kriminalisten die geschilderte Art von Betrügern nennen, sind so ziemlich das Übelste, was es auf diesem Sektor gibt. Aber sie haben ein paar hundert Kollegen mit anderen Tricks, die ihnen kaum nachstehen. Eins ist allen gemeinsam: Sie machen es sich gern bequem. Und je älter und hilfloser ihre Opfer sind, um so weniger Schwierigkeiten haben sie zu erwarten.

Sie erzählen Greisen, die schon zweimal bei Geldentwertungen alles verloren haben, daß eine neue Währungsreform bevorstehe und sie in der Lage seien, das ganze Geld noch schnell umzutauschen. Sie beobachten alte Menschen, die auf der Post ihre Rente holen oder bei der Bank Geld abheben und verfolgen sie bis zu ihrer Wohnung. Dort geben sie sich als Kriminalbeamte aus und behaupten, das soeben abgeholte Geld sei falsch, und sie müßten es beschlagnahmen. Oder sie kommen zu zweit, bieten Decken oder Teppiche an (oder kommen angeblich von irgendeinem Amt, von der Kirche oder von der Rentenstelle) — und während einer das Opfer ablenkt, klaut der andere, was nicht niet- und nagelfest ist. Wenn Überredung nicht hilft, schrecken sie auch vor massiven Drohungen oder körperlicher Gewalt nicht zurück.

An dieser Stelle eine ganz persönliche Bitte: Wenn es in Ihrer Nachbarschaft ältere Menschen gibt, sprechen Sie sie bitte an, geben Sie ihnen den Rat, niemanden in die Wohnung zu lassen, den sie nicht kennen — und bieten Sie für Zweifelsfälle Ihre Hilfe an! Ganoven der geschilderten Art müssen mit den alten Menschen allein sein, wenn ihre Tricks funktionieren sollen. Ich kenne viele Fälle, in denen sie unverrichteter Dinge wieder abgezogen sind, weil der Mann oder die Frau, die sie als Opfer ausersehen hatten, zunächst die Tür nur einen Spalt geöffnet hat, die Sicherheitskette vorgelegt ließ und die Besucher bat, doch zunächst einmal bei der Nachbarin zu klingeln und ihr Anliegen in deren Anwesenheit vorzutragen.

Bitte nicht schmunzeln

Zum Schluß dieses Kapitels möchte ich Ihnen gern noch ein paar Geschichten von Ganoventricks erzählen, die teilweise ein wenig zum Schmunzeln verführen. Wenn man sich in die Lage des Betroffenen versetzt, sind allerdings auch diese Geschichten gar nicht mehr so komisch — und bei einer davon gibt es nun wirklich nichts zu lachen. Noch relativ harmlos ist das Gaunerstückchen eines Mannes, der sich auf eine höchst ungewöhnliche Masche spezialisiert hat: Er tritt immer dann auf, wenn bei Volksfesten, wie etwa dem Münchner Oktoberfest, in großen Zelten nicht nur Bier oder Wein, sondern auch gebratene Hähnchen serviert werden.

Sein dunkler Anzug, sein blütenweißes Hemd und die schwarze Fliege geben ihm den Anstrich des Geschäftsführers, mindestens aber des Oberkellners. Mit einem Schwall von Entschuldigungen tritt er an einen Tisch heran, an dem gerade sechs Hähnchen serviert worden sind: „Bitte haben Sie Verständnis. Der Kellner ist neu, der hat versehentlich die Hähnchen serviert, die wir aussortiert hatten, weil sie zu klein waren. Sie bekommen sofort ein größeres!"

Sprach's, sammelte die sechs Hähnchen ein und stand damit wenig später am anderen Ende des Festzeltes: „Wer hatte hier Hähnchen bestellt?"

Natürlich kassiert der Mann sofort — und meistens ein halbes Dutzend mal, bevor die ersten Gäste reklamieren und die gestreßten Kellner merken, daß sie einen Wilderer im Revier haben.

Der Mann ist heute noch nicht gefaßt. Und ich gebe zu, daß ich die Geschichte auch kurios fand, als ich sie zum erstenmal hörte. Immerhin zeigt sie, daß es beinahe keine Situation gibt, in der man nicht wenigstens ein bißchen mißtrauisch sein sollte.

Haben Sie Angst vor Strom?

Vielen Menschen sind elektrische Leitungen und Geräte immer ein bißchen unheimlich. Und dieses Unbehagen nützen Ganoven auf recht unterschiedliche Weise aus:

Da gibt es zum Beispiel einen Mann, der sich auf kleine Einzelhandelsgeschäfte spezialisiert hat. Er betritt den Laden, wenn gerade kein Kunde da ist, und gibt sich als Prüfer vom Elektrizitätswerk aus. Irgendwo müsse ein Kriechstrom zur Erde abgehen, erklärt er der verblüfften Geschäftsinhaberin — Strom, der natürlich über ihren Zähler laufe und zu viel zu hohen Rechnungen führe, wenn die Fehlerquelle nicht beseitigt werde. Selbstbewußt schraubt er den Zähler auf und dreht die Sicherungen heraus. Dann bittet er die Frau um einen Kupferpfennig.

„Kupfer leitet den Strom besonders gut, wissen Sie", erklärt er leutselig. In Wirklichkeit kommt es ihm aber nur darauf an, festzustellen, ob die Ladenkasse vielleicht mit einer mechanischen Klingel ausgestattet ist, die womöglich trotz der herausgeschraubten Sicherungen Laut gibt, wenn die Schublade geöffnet wird.

Und dann bittet er die Frau um eine kleine Hilfestellung: Sie soll den Pfennig am Zähler auf zwei blanke Drahtenden drücken, während er im Laden die Leitungen durchmißt.

„Sie brauchen keine Angst zu haben. Solange Sie fest draufdrücken, passiert gar nichts", beruhigt er die Frau, als sie noch etwas zögert. „Sie dürfen allerdings erst loslassen, wenn ich es Ihnen sage."

Immer noch ein wenig unsicher drückt die Frau schließlich den Finger auf den Pfennig, und sie ist fest entschlossen, auf keinen Fall loszulassen. Denn der Monteur wird schon wissen, was er sagt.

In einem Fall stand die Frau beinahe eine Stunde so am Zähler — bis sich einer von den Kunden, die inzwischen im leeren Laden auf Bedienung warteten und sich über die offenstehende Kassenschublade wunderten, ein Herz faßte und die Inhaberin aus ihrer mißlichen Lage befreite.

Schauplatz des zweiten „Elektro-Tricks" ist ein beliebtes Ausflugslokal in einer der schönsten Gegenden Deutschlands:

An einem unfreundlichen und regnerischen Novembertag wischt der Wirt mißmutig seine Theke blank. Mit Gästen ist bei solchem Wetter kaum zu rechnen.

Um so mehr stutzt er, als er durch die beschlagenen Scheiben draußen auf der großen Terrasse eine Bewegung wahrnimmt. Er geht hinaus, um die vermeintlichen Gäste ins Lokal zu bitten, dann aber bleibt er stirnrunzelnd unter der Tür stehen:

Draußen machen sich zwei Männer auf recht ungewöhnliche Weise auf seiner Gartenterrasse zu schaffen: Einer hält einen rot-weißen Fluchtstab, der zweite blickt durch eine Art Fernrohr, einen sogenannten Theodoliten, wie ihn Vermessungsingenieure benutzen. Dabei reden sie miteinander über Masten, Fundamente — und daß die alte Linde auf der Terrasse natürlich weg müsse, weil sie im Weg steht.

„Was, um Gotteswillen, machen Sie denn da", spricht der Wirt die beiden schließlich an.

„Wir vermessen die Hochspannungsleitung", antwortet der ältere der beiden, offenbar der Chef der kleinen Truppe. „Hier in die Ecke der Terrasse kommt ein Mast."

Dem Wirt fallen beinahe die Augen aus dem Kopf. Das konnte doch nur ein Scherz sein!

Aber die Männer bleiben ernst: „Die Baupläne haben ja lang genug ausgelegen. Wir haben uns, ehrlich gesagt, gewundert, daß Sie keinen Einspruch eingelegt haben. Aber das hätte auch nichts genützt. Der Mast muß nun einmal dahin. Eine andere Leitungsführung geht nicht, wegen dem Wald und dem Flußbett."
Der Wirt ist natürlich schockiert. Keine Frage, daß die Gäste einen Hochspannungsmast auf der Ausflugsterrasse nicht eben anziehend finden werden. In seiner Verwirrung denkt er nicht daran, sein Telefon zu benutzen, um die Angaben der Männer zu überprüfen, sondern er verlegt sich aufs Verhandeln.

„Ist denn da wirklich gar nichts zu machen? Wenn hier eine Straße durchführen würde, könnte man doch auch keinen Mast mitten drauf stellen", versucht er den „Chef" zu überreden.

„Naja", entgegnet der etwas gedehnt. „In einem Ausnahmefall kann man den Mast davor und dahinter ein bißchen höher machen, dann kommen sie natürlich auch weiter auseinander. Aber da müßten Sie natürlich die Mehrkosten tragen!"

Der Wirt hat sich längst ausgerechnet, was es ihn kostet, wenn die Gäste ausbleiben, weil ein Schild „Achtung, Hochspannung, Lebensgefahr!" auch den Geschmack am besten Essen verdirbt. Der Verlust würde in die Tausende gehen, und so ist er eigentlich sogar angenehm überrascht, als der Vermessungsingenieur die Kosten für die Änderung auf nur 600 Mark beziffert.

„Sie müßten sich allerdings sofort entscheiden. Und auch sofort bezahlen — gegen Quittung natürlich. Weil wir ja dann auch von hier aus die ganze Vermessung umstellen müssen", fügt der Mann hinzu.

Der Wirt bezahlt. Und er spendiert den Männern sogar noch einen Grog zum Dank für ihre Freundlichkeit — und damit sie beim Vermessen der veränderten Mastfundamente nicht so frieren.

Als er am nächsten Tag dann doch etwas nachdenklich wurde und beim Bauamt nachfragte, erfuhr er, daß in seiner Gegend nie eine Hochspannungsleitung geplant war — und daß die gerissenen Gauner außer ihm in den letzten Tagen noch sieben weitere Opfer gefunden hatten.

Die Doppelrolle der Lady X

Eine Frau genießt den Ruf, sich das gerissenste Gaunerstück in der neueren Kriminalgeschichte geleistet zu haben. Sie konnte nie ermittelt werden und ist deshalb unter dem Namen „Lady X" in die Annalen eingegangen.

In der unauffällig teuren Aufmachung, die dem Kenner wahre Klasse verrät, betrat sie eines Tages das größte Juweliergeschäft in einer mittleren deutschen Stadt. Der Chef persönlich fragte sie nach ihren Wünschen.

„Ich bin Frau Klar", stellte sie sich vor. „Vielleicht kennen sie meinen Mann dem Namen nach. Er ist Professor für Neurologie und Psychiatrie".

Der Juwelier nickte. Die Stadt hatte es erfreut zur Kenntnis genommen, daß Professor Klar, der als größte Kapazität auf seinem Gebiet galt, den Ruf der relativ kleinen Universität angenommen hatte. Kein Zweifel: Hier saß eine Kundin, die manches ordentliche Geschäft versprach, wenn sie sich gut bedient fühlte. Man wußte schließlich, daß Professoren nicht arm sind. Und der dezente Schmuck, den die Frau bereits trug, verriet dem Kenner, daß sie normalerweise nicht nach dem Preis fragen mußte.

Diesmal allerdings sprach sie von Geld:

„Es ist so", holte sie aus. „Mein Mann möchte mir zur silbernen Hochzeit ein Kollier schenken. Ich denke, daß er ungefähr 100 000 anlegen würde. Vielleicht auch ein bißchen mehr, wenn es sich lohnt. Haben Sie denn in der Klasse etwas Hübsches da?"

Der Juwelier hatte. Die vier Kolliers, die er der Dame vorlegte, waren nicht nur hübsch, sie waren geradezu traumhaft schön. Einen Augenblick lang betrachtete die Frau Professor die funkelnden Kunstwerke schweigend, beinahe andächtig.

„Sie sind alle sehr schön", bemerkte sie dann mit vornehm gezügelter Begeisterung. „Aber dieses eine hier, das ist wirklich ein Meisterstück!"

„Kompliment, gnädige Frau", erwiderte der Juwelier ebenso bedächtig. „Sie haben einen sehr sicheren Geschmack. Es ist leider auch mit Abstand das teuerste. Und ich wollte es zuerst eigentlich gar nicht dazu legen."

„Das wäre unverzeihlich gewesen. Wieviel kostet es denn?"

„190 000."

Die Frau schien wirklich eine Menge von Schmuck zu verstehen. Ohne eine Spur von Überraschung nickte sie: „Ich hatte es befürchtet. Aber es ist vielleicht nicht aussichtslos."

Eifrig stieß der Juwelier nach: „Das Stück ist seinen Preis wert, keine Frage. Glauben Sie, wenn Ihr Mann es sieht . . ."

„Er wird fasziniert sein."

„Ich werde Ihnen selbstverständlich das Kollier reservieren. Wann darf ich damit rechnen, daß sie mich mit Ihrem Mann noch einmal besuchen?"

Die Frau zögerte ein wenig: „Das ist ein kleines Problem. Wissen Sie. Er ist zur Zeit furchtbar im Streß. Die neue Klinik, der Aufbau der Praxis. Ich glaube nicht, daß ich ihn dazu bewegen kann, mit hierher zu kommen. Wäre es denn möglich, daß er sich das Kollier bei uns zu Hause ansehen kann?"

„Aber selbstverständlich!" Der Juwelier kannte seine gehobene Kundschaft, und die Bitte war durchaus nicht ungewöhnlich. „Wenn Sie mir sagen, wann ich vorbei schauen darf."

Die Kundin erhob sich von ihrem Stuhl an dem kleinen Mustertisch. „Ich muß zunächst einmal seinen Kalender befragen", entgegnete sie, während sie noch einmal versonnen die erlesenen Schmuckstücke betrachtete. „Ich rufe Sie an und sage Ihnen einen Termin."

Der Juwelier war einverstanden. Höflich begleitete er die Kundin zur Tür, bevor er die vier Prachtstücke wieder sorgsam im Panzerschrank verstaute.

Eine Stunde später drückte Lady X auf den Klingelknopf neben dem Schild „Praxis". Eine gediegene Messingtafel am Eingang des großen Hauses verkündete, daß hier Professor Klar „Sprechstunden nach Vereinbarung" abhielt.

Eine Helferin in makellosem Weiß öffnete die Tür.

„Mein Name ist Bertram", stellte sich die Besucherin freundlich vor. „Vom Juweliergeschäft Bertram, wissen Sie."

„Ah, ja. Am Zentralplatz. Ein sehr schönes Geschäft. Kommen Sie doch herein", bat die Helferin ebenso freundlich.

Drinnen druckste die Frau Juwelier zunächst ein bißchen herum. Sie müsse sich auf absolute Diskretion verlassen können. Es gehe nämlich um ihren Mann, dessen Verhalten Anlaß zu ernster Sorge gebe. Er rede in letzter Zeit immer häufiger verwirrt daher, spreche nur noch von Kolliers und von Geld, auch wenn es gar nicht in den Zusammenhang passe. Und ob der Herr Professor ihn sich einmal ansehen könne.

Die Helferin ist gewöhnt, daß es die Verwandten der Patienten oft schwerer haben als die Kranken selbst. Es werde bestimmt wieder werden, meint sie, und Frau Bertram habe schon gleich von vornherein Glück, weil am Donnerstag um 16 Uhr noch ein Termin frei sei.

Wiederum wenige Minuten später steht Lady X in einer Telefonzelle und ruft Herrn Bertram an. „Hier ist Frau Klar", sagt sie und setzt im

Verschwörerton hinzu. „Wir haben so gut wie gewonnen. Am Donnerstag um 16 Uhr ist er zu Hause und will sich das gute Stück ansehen. Können Sie pünktlich da sein?“

Selbstverständlich kann der Juwelier. Ein Kollier für 190 000 Mark verkauft man schließlich nicht alle Tage.

Schon eine Viertelstunde vor der verabredeten Zeit klingelt es an der Tür der Praxis im Hause des Professors. Die Helferin geht öffnen.

„Ach, Frau Bertram“, begrüßt sie die Dame, die vor der Tür steht.

Ihr Mann habe ja um 16 Uhr einen Termin, erklärt die Frau ihr Erscheinen. Und sie wolle sich hier mit ihm treffen.

Die Helferin geleitet Frau Bertram ins Wartezimmer und geht wieder an ihre Arbeit. Vom Fenster aus kann Lady X die Straße vor dem Haus überblicken. Eine Minute vor 16 Uhr fährt unten ein schwarzer Mercedes vor.

Herr Bertram holt vom Rücksitz ein schlichtes schwarzes Köfferchen und verschließt den Wagen sorgfältig, bevor er auf dem gepflegten Plattenweg auf das Haus zusteuert.

Noch bevor er klingeln kann, wird die Tür von innen geöffnet. Die Dame, die er für die Frau Professor hält, begrüßt ihn mit gedämpfter Stimme und eröffnet ihm, sie habe sich einen kleinen Trick ausgedacht. Er möge ihr das Schmuckstück doch schon einmal geben: „Dann zieh ich mein Abendkleid an und das Kollier dazu. Da kann er einfach nicht nein sagen!“

Der Juwelier hat nichts dagegen. Schließlich muß Frau Klar ihren Mann am besten kennen.

Er möge doch einen Augenblick im Wartezimmer Platz nehmen, bittet die Frau, bevor sie sich mit dem Kollier zurückzieht.

Herr Bertram schaute nicht aus dem Fenster. Und so entging ihm, daß punkt 16 Uhr ein Taxi hinter seinem Wagen angehalten hatte und daß die Frau, die er vor irgendeinem Kleiderschrank im Hause wähnte, rasch einstieg und davonfuhr.

Er schöpfte auch noch keinen Verdacht, als der Professor die Tür zum Wartezimmer öffnete und ihn zu sich hereinbat.

Er machte es ein bißchen spannend, fand Herr Bertram. Kein Wort davon, wie ihm das Kollier gefiel, stattdessen eine Fülle von Fragen, die der Juwelier eigentlich als indiskret empfand: Wann er zuletzt in Urlaub gewesen sei. Ob er bei der Arbeit Konzentrationsschwächen festgestellt habe und ob er gelegentlich unter Kopfschmerzen leide.

Der Juwelier versuchte sich zur Geduld zu zwingen. Man wußte ja, daß Professoren ihre Schrullen haben; und ein großes Geschäft war es vielleicht auch wert, einmal dumme Fragen zu beantworten. Aber jedesmal, wenn Herr Bertram versuchte, die Rede auf das Kollier zu bringen, warf der Psychiater einen Blick auf den Zettel, auf dem seine Helferin die geschilderten Symptome notiert hatte, nickte bedeutungsschwanger und sprach von etwas anderem.

Es dauerte rund eine halbe Stunde, bis die beiden Männer erkannten, auf welch raffinierte Weise sie geleimt worden waren. Der Vorsprung, den Lady X dadurch gewonnen hatte, reichte aus. Die Täterin konnte unerkannt fliehen. Und so hat diese wahre Begebenheit in den Polizeiakten nie einen Abschluß gefunden.

Gemeiner geht's kaum

Ob Sie es glauben oder nicht, auch die nächste Geschichte hat sich wirklich ereignet. Sie wurde sogar mehrfach von verschiedenen Gaunern praktiziert:

Passiert ist sie zum Beispiel der 67jährigen Elisabeth W. — zu einem Zeitpunkt, an dem sie ohnehin keinen Mangel an Kummer hatte.

Als Frau W. an jenem schlimmen Tag den Briefkasten aufschließt, ist sie ganz in schwarz gekleidet und hat verweinte Augen. Sie kommt gerade von der Beerdigung ihres Mannes, mit dem sie 45 Jahre ihres Lebens geteilt hat. Er war Bahnbeamter gewesen — ein grundanständiger, ehrenhafter Mann mit gesunden Moralbegriffen, der nur seine Arbeit und seine Familie kannte.

Davon war Frau W. wenigstens bis zu diesem Tag felsenfest überzeugt. Dann aber öffnet sie den neutralen Brief, der zwischen den Beileidsbekundungen im Kasten liegt — und eine Welt bricht für sie zusammen:

Der Brief enthält eine Mahnung von einem Versandhaus für Sexartikel und Pornographie. Der sehr geehrte Herr W., an den das Schreiben adressiert ist, habe sicher nur versehentlich versäumt, den fälligen Betrag von 167,— Mark für vier Porno-Magazine, einen Posten Reizwäsche und diverse sexuelle Aufputschmittel zu bezahlen.

Frau W. hätte sicher nie Reizwäsche getragen, und bei ihr hat ihr Mann auch nicht die Wirkung der bestellten Mittelchen abreagiert. Er muß ein schändliches Geheimnis mit in den Tod genommen haben. Und Frau W. kennt nur einen Gedanken: Es muß unter allen Umständen ein Geheimnis bleiben, damit nicht zum Schmerz auch noch die Schande kommt.

Und so fährt sie noch am gleichen Tag in eine benachbarte Stadt und zahlt auf einem Postamt, wo sie niemand kennt, den geforderten Betrag ein. Dann verbrennt sie die Mahnung und den Einzahlungsabschnitt.

Frau W. kann nicht wissen, wie bitter sie ihrem Mann Unrecht tut: Weder hatte er auf seine alten Tage eine Freundin, noch hat er jemals Porno-Magazine bestellt. Das Geld, das die Frau einbezahlt hat, landet auf dem Postscheckkonto eines jungen Mannes in Süddeutschland. Er besitzt kein Versandhaus und er hat auch nie an irgend jemanden irgend etwas geliefert.

Seine „Geschäftsunkosten" macht er täglich am Bahnhofskiosk. Dort kauft er Tageszeitungen aus ganz Deutschland, um aus den Todesanzeigen die Adressen von älteren Männern herauszuschreiben. Dann schickt er Mahnungen an die Toten. Seine Spekulation, die Witwe werde eher bezahlen als in einer so heiklen Angelegenheit Staub aufzuwirbeln, ist leider in viel zu vielen Fällen aufgegangen.

Wie man Verträge widerruft

Bei solchen Tricks hilft nur eins: Vertrauen zur Polizei, die Gaunern der beschriebenen Art leicht das Handwerk legen könnte, wenn sie jeweils rechtzeitiger informiert würde.

In vielen anderen Fällen, in denen der Polizei die Hände gebunden sind, weil nicht so eindeutig eine Straftat vorliegt, hat sich das neue Abzahlungsgesetz als sehr segensreich erwiesen:

Nach diesem Gesetz hat der Käufer das Recht, ein Abzahlungsgeschäft innerhalb einer Woche zu widerrufen. Von dieser Möglichkeit können Sie auch dann Gebrauch machen, wenn Sie sich zur Abnahme sogenannter „wiederkehrender Leistungen" verpflichtet haben — also zum Beispiel dazu, jede Woche eine Zeitschrift oder jeden Monat ein Pfund Kaffee abzunehmen und zu bezahlen. Es hilft Ihnen aber nicht bei Verträgen, in denen zum Beispiel „Barzahlung bei Lieferung" vereinbart worden ist.

Das Widerrufsrecht gilt generell — für Abzahlungsverträge mit Schwindlern genauso wie für Vereinbarungen mit seriösen Firmen. Sie sollen den Verbraucher davor schützen, daß er sich unter dem Einfluß eines redegewandten Verkäufers zu etwas verpflichtet, was gar nicht seinem Willen entspricht.

Wenn Sie von Ihrem Widerrufsrecht Gebrauch machen wollen, gibt es ein paar Regeln, die Sie beachten sollten:

- Benutzen Sie nie das Wort „zurücktreten“, sondern den im Gesetz vorgesehenen Begriff „widerrufen“.
- Geben Sie keine Begründung für Ihren Widerruf an. Der Satz „Hiermit widerrufe ich meine Bestellung vom ... “ genügt.
- Schicken Sie den Widerruf per Einschreiben mit Rückschein, und bewahren Sie die Postbelege gut auf.
- Für die Wahrung der Sieben-Tage-Frist kommt es nicht auf die Ankunft, sondern auf den Absendetag Ihres Widerrufsschreibens an.

Ganz wichtig: Achten Sei schon bei der Unterschrift darauf, daß auf dem Bestellzettel das richtige Datum steht! Betrüger haben in neuerer Zeit häufig Bestellungen um eine Woche zurückdatiert, so daß die Widerrufsfrist bereits verstrichen war. Dagegen brauchen Sie sich keine Sorgen zu machen, wenn Sie keinen Durchschlag der Bestellung erhalten haben: Die Frist beginnt erst mit dem Moment, in dem Sie Kenntnis von der Adresse Ihres Vertragspartners haben.

Besserer Schutz ist nötig

Das Abzahlungsgesetz ist zweifellos ein Meilenstein im Kampf gegen Geschäftsmethoden, die zumindest in der Nähe des Schwindels angesiedelt sind. Denn auch, wenn es für alle Abzahlungsgeschäfte gilt — geschützt werden soll der Verbraucher damit in erster Linie vor unseriösen Geschäftspartnern.

Weitere Schritte in dieser Richtung werden folgen müssen. Zunächst könnte ein neues Gesetz gegen den unlauteren Wettbewerb wieder einen Fortschritt bringen: Danach soll Verbrauchern, die einen Vertrag auf Grund irreführender oder unwahrer Angaben abgeschlossen haben, ein Rücktrittsrecht und ein Schadenersatzanspruch zustehen.

Die Zukunft wird jedoch zeigen, daß auch das nicht genügt. Wirksame Vorbeugung gegen Betrug und Wirtschaftskriminalität ist nur möglich durch schnelle und umfassende Information der potentiellen Opfer. Noch immer muß ein Staatsanwalt, der mit den Aktivitäten einer dubiosen Firma bereits dicke Akten gefüllt hat, machtlos zusehen, wie die Schwindler unter seinen Augen neue Opfer suchen. Selbst, wenn jemand bereits konkrete Zweifel hat und direkt bei ihm anfragt, muß er sich normalerweise dumm stellen, wenn er sich nicht einem Prozeßbombardement von Dienstaufsichtsbeschwerden und Regreßansprüchen aussetzen will. Man kann nicht verlangen, daß ein Beamter gegen seine Vorschriften verstößt, um andere vor Schaden zu bewahren. Wenn sie zu Schäden führen, sind die Vorschriften falsch.

Selbstverständlich muß eine Güterabwägung stattfinden zwischen der Gefahr, durch eine Warnung die Geschäfte einer bisher nur verdächtigen Firma zu beeinträchtigen, und der Notwendigkeit, diese Geschäfte zu beeinträchtigen, weil die Schäden bei den Opfern erkennbar größer und zahlreicher sind als der mögliche Schaden für den Firmeninhaber.

In begründeten Fällen kann ein nur Verdächtigter ja auch eingesperrt werden, kann seine Wohnung auf richterliche Anordnung durchsucht werden. Unter bestimmten Voraussetzungen wird sogar das Fernmeldegeheimnis außer Kraft gesetzt. Es ist nicht einzusehen, warum es nicht möglich sein soll, vor einer Schwindelfirma auf richterlichen Beschluß öffentlich im Klartext zu warnen.

Mit diesen Überlegungen haben wir zum Schluß dieses Buches bereits die gegenwärtige Bestandsaufnahme verlassen und einen Blick auf mögliche künftige Entwicklungen geworfen. Vielleicht ist der Versuch ganz reizvoll, auch auf anderen Gebieten der Kriminalität zu ergründen, wohin der Weg in den nächsten Jahren führen könnte.

Ein Blick in die Zukunft

Der Mann in der schwarzblauen Uniform mit einem silbernen glänzenden Stern an der Jacke blättert mit der linken Hand in einer Liste. Die rechte ruht fünf Zentimeter vom Griff des Revolvers entfernt — bereit, blitzschnell zuzustoßen und zu ziehen, wenn der junge Mann auf der anderen Seite des Tresens eine Waffe hervorzaubert.

„Tut mir leid", sagt er schließlich kühl und klappt die Liste zu. „Sie sind nicht angemeldet. Sie stehen nicht auf der Besucherliste."

„Aber das ist doch Unsinn! Ich bin schließlich ihr Freund, da brauch ich mich ja wohl nicht jedesmal anzumelden!"

„Bei uns schon", belehrt der Uniformierte den Besucher. „Aber, wenn es so ist — ich kann ja mal nachfragen."

Wieder ist es die linke Hand, die zum Telefon greift und eine Nummer wählt. Die Rechte verläßt nur für einen Augenblick ihre Alarmposition, um einen Knopf zu drücken. Er schaltet eine Fernsehkamera ein, die das Bild des Besuchers in den 7. Stock überträgt.

Nach einer kurzen Frage und einer ebenso kurzen Antwort legt der Mann mit dem Stern an der Uniform wieder auf.

„Ist in Ordnung. Sie können rauf gehen. Aber mal im Ernst: Sie machen mir die Arbeit wirklich leichter, wenn Sie sich das nächstemal anmelden."

Wieder drückt der Mann auf einen Knopf. Lautlos gleitet eine schwere stahlbeschlagene Tür zur Seite und gibt den Weg ins Innere des Hauses frei. Ins Innere eines Wohnhauses wohlgemerkt — nicht etwa in das Verwaltungsgebäude einer Firma mit Geheimaufträgen.

Die Bewohner der 83 Appartements bezahlen neben der Miete und den normalen Nebenkosten noch einen beachtlichen Zuschlag für die Sicherheit vor kriminellen Übergriffen an der eigenen Wohnungstür, für die der bewaffnete Wächter im Erdgeschoß garantiert.

Wie alle Mieter und Hausbesitzer dieses Viertels überweisen sie darüber hinaus jeden Monat ihren Anteil an einer Umlage, von der die bewaffneten Aufpasser bezahlt werden, die draußen Tag und Nacht auf den Straßen patrouillieren. Hier kann man sicher sein, daß man nicht auf der Straße überfallen wird, wenn man Bekannte besucht oder einkaufen geht. Auch in Banken und Geschäften stößt man auf die allgegenwärtigen, bis an die Zähne bewaffneten Männer in den dunklen Uniformen:

Niemand braucht zu fürchten, bei einem Raubüberfall als Zufallsgeisel in die Hand von Gangstern zu fallen. In Kaufhäusern und Bürogebäuden mit Publikumsverkehr fährt auch in jedem Aufzug ständig ein uniformierter Beschützer mit. Kein Bandit könnte es wagen, mal eben zwischen zwei Stockwerken die Notbremse zu betätigen und eine Frau zu vergewaltigen oder auszurauben.

Hier herrscht Friede und Sicherheit. Aber die Kriminalität ist nicht etwa abgeschafft. Sie findet draußen statt — in den Armenvierteln, in denen sich niemand privaten Schutz leisten kann und in die sich nach Einbruch der Dunkelheit auch kein Polizist mehr hineintraut. Dort wird für ein paar Münzen eingebrochen, geraubt und gemordet. Die Opfer halten sich schadlos, indem sie anschließend selbst auf Raub und Diebestour gehen. Und gelegentlich brandet der kriminelle Strudel über die Schutzwälle hinweg in die sicheren Viertel hinein. Dann werden wieder einmal die Umlagen erhöht und noch mehr Wächter eingestellt. Sofern man welche bekommt. Schon jetzt gibt es im Land mehr privat engagierte Beschützer als öffentlich bezahlte Polizisten. Und geschultes Sicherheitspersonal wird immer knapper ...

Diese beklemmende Schilderung stammt nicht aus einem pessimistischen Zukunftsroman. Sie beschreibt eine Situation, die in Teilen der Vereinigten Staaten schon seit Jahren alltägliche Wirklichkeit ist.

Wenn es zutrifft, daß wir unsere Verhältnisse mit einer gewissen Verzögerung aus dem Westen importieren — müssen wir uns dann auf eine ähnliche Situation gefaßt machen?

Wer diese Frage seriös beantworten will, muß in aller Klarheit sehen, daß in Mitteleuropa eine Reihe von Voraussetzungen für die typische US-Kriminalität fehlen: Wir sind nicht mit den Rassenkonflikten belastet, die in Amerika viele Farbige ins Elend und in die Kriminalität treiben. Europäische Sozialpolitik läßt keine Slums aufkommen, und unsere Polizei ist über den Verdacht der Korruption erhaben.

Man kann also getrost prophezeien, daß die Kriminalität bei uns nicht das Ausmaß annehmen wird, an das man sich in Amerika gewöhnen mußte.

Aber stimmt die Richtung?

Dafür gibt es in der Tat einige Indizien. Nur mag man sie anscheinend noch nicht zur Kenntnis nehmen.

Vor einigen Jahren drangen schlagartig die Umweltprobleme, auf die schon lange vorher aufmerksam gemacht worden ist, ins öffentliche Bewußtsein. Seit Jahrzehnten ist bekannt, daß die Rohstoff- und Energievorräte der Erde nicht unerschöpflich sind. Jetzt plötzlich ist überall von Sparsamkeit die Rede. Vielleicht wird in ein oder zwei Jahren das beängstigende Wachstum der Weltbevölkerung plötzlich zum zentralen Thema. Und irgendwann müßte eigentlich auch jemandem auffallen, daß die Zahl der registrierten Straftaten Jahr für Jahr mit unheimlicher Stetigkeit ansteigt. In der Bundesrepublik Deutschland zum Beispiel von 1678840 im Jahr 1963 auf 4345107 im Jahr 1983. Bei praktisch gleichbleibender Bevölkerungszahl. Und mit alarmierenden Schwerpunkten in den Bereichen der Gewalt und der Eigentumskriminalität.

Alle Anzeichen sprechen dafür, daß wir uns am Beginn eines neuen Zeitalters befinden. An der Wende von einer Überflußgesellschaft (zumindest in Teilen der Welt) zu einer Rationierungsgesellschaft. In einer Zeit aber, in der Energie, Rohstoffe und in ein paar Jahren wohl auch Nahrungsmittel knapp werden — in einer Zeit, in der zugleich die Kriminalität im Steigen begriffen ist, gehört nicht viel Phantasie dazu, einen Trend vorauszusagen:

Ähnlich, wie sich Umweltverstöße im öffentlichen Bewußtsein vom Kavaliersdelikt zur handfesten Kriminalität gemausert haben, so könnte künftig Verschwendung zur verabscheuungswürdigen Straftat werden.

Heute ist Bargeld die beliebteste Beute von Dieben und Räubern, weil man in den westlichen Industrienationen alles dafür kaufen kann. Wenn in der Zukunft Rohstoffe, Energie und Lebensmittel für Geld nicht mehr in beliebigen Mengen käuflich sind, werden sie zur bevorzugten Beute werden. Schon heute gibt es Banden, die sich auf den Diebstahl seltener Metalle, wie etwa Kobalt, spezialisiert haben.

Vielleicht wird man in fünf oder zehn Jahren Pipelines, Hochspannungsleitungen, Tankstellen, Rohstofflager und Lebensmitteldepots so bewachen und sichern müssen, wie heute Banken, Juwelierläden und Teppichgeschäfte. Und der Privatmann wird sich vielleicht darauf einstellen müssen, daß Einbrecher statt dem Wandtresor den Öltank suchen, daß sie der Tiefkühltruhe mehr Aufmerksamkeit schenken als der Schmuckschatulle und daß am Auto der abschließbare Tankdeckel wichtiger ist als das Lenkradschloß.

Der Wettlauf geht weiter

Wie die Gangster auf die heute schon vorhandenen und künftig sicher noch verstärkt eingesetzten Vorbeugungsmaßnahmen reagieren, wird weitgehend davon abhängen, ob es gelingt, Straftaten großflächig und möglichst überall zu erschweren.

Wenn dies nicht gelingt, werden die Täter ausweichen: Vom gewerblichen in den privaten Bereich, von den Villen auf die Reihenhäuser, von diesen auf die Wohnungen, und von den besser ausgestatteten und besser gesicherten Etagen auf die kleinere, aber ungesicherte Beute bei den sozial Schwachen. Im Endstadium dieser Entwicklung wären wir dann dem geschilderten amerikanischen „Vorbild" sehr nahe gekommen.

Wenn es sich aber als möglich erweist, Kriminalität überall mit angemessenen Schutzmaßnahmen zu erschweren, dann wird sich die Zusammensetzung der Täter ändern: Die Gelegenheitseinbrecher, die nur nehmen, was ohne Schwierigkeiten zu haben ist, werden aus dem Rennen ausscheiden. Das Feld wird dann beherrscht von den Profis, die nicht ausweichen, sondern immer bessere Sicherungen mit immer findigeren Methoden überwinden. So registrierte die Polizei zum Beispiel jahrelange Versuche, mit Sauerstofflanzen Panzergeldschränke und Tresorräume zu knacken. In keinem Fall war ein Einbrecher zum Ziel gekommen, weil der Umgang mit diesem speziellen technischen Gerät nur von wenigen Könnern beherrscht wird und Arbeitsbedingungen erfordert, die an einem nächtlichen Tatort unter Zeitdruck normalerweise nicht gegeben sind. Aber eines Tages beherrschte eine Gruppe von Gangstern die Technik. Und seitdem muß immer wieder einmal ein Panzergeldschrank, dem kein Schneidbrenner etwas anhaben kann, daran glauben.

Es ist keine Frage, daß die Geldschrankindustrie vor dieser Herausforderung nicht die Augen schließt. Aber auch in anderen Bereichen wird bereits an der Zukunft getüftelt:

In der Alarmtechnik zum Beispiel sind im Augenblick die Mikroprozessoren dabei, einen gewaltigen Siegeszug durch den Gerätepark anzutreten — winzig kleine elektronische Bausteine, die auf wenigen Quadratmillimetern mehr Funktionen ausführen können als früher ein Schaltkasten von der Größe eines Kleiderschranks.

Die Alarmzentralen könnten auf die Größe eines Taschenrechners zusammenschrumpfen, so daß ein Einbrecher kaum noch eine Chance hat, sie zu finden und außer Betrieb zu setzen. Und die verbesserte Technik wird auch eine Vielzahl neuer Funktionen ermöglichen: Denkbar wären Sensoren, die auch bei ausgeschalteter Alarmanlage automatisch reagieren, wenn ein Unberechtigter den geschützten Bereich betritt. Irgendwann wird man auch ohne großen finanziellen Aufwand von mehreren Stellen aus die Anlage scharf schalten und entschärfen können, so daß die Familie sich nicht mehr auf eine Zugangsmöglichkeit beschränken muß. Vielleicht werden in ein paar Jahren auch für eine Außenhautüberwachung keine aufwendigen Leitungsinstallationen mehr nötig sein. Schon heute gibt es Melder, die ihre Signale über Funk oder das ohnehin vorhandene Stromnetz an die Zentrale geben. Diese Anlagen können sich noch nicht mit der Betriebssicherheit der ausgereiften konventionellen Geräte vergleichen. Das schmälert jedoch nicht das Verdienst der Hersteller, die als erste den Mut hatten, neue Wege zu gehen.

Je mehr Alarmanlagen installiert werden, um so wichtiger wird es auch sein, den Alarm nicht in die leere Luft hinaus zu pusten, sondern für eine angemessene Reaktion zu sorgen. Die Zahl der Anschlüsse bei den privaten Notrufzentralen der Wach- und Sicherheitsunternehmen dürfte schneller wachsen als die Zahl der Alarmanlagen. Daß auch sehr viele Teilnehmer zufriedenstellend geschützt werden können, zeigt das Beispiel Kopenhagen. Dort sind rund 10000 Alarmanlagen aufgeschaltet.

In Dänemark (und in einer ganzen Reihe anderer Länder) wurde allerdings das Problem der Signalübertragung auf höchst elegante Weise gelöst. Dort kann der Alarm ohne Wählgerät über das ganz normale Telefonnetz an eine Notrufzentrale weitergegeben werden — mit Hilfe von Signalen in einem Frequenzbereich, der die gleichzeitig über dieselben Kabel laufenden Telefongespräche nicht stört.

Die neuen Kommunikationstechniken werden auch im Bereich der Deutschen Bundespost neue Formen der Gefahrensignal-Übertragung ermöglichen — zunächst über einen „Fernwirkdienst", dann über ein nach und nach installiertes digitales Telefonnetz. Neben der Sprachübertragung kann dann an eine Leitung Bildschirmtext, das Modem für den Heimcomputer, die Zählerfernablesung der Elektrizitätswerke, der Altennotruf und eben auch die Gefahrenmeldeanlage angeschlossen werden.

Weit in die Zukunft weisen auch die Video-Warnsysteme, die in einigen Bereichen heute schon beginnen, den konventionellen Meldern den Rang abzulaufen. Ihr Funktionsprinzip: Eine Zusatzeinrichtung zur Fernsehkamera reagiert auf Kontraständerungen in einem ganz bestimmten, beliebig einstellbaren Bildausschnitt. Betritt jemand den geschützten Bereich, wird Alarm ausgelöst — ein besonders informativer Alarm, denn im gleichen Augenblick läßt sich auf dem Bildschirm die Situation überblicken und beurteilen. An einen Monitor können mehrere Kameras angeschlossen werden. Das Bild, in dessen Bereich sich etwas Alarmierendes abspielt, erhält automatisch Vorrang und wird auf den Bildschirm übertragen. Mit Hilfe hochempfindlicher Kameras arbeitet das System auch bei Dunkelheit noch zuverlässig. Und die Polizei kann sich den Eindringling beliebig oft auf der Video-Aufzeichnung ansehen.

Ein Video-Warnsystem mit zwei wichtigen Vorzügen: Die Ursache des Alarms läßt sich sofort auf dem Bildschirm kontrollieren. Und eine angeschlossene Aufzeichnungsanlage hält das Bild des Eindringslings auf Magnetband fest. (Foto: INFORM)

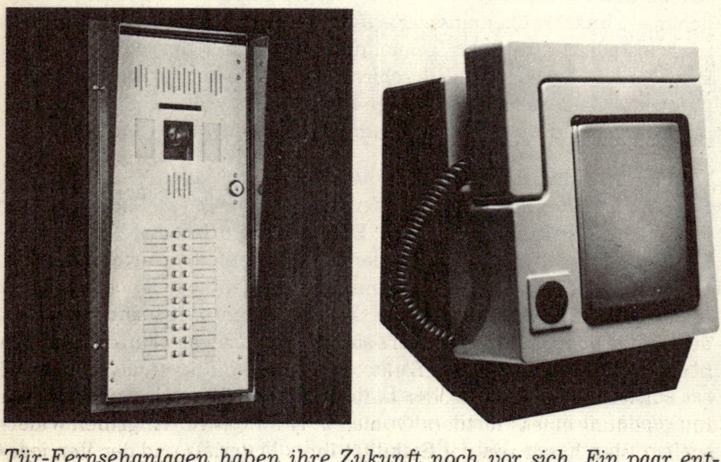

Tür-Fernsehanlagen haben ihre Zukunft noch vor sich. Ein paar entscheidende Vorteile dürften ihnen zum Durchbruch verhelfen. (Fotos: Hug, Zürich)

In die Zukunft weisen schließlich auch die intensiven Bemühungen der Geräteindustrie um Güteüberwachung und Normung. Einheitliche Bezeichnungen für ein genau definiertes Maß an Sicherheit sollten bei Alarmanlagen ebenso möglich sein wie bei Geldschränken. Bemühungen in dieser Richtung sind im Gang. Und jeder, der dazu die Möglichkeit hat, sollte sie unterstützen.

Magnetkarte — Schlüssel von morgen?

Vielleicht erinnern Sie sich noch an unseren gemeinsamen Ausflug in die Geschichte der Schlösser. Als Diebe gelernt hatten, das Buntbartschloß zu überwinden, haben die Hersteller versucht, durch immer kompliziertere Zusatzeinrichtungen größere Sicherheit zu bieten — ohne am Grundsystem etwas zu ändern. Dann eroberte der Schließzylinder mit seiner völlig anderen Funktionsweise den Markt, ohne jedoch die alten Schlösser ganz zu verdrängen. Und sie übernahmen, was seit Urzeiten im Prinzip gleich geblieben war: Den Riegel.

Die gegenwärtige Situation weist frappierende Parallelen zu jener Betriebsamkeit rund um das Buntbartschloß auf. Nur sind es diesmal die Zylinderschlösser, die laufend in Details verbessert werden — mit zusätzlichen Stift-Reihen und entsprechenden Aussparungen am Schlüssel, mit Varianten an den Schlüsselprofilen, mit Aufbohrschutz und mit Materialvariationen, die ein Abbrechen verhindern.

Und ähnlich wie damals die Schließzylinder ist auch heute bereits ein ganz neues System am Horizont erschienen: Die elektronische Zutrittskontrolle. In besonders sicherheitsbedürftigen Gebäuden schon heute im Einsatz und praktisch erprobt, wird sie mit größeren Serien und kleineren Preisen zweifellos in weitere Bereiche vorstoßen. Sie wird die Zylinderschlösser nicht verdrängen — ebenso wenig wie damals die Zylinder die Bartschlüssel aus dem Rennen geworfen haben — aber sie wird sich zur spürbaren Konkurrenz auswachsen.

Die Rolle des Schlüssels übernimmt dabei eine kleine Karte mit einem unsichtbaren, nur für die Elektronik aussagekräftigen Code. Statt des bekannten Schlüssellochs befindet sich nur noch in der Wand neben der Tür ein schmaler Schlitz — gerade so groß, daß die Karte hineinpaßt. Wie heute der Schlüssel, hebt die Elektronik nur die Blockade des Riegels auf — entweder automatisch oder auf Grund der dazwischengeschalteten Entscheidung eines Pförtners. Ob die Tür gewalttätigen Angriffen Widerstand leistet, hängt von der Stabilität ihres Materials und der Verriegelungen ab — nicht von der Gestaltung eines Schlüsselbartes und nicht von der Codierung einer Magnetkarte.

Die volle Palette seiner Variationsmöglichkeiten entfaltet das elektronische System in Bereichen, die besonderer Gefährdung oder besonderer Geheimhaltung unterliegen. Hier läßt sich genau festlegen, welche Ausweisinhaber zu welchen Zeiten bestimmte Türen in der einen oder anderen Richtung benutzen dürfen. Außerhalb der gesetzten Grenzen reagiert das Gerät auf jeden Zutrittsversuch mit Alarm. Eine Zentraleinheit registriert und speichert, wer wann welche Tür benutzt hat. Das System kann ergänzt werden durch eine Zahlentastatur, in die jeder Karteninhaber einen individuellen Code eingeben muß. Jetzt muß ein Ausweisdieb passen, auch wenn er zufällig zur richtigen Zeit an der richtigen Tür einzudringen versucht. Daneben können die Ausweise auch mit einem Lichtbild ihres Inhabers ausgestattet werden. Über eine Videoanlage kann in einem zentralen Kontrollraum überwacht werden, ob alle, die da Einlaß begehren, auch die rechtmäßigen Inhaber der Ausweiskarten sind.

Selbst gegen die Gefahr, daß jemand einen Ausweis stiehlt und sein eigenes Bild einmontiert, hält die Industrie bereits ein Gegenmittel bereit: Fotos aller Zutrittsberechtigten sind in der Zentrale gespeichert. Jeder Ausweis ruft mit einem besonderen Signal das dazugehörige Foto auf. Es erscheint auf einem Monitor. Auf einem zweiten Bildschirm sieht der Wachhabende die Person, die vor der Tür steht. Erst wenn der Vergleich zu seiner Zufriedenheit ausgefallen ist, gibt er die Tür frei.

Im privaten Bereich wird man sicher nie so weit gehen, aber daß handliche kleine Geräte und die dazugehörigen Karten künftig bei Neubauten Schlösser und Schließanlagen zu verdrängen beginnen — das wäre schon denkbar.

Eine bedeutende Zukunft möchte ich schließlich auch den Türfernsehanlagen prophezeien. Vielleicht erinnern Sie sich noch an die Zeit, als ganz normale Türsprechanlagen als das Nonplusultra privilegierten Wohnkomforts galten. Heute gehören sie schon beinahe ebenso selbstvertändlich zur Grundausstattung wie die Klingel und der elektrische Türöffner. Das Interesse an Türfernsehanlagen, auch für den privaten Bereich, ist groß. Das zeigen die zahlreichen Anfragen bei den Herstellern. Nur sind sie im Augenblick für den normalen Bedarf einfach noch zu teuer (ca. 2000 bis 3000 Mark).

Während man bei einer Sprechanlage zunächst einmal zu erkennen geben muß, daß man zu Hause ist, wenn man erfahren will, wer vor der Tür steht, schaltet bei den neuen Geräten der Besucher selbst durch den Druck auf den Klingelknopf auch Licht und Kamera ein. Der Wohnungsinhaber kann auf seinem Bildschirm zuerst nachsehen, wer da ist, und

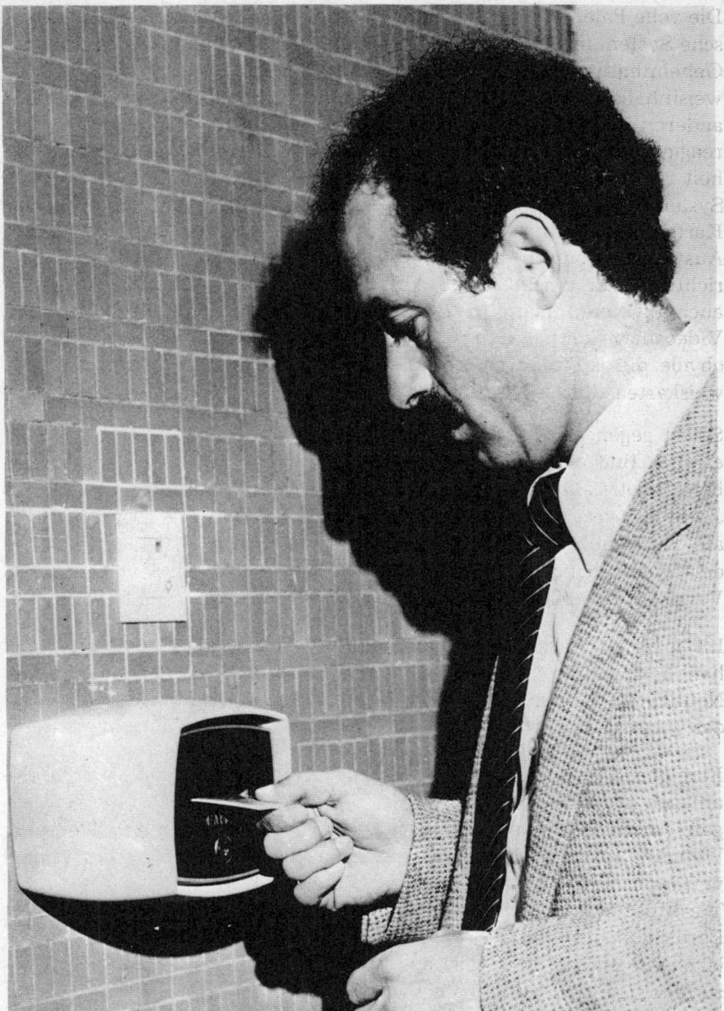

Wird eine Magnetkarte eines Tages auch an der privaten Haustür den Schlüssel ersetzen? Ausgeschlossen ist es nicht. *(Foto: INFORM)*

dann entscheiden, ob er zu Hause sein will. In einer Zeit, in der immer mehr Wohnungstüren zum Schauplatz von Straftaten werden und in der immer mehr Diebe und Einbrecher durch Klingeln feststellen wollen, ob jemand zu Hause ist, bevor sie die Tür aufhebeln, bedeutet dies einen enormen Sicherheitsgewinn.

Mechanische und elektronische Schutzmaßnahmen gegen Kriminalität werden in ein paar Jahren vermutlich zu den Selbstverständlichkeiten bei der Bauplanung gehören. Nicht nur weil die Einsicht wächst: Die Kriminalpolizei wird ihre in den letzten Jahren beachtlich gesteigerten Bemühungen um die Vorbeugung noch weiter ausbauen. Und irgendwann wird der Zeitpunkt kommen, wo den Versicherungen gar nichts anderes übrig bleibt, als auch im privaten Bereich den Schutz gegen Schäden durch kriminelle Übergriffe generell von einem Mindestmaß an Einbruchssicherungen abhängig zu machen.

Vorbeugung, die man nicht kaufen kann

Bis zu dieser Stelle haben wir uns fast ausschließlich mit den Maßnahmen befaßt, die das mögliche Opfer einer Straftat treffen kann, um Kriminalität zu verhindern. Wir sollten das Thema nicht abschließen, ohne auch noch die andere Möglichkeit betrachtet zu haben: Die Vorbeugung, die beim Täter ansetzt.

Wenn die Polizei bereits begangene Straftaten aufklärt, die Täter festnimmt und den Gerichten zuführt, dann verhindert sie damit natürlich in vielen Fällen auch Kriminalität — sie verhindert all die Straftaten, die der Täter nicht begehen kann, während er seine Freiheitsstrafe verbüßt.

Aber was geschieht, wenn er aus dem Gefängnis entlassen wird?

Ob der Mann wieder Straftaten begeht oder ob er sich eine Wohnung nimmt und Arbeit sucht, hängt unter anderem davon ab, ob ihm jemand eine Wohnung und einen Arbeitsplatz gibt.

Resozialisierung ist nur zum Teil eine Aufgabe des Staates. In sehr viel größerem Maße entscheidet die Umwelt des entlassenen Straftäters, ob seine Wiedereingliederung gelingt oder nicht. Und diese Umwelt sind wir alle.

Freilich gehört dazu auch ein Umdenken derer, die glauben, den Tätern einen Gefallen zu tun, wenn sie ihr Verhalten bei jeder Gelegenheit bagatellisieren und beschönigen: Ein Arbeitgeber wird vielleicht bereit sein, einem Mann eine Chance zu geben, der eingesehen hat, daß er einen Fehler gemacht hat, und der diesen Fehler künftig vermeiden will. Ganz anders ist die Situation, wenn ein vorbestrafter Bewerber sich hat einreden lassen, nicht er, sondern die Gesellschaft sei an seinem Verhalten schuld. Hier gibt es keine Anhaltspunkte dafür, daß der Mann die Absicht hat, sich zu ändern. Es ist eher davon auszugehen, daß er den bequemeren Weg wählen, bei jeder sich bietenden Gelegenheit Straftaten begehen und auf irgendeine imaginäre Veränderung der Gesellschaft warten wird. Also kann der Arbeitgeber in diesem Fall nicht riskieren, dem Mann den Job zu geben. Wer pauschal die Verantwortlichkeit von Rechtsbrechern für ihre Taten bestreitet, spricht ihnen auch die Fähigkeit ab, sich zu ändern. Resozialisierung wäre dann ein völlig chancenloses Unterfangen. Viele positive Beispiele zeigen, daß dem nicht so ist.

Und noch eins: Die Bereitschaft der Bevölkerung, selbst ein Risiko einzugehen, das verständliche Mißtrauen gegen Vorbestrafte zurückzustellen und ihnen eine neue Chance zu geben, wird häufig durch eine ganz offensichtliche Ungerechtigkeit im Keim erstickt. Der Staat kümmert sich sehr viel intensiver um die Täter als um die Opfer. Bis ins letzte Detail ist festgelegt, auf welche Weise eine Verletzung der Rechte des Täters verhindert werden muß — von der Belehrung vor einer polizeilichen Vernehmung bis zur offiziellen Beistellung eines Verteidigers für das Gerichtsverfahren. Der Geschädigte muß ganz alleine sehen, ob und wie er zu seinem Recht kommt. Und oft genug kommt er nicht zu seinem Recht.

Wer dazu beiträgt, hier für einen Ausgleich zu sorgen und die Verbitterung bei vielen Verbrechensopfern abzubauen, der baut auch die Schranken ab, die vielfach noch eine erfolgreiche Resozialisierung verhindern. Und jede gelungene Wiedereingliederung ist gleichzusetzen mit der Verhütung vieler Straftaten.

Der „WEISSE RING"

Ein wichtiger erster Schritt in diese Richtung ist getan: Mit der Gründung des Vereins „WEISSER RING", der Verbrechensopfern in Einzelfällen hilft und ganz allgemein für ihre Belange eintritt, der die Unterstützung der polizeilichen Vorbeugungsbemühungen ebenso auf seine Fahnen geschrieben hat wie die Resozialisierung. Ich bin selbst Mitglied dieses Vereins, und ich halte seine Aufgaben für so wichtig, daß ich mich nicht scheue, hier in aller Offenheit für ihn zu werben. Wenn Sie mehr für die Vorbeugung tun wollen als sich selbst und Ihr Eigentum zu schützen, dann fordern Sie bitte von der Geschäftsstelle Informationsmaterial an (Adresse: 6500 Mainz 21, Postfach).

Ein allerletzter Blick in die Zukunft gilt der Frage, wie Kriminalität verhindert werden kann, bevor sie überhaupt entsteht. Die Erforschung der Ursachen des Verbrechens hat im Grunde genommen gerade erst begonnen. Sie wird in den nächsten Jahren zweifellos manche erstaunlichen Erkenntnisse zu Tage fördern, die vielleicht auch nicht immer zu lieb gewordenen Vorurteilen passen. Man wird sorgsam und kritisch unterscheiden müssen zwischen Ergebnissen objektiver wissenschaftlicher Arbeit und ideologiebeladenen Thesen.

Niemand sollte freilich erwarten, daß am Ende dieser Bemühungen die eine einzige Ursache des Verbrechens erkennbar wird, die man dann nur abzustellen braucht, um die Kriminalität abzuschaffen. Statt darauf zu hoffen, sollten Sie das in Angriff nehmen, was Sie in Ihrem Einflußbereich tun können, um Kriminalität zu verhindern. Jetzt. Und hier. Und heute.

Adressen-Anhang

Inhalt des Adressen-Anhangs

Literaturhinweise

1. Egon Westphal: Sicherheit gegen Diebstahl, Einbruch, Überfall und Vorbeugender Brandschutz. Curt R. Vincentz Verlag, Hannover
2. Werner Weber, ABC der Alarmtechnik, Richard Pflaum Verlag, München
3. Reinhard Rupprecht/Gottfried Reuß, Wie schütze ich mich vor Einbruch? Wilhelm Goldmann Verlag, München
4. Reinhard Rupprecht/Hans Kinzl. Wie schütze ich mich vor Betrug? Wilhelm Goldmann Verlag, München

Zeitschriften

1. Protector, Verlag Graf + Neuhaus, Bächtoldstr. 4, CH-8044 Zürich
2. Sicherheits-Berater, Verlag Handelsblatt GmbH, Postfach 1102, D-4000 Düsseldorf
3. Wirtschaftskriminalität, Peter Hohl Verlag, Postfach 1368, D-6507 Ingelheim
4. Wirtschafts-Schutz, Kriminalistik Verlag, Postfach 102640, D-6900 Heidelberg

Kriminalpolizeiliche Beratungsstellen

Baden-Württemberg

6800 Mannheim 1
Polizeipräsidium
L 6, 1, Tel. (0621) 1740

6900 Heidelberg
Polizeidirektion
Rohrbacher Str. 26, Tel. (06221) 520-1

6950 Mosbach
Polizeidirektion
Hauptstraße 81, Tel. (06261) 3031

6972 Tauberbischofsheim
Polizeidirektion
Wellenberg 1, Tel. (09341) 810

7000 Stuttgart 50
Landeskriminalamt Baden-Württemberg
Zentralstelle für Sicherungstechnik
und Beratung
Taubenheimstraße 85, Tel. (0711) 5060-2282

7000 Stuttgart
Landespolizeidirektion Stuttgart II
Hahnemannstraße 1, Tel. (0711) 89901

7030 Böblingen
Polizeidirektion
Schloßberg 11, Tel. (07031) 6261

7050 Waiblingen
Polizeidirektion
Talstraße 23 a, Tel. (07151) 5601

7080 Aalen
Polizeidirektion
Obere Bahnstraße 18, Tel. (07361) 5111

7100 Heilbronn
Polizeidirektion
Karlstraße 108-112, Tel. (07131) 104-1

7118 Künzelsau
Polizeidirektion
Schillerstraße 7, Tel. (07940) 2091

7140 Ludwigsburg
Polizeidirektion
Eberhardstraße 1, Tel. (07141) 141-1

7170 Schwäbisch Hall
Polizeidirektion
Gräterweg 8, Tel. (0791) 4000

7200 Tuttlingen
Polizeidirektion
Balinger Straße 21-23, Tel. (07461) 7030

7210 Rottweil
Polizeidirektion
Oberamteigasse 13, Tel. (0741) 9120

7260 Calw
Polizeidirektion
Hirsauer Wiesenweg 11, Tel. (07051) 5360

7290 Freudenstadt
Polizeidirektion
Marktplatz 47, Tel. (07441) 5360

7300 Esslingen
Polizeidirektion
Neckarstraße 58, Tel. (0711) 39901

7320 Göppingen
Polizeidirektion
Pfarrstraße 33, Tel. (07161) 631

7400 Tübingen
Landespolizeidirektion Tübingen
Konrad-Adenauer-Straße 30,
Tel. (07071) 77-2362

7400 Tübingen
Polizeidirektion
Konrad-Adenauer-Straße 30, Tel. (07071) 77-1

7410 Reutlingen
Polizeidirektion
Lindachstraße 8 a, Tel. (07121) 2021

7450 Hechingen
Polizeidirektion
Münzgasse 4, Tel. (07471) 5001

7480 Sigmaringen
Polizeidirektion
Karlstraße 9, Tel. (07571) 1041

7500 Karlsruhe
Polizeipräsidium
Ritterstraße 9, Tel. (0721) 1361

7530 Pforzheim
Polizeidirektion
Bahnhofstraße 26, Tel. (07231) 1861

7550 Rastatt
Polizeidirektion
Rauentaler Straße 36, Tel. (07222) 33047

7570 Baden-Baden
Polizeidirektion
Gutenbergstraße 15, Tel. (07221) 65021

7600 Offenburg
Polizeidirektion
Im Pfählerpark 2-4, Tel. (0781) 211

7730 VS-Villingen
Polizeidirektion
Goldenbühlstraße 23, Tel. (07721) 6011

7750 Konstanz
Polizeidirektion
Lutherplatz 10-12, Tel. (07531) 2091

7800 Freiburg
Polizeidirektion
Haslacher Straße 43, Tel. (0761) 882698

7830 Emmendingen
Polizeidirektion
Karl-Friedrich-Straße 96, Tel. (07641) 5820

7850 Lörrach
Polizeidirektion
Weinbrennerstraße 5, Tel. (07621) 1761

7890 Waldshut-Tiengen
Polizeidirektion
Eisenbahnstraße 57, Tel. (07751) 2031

7900 Ulm
Polizeidirektion
Münsterplatz 47, Tel. (0731) 1881

7920 Heidenheim
Polizeidirektion
Bergstraße 28, Tel. (07321) 30111

7950 Biberach
Polizeidirektion
Ehinger Straße 4, Tel. (07351) 5770

7980 Ravensburg
Polizeidirektion
Seestraße 13, Tel. (0751) 803-1

7990 Friedrichshafen
Polizeidirektion
Friedrichstraße 87, Tel. (07541) 24051

Bayern

8000 München 2
Polizeipräsidium
Ettstraße 2

8000 München 19
Bayerisches Landeskriminalamt
Maillingerstraße 15, Tel. (089) 1251-350

8070 Ingolstadt
Kriminalpolizeiinspektion
Esplanade 40

8120 Weilheim
Kriminalpolizeiinspektion
Kaltenmoser Straße 14

8200 Rosenheim
Kriminalpolizeiinspektion
Ellmaierstraße 3

8220 Traunstein
Kriminalpolizeiinspektion
Crailsheimstraße 12

8260 Mühldorf
Kriminalpolizeiinspektion
Münchner Straße 86

8300 Landshut
Kriminalpolizeiinspektion
Neustadt 480

8390 Passau
Kriminalpolizeiinspektion
Nibelungenstraße 17

8400 Regensburg
Kriminalpolizeiinspektion
Minoritenweg 1

8440 Straubing
Kriminalpolizeiinspektion
Seminargasse 8

8450 Amberg
Kriminalpolizeiinspektion
Kümmersbrücker Straße 1 a

8480 Weiden
Kriminalpolizeiinspektion
Bahnhofstraße 30

8500 Nürnberg
Kriminalpolizeiinspektion
Jakobsplatz 5

8510 Fürth
Kriminalpolizeiinspektion
Nürnberger Straße 18

8520 Erlangen
Kriminalpolizeiinspektion
Schuhstraße 40

8580 Bayreuth
Kriminalpolizeiinspektion
Ludwig-Thoma-Straße 6

8600 Bamberg
Kriminalpolizeiinspektion
Schildstraße 81

8630 Coburg
Kriminalpolizeiinspektion
Rosengasse 1

8700 Würzburg
Kriminalpolizeiinspektion
Augustinerstraße 24/26

8720 Schweinfurth
Kriminalpolizeiinspektion
Landwehrstraße 12

8750 Aschaffenburg
Kriminalpolizeiinspektion
Lorbeerweg 1

8800 Ansbach
Kriminalpolizeiinspektion
Feuchtwanger Straße 7

8900 Augsburg
Kriminalpolizeiinspektion
Prinzregentenplatz 1

8960 Kempten
Kriminalpolizeiinspektion
Auf der Breite 17

Berlin

1000 Berlin 42
Der Polizeipräsident in Berlin,
Platz der Luftbrücke 6, Tel. (030) ✆ 699-2500

Bremen

2800 Bremen
Landeskriminalamt Bremen
Am Wall 196 A, Tel. (0421) 362-6025

2850 Bremerhaven
Ortspolizeibehörde
Heinrich-Schmalfeld-Straße,
Tel. (0471) 599-329

Hamburg

2000 Hamburg 1
Landespolizeidirektion-FD 644
Beim Strohhause 31, Tel. (040) 2831

Hessen

3500 Kassel
Regierungspräsidium
Steinweg 6, Tel. (0561) 1061

3500 Kassel
Polizeipräsidium
Goethestraße 49, Tel. (0561) 19181

3550 Marburg
Polizeidirektion
Barfüßerstraße 11, Tel. (06421) 22081-85

6000 Frankfurt/Main
Polizeipräsidium
Friedrich-Ebert-Anlage 11, Tel. (0611) 7554088

6050 Offenbach
Polizeipräsidium
Wilhelmsplatz 19, Tel. (0611) 8090296

6090 Rüsselsheim
Polizeidirektion
Lahnstraße 9, Tel. (06142) 61011

6100 Darmstadt
Regierungspräsidium
Luisenplatz 2, Tel. (06151) 12-1

6100 Darmstadt
Polizeipräsidium
Julius-Reiber-Straße 17, Tel. (06151) 401268

6200 Wiesbaden
Hessisches Landeskriminalamt
Hölderlinstraße 5, Tel. (06121) 831

6200 Wiesbaden
Polizeipräsidium
Bertramstraße 3, Tel. (06121) 3459960

6330 Wetzlar
Polizeipräsidium
Frankfurter Straße 61, Tel. (06441) 24066

6380 Bad Homburg
Kriminalkommissariat
Schwalbacher Straße 7, Tel. (06172) 29064

6400 Fulda
Polizeidirektion
Heinrichstraße 58-60, Tel. (0661) 105238

6450 Hanau
Polizeidirektion
Freiheitsplatz 2-4, Tel. (06181) 295553

Niedersachsen

2120 Lüneburg
Kriminalpolizeiinspektion
Auf der Hude 1-3, Tel. (04131) 19364

2160 Stade
Kriminalpolizeiinspektion
Teichstraße 10, Tel. (04141) 102363

2870 Delmenhorst
Kriminalpolizeiinspektion
Marktstraße 7, Tel. (04221) 106361

2900 Oldenburg
Kriminalpolizeiinspektion
Friedhofsweg 30, Tel. (0441) 2225364

2940 Wilhelmshaven
Kriminalpolizeiinspektion
Ebertstraße 80, Tel. (04421) 43031

2960 Aurich
Kriminalpolizeiinspektion
Schloßplatz 6, Tel. (04941) 4123-362

3000 Hannover
Landeskriminalamt Niedersachsen
Schützenstraße 25, Tel. (0511) 3102-251

3070 Nienburg
Kriminalpolizeiinspektion
Goetheplatz 1, Tel. (05021) 8031

3090 Verden
Kriminalpolizeiinspektion
Piepenbrink 6, Tel. (04231) 806562

3100 Celle
Kriminalpolizeiinspektion
Jägerstraße 1, Tel. (05141) 277/364

3130 Lüchow 1
Kriminalpolizeiinspektion
Theodor-Körner-Straße 3, Tel. (05841) 3501

3180 Wolfsburg
Kriminalpolizeiinspektion
Heßlinger Straße 27, Tel. (05361) 15081/270

3200 Hildesheim
Kriminalpolizeiinspektion
Schützenwiese 24, Tel. (05121) 402-366

3250 Hameln
Kriminalpolizeiinspektion
Zentralstraße 9, Tel. (05151) 2031

3300 Braunschweig
Polizeidirektion
Humboldtstraße 30 b, Tel. (0531) 7000465

3320 Salzgitter-Lebenstedt
Kriminalpolizeiinspektion
Joachim-Campe-Straße 9-11,
Tel. (0531) 400-307

3380 Goslar
Kriminalpolizeiinspektion
Reußstraße 3, Tel. (05321) 79325

3400 Göttingen
Kriminalpolizeiinspektion
Am Steinsgraben 19,
Tel. (0551) 491-364

4450 Lingen
Kriminalpolizeiinspektion
Brockhauser Weg 21, Tel. (0591) 87362

4500 Osnabrück
Kriminalpolizeiinspektion
Hannoversche Straße 12, Tel. (0541) 327-8864

Nordrhein-Westfalen

4000 Düsseldorf
Landeskriminalamt Nordrhein-Westfalen, Völklinger Straße 49, Tel. (0211) 3033

4000 Düsseldorf
Polizeipräsidium
Jürgensplatz 5/7, Tel. (0211) 8701

4050 Mönchengladbach
Polizeipräsidium
Theodor-Heuss-Straße 149, Tel. (02161) 400-1

4100 Duisburg
Polizeipräsidium
Düsseldorfer Straße 161/163, Tel. (0203) 28611

4150 Krefeld
Polizeidirektion
Nordwall 1, Tel. (02151) 6341

4300 Essen
Polizeipräsidium
Büscherstraße 2, Tel. (0201) 72911

4350 Recklinghausen
Polizeipräsidium
Westerholter Weg 27, Tel. (02361) 551

4400 Münster
Polizeidirektion
Gutenbergstr. 17, Tel. (0251) 2751

4600 Dortmund
Polizeipräsidium
Hohe Straße 128, Tel. (0231) 10801

4630 Bochum
Polizeipräsidium
Uhlandstraße 35, Tel. (0234) 5891

4660 Gelsenkirchen-Buer
Polizeipräsidium
Rathausplatz 4, Tel. (0209) 3651

4800 Bielefeld
Polizeipräsidium
August-Bebel-Straße 93/97, Tel. (0521) 5451

5000 Köln
Polizeipräsidium
Hohe Pforte 9-11, Tel. (0221) 229-1

5100 Aachen
Polizeipräsidium
Hubert-Wienen-Straße 25, Tel. (0241) 199-1

5300 Bonn
Polizeipräsidium
Friedrich-Ebert-Allee 144, Tel. (0228) 1 51, 22 86

5600 Wuppertal
Polizeipräsidium
Friedrich-Engels-Allee 228, Tel. (0202) 89091

5800 Hagen
Polizeidirektion Hoheleye 3, Tel. (02331) 8021

Rheinland-Pfalz

5500 Trier
Polizeipräsidium
Südallee 3, Tel. (0651) 7131

5400 Koblenz
Polizeipräsidium
Moselring 10, Tel. (0261) 1031

6500 Mainz 1
Landeskriminalamt Rheinland-Pfalz
Valenciaplatz 1-7,
Tel. (06131) 65-2217/18, 65-2223/24

6520 Worms
Polizeidirektion
Hagenstraße 5, Tel. (06241) 8521

6700 Ludwigshafen
Polizeipräsidium
Wittelsbachstraße 3, Tel. (0621) 5801

6720 Speyer
Polizeidirektion
Maximilianstraße 6, Tel. (06232) 6041

6730 Neustadt/Weinstraße
Polizeidirektion
Karl-Helfferich-Straße 11, Tel. (06321)80071

6740 Landau
Polizeidirektion
Südring 1, Tel. (06341) 3021

6750 Kaiserslautern
Polizeipräsidium
Pfaffenplatz 10, Tel. (0631) 3011

6780 Pirmasens
Polizeidirektion
Wiesenstraße 6, Tel. (06331) 811

Saarland

6600 Saarbrücken
Kriminalpolizeiamt des Saarlandes
Graf-Johann-Straße 27-29, Tel. (0681) 6081

Schleswig-Holstein

2210 Itzehoe
Kriminalpolizeidirektion
Große Paaschburg 66, Tel. (04821) 602-512

2300 Kiel
Kriminalpolizeiamt Schleswig-Holstein
Knooper Weg 45/47, Tel. (0431) 598-3587

2390 Flensburg
Kriminalpolizeidirektion
Fichtestraße 2, Tel. (0461) 84-51265

2400 Lübeck
Kriminalpolizeidirektion
Possehlstraße 4, Tel. (0451) 131-2490

Verbraucherzentralen

Verbraucherzentrale **Baden-Württemberg**
Augustenstraße 6, 7000 Stuttgart 1

Verbraucherzentrale **Bayern**
Haydnstraße 7, 8000 München 2

Verbraucherzentrale **Berlin**
Bayreuther Straße 40, 1000 Berlin 30

Verbraucherzentrale des Landes **Bremen**
Hansgaritorstraße 3, 2800 Bremen 1

Verbraucherzentrale **Hamburg**
Gr. Bleichen 23, 2000 Hamburg 36

Verbraucherzentrale **Hessen**
Berliner Straße 27, 6000 Frankfurt/ Main 1

Verbraucherzentrale **Niedersachsen**
Georgswall 7, 3000 Hannover

Verbraucherzentrale **Nordrhein-Westfalen**
Mintropstraße 27, 4000 Düsseldorf

Verbraucherzentrale **Rheinland-Pfalz**
Große Langgasse 16, 6500 Mainz

Verbraucherzentrale des **Saarlandes**
Hohenzollernstraße 11, 6600 Saarbrücken 1

Verbraucherzentrale **Schleswig-Holstein**
Bergstraße 24, 2300 Kiel 1

Auskunfteien

Verband der Vereine
Creditreform e. V.
Postfach 433
4040 Neuss 1,
Tel. (0 21 01) 1 09-0

Schimmelpfennig GmbH
Postfach 16 720
6000 Frankfurt 1
Tel. (06 11) 26 85-1

Detekteien

Weitere Anschriften vermittelt gegebenenfalls der Bundesverband deutscher Detektive (BDD), Leuschnerstr. 7, 7000 Stuttgart 1, Tel. (07 11) 29 54 11

Buchzik + Partner GmbH
Postfach 101
7140 Ludwigsburg
Tel. (07141) 2 40 07

Ercona AG
Hofwiesenstr. 6
CH-8630 Rüti ZH
Tel. 0041-55-31 35 81

Johannes R. P. Grothoff
Ermittlungen und Beobachtungen
Kurhausstr. 20
6238 Hofheim
Tel. (06192) 2 77 38

Wolfgang Gunkel
Detektiv-Büro
Hügelstr. 208
6000 Frankfurt 50
Tel. (0611) 52 90 76

F. Heger, Detektei
Wettersteinstr. 30
7500 Karlsruhe 41
Tel. (0721) 49 16 56

Th. Martin, Detektei
Hauptstr. 1
7000 Stuttgart 80
Tel. (0711) 73 17 15

Klaus Dieter Matschke
Wirtschaftsdetektei
August-Schanz-Str. 82
6000 Frankfurt 50
Tel. (0611) 54 50 94

H.A. Meckel
Auskunftei u. Detektei
Peter-Spahn-Str. 4
6227 Oestrich-Winkel
Tel. (06723) 35 54

SSD, Schutz- und Sicherheitsdienst
Inh. Peter Comes
Brudermühlstr. 17
8000 München 70
Tel. (089) 22 52 09

Detective-Trilux GmbH
Bahnhofstr. 76
6600 Saarbrücken
Tel. (0681) 3 25 56

Ausgewählte Wach- und Sicherheitsunternehmen

Weitere Anschriften vermittelt gegebenenfalls der Bundesverband Deutscher Wach- und Sicherungsunternehmen e. V., Kirdorfer Straße 3, 6380 Bad Homburg, Tel. (06172) 23096.

1000 **Berlin 12,** Berliner Wach- und Schließgesellschaft, Deutsche Wachgesellschaft mbH u. Spandauer Wach- und Schließgesellschaft, Wielandstraße 7, Tel. (030) 310561, Tx. 183295

1000 **Berlin 12,** DEWAG GmbH, Autopark-, Kassier- u. Kontrolleurbetrieb, Wielandstr. 7, Tel. (030) 310561

1000 **Berlin 12,** Deutscher Schutz- u. Wachdienst, A. Oppermann u. Sohn, Aachener Straße 34, Tel. (030) 8215001

1000 **Berlin 31,** Wachgesellschaft Berolina, H. Mehlig - H. J. Oppermann, Aachener Straße 34, Tel. (030) 8215001

1000 **Berlin 41,** Wachschutz Groß-Berlin, Werner Loesch GmbH u. Co., Stubenrauchstraße 3, Tel. (030) 851001

1000 **Berlin 61,** Berliner Wach-Institut, Willi Hass, Inh. Manfred Hass, Fontane-Promenade 11, Tel. (030) 6936889

2000 **Hamburg 1,** Hoyer u. Jonatis, Werkschutz-Sicherheitsdienste, Beim Strohhause 34, Tel. (040) 249662

2000 **Hamburg 13,** Hamburger Wachdienst, Inh. Pol-Insp. a. D. R. Götze Nachf., Rothenbaumchaussee 99, Tel. (040) 446714

2000 **Hamburg 26,** Alsterwacht, Kurt Gummelt GmbH u. Co., Chateauneufstraße 21, Tel. (040) 204074

2000 **Hamburg 36,** Wachdienst Maximilian Molitor Nachf., Jungfernstieg 30, Tel. (040) 351551-53

2000 **Hamburg 76,** Allgemeine Sicherheitsdienste GmbH, Wandsbeker Chaussee 70, Tel. (040) 257031

2000 **Hamburg 76,** Hamburg-Wacht GmbH, Wandsbeker Chaussee 224, Tel. (040) 201101/03

2000 Hamburg 76, Wach- und Sicherheitsunternehmen Hamburg, Hanseatisches Bewachungsinstitut GmbH u. Co., Ritterstraße 69, Tel (040) 201451/53

2083 **Halstenbek,** Überwachungs- u. Sicherheitsdienst, Hans H. Henning, Grenzstr. 16, Tel. (04101) 3 29 14

2100 **Hamburg 90,** Wach- und Werkschutz, Harburg GmbH, Wallgraben 10, Tel. (040) 776985

2104 **Hamburg 92,** Wachdienst Süderelbe, Günter Hoppe, Jungfernmühle 17, Tel. (040) 7962695, 7964161

2126 **Adendorf,** DIE WACHT Bewachungsgesellschaft mbH, Artlenburger Landstr. 6, Tel. (04131) 188235

2160 **Stade,** Wachkommando Niedersachsen GmbH, Brinkstr. 9-11, Tel. (04141) 63071

2250 **Husum,** Wach- und Schließgesellschaft Schleswig-Holstein, Inh. Rudolf Kruppa Schnellstr. 3, Tel. (04841) 72383

2250 **Husum,** Wach- und Sicherheitsunternehmen Nordfriesland, Siegfried Hanke, Heckenweg 1, Tel. (04841) 5088-89

2300 **Kiel,** Kieler Wach- und Schließgesellschaft mbH u. Co., Exerzierplatz 34

2350 **Neumünster,** Wachdienst Holstein GmbH, Holstenstraße 5

2390 **Flensburg,** Wachbereitschaft Nordmark, Wilhelm Peters, Reepschlägerbahn 30, Tel. (0461) 17671/2

2400 **Lübeck,** Lübecker Wachunternehmen, Dr. Kurt Kleinfeldt, Mühlentorplatz 2, Tel. (0451) 791887

2800 **Bremen 1,** Norddeutsches Bewachungsinstitut, Hans Joppien, An der Weide 39/40, Tel. (0421) 320803/05

2800 **Bremen 1,** Wach- und Sicherheits GmbH, Rembertistr. 92, Tel. (0421) 320855

2850 **Bremerhaven 1,** Wach- und Schließgesellschaft mbH, Ruhrstr. 32, Tel. (0471) 32576

2900 **Oldenburg,** Wach- u. Sicherheitsgesellschaft mbH, Rosenstr. 52, Tel. (0441) 27244

2940 **Wilhelmshaven,** Norddeutsches Bewachungsinstitut Wilhelmshaven, Inh. Karl Heinz Raeb, Knorrstr. 7, Tel. (04421) 31065-66, Tx. 253398

2940 **Wilhelmshaven,** Wach- u. Sicherheitsgesellschaft, Gökerstr. 68, Tel. (04421) 31028/9

3000 **Hannover 1,** Nachtwach- und Schließdienst GmbH, Niedersächsische Wach- und Schließgesellschaft, Eggeling u. Schorling KG, Hausmannstr. 6/7, Tel. (0511) 1632/1, Tx. 0923522

3250 **Hameln,** Hamelner Wach- u. Schließgesellschaft mbH, Karlstr. 74, Tel. (0511) 1632/1

3300 **Braunschweig,** Braunschweiger Wach- und Schließgesellschaft, Richard Haars GmbH, Wendenstr. 60/61, Tel. (0531) 44322, 43072

3500 Kassel, Kasseler Wach- und Schließ-Institut Butenhoff GmbH, Tischbeinstr. 23, Tel. (0561) 21113/14

3500 Kassel, Wach- u. Schutzdienst Horst Schulz, Humboldtstr. 14, Tel. (0561) 74943

4000 Düsseldorf 1, Bewachungsdienst „Rheinland", Pollok u. Co. GmbH, Schützenstr. 8, Tel. (0211) 353855

4000 Düsseldorf 30, Düsseldorfer Wach- und Schließgesellschaft, Flesche GmbH u. Co., Nettelbeckstr. 1, Tel. (0211) 480071

4040 Neuss 1, Niederrheinische Wirtschaftsüberwachungs GmbH u. Co. KG, Neusser Wach- und Schließgesellschaft, Breite Straße 68, Tel. (02101) 2 10 36 / 2 29 25

4050 Mönchengladbach 1, Wachdienst Gaspers, Marktfeldstr. 13, Tel. (02161) 34444

4100 Duisburg 1, Duisburger Wach- und Schließgesellschaft mbH, Grabenstr. 3, Tel. (0203) 356984

4100 Duisburg 1, Rheinische Bewachungsgesellschaft Pekel u. Co., Nachf. Hedwig Müller, Königstr. 78, Tel. (0203) 22020

4100 Duisburg 11, Wachdienst Niederrhein, Gottfried Ostermann, Lehrerstr. 5, Tel. (0203) 582217

4150 Krefeld, Wachdienst Krefeld, Luth. Kirchstr. 37/41, Tel. (02151) 24817

4194 Bedburg-Hau 1, Wach- u. Werkschutz Frentrup, Mühlenstr. 10, Tel. (02821) 60262

4300 Essen 1, Essener Wach- u. Schließgesellschaft mbH, Alarm-, Signal- u. Raumschutzanlagen, Lindenallee 59/61, Tel. (0201) 22 62 92. 22 51 23

4300 Essen 1, Westdeutscher Wach- und Schutzdienst, Kötter GmbH u. Co. KG, Hauptverwaltung, Lichtstr. 4, Tel. (0201) 18041, Tx. 8571156

4400 Münster/Westf., Wach- und Schließgesellschaft Schwarze KG, Goldstr. 50, Tel. (0251) 25694

4440 Rheine 1, Rheiner Wachinstitut, GmbH u. Co. KG, Elterstr. 7, Tel. (05971) 64370

4500 Osnabrück, Wach- und Sicherheits-Gesellschaft mbH, Frank Mauersberger, Rolandsmauer 24, Tel. (0541) 25000, 24500, Tx. 944848

4630 Bochum 1, Wach- u. Sicherheitsdienst, Herbert Meier, Dibergstr. 8, Tel. (0234) 311198

4650 Gelsenkirchen, Wachdienst Rhein-Ruhr, Bahnhofstr. 74-76, Tel. (02322) 22331

4690 Herne 1, Herner Wach- u. Schließdienst, Josefinenstr. 12, Tel. (02323) 8508

4690 Herne 2, Wach- u. Schließdienst für Industrie, Handel u. Gewerbe, Mozartstr. 13, Tel. (02325) 70865

4700 Hamm 1, Westfälische Wachgesellschaft „Heimschutz", Hintzen KG, Münsterstr. 54, Tel. (02381) 62698

4800 Bielefeld 1, Bielefelder Heimschutz GmbH, Detmolder Str. 49, Tel. (0521) 60571

4800 Bielefeld 1, Teutoburger Bewachungsinstitut, Udo Leckebusch GmbH u. Co. KG Wilhelmstr. 10, Tel. (0521) 60571, 65500

4950 Minden, Wach- u. Werkschutz Minden, Inh. Helmut Schulze, Königstr. 194, Tel. (0571) 51066 - 8, Tx. 97764

4950 Minden 2, Hausdörffer Wach- u. Sicherheitsgesellschaft mbH, Marienstr. 36, Tel. (0571) 23186

5000 Köln 1, Wachdienst Rheinland-Westfalen GmbH, Löwengasse 11, Tel. (0221) 236174/5

5000 Köln 1, Wirtschafts- und Industrie-Sicherungs-Gesellschaft mbH u. Co. KG, Ubierring 49, Tel. (0221) 322071/4

5090 Leverkusen 1, Wach- und Schliegesellschaft „Rhein-Wupper", Aloys Jansen GmbH u. Co. KG, Windthorststr. 50, Tel. (0214) 65916, 61767

5100 Aachen, Bewachungsinstitut Argus, Hubert Krutt KG, Beethovenstr. 12, Tel. (0241) 31474, 23654

5300 Bonn 1, Bonner Wach- u. Schließgesellschaft mbH, Kaiserstr. 77, Tel. (0228) 224040, 223010

5483 Ahrweiler, Wach- u. Schließdienst Rhein-Ahr, Delderstr. 26, Tel. (02641) 34248

5500 Trier, Trierer Wachdienst, Jakob Pauly KG, Bruchhausenstr. 10, Tel. (0651) 73650

5600 Wuppertal 2, Wach- und Schließgesellschaft Elberfeld-Barmen, Nachf. Herkströter KG, Friedrich-Engels-Allee 374, Tel. (0202) 590990

5760 Arnsberg 2, Westdeutscher Wachdienst, Peter G. Wilbers, Inh. Inge Wilbers, Buchenweg 3, Tel. (02931) 14731

5770 Arnsberg, Allgemeine Bewachung GmbH, Dr. Klimek, Königstr. 8, Tel. (02931) 3113

5860 Iserlohn, Wach- u. Schließdienst „Sauerland", Hauptverwaltung Iserlohn, Inh. Ernst Kugge, Galmeistr. 19, Tel. (02371) 23702, 25412

5880 Lüdenscheid, Wachschutz WKS GmbH, Staberger Str. 20 a, Tel. (02351) 25666

5900 Siegen 31 - Eisern, Siegener Wach- und Sicherheitsdienst Kaiser, Schulstr. 19, Tel. (0271) 390725, 399518

5963 Wenden 2, Deutscher Wach- u. Schutzdienst, Robert von Jagow, Bruchstr. 35, Tel. (02762) 5003

6000 Frankfurt, Allgemeiner Wirtschaftsdienst GmbH, Holzhausenstr. 73, Tel. (0611) 559619

6000 Frankfurt, Frankfurter Bewachungsgesellschaft, Frankfurter Wach- u. Schließ KG, Helmut Koch GmbH u. Co., Reuterweg 44, Tel. (0611) 728054, Tx. 413606

6050 Offenbach, HBI, Hessisches Bewachungs-Institut, E. U. Holz GmbH, Wilhelmsplatz 19, Tel. (0611) 816525 - 6

6100 Darmstadt, Darmstädter Wach- und Schließgesellschaft, Glück u. Co., Bismarckstr. 114, Tel. (06151) 81105

6143 Lorsch, Wach-, Schließ- u. Sicherheitsdienst, Karl-Heinz Truber, Kastanienallee 2, Tel. (06251) 52479

6200 Wiesbaden, Gesellschaft für Eigentumsschutz mbH, Kapellenstr. 67, Tel. (06121) 520066

6200 Wiesbaden, Wiesbadener Wach- und Schließgesellschaft, W. Müller u. Co. GmbH, Luisenstr. 19, Tel. (06121) 372058

6300 Gießen, Wachdienst Securitas GmbH, Gutenbergstr. 18, Tel. (0641) 36001

6368 Bad Vilbel, Wach- und Schließinstitut, Walter Weber GmbH u. Co. KG, Rodheimer Str. 15, Tel. (06193) 6819, 7271

6500 Mainz, Mainzer Wach- und Schließgesellschaft mbH, Nackstr. 24, Tel. (06131) 679057

6600 Saarbrücken 3, Saarbrücker Wach- u. Schließgesellschaft, A. Sachs und Co., Ursulinenstr. 42, Tel. (0681) 31305

6600 Saarbrücken 3, Wach-Institut Sachs u. Klein oHG, Bleichstr. 14, Tel. (0681) 34418, 36851

6600 Saarbrücken 3, Wach- u. Werkschutzdienst, Rühl KG, Mainzer Str. 52, Tel. (0681) 62912/13/14

6660 Zweibrücken, Wach- u. Schließdienst, Hans Wassmann, Allensteinstr. 46, Tel. (06332) 3979

6720 Speyer, Higazi Security Service, Detektei, Bewachungs- u. Werttransport GmbH, St. Germanstr. 1, Tel. (06232) 77331

6750 Kaiserslautern, Schutz- u. StreifendienstKG, Hans Liebrich, Bismarckstr. 48a, Tel. (0631) 61049

6800 Mannheim 1, Wach- und Schließgesellschaft Mannheim mbH, Josef-Braun-Ufer 12, Tel. (0621) 448047 -49

7000 Stuttgart 1, Nachtwach- und Schließdienst GmbH u. Co. KG, Stuttgarter Wach- und Schließgesellschaft mbH, Lazarettstr. 6, Tel. (0711) 245000, 234081 -2

7030 Böblingen, WSB, Wach- u. Streifendienst GmbH, Sindelfinger Allee 22, Tel. (07031) 227504

7050 Waiblingen, Wach- und Werkschutzdienst GmbH, Göhrumstr. 19, Tel. (07151) 52115

7056 Weinstadt-Beutelsbach, Schutz- und Wachdienst Waiblingen, Inh. Fritz Heubach, Eberhardstr. 1, Tel. (07151) 65124

7100 Heilbronn, Unterländer Wach- und Streifendienst, J. Späth u. Co. KG, Urbanstr. 17, Tel. (07131) 81481

7140 Ludwigsburg-Eglosheim, Ludwigsburger Wach- u. Sicherheitsdienst, Karl Gailing GmbH, Teinacherstr. 46a, Tel. (07141) 31066

7150 Backnang, Werk- und Wachschutz Schwaben GmbH, Eugen-Adolff-Str. 30, Tel. (07191) 69333

7457 Bisingen-Grosselfingen, Wach- und Kontrolldienst Württemberg-Hohenzollern, Bisinger Berg, Tel. (07476) 7023, 7024

7500 Karlsruhe 1, IWL-Institut für Werkschutz, Heinz Lützenkirchen GmbH, Waldenburger Str. 5, Tel. (0721) 682878

7520 Bruchsal, Wach- und Sicherheitsdienst Eiche GmbH, Zickstr. 13, Tel. (07251) 2353

7800 Freiburg, Freiburger Wach- u. Schließgesellschaft, Talstr. 17, Tel. (0761) 73921

7803 Gundelfingen/Freiburg, Bewachungs-Sipo-Dienst, Ziemann GmbH u. Co. KG, Glotterpfad 22, Tel. (0761) 580111, 580371

8000 München 1, Münchener Wach- und Schließgesellschaft mbH, Hochbrückenstr. 6, Tel. (089) 296901, Tx. 529058

8070 Ingolstadt, Wach- u. Schließinstitut Adolf Horndasch, Speckweg 49, Tel. (0841) 71691

8100 Garmisch-Partenkirchen, Bayer. Nachtpatrullenschutz, GmbH, Mohrenplatz 5, Tel. (08821) 2486

8200 Rosenheim, Rosenheimer Wach- und Schließgesellschaft mbH, Nikolaistr. 13, Tel. (08031) 35225

8260 Mühldorf, Wach- u. Sicherheitsunternehmen KG, Georg Kammermeier, Schweppermannstr. 12, Tel. (08631) 6344

8262 Altötting, Wach- und Schutzdienst Altötting, Ernst Steuger, Nikolaus-Lenau-Str. 44, Tel. (08671) 51 50

8340 Pfarrkirchen, Wach- und Schließgesellschaft Rottal, Walter Appelt, Schloßstr. 30, Tel. (08561) 1232, 6884

8440 Straubing, Straubinger Wach- und Schließinstitut, Anton Drechsler, Möwenstr. 15, Tel. (09421) 7310

8400 Regensburg, Ratisbona Wach- und Schließgesellschaft, Gerl oHG, Simadergasse 3, Tel. (0941) 51580

8490 Cham, Wach- u. Schließdienst Alois Müller, Nikolaus-Brantl-Weg 2, Tel. (09971) 9796

8500 Nürnberg, Wach- u. Eigentumsschutz-Institut, Theodor Arndt, Inh. Günter Arndt, Schildgasse 11-13, Tel. (0911) 225634

8500 Nürnberg, Nürnberger Wach- und Schließgesellschaft mbH, Fraunhofer Str. 10a, Tel. (0911) 56151

8660 Münchberg, Wach- und Kontrolldienst Oberfranken GmbH, An der Maulschelle 7, Tel. (09251) 1387

8671 **Neutauperlitz,** Regensburger Wach- u. Schließgesellschaft Hof, Inh. Ernst Ludwig, Veilchenweg 7, Tel. (09281) 40203

8700 **Würzburg,** Wach- und Schließdienst Würzburg, A. Neckermann, Inh. I. Mauer, Semmelstr. 37, Tel. (0931) 12041

8750 **Aschaffenburg,** Aschaffenburger Wach- und Schließgesellschaft, Erwin Gresser GmbH u. Co. KG, Weissenburger Str. 34, Tel. (06021) 21392/3, Tx. 4188524

8800 **Ansbach,** Wach- und Schließinstitut H. Luff, Inh. Hirschbühl u. Schart oHG, Würzburger Str. 42, Tel. (0981) 84610, 12741

8870 **Günzburg,** Wach- u. Schließgesellschaft, Georg Kalka, Sedanstr. 12, Tel. (08221) 4008, 4006

8900 **Augsburg,** Augsburger Wach- und Schließgesellschaft, Merker u. Co. KG, Schwäbische Sicherheits- u. Werkschutz GmbH u. Co. KG, Am Katzenstadel 5, Tel. (0821) 314018, 513812

8990 **Lindau,** Lindauer Wach- und Schließunternehmen, Obere Sonnhalde 4, Tel. (08382) 23006

Mitgliedsfirmen des Fachverbandes der Geld- und Werttransportunternehmen e. V., Kirdorfer Str. 3, 6380 Bad Homburg, Tel. (06172) 23096

1000 **Berlin 12,** Deutsche Wachgesellschaft, Wert- und Sicherheitstransporte GmbH, Wielandstr. 7, Tel. (030) 310561, Tx. 183295

2000 **Hamburg 50,** Security-Express, Sicherheitsdienste GmbH, Leverkusenstr. 25, Tel. (040) 8505024 - 25

2390 **Flensburg,** Wachbereitschaft Nordmark, Wilhelm Peters, Reepschlägerbahn 30, Tel. (0461) 17671/2

3000 **Hannover,** Geld- und Werttransporte GmbH, Hausmannstr. 6-7, Tel. (0511) 12281 - 85, Tx. 923522

3500 **Kassel-Bettenhausen,** Geld- und Werttransportgesellschaft, Dormannweg 48, Tel. (0561) 56418

4100 Duisburg, Autoport, Park- u. Garagenhaus, Betriebsgesellschaft mbH, Geld- und Werttransporte, Grabenstr. 3, Tel. (0203) 356984

4300 **Essen,** Essener Wach- und Schließges. mbH, Alarm-, Signal- und Raumschutzanlagen, Lindenallee 59-61, Tel. (0201) 225123, 226292

4300 **Essen 1,** Fritz Kötter GmbH u. Co. KG, Geld- u. Werttransporte, Am Zehnthof 66 Tel. (0201) 18041

4500 **Osnabrück,** Wach- und Sicherheitsgesellschaft mbH, Rolandsmauer 24, Tel. (0541) 24500, 25000, Tx. 0944848

4700 **Hamm 1,** Westfalia Geld- und Werttransport GmbH, Alter Uentroper Weg 62, Tel. (02381) 35540

5142 **Hückelhoven 2,** Gewetra Geld- u. Werttransporte GmbH, Herderstr. 23-27, Tel. (02435) 1516/2856

5500 **Trier-Nord,** Max Chorus GmbH u. Co. KG, Metternichstr. 32-34, Tel. (0651) 2683, Tx. 0472827

5800 **Hagen 5,** Banktransportgesellschaft mbH, Syburgweg 9, Tel. (02334) 51094

6000 **Frankfurt am Main,** Frankfurter Bewachungsgesellschaft, Helmut Koch KG, Reuterweg 44, Tel. (0611) 728054, Tx. 0413606

6200 **Wiesbaden,** Safemobil Service Kurierdienst und Geldtransport GmbH, Luisenstr. 19, Tel. (06121) 301442

6700 **Ludwigshafen,** Süddeutsche Bewachungsgsellschaft oHG, Walkürenstr. 1, Tel. (0621) 518020

6800 **Mannheim,** Wach- und Schließgesellschaft Mannheim mbH, Josef-Braun-Ufer 12, Tel. (0621) 448047

7000 **Stuttgart 1,** Geld- und Werttransporte GmbH, Wolframstr. 26, Tel. (0711) 2595-238

7100 **Heilbronn,** Unterländer Wach- und Streifendienst, J. Späth u. Co. KG, Urbanstr. 17, Tel. (07131) 81481

7140 **Ludwigsburg-Eglosheim,** Ludwigsburger Wach- und Sicherheitsdienst, Karl Gailing GmbH, Teinacherstr. 46 a, Tel. (07141) 31066

7300 **Esslingen,** Schutz- und Wachdienst Esslingen, Neckarstr. 60, Tel. (0711) 324041

7457 **Bisingen-Grosselfingen,** Wach- und Kontrolldienst Württemberg-Hohenzollern, Bisinger Berg, Tel. (07476) 7023, 7024

7500 **Karlsruhe 1,** IWL-Institut für Werkschutz, Heinz Lützenkirchen GmbH, Weinweg 16, Tel. (0721) 611084

7520 **Bruchsal,** Wach- und Sicherheitsdienst Eiche GmbH, Zickstr. 13, Tel. (07251) 2353

7730 **Villingen,** Wach- und Schutzdienst, Wert- und Geldtransporte Erich Maier, Warenburgstr. 19, Tel. (06121) 301442

7803 Gundelfingen, Bewachungs-Sipo-Dienst, Ziemann GmbH u. Co., Glotterpfad 22, Tel. (0761) 580111, 580371, 581273

8000 München 2, Münchener Wach- und Schließgesellschaft mbH, Hochbrückenstr. 3, Tel. (089) 296901

8300 Landshut, Landshuter Wach- u. Schließ GmbH, Rosengasse 344, Tel. (0871) 23486, 73910

8400 Regensburg, Götz-Sicherheitsdienst GmbH, Hofer Str. 10, Tel. (0941) 63081

8400 Regensburg, Ratisbona Wach- und Schließgesellschaft Gerl & Co. oHG, Obermünsterstr. 19, Tel. (0941) 51580/01

8500 Nürnberg, Nürnberger Wach- und Schließgesellschaft mbH, Fraunhofer Str. 10a, Tel. (0911) 56151

8750 Aschaffenburg, Industriewerkschutz GmbH u. Co. KG, Weissenburger Str. 34, Tel. (06021) 21396/3, Tx. 04188524

8900 Augsburg, Wach- und Schließ Werttransport GmbH u. Co. KG, Am Katzenstadel 5, Tel. (0821) 314018

Mitgliedsfirmen der Bundesvereinigung für Sicherheitstransporte (BfS) Am Pedro-Jung-Park 14, 6450 Hanau 1

Ordentliche Mitglieder

Brink's Schenker GmbH Postfach 110223
Straße der Eilgut-Lagerplätze 36 A 6000 Frankfurt 11, Tel. (0611) 730526

Fachlehranstalt für Handels- und Industriesicherheit
Rüstersieler Straße 107
2940 Wilhelmshaven, Tel. (04421) 60316

Industrie-Bewachung
Bruno Wachtmeister GmbH
Olgastraße 68c, 7000 Stuttgart 1
Tel. (0711) 247474

Inn Wach- u. Sicherheitsservice GmbH
Postfach 210
8209 Stephanskirchen/Rosenheim
Tel. (08031) 70760

PROTECTAS GMBH & CO
Berner Straße 101
6000 Frankfurt 56, Tel. (0611) 5072891

Security Service Kostell GmbH
Schweppermannstraße 3
8451 Gärmersdorf, Tel. (09621) 84905
Buchenweg 12, 8481 Parkstein
Tel. (09602) 84 72

Security Service Thein KG
Gartenstraße 12
5901 Wilnsdorf 2, Tel. (0271) 399255

Security Service Werttransport GmbH
Flensburger Ring 14
6800 Mannheim 31, Tel. (0621) 751376

SIBA Bewachungsdienst
Werkschutz GmbH
Postfach 5506
7500 Karlsruhe, Tel. (0721) 27992-4

TRANSNUKLEAR GMBH
Transporte und Dienstleistungen
Rodenbacher Chaussee 6, 6450 Hanau 11
Tel. (06181) 5001

Außerordentliche Mitglieder

MOTOROLA GMBH
Geschäftsbereich Funkgeräte
Mainzer Straße 148
6200 Wiesbaden, Tel. (06121) 79077

Wilhelm Thiele GmbH
Karosserie- und Fahrzeugfabrik
Postfach 210380, 2800 Bremen 21
Tel. (0421) 642081

VdS - anerkannte private Notrufzentralen

(Stand: Januar 1984)

1000 **Berlin 12,** Deutsche Wachgesellschaft mbH, Wielandstraße 7

1000 **Berlin 31,** Deutscher Schutz- und Wachdienst, A. Oppermann & Sohn, Aachener Straße 34

1000 **Berlin 41,** Wachschutz Gross-Berlin Werner Loesch GmbH & Co., Stubenrauchstraße 3

2000 **Hamburg 26,** WWSD Westdeutscher Wach- und Schutzdienst Fritz Kötter GmbH & Co. KG, Ausschläger Weg 41

2000 **Hamburg 36,** Wachdienst Maximilian Molitor Nachf., Jungfernstieg 30

2000 **Hamburg 61,** Bewachungsdienst Borchert GmbH, Kollaustr. 179

2000 **Hamburg 76,** Allgemeine Sicherheitsdienste GmbH, Wandsbeker Chaussee 70

2000 **Hamburg 76,** Hamburg-Wacht F. Grün GmbH, Wandsbeker Chaussee 224

2000 **Hamburg 76,** ISU Informations- und Sicherheitsunternehmen, Horst H. Pantzek GmbH & Co. KG, Grillparzerstr. 33

2000 **Hamburg 76,** Wach- und Sicherheitsunternehmen Hamburg, Notruf und Werkschutz GmbH, Ritterstraße 69

2300 **Kiel 1,** Kieler Wach- und Schließgesellschaft mbH & Co. KG, Exerzierplatz 34

2390 **Flensburg,** Wachbereitschaft Nordmark, Reepschlägerbahn 30

2400 **Lübeck 1,** Germania GmbH, Wach- und Werkschutz, Bei der Lohnmühle 25

2400 **Lübeck 1,** Lübecker Wachunternehmen Dr. Kurt Kleinteld, Mühlentorplatz 2

2800 **Bremen,** Wach- und Sicherheitsgesellschaft mbH, An der Weide 27-29

2800 **Bremen 1,** WWSD Westdeutscher Wach- und Schutzdienst Fritz Kötter GmbH & Co. KG, Korttsteich 6-7

3000 **Hannover 1,** Niedersächsische Wach- und Schließgesellschaft Eggeling & Schorling KG, Hausmannstraße 6-7

3300 **Braunschweig,** Braunschweiger Wach- und Schließgesellschaft Richard Haars GmbH, Wendenstraße 60/61

3500 **Kassel,** Kasseler Wach- und Schließinstitut Butenhoft GmbH, Tischbeinstraße 23

4000 **Düsseldorf 1,** DSW Sicherheits- und Werkschutz GmbH & Co. KG, Lindemannstraße 79

4000 **Düsseldorf 1,** WWSD Westdeutscher Wach- und Schutzdienst Fritz Kötter GmbH & Co. KG, Gauss-Straße 20

4000 **Düsseldorf 30,** Düsseldorfer Wach- und Schließgesellschaft Flesche GmbH & Co., Nettelbeckstraße 1

4040 **Neuss 1,** Niederrheinische Wirtschaftsüberwachung GmbH & Co. KG, Neusser Wach- und Schließgesellschaft, Breite Straße 68

4100 **Duisburg 11,** WWSD Westdeutscher Wach- und Schutzdienst Fritz Kötter GmbH & Co. KG, Theodor-Heusstraße 71-73

4130 **Moers 1,** Wach- und Alarmbereitschaft Niederrhein KG, Asberger Straße 72

4150 **Krefeld,** Wachdienst Krefeld Inh. Wilhelm Esters, Luth.-Kirchstraße 37-41

4300 **Essen 1,** Essener Wach- und Schließgesellschaft mbH, Lindenallee 59/61

4300 **Essen 13,** WWSD Westdeutscher Wach- und Schutzdienst Fritz Kötter GmbH & Co. KG, Am Zehnthof 66

4330 **Mülheim/Ruhr,** Westdeutscher Wachdienst W. Vollmer & Sohn, Kassenberg 35

4400 **Münster,** Wach- und Schließgesellschaft Schwarze KG, Goldstraße 50

4500 **Osnabrück,** Wach- und Sicherheits-GmbH Osnabrück, Rolandsmauer 24

4600 **Dortmund 1,** WWSD Westdeutscher Wach- und Schutzdienst Fritz Kötter GmbH & Co. KG, Rosemeyerstraße 6

4630 **Bochum 1,** Wachdienst Rhein-Ruhr GmbH, Bergstraße 176

4730 **Ahlen/Westf.,** WWSD Westdeutscher Wach- und Schutzdienst Fritz Kötter GmbH & Co. KG, Stapelstraße 2

4790 **Paderborn,** Wachschutz Paderborn Albert Hintzen GmbH, Bleichstraße 54

4800 **Bielefeld 1,** Bielefelder Heimschutz GmbH, Detmolder Straße 49

4800 **Bielefeld 1,** Teutoburger Bewachungs-Institut Udo Leckebusch GmbH, Mittelstraße 50

5000 **Köln 1,** Wachdienst Rheinland-Westfalen GmbH, Löwengasse 11

5000 **Köln 1,** WIS Sicherungstechnik GmbH & Co. KG, Kölner Wach- und Schließgesellschaft GmbH & Co. KG, Ubierring 49

5000 Köln 30, WWSD
Westdt. Wach- und Schutzdienst Fritz Kötter GmbH & Co. KG, Maarweg 233

5090 Leverkusen 1, Wach- und Schließgesellschaft „Rhein-Wupper“, A. Jansen GmbH & Co. KG, Windthorststraße 50

5100 Aachen, ABN-Alarmanlagen-Bewachungen-Notrufservice GmbH, Josef von Görres Straße 59

5100 Aachen, WIS
Sicherungstechnik GmbH & Co. KG, Peliserkerstraße 55

5300 Bonn, WIS
Sicherungstechnik GmbH & Co. KG, Hochstadenring 43

5860 Iserlohn, Wach- und Schließdienst Sauerland, Galmeistraße 19

6000 Frankfurt/Main 1, Allgemeiner Wirtschaftsdienst GmbH, Blumenstraße 12

6000 Frankfurt 1, Frankfurter Wach- und Schließ KG, Koch & Co., Reuterweg 44

6000 Frankfurt 1, WWSD
Westdeutscher Wach- und Schutzdienst Fritz Kötter GmbH & Co. KG, Barckhausstraße 10

6000 Frankfurt 90, DSW Der Schutz- und Wachdienst GmbH & Co. KG, Heerstraße 50

6050 Offenbach/Main, HBI,
Hessisches Bewachungsinstitut GmbH, Wilhelmplatz 19

6143 Lorsch, WSSD Truber GmbH,
Wach-, Schließ- und Sicherheitsdienst, Kastanienallee 2

6200 Wiesbaden, Wiesbadener Wach- und Schließgesellschaft Müller & Co. GmbH, Luisenstraße 19

6500 Mainz 1, Mainzer Wach- und Schließgesellschaft mbH, Nackstraße 24

6500 Mainz 25, Graf Dienstleistungen Wach- und Werkschutz, Nestlestraße 40

6700 Ludwigshafen, Süddeutsche Bewachungsgesellschaft oHG., Walkürenstraße 1

6720 Speyer, Higazi Security Service Detektei-, Bewachungs- und Werttransport GmbH, St. Germanstraße 1

6800 Mannheim, Wach- und Schließgesellschaft Mannheim GmbH, Josef-Braun-Ufer 12

7000 Stuttgart, Nachtwach- und Schließdienst GmbH & Co. KG, Lazarettstraße 6

7000 Stuttgart 30, WWSD
Westdeutscher Wach- und Schutzdienst Fritz Kötter GmbH & Co. KG, Siemensstraße 34

7100 Heilbronn, Unterländer Wach- und Streifendienst J. Späth & Co. KG, Urbanstraße 17

7140 Ludwigsburg-Eglosheim, Ludwigsburger Wach- und Sicherheitsdienst Karl Gailing OHG, Teinacher Straße 46 a

7300 Esslingen, Schutz- und Wachdienst GmbH Esslingen, Neckarstraße 60

7900 Ulm, Wach- und Schließgesellschaft mbH Ulm/Neu-Ulm, Walfischgasse 24

8000 München 2, Münchener Wach- und Schließgesellschaft mbH, Hochbrückenstraße 6

8000 München 2, *WWSD*
Westdeutscher Wach- und Schutzdienst Fritz Kötter GmbH & Co. KG, Schwanthaler Straße 2-6

8000 München 40, A.S.S.
Agentur für Schutz u. Sicherheit GmbH, Kaiserstraße 4

8200 Rosenheim, Rosenheimer Wach- und Schließgesellschaft mbH, Nikolaistr. 13

8260 Mühldorf am Inn, WSD
Wach- und Sicherheitsdienst KG, Schweppermannstraße 12

8300 Landshut, Landshuter Wach- und Schließ GmbH, Rosengasse 344

8400 Regensburg, „Ratisbona“
Wach- und Schließgesellschaft Gerl oHG, Obermünsterstraße 19

8490 Cham, WSD
Wach- und Sicherheitsunternehmen, Nikolaus-Brantl-Weg 2

8500 Nürnberg, Nürnberger Wach- und Schließgesellschaft mbH, Fraunhoferstraße 10 a

8500 Nürnberg, Wach- und Eigentumsschutz-Institut Theodor Arndt, Schildgasse 11/13

8750 Aschaffenburg, AWS Aschaffenburger Wach- u. Schließgesellschaft E. Gresser GmbH & Co. KG, Weißenburger Str. 34

8900 Augsburg 1, Augsburger Wach- und Schließgesellschaft Merker & Co. KG, Am Katzenstadel 5

Mitgliedsfirmen der Forschungs- und Prüfgemeinschaft Geldschränke und Tresoranlagen e. V., Lyoner Straße 18, 6000 Frankfurt 71, Tel. (0611) 6603-451

Adolphs GmbH, Geldschrankfabrik Kaiserwerther Str. 71, Postfach 1105
4030 Ratingen 1, Tel. (02102) 42077

Bauer Kassenfabrik AG
Flughofstr. 40, CH-8153 Rümlang,
Tel. 0041-1-817 2061, Tx. 56886

Baum Tresore GmbH
Käppelestr. 3, 7500 Karlsruhe 1
Tel. (0721) 614018

Bode-Panzer AG
Entenfangweg 7, Postfach 210409
3000 Hannover 21 (Herrenhausen)
Tel. (0511) 79000, Tx. 0921107

Bössinger GmbH & Co.,
Tresorbau u. Alarmanlagen
Bössinger Str. 9-18, 7101 Langenbrettach 2
Tel. (07946) 2027, Tx. 074464

Chubb & Son's Lock and Safe Co. Ltd.
51, Whitfield Street, GB-London WlP 6AA
Tel. 00441-637 2377

Chubb Lips Nederland B. V.
Merwedestraat 48, Postbus 59,
NL-3300 AB Dordrecht, Tel. 0031-78 136144

Distelrath GmbH
An der Gernsbach, 6342 Haiger 4-Fellerdilln,
Tel. (02773) 3088, Tx. 0873402

DUTO S.p.A.
Via Palazzina 198, I-37134 Verona,
Tel. 0039-45 500988, Tx. 400421

Essener Geldschrankfabrik
Gustav Kellner Söhne GmbH.
Wörthstr. 27, Postfach 101054, 4300 Essen,
Tel. (0201) 286057

Fichet-Bauche, Abt. „RDPL",
15 et 17, Ave. Morane Saulnier, Postfach 11,
F-78140 Vélizy, Tel. 00331-94696-44

Franz Garny GmbH & Co.
Dreieichstr. 12-16, Postfach 1249,
6082 Mörfelden-Walldorf
Tel. (06105) 2050, Tx. 04185721

Geldschrank- und Tresorbau Gaul GmbH
Hohenstaufenring 33-35, 5000 Köln
Tel. (0221) 234434

Conrad Gerlich, Geldschrank- u. Tresorbau,
Carl-Zeiss-Straße, 6500 Mainz-Hechtsheim,
Tel. (06131) 504044, Tx. 4187782

H. Glaser, Metall- und Kassenbau,
Bernstraße 121, CH-8902 Urdorf,
Tel. 0411-1-734 0655

HADAK Försäljnings AB
Svarvargatan 9, Postbox 328,
S-63105 Eskilstuna,
Tel. 0046-16 125680, Tx. 46127

HEERUM X. Hersacher KG
Postfach 40, 7081 Westhausen (Württ.), Tel. (07363) 6021

Carl Hermann, Geldschrankfabrik
Forsthofstr. 10/16, Postfach 440151, 8500 Nürnberg, Tel. (0911) 492264, Tx. 0623090

KARDEX Bellheimer Metallwerk GmbH,
Bahnhofstraße, 6729 Bellheim, Tel. (07272) 1031/34, Tx. 0453346

KASO OY, Postbox 27, SF-00751 Helsinki 75
Tel. 00358-090 360012, Tx. 122326

Friedrich Kärcher KG
Geldschrank und Tresorbau
Erbprinzenstr. 82-86, Postfach 927
7530 Pforzheim, Tel. (07231) 34041/43

Gust. Keller Söhne
Fabrik für Geldschrank- u. Tresorbau
Dieselstr. 36, Postfach 220188
5600 Wuppertal 22 (Langerfeld)
Tel. (0202) 604007, Tx. 08591142

Otto Lampertz GmbH & Co. KG,
Fabriken für Organisationsmittel
und EDV-Zubehör, In der Aue 2, Postfach 540,
5240 Betzdorf (Sieg), Tel. (02741), Tx. 0875349

Leicher GmbH & Co., Feringastr. 10,
8043 Unterföhring, Tel. (089) 9 59 60

Mauser-Waldeck AG, 3544 Waldeck 2,
Tel. (05623) 58 12 16, Tx. 09 94 618

MT-Verriegelungstechnik GmbH
Nassaustr. 43, 6238 Hofheim-Wallau
Tel. (06122) 13031, Tx. 04182564

Gerhard Müller GmbH & Co. KG
Postfach 1368, 6348 Herborn
Tel. (02772) 41041/42, Tx. 0873287

Pabst & Sohn GmbH & Co. KG
Im Rotfeld 1, 6600 Saarbrücken 2
Tel. (0681) 42401

Pohlschröder GmbH & Co. KG
Hannöversche Str. 22, Postfach 689/690
4600 Dortmund
Tel. (0231) 51810, Tx. 0822236

E. A. Rosengrens AB
Möldalsvägen 85, S-41285 Göteborg
Tel. 0046-31 813950

Safe-Design AG, Tresorbau,
Fabrikstraße, Postfach 5,
CH-8925 Ebertswil am Albis
Tel. 00411-1-764 0033, Tx. 58471

Sicherheits- und Bankeinrichtungen
Ostertag-Werke GmbH
Ulmer Str. 45-47, Postfach 1560
7080 Aalen (Württ.)
Tel. (07361) 5091, Tx. 0713882

Theodor Stacke
Jülicher Str. 390-392, Postfach 1266
5100 Aachen
Tel. (0241) 16006/7, Tx. 0832713

Tresor Baumann GmbH, Spezialfabrik
für Geldschrank- und Tresorbau
Moorweg 90, 2352 Bordesholm,
Tel. (04322) 838 und 839

Hermann Verlohr
Kommandantenstr. 31, Postfach 101263
4100 Duisburg 1
Tel. (0203) 355048/49, Tx. 0855614

Eisenwaren- und Hausratsgeschäfte, Schlüsseldienste und Spezialfirmen, die Sicherungseinrichtungen führen.

(Weitere Anschriften durch den Fachverband des Eisenwaren- und Hausrathandels (FDE), Eichendorffstr. 3, 4000 Düsseldorf 30, Tel. (0211) 434435)

1000 **Berlin 12,** Paul Dohrmann, Kaiser-Friedr.-Str. 34

1000 **Berln 12,** Wilh. Mattschaß, Kaiser-Friedr.-Str. 1

1000 **Berlin 12,** Berliner Schlüsseldienst, Inh. Karl Rosenow, Leibnizstr. 56

1000 **Berlin 12,** Wolfgang Werner — Schlüsseldienst — Kantstr. 83

1000 **Berlin 12,** Sicherheits-Center H. Schacht, Kurfürstendamm 65

1000 **Berlin 15,** Schlüsselschnelldienst GmbH, Duisburger Str. 8

1000 **Berlin 15,** Schlüsseldienst Pariser Straße, F. Schutzbach, Pariser Str. 7

1000 **Berlin 15,** Carl Unger Nachf., Duisburger Str. 8

1000 **Berlin 19,** Melzer GmbH, Witzlebenstr. 39

1000 **Berlin 19,** Schlüsseldienst S. Rümenapf, Haeseler Str. 2

1000 **Berlin 20,** Schld. Spandau, Inh. M. Bartl, Breite Str. 9

1000 **Berlin 20,** Spandauer Schld., Harry Fyolek, Pichelsdorfer Str. 133

1000 **Berlin 20,** Robert Rothe — Eisenwaren —, Klosterstr. 8-9

1000 **Berlin 21,** Schld. Moabit, Hartmut Fritz, Bremer Str. 71

1000 **Berlin 21,** Karlheinz Hinz, Kaiserin-Augusta-Allee 101

1000 **Berlin 21,** Meyer & Roschkowski, Alt Moabit 42

1000 **Berlin 26,** Knut Philipp, Roedernallee 86

1000 **Berlin 27,** Schld. Tegel, Manfred Kunz, Grußdorfstr. 8

1000 **Berlin 28,** Hz. Herzog, Waldseeweg 5

1000 **Berlin 30,** Schld. am Zoo, Inh. L. Niggemeyer, Tauentzienstr. 1

1000 **Berlin 30,** Schlüssel-Notdienst P. Radwainski, Golzstr. 24

1000 **Berlin 30,** Arthur Schoewerk, Genthiner Str. 20-22

1000 **Berlin 30,** Schlüsseldienst Westphal, Goebenstr. 20/21

1000 **Berlin 31,** J. F. Fagel, Schlüsselexpress GmbH & Co. KG., Kurfürstendamm 135

1000 **Berlin 31,** E. F. Grunwald & Co., Bundesplatz 2

1000 **Berlin 31,** H. Isserstedt GmbH & Co. KG., Am Volkspark 73

1000 **Berlin 31,** Schlüsseldienst Krebs, Landhausstr. 37

1000 **Berlin 36,** Günther Krebs & Co., Köpenicker Str. 145

1000 **Berlin 36,** Madel & Madel, Reichenberger Str. 144

1000 **Berlin 37,** Clayallee Schld. Hebold GmbH & Co. KG., Clayallee 331

1000 **Berlin 37,** Franz Mentz, Teltower Damm 2

1000 **Berlin 37,** Frank Tegge, Ladenstr. 31

1000 **Berlin 41,** Berlin-Knorr KG, Hedwigstr. 17

1000 **Berlin 41,** Schlüsseldienst R. Pawel, Albrechtstr. 27, Schloßstr. 68

1000 **Berlin 41,** Schlüsseldienst J. Pommerening, Albrechtstr. 11

1000 **Berlin 41,** Horst Rehbein, Schmilianstr. 13

1000 **Berlin 41,** Rud. Setzermann, Schildhornstr. 20

1000 **Berlin 42,** Klaus Arnken, Tempelhofer Damm 206

1000 **Berlin 42,** Horst Güßow, Ringstr. 70

1000 **Berlin 42,** Schld. Süd, Franz Jensch, Kaiserin-Augusta-Str. 80

1000 **Berlin 44,** Dressler & Co., Sonnenallee 31

1000 **Berlin 44,** Walter Heise, Emser Str. 27

1000 **Berlin 44,** Siegfried Seela, Sonnenallee 146

1000 **Berlin 44,** C. Wendt, Inh. Kühne, Hermannstr. 59

1000 **Berlin 45,** Karl Arzenbacher, Oberhofer Weg 13-15

1000 **Berlin 47,** Robert Prietz, Buckover Damm 195-197

1000 **Berlin 47,** Manfred Sommer, Neudecker Weg

1000 **Berlin 47,** SOS-Schloß-Service Schulze & Co. GmbH, Britzer Damm 134

1000 **Berlin 48,** Bauelemente Schelleter, Wilhelm v. Siemensstr. 16-18

1000 **Berlin 51,** Schlüsseldienst Quast GmbH, Residenzstr. 106

1000 **Berlin 51,** M. & F. Valentin, Thater Straße Ende

1000 **Berlin 52,** Schlüsseldienst Schikora, Eichvorndamm 96

1000 **Berlin 52**, Schlüsseldienst Steiner, General-Woyna Str. 66

1000 **Berlin 61**, Schlüsseldienst Gustav Bosse, Hagelberger Str. 1

1000 **Berlin 61**, E. Herminghaus GmbH & Co. KG., Fidicinstr. 3

1000 **Berlin 62**, Schloß&Schlüsseldienst Inh. Manfred Nadolski, Grunewaldstr. 59

1000 **Berlin 62**, Franz Rüger, Willmanndamm 20

1000 **Berlin 62**, J. Siebert, Helmstr. 8

1000 **Berlin 65**, Wilh. Frese oHG, Genter Str. 18

1000 **Berlin 65**, Schld. Nord, Peter Mansbacher, Türkenstr. 20

1000 **Berlin 65**, Seiz GmbH, Reinickendorfer Str. 115

2000 **Hamburg 1**, Wilh. Albers, Lindenstr. 21

2000 **Hamburg 1**, C. Arnoldi, Burchardstr. 6

2000 **Hamburg 1**, Bruno Buchholtz, Steindamm 103

2000 **Hamburg 1**, Schlüssel-Zentrale Ernst Wilh. Freidinger, Pulverteich 8

2000 **Hamburg 1**, Walter Schönemann KG, Brennerstr. 23

2000 **Hamburg 1**, Wilhelm F. L. Schulz, Kattrepel 2

2000 **Hamburg 6**, Köster&Nehrenheim Neuer Pferdemarkt 31

2000 **Hamburg 6**, Schlüssel-Reese, Schulterblatt 79

2000 **Hamburg 6**, Ferd. Schüllenbach, Beim grünen Jäger 20

2000 **Hamburg 11**, Schneider & Sohn, Ditmar-Koel-Str. 13

2000 **Hamburg 19**, Roderich Musfeld, Fruchtallee 19

2000 **Hamburg 20**, Schlüssel-Zentrum Peter Busch, Eppendorfer Landstr. 133

2000 **Hamburg 20**, Richard Kappler, Erikastr. 45

2000 **Hamburg 26**, Günther Heuck KG. Süderstr. 236

2000 **Hamburg 28**, Gustav Peters, Rothenburgsorter Marktplatz 12

2000 **Hamburg 36**, Hanseatisches Schlüssel-Zentrum Busch + Lamade, Colonnaden 108

2000 **Hamburg 36**, Albert-Kühn Inh. Walter Albertus, Kaiser-Wilhelm-Str. 79

2000 **Hamburg 36**, Bernhard Sanmann, Thielbek 10

2000 **Hamburg 36**, Sicherheit+Technik, Große Bleichen 35

2000 **Hamburg 50**, Alfred Bofferding, Inh. Uwe Hirthe, Bahrenfelder Chaussee 102

2000 **Hamburg 50**, W. Siego, Große Bergstr. 199

2000 **Hamburg 54**, Werner Geistler, Inh. Wolfgang Seiler, Langenfelder Damm 54

2000 **Hamburg 54**, Ernst Kruse, Winsbergring 3

2000 **Hamburg 60**, Carl Mohns, Gertigstr. 12-14

2000 **Hamburg 61**, Ulrich Busse, Eisenwaren, Tibarg 5

2000 **Hamburg 61**, Gerhard Jahnke, Brödermannsweg 41

2000 **Hamburg 62**, L. Pfaffelberger, Langenhorner Chaussee 674

2000 **Hamburg 65**, Wilh. Lüders, Saseler Markt 14a

2000 **Hamburg 67**, Klaus Hoffmeister KG., Claus Ferckstr. 11

2000 **Hamburg 71**, Laarmann & Peez, Bramfelder Dorfplatz 23

2000 **Hamburg 74**, Johs. Mauer, Horner Landstr. 202

2000 **Hamburg 76**, von der Ah & Lunk, Kanalstr. 36-38

2000 **Hamburg 76**, Beese & Schmidt, Wagnerstr. 16-18

2000 **Hamburg 76**, ACI-Service Inge Schmidt, Hans-Henny-Jahnn-Weg 8

2000 **Hamburg 76**, Schlüssel-Schnelldienst W. Winter, Wandsbeker Chaussee 25

2000 **Hamburg 76**, Friedrich Zywietz, Lübecker Str. 97

2000 **Hamburg 90**, Hans Albowski, Neustr. 13

2000 **Hamburg 90**, P. H. Peper, Schloßmühlendamm 16

2000 **Norderstedt**, Heinrich Loesch KG., Köseliner Weg 8-10

2000 **Wedel**, Schlüsselzentrale Schmidt, Riststr. 13

2000 **Wedel**, Alfred Duggen, Mühlenstr. 9

2954 **Geesthacht**, Wilhelm Mohrmann, Bergedorfer Str. 32

2060 **Bad Oldesloe**, Horst Rüdiger Klinck, Reimer Hansen Str. 12

2060 **Bad Oldesloe**, Karl-Heinz Krakow Schlüsselzentrale, Bergstr. 13

2067 **Reinfeld**, Kaufhaus Käselau, Bahnhofstr. 6-10

2085 **Quickborn**, Gert Müller, Bahnhofstr. 84

2100 **Hamburg 90**, P. H. Peper, Postfach 901123

2110 **Buchholz/Nordheide**, E. Druse-Eisenwaren KG., Bremer Str. 12

2120 **Lüneburg**, Schlüsseldienst Büchs, Auf dem Kauf 4

2120 **Lüneburg**, Oskar Mundinus, Brodbänken

2160 **Stade**, Eisen-Trabandt GmbH, Hansestr. 23

2190 **Cuxhaven,** H. A. von Broock, Nordersteinstr. 23/24

2190 **Cuxhaven,** Fleischhut, Abendrothstr. 7

2200 **Elmshorn,** Elmshorner Schlüsseldienst, Friedenstr. 2 a

2200 **Elmshorn,** Fritz Voß GmbH, Friedenstr. 1

2210 **Itzehoe,** Rudolf Rodewold, Sandberg 29

2217 **Kellinghusen,** Firma Theodor Elsner & Sohn, Postfach 1150

2240 **Heide,** Gebr. Schreiner, Markt 3

2290 **Husum,** Johannes Topf KG., Postfach 1548

2300 **Kiel,** Eisenhenkel Wilhelm Henkel oHG, Herzog-Friedrich Str. 26 - 32

2300 **Kiel,** Eisen-Jäger GmbH, Alte Lübecker Chaussee 26

2300 **Kiel,** A. Leopold KG., Postf. 3149

2300 **Kiel,** Schlüsselzentrale W. Makowski, Kleiner Kuhberg 8 - 10

2300 **Kiel,** Tom Watson Inh. H. Rickert, Holtenauer Str. 3

2300 **Molfsee,** Franz Furigo, Dorfstr. 1

2301 **Raisdorf,** Max Dorn, Gutenbergstr. 24

2308 **Preetz,** Walter Rickert Inh. Horst Rickert, Markt 9

2330 **Eckernförde,** Hans Reimers + Co., Postfach 1367

2330 **Eckernförde,** James Schuch, Postfach 1410

2340 **Kappeln/Schlei,** Eisen-Jöns Inh. Thies Kölln, Postfach 93

2350 **Neumünster,** Bauhaus Behnke, Postfach 1249

2350 **Neumünster,** Heinrich Hinrichsen KG., Am Brunnenkampf 8

2358 **Kaltenkirchen,** Eisen-Schnabel Inh. Felix Schnabel, Kieler Str. 42

2360 **Bad Segeberg,** Segeberger Eisenhandlung Johann Peter Hass, Hamburger Str. 4

2370 **Rendsburg,** Dittmer Handelsges. KG., Friedrichstädter Str. 87

2380 **Schleswig,** Richard Petersen, Postfach 1326

2390 **Flensburg,** Matthias Meesenburg KG., Postfach 356

2400 **Lübeck,** Baumarkt Lübeck GmbH Brockestr. 65

2400 **Lübeck,** Schlüssel-Schnelldienst Uwe Garber, Aegidienstr. 16

2400 **Lübeck,** Heinrich Rosenberg, Pferdemarkt 9

2400 **Lübeck,** Martin Reese, Postfach 1548

2400 **Lübeck,** Schlüssel-Reese, Hüxstr. 109

2410 **Mölln,** H. Burmeister, Hauptstr. 91

2440 **Oldenburg/Holst.,** Aug. Eberhardt, Kuhtorstr. 5 - 11

2800 **Bremen 1,** Bellmann & Co., Postfach 107260

2800 **Bremen 1,** Karl Laumann oHG, Osterstr. 7/10

2800 **Bremen 1,** Heinrich Lotze, Lüneburger Str. 49/41

2800 **Bremen 1,** Peter Possienke Schlüsseldienst, Admiralstr. 110

2800 **Bremen 44,** Joh. Harms, Postfach 448410

2805 **Stuhr 1,** Fechner & Hesse GmbH, Carl-Zeiss-Str. 18

2820 **Bremen-Blumenthal,** Lüssumer Eisenwarenhandel, Kapitän-Dallmann-Str. 1

2820 **Bremen 21,** Lutzke & Alps, Gerh.-Rohlfs-Str. 54 d

2842 **Lohne,** Krapp, Vechtaer Str. 2

2848 **Vechta/Oldb.,** B. Stilkenböhmer, Postfach 1368

2850 **Bremerhaven-Lehe,** Georg E. Bohlen, Postfach 3168

2850 **Bremerhaven-Mitte,** W. & F. Ziegfeld oHG, Postfach 2148

2850 **Bremerhaven 21,** Baumarkt Kistner H. F. Kistner GmbH, Hafenstr. 56 - 60

2860 **Osterholz-Scharmbeck,** Gebr. Sieg Postfach 1163

2900 **Oldenburg,** Carl Wilh. Meyer, Ammerländer Heerstr. 260 und Haarenstr. 15

2900 **Oldenburg,** Schlüsseldienst Hans Niebisch, Alexanderstr. 29

2900 **Oldenburg-Eversten,** Reinhold Paulo, Hauptstr. 57/59

2910 **Westerstedt,** Bücking, Lange Str. 6

2930 **Varel 1,** Donner & Warfia GmbH, Bahnhofstr. 14

2940 **Wilhelmshaven,** Gebr. Meyer, Gökerstraße 55 - 57

2940 **Wilhelmshaven,** Radtke-Sicherheits-Electronic GmbH, Bismarckstr. 178

2948 **Schortens 1,** E. W. Hayen Inh. E. Willms, Oldenburger Str. 14

2950 **Leer,** Walterborg & van Cammenga, Mühlenstr. 107 - 109

2960 **Aurich,** Schüt-Duis oHG, Burgstr. 21 - 23

2970 **Emden,** Alfred Wegner, Kattewall 19

2980 **Norden,** Reinhd. Cremer Söhne, Eisenhandlung

2990 **Papenburg 1,** Erich Beckmann, vorm. L. Breymann, Splitting links 11

3000 **Hannover,** Johann Detjens, Osterstr. 49

3000 **Hannover,** Schlüsseldienst Hartlieb, Hamburger Allee 45/47

3000 **Hannover,** Draht-Hentschel, Osterstr. 43

3000 **Hannover,** Himstedt & Wiechers oHG, Postfach 2827

3000 **Hannover,** Gebr. Hoffmann Marienstr. 52/54

3000 **Hannover,** Schlüsseldienst Jarczyk, Rupstein 2

3000 **Hannover,** Michaelis & Eggerding, Andreaestr. 8/9

3000 **Hannover,** Paul Paschke, Volgersweg 17/18

3000 **Hannover,** Schlüsseldienst Patyk, Am Marstall 13

3000 **Hannover,** Schlüsseldienst Rose, Hildesheimer Str. 86

3000 **Hannover,** Schlüsselzentrale GmbH, Marktstr. 40

3000 **Hannover 1,** Schuh- u. Schlüssel-Schnell-Dienst A. Drenikow GmbH, Goetheplatz 2

3005 **Hemmingen 1,** Adolf Garbe GmbH & Co. KG., Postfach 1220

3012 **Langenhagen,** Schlüsseldienst Ernthäuser, Hindenburgstr. 21

3013 **Barsinghausen 4,** Karl Schaper, Hohenbostel

3016 **Seelze,** Schloß- und Schlüsseldienst Strube, Wunstorfer Str. 24

3043 **Schneverdingen,** Georg Kolthammer, Rotenburger Str. 2

3050 **Wunstorf 1,** Hermann Fricke, Bäckerstr. 6

3057 **Neustadt a. Rübenberge,** Erwin Stricker, Wunstorfer Str. 47

3070 **Nienburg,** Schlüsseldienst Kalusche, Lange Str. 32

3100 **Celle,** Schlüssel-Fachservice Harald Strothmann, Am Heiligen Kreuz 18

3110 **Uelzen 1,** Gomm KG., Inh. W. Hecken, Karlstr. 7 - 9

3138 **Dannenberg,** P. Westermann, Postfach 45

3151 **Peine,** Hermann Stanze KG., Postfach 1749

3170 **Gifhorn,** Eisen-Kutzner KG., Braunschweigstr. 27

3180 **Wolfsburg,** Hans Schwandner KG. Postfach 41

3180 **Wolfsburg 12,** Schlüsseldienst Taube, Ehmer Str. 3

3200 **Hildesheim,** August Vetter, Osterstraße 41

3200 **Hildesheim,** Haus für Sicherheit Kühn, Rathausstr. 13

3250 **Hameln 1,** Schlüssel-Expreß Hans Töbel, Mertensplatz 1

3300 **Braunschweig,** C. W. Böttger „Grüner Löwe", Hintern Bründern 30

3300 **Braunschweig,** Schlüsseldienst Faßhauer, Rosenhagen 1

3300 **Braunschweig,** Kuthe & Meinert KG., Postfach 3549

3300 **Braunschweig,** Mohr Einzelhandel GmbH, Donaustr. 43

3307 **Schöppenstedt,** Fr. Krekeler Inh. Dirk Egbert Krekeler, Postf. 1203

3320 **Salzgitter 1,** Walter Hesse, Swindonstr. 34

3320 **Salzgitter-Lebenstedt,** Schlüsseldienst Begerock, Albert-Schweitzer-Str. 1

3330 **Helmstedt,** Becker + Flatt, Schwalbenbreite 3

3352 **Einbeck,** G. A. Kaiser, Marktstr. 14 - 16

3353 **Bad Gandersheim,** Bruno Jungesblut, Steinweg 38

3380 **Goslar,** Paul Eisoldt, Marktstr. 21

3380 **Goslar,** Heinrich Hottenrott, Postfach 1680

3400 **Göttingen,** Donder & Kerl GmbH, Postfach 840

3400 **Göttingen,** Schlüsseldienst Wiese, Nikolaistr. 15

3420 **Herzberg,** Fischer & Strüver GmbH & Co. KG., Hauptstr. 65

3437 **Bad-Sooden-Allendorf,** Rolf Lüters, Ackerstr. 15 - 18

3440 **Eschwege,** E. Bräutigam KG., Marktstraße 11

3440 **Eschwege,** Wilh. Hoch, Brühl 1 - 5

3450 **Holzminden,** Riemer Schlüsseldienst, Niedere Str. 21

3500 **Kassel 1,** August Döhne KG., Kurt-Schumacher Str. 5 - 7

3500 **Kassel,** Schlüssel-Blitz Inh. W. Riemann, Friedrich-Ebert-Str. 2

3500 **Kassel,** Heinrich Koch, Frankfurter Str. 57

3533 **Willebadessen,** Meinolf Gockel, Postfach 5

3540 **Korbach 1,** C. C. Curtze, Skagerrakstr. 21

3558 **Frankenberg,** Frankenberger Eisenhandel, Ritterstr. 18

3568 **Gladenbach,** M. Adriansen, Marktstr. 34

3580 **Fritzlar,** Hermann Hildebrandt, Inh. Reinh. Hildebrandt, Kasseler Str. 10

3587 **Borken,** A. Soff Nachf. Eduard Trenkel, Markt 5

3588 **Homberg,** Georg Fey KG., Marktplatz 4

4000 **Düsseldorf,** Schlüssel-Schnelldienst W. Boshammer, Kaiserstr. 24, Kölner Str. 226 c

4000 **Düsseldorf,** Emil Geisen, Nordstr. 32

4000 **Düsseldorf,** Schlüssel-Gölzner, Hohe Str. 15

4000 **Düsseldorf**, W. Graul & Co., Postfach 3605

4000 **Düsseldorf**, Garather Schlüsseldienst Oskar Halbe, Emil-Barth-Str. 1 - 3

4000 **Düsseldorf**, Detlef Köpke, Cantadorstr. 12, Kölner Landstr. 366

4000 **Düsseldorf**, Wilhelm Langenberg, Düsselthaler Str. 5

4000 **Düsseldorf**, Adolf Lehmann Nachf., Graf-Adolf-Str. 55

4000 **Düsseldorf**, Schlüsseldienst Nord Utecht&Rafalsky, Münster Str. 149

4000 **Düsseldorf**, A. Schlosser-Ullrich, Gladbacher Str. 40

4000 **Düsseldorf 1**, Heinz Delvos, Flurstr. 79

4000 **Düsseldorf 1**, Herm. Denkhaus, Binnenstr. 7 - 11

4000 **Düsseldorf 1**, Georg Gebhardt, Kölner Str. 22

4000 **Düsseldorf 1**, Schlüsseldienst Heinz G. Glaser, Ackerstr. 147

4000 **Düsseldorf 1**, Schlüsseldienst Houben, Ratinger Str. 44

4000 **Düsseldorf 1**, Herbert Klever, Corneliusstr. 116

4000 **Düsseldorf 1**, J. E. Strasmann, Klosterstr. 35

4000 **Düsseldorf 11**, Oberkasseler Schlüsseldienst Inh. Hans-D. Schmitt, Belsenstr. 5

4000 **Düsseldorf 13**, Sicherheitstechnik Schlüsseldienst Dietrich E. Kramer, Cäcilienstr. 13

4000 **Düsseldorf 22**, Schlüssel-Schnelldienst W. Smerlewski, Gerresheimer Landstr. 110

4000 **Düsseldorf 30**, Paul Ritzdorf, Römerstr. 5

4000 **Düsseldorf 30**, Steinrück GmbH & Co. KG. Baubeschläge, Rochusstr. 9

4000 **Düsseldorf 31**, Bernhard Zirener, An St. Swidbert 33

4000 **Düsseldorf-Benrath**, Schlüsseldienst Kamer, Cäcilienstr. 13

4000 **Düsseldorf**, Wolfgang Fonk, Nikolaus-Knopp-Platz 16

4000 **Düsseldorf-Unterrath**, S. u. H. Seiler Schlüsseldienst, Unterrather Str. 64

4000 **Düsseldorf-Oberkassel**, Schmitt-Streuber, Belsenstr. 5

4006 **Erkrath**, Gerhard Kugel KG., Hochdahler Markt 7

4010 **Hilden 1**, Giesen + Co. Inh. Heinz W. Giesen, Mühlendorf 2

4030 **Ratingen**, W. Reinhardt, Mülheimer Str. 2 - 4

4030 **Ratingen 1**, Ratinger Schlüsseldienst Sartory, Inh. Rolf Haering, Oberstr. 12

4040 **Neuss**, H. Krämer Schlüssel-Schnelldienst, Th.-Heuss-Platz 9

4048 **Grevenbroich 1**, Jos. Erren, Kölner Str. 23

4050 **Mönchengladbach**, FKM Gladbacher&Rheydter Schlüsseldienst GmbH & Co., Mühlenstr. 174

4050 **Mönchengladbach**, Helmut Blomen, Burgfreiheit 10

4050 **Mönchengladbach 1**, Gebr. Müllers, Lüpertzenderstr. 106 - 108

4050 **Mönchengladbach 1**, Riks & Noever GmbH, Postfach 169

4050 **Mönchengladbach 1**, SSS Hans Ruch Schloß-Schlüssel-Service, Aachener Str. 141

4052 **Korschenbroich 1**, Helmut Konnertz, Steinstr. 9

4060 **Viersen-Dülken 11**, Heinz Bach, Venloer Str. 29

4100 **Duisburg**, Kaeppke, Fischerstr. 75

4100 **Duisburg 1**, Walter Kluth oHG Grabenstr. 97 - 99

4100 **Duisburg 1**, E. Spicher, Gutenbergstr. 12

4100 **Duisburg-Beeck 12**, Heinz Budéus, Fr.-Ebert-Str. 332

4100 **Duisburg 17**, H. Wüstemeyer, Moerser Str. 234 - 240

4100 **Duisburg-Hamborn**, Eisen-Kübel, Hufstr. 80

4130 **Moers**, Schlüssel Schimpf, Schillerstr. 45 a

4150 **Krefeld**, Schlüsseleildienst Detlef Böker, Uerdinger Str. 42

4150 **Krefeld**, Herm. Diepers Nachf., Obergath 148 - 150

4150 **Krefeld**, Krefelder Schlüsseldienst H. Lohberg, St.-Anton-Str. 63

4150 **Krefeld 1**, Hermann Buschen GmbH & Co. KG., Elisabethstr. 51/55

4150 **Krefeld 11**, Schlüsseldienst Jacobs, Düsseldorfer Str. 19

4152 **Kempen 1**, H. Heitzer, Postfach 100305

4190 **Kleve**, Joh. Kotters, Katharinenstr. 14

4190 **Kleve 1**, Osterkamp & Thomas, Gasthausstr. 19 - 21

4200 **Oberhausen 1**, Eisen-Schneider, Wehrstr. 54 a

4220 **Dinslaken**, Schlüssel Witzke GmbH, Fr.-Ebert-Str. 29

4230 **Wesel 1**, Paul Körner, Am Schepersfeld 31, Postfach 1209

4250 **Bottrop**, Borgmann Baupart KG., Postfach 109

4250 **Bottrop**, Heinz Welt, Gerichtsstr. 6

4290 **Bocholt**, Fritz Altrogge, Ostmauer 12 - 14

4290 **Bocholt**, Otto Winkel oHG, Ravardistr. 15/19

4300 **Essen,** Hermann Denkhaus, Postfach 397

4300 **Essen 15,** Heinz Engels, Kupferdreher Markt 7

4300 **Essen-West,** Walter Müller GmbH, Keplerstr. 96

4300 **Essen-Steele,** Victor Steimer KG., Grendplatz 5

4300 **Essen 1,** Dellbrügger & Klingen, Viehofer Tor

4300 **Essen 1,** Paul Noél, Kettwiger Str. 36

4300 **Essen 1,** Schlüsselzentrale Szigat & Peveling, Witteringstr. 2

4330 **Mülheim/Ruhr,** W. Zielinski, Borbeckerstr. 115

4350 **Recklinghausen,** Banniza GmbH, Postfach 149

4350 **Recklinghausen,** Heinrich Wehlmann GmbH, Postfach 1660

4350 **Recklinghausen-Süd,** Eisen-Schürk & Co., Bochumer Str. 158

4370 **Marl,** Eisen Hilbig, Bergstr. 98

4390 **Gladbeck,** Eisen Tillco, Alfred Tillmanns, Hochstr. 44

4400 **Münster,** Eduard Hülskamp, Friedr.-Ebert-Str. 28 - 35

4400 **Münster,** Schlüsseldienst Hünteler, Harkingweg 30

4400 **Münster,** Rüschenschmidt & Tüllmann, Borkstr. 8

4407 **Emsdetten,** Autmaring, Emsstr. 20

4410 **Warendorf 1,** J. Barth Nachf. GmbH, Splieterstr. 23

4434 **Ochtrup,** Bernh. Bierbaum, Bahnhofstr. 28 - 30

4440 **Rheine,** Gerhard Egberts, Paulstr. 37 - 43

4460 **Nordhorn,** C. A. Brill GmbH, Postfach 1262

4460 **Nordhorn,** Eisenhaus F. W. Glaß KG., Postfach 316

4460 **Nordhorn,** Joh. Zierleyn KG., Am Schweinemarkt 3

4500 **Osnabrück,** Kötter + Siefker GmbH u. Co. KG., Postfach 2729

4500 **Osnabrück,** Schürmann & Holtorf GmbH, Postfach 4029

4520 **Melle,** Niehaus, Plettenberger Str. 5

4520 **Melle 1,** Ernst Bongards, Plettenberger Str. 48 - 50

4540 **Lengerich,** Wilhelm Determann, Postfach 1209

4600 **Dortmund,** Karl Mohr & Sohn, Schützenstr. 45

4600 **Dortmund,** Josef Weckbacher, Kaiserstr. 158

4600 **Dortmund 1,** Kopfermann, Brückstr. 20 - 26

4600 **Dortmund 1,** Tacke & Lindemann KG., Postfach 273

4600 **Dortmund 1,** Harry Pinger, Rheinische Str. 10

4600 **Dortmund-Aplerbeck,** Von der Vecht, Gewerbegebiet Ost Nähe Plaza

4600 **Dortmund-Hörde,** Carl Wallrabe KG., Hermannstr. 27/29

4620 **Castrop-Rauxel,** Baubeschlag Kloth, Mühlenstr. 8

4630 **Bochum,** B. Klusmeier, Brenscheder Str. 49

4630 **Bochum,** Bochumer Schlüsselzentrale Heribert Koch, Brückstr. 24

4630 **Bochum,** L. Landmann, Postf. 1542

4630 **Bochum,** Erwin Müller, Postf. 1763

4630 **Bochum,** W. Nagel Nachf., Rottstr. 5

4630 **Bochum,** Martin Inh. H. Wöllenweber, Kortumstr. 5

4630 **Bochum 1,** Schlüssel Müller GmbH, Hattinger Str. 14

4630 **Bochum 1,** W. Winkelmann, Brückstr. 46

4630 **Bochum-Langendreer,** Walter Wulfert, Alte Bahnhofstr. 188

4650 **Gelsenkirchen,** Hans-J. Biehl, Kirchstr. 19

4650 **Gelsenkirchen,** Werner Christes, Neumarkt 4

4650 **Gelsenkirchen,** Teller u. Biehl Schlüsseldienst, Kirchstr. 19

4660 **Gelsenkirchen-Buer,** Eisen-Hille KG., Postfach 165

4660 **Gelsenkirchen-Erle,** A. Nikolaus, Cranger Str. 272

4690 **Herne 1,** Wilh. Franken, Hauptstr. 252

4700 **Hamm,** Hammer Schlüsseldienst Schröter & Fabian, Otto-Breuner-Str. 8

4700 **Hamm,** Eisen-Wilms, Oststr. 21

4715 **Ascheburg,** Franz Piekenbrock, Biete 11

4770 **Soest,** Franz Kerstin KG., Postfach 264

4790 **Paderborn,** Anton Temme, Kamp 8

4793 **Büren,** Heinrich Schaefer GmbH & Co. KG., Landwehrstr. 2

4800 **Bielefeld,** Otto Penselin, Johanneswerkstr. 4

4802 **Halle,** Karl Hess, Bahnhofstr. 14

4830 **Gütersloh,** Schlüsseldienst Gehrmann, Schulstr. 14

4830 **Gütersloh,** Gütersloher Baubedarf GmbH & Co. KG., Postfach 1830

4830 **Gütersloh,** Schlüsseldienst Nolting Königstr. 27

4900 **Herford,** Rudolf Dürkopp, Gänsemarkt 7

4900 **Herford,** Körtner, Hämelingerstr. 9

4905 **Spenge,** P. H. Grönegress, Lange Str. 10 - 12

4937 **Lage/Lippe,** Sicherheits & Schlüssel-Service, I. Lehmann, Bergstr. 4

4937 **Lage/Lippe,** Wilfried Plaß, Schulstr. 44

4950 **Minden,** Hans-Ulrich Barduhn, Deichhof 6

4950 **Minden,** Gustav Höltke KG., Postfach 569

4970 **Bad Oeynhausen,** Körtner, Brüderstr. 8

4980 **Bünde 1,** Dohrmann + Sohn, Postfach 1527

4980 **Bünde 1,** Werner Lübbe, Postfach 2229

5000 **Köln,** Alex Görg GmbH, Weidengasse 58 - 62

5000 **Köln 1,** Anton Dickersbach, Kyffhäuser Str. 45

5000 **Köln 1,** Schlüsseldienst Flohr, Severinstr. 181

5000 **Köln 1,** Schlüsseldienst Glaser, Roonstr. 61

5000 **Köln 1,** Schlüsseldienst Kannengießer, Hirschgäßchen 1

5000 **Köln 1,** REGA GmbH, Pfeilstr. 32

5000 **Köln 1,** Saasen & Co., Flandrische Str. 18

5000 **Köln 1,** Chr. Schallenberg, Martinsfeld 17

5000 **Köln 1,** Schmidt u. Meldau, Follerstr. 46

5000 **Köln 1,** Sonntag & Boedecker, Bismarckstr. 26

5000 **Köln 1,** Wirtz-Schnorrenberg KG., Eigelstein 103 - 113

5000 **Köln 1,** Helmut Wiencke, Friedrichstr. 50

5000 **Köln 21,** Heimbau Viecens, Justinianstr. 1

5000 **Köln 30,** Karl Boos, Nußbaumer Str. 63

5000 **Köln 30,** Brabeck Ehrenfelder Schlüsseldienst, Landmannstr./Ecke Fridolinstr.

5000 **Köln 30,** Guett-Dern GmbH, Rochusstr. 37

5000 **Köln 30,** Kölner Schlüsseldienst H. Robels, Venloer Str. 174

5000 **Köln 41,** Paul Gantzer & Co., Dürener Str. 164

5000 **Köln 41,** Wolf-Dietrich Röminger, Mommsenstr. 90

5000 **Köln 41,** Schürmann & Robens, Zülpicher Str. 259

5000 **Köln 50,** Schlüsseldienst Rolf Heidenescher, Hauptstr. 130

5000 **Köln 50,** Wilh. Keuser Nachf. Inh. G.Ochel - P.Ewert, Maternusstr. 4

5000 **Köln 51,** Schlüsseldienst J. A. Heyne, Vorgebirgstr. 199

5000 **Köln 51,** Schloß-Lieferdienst Kirchgesser, Höninger Weg 378

5000 **Köln 51,** Schlüsseldienst-Kleineisenwaren Hans Goerke, Goltsteinstr. 49

5000 **Köln 60,** Karlfried Müller, Friedrich-Karl-Str. 29

5000 **Köln 80,** Eisen-Harbeke, Berliner Str. 14 - 16

5000 **Köln 80,** Richard Lubert, Montanusstr. 1

5000 **Köln 80,** Eisenwaren Werheit GmbH, Dellbrücker Hauptstr. 167

5000 **Köln 90,** Ronny Roggendorf, Hauptstr. 417

5000 **Köln 91,** Eisen-Brietz, Kalker Hauptstr.

5000 **Köln 91,** Eisen-Jülicher, Kalk-Mülheimer-Str. 12

5014 **Kerpen-Horrem,** Günter Pampel Schlüsseldienst, Hauptstr. 117

5020 **Frechen,** Frechener Schlüsseldienst Horst Lehmann, Hauptstr. 138

5024 **Pulheim,** Schlüsseldienst Czizinski Venloer Str. 152

5030 **Hürth,** M. + W. Schmelzer, Esserstr. 5

5030 **Hürth-Gleuel,** Gleueler Schlüsseldienst Horst Lehmann, Ernst-Reuter-Str. 85

5040 **Brühl,** Josef Fischer, Schützenstr. 3

5040 **Brühl,** Eisen-Wichterich GmbH, Postfach 172

5047 **Wesseling,** Karl Grabowski, Bahnhofstr. 32

5064 **Rösrath 2,** Joh. Moos Nachf. Reimund Oberkiewicz, Hauptstr. 76

5070 **Bergisch-Gladbach 2,** Gredy & Schnell, Buchholzstr. 67

5090 **Leverkusen,** Schlüsseldienst Biesenbach, Konrad-Adenauer-Platz 2 i

5090 **Leverkusen,** Schlüsseldienst Kruse, Wiesdorfer Platz 88

5090 **Leverkusen 1,** Peter Knipper KG., Hauptstr. 67

5100 **Aachen,** Schlüsseldienst Behet, Peterstr. 56

5100 **Aachen,** Helmut Renner, Schlüssel-Spezialist, Adalbertsteinweg 21

5100 **Aachen,** Peter Scheins & Cie., Grüner Weg 105

5100 **Aachen-Brand,** Alfred Godding, Trierer Str. 729

5100 **Aachen-Eilendorf,** Franz Delheid, Nirmerstr. 132 - 136

5112 **Baesweiler,** Heinrich Kochs, Kückstr. 23

5130 **Geilenkirchen,** Schlüsseldienst Drehsen, Heinsberger Str. 3

5160 **Düren,** J. Köller, Josef-Schregel-Str. 6

5160 **Düren,** Dürener Schlüsseldienst Expreß Dieter Menzel, Kaiserplatz 13

5170 **Jülich,** Schlüsseldienst Weidenhaupt, Große Rurstr. 19

5180 **Eschweiler,** Schlüsseldienst Breuer, Marienstr. 62

5200 **Siegburg,** Adolf Krebs oHG, Postfach 162

5205 **St. Augustin-Mülldorf,** Schlüsseldienst Krüger, Bonner Str. 65/67

5210 **Troisdorf,** Eisen Lobert, Kölner Str. 42 u. 43

5270 **Gummersbach,** Otto Frackenpohl, Kaiserstr. 29

5290 **Wipperfürth,** H. W. Schwarzer, Untere Str. 17

5290 **Wipperfürth,** Wurth + Co., Untere Str. 49

5300 **Bonn,** Walter Cziezki, Römerstr. 55 - 59

5300 **Bonn,** Heidelmann KG., Bertha-v.-Suttner-Platz 15

5300 **Bonn 1,** Gebr. Haack, Sternstraße 14 - 16

5300 **Bonn-Bad Godesberg,** Aloys Sonntag, Koblenzer Str. 9 - 14

5300 **Bonn-Beuel 1,** Johannes Wege GmbH & Co., Maarstr. 117

5350 **Euskirchen,** Konrad KG., Kessenicher Str. 83

5350 **Euskirchen,** Krementz-Müller, Annaturmstr. 2 - 4

5400 **Koblenz,** Franke & Ries GmbH, Am Jesuitenplatz

5412 **Ransbach-Baumbach,** Menningen II, Industriegebiet Rohr

5413 **Bendorf,** Carl W. Neuhaus, Hauptstr. 130

5427 **Bad Ems,** Schld. Wittig, Bleichstr. 7

5434 **Dernbach,** Franz Heep, Hauptstr. 27

5440 **Mayen,** Karl Strehle, Entenpfuhl 5

5441 **Ulmen,** Schlüsseldienst Ernst Kaspers GmbH, Kelberger Str. 33

5470 **Andernach,** Schlüsseldienst Fuchs Hochstr. 32

5483 **Bad Neuenahr-Ahrweiler 1,** Bracke & Kessler, Kreuzstr. 13

5500 **Trier,** Hees + Peters GmbH, Schöndorfer Str. 84

5500 **Trier,** Leyendecker-Heil, Saarstraße 8

5500 **Trier,** F. A. Leysser Nachf. KG., Thebäerstr. 32 - 34

5500 **Trier,** Peter Heil oHG, Postf. 2063

5510 **Saarburg,** Gebr. F. & W. Zenner GmbH & Co. KG., Postfach 27

5560 **Wittlich,** F. Lütticken, Postfach 145

5600 **Wuppertal-Barmen,** Affüpper, Friedrich-Engels-Allee 352

5600 **Wuppertal-Barmen,** Kuhl + Jungbluth KG., Kleiner Werth 1

5600 **Wuppertal 1,** Wuppertaler Schlüsseldienst, Friedrichstr. 41

5600 **Wuppertal 2,** Hermann Matthey, Postfach 200919

5600 **Wuppertal 2** , Edmund Faust, Postfach 240108

5600 **Wuppertal-Vohwinkel,** J. F. Feuerstein Söhne, Kaiserstr. 5 - 7

5605 **Hochdahl,** Gerhard Kugel, Sandheider Str. 200

5608 **Radevormwald,** Erich Mönich, Kaiserstr. 43

5650 **Solingen 1,** Eisenwaren Bergfrede Inh. Hans Knöpke, Breidbacher Tor 9

5650 **Solingen 1,** Schlüssel-Eildienst GmbH Siringhaus, Turmzentrum Passage

5650 **Solingen-Höhscheid 1,** Richard Müller KG., Bergerstr. 7 - 9

5653 **Leichlingen 1,** Carl Croon KG., Brückenstr. 23

5760 **Arnsberg 1-Hüsten,** Schlüsseldienst u. Sicherheitstechnik F. J. Henneke, Bahnhofstr. 8

5778 **Meschede,** Th. Meschede KG., Zeughausstr. 1

5788 **Winterberg-Siedlinghausen** M. Lütteken KG., Hauptstr. 6

5800 **Hagen,** H. Isserstedt Nachf. Postfach 1720

5800 **Hagen,** BORO Schlüssel-Expreß GmbH, Märkischer Ring 119

5800 **Hagen 1,** Schlüssel Centrum GmbH, Bahnhofstr. 43

5810 **Witten,** H. Hoffmann, Bodenborn 63

5810 **Witten/Ruhr,** Schwabe, Johannisstr. 18

5820 **Gevelsberg,** Schlüssel Centrum GmbH Mittelstr. 47

5830 **Schwelm,** Draeger & Bastian Postfach 388

5840 **Schwerte/Ruhr,** Eisenwaren Alfred Meiß, Wilhelmstr. 30

5860 **Iserlohn,** Schlüsseldienst Schumann, Schützenhof 14 - 18

5870 **Hemer,** Schmöle, Hauptstr. 229

5880 **Lüdenscheid,** Fritz Bonneval Nachf., Grabenstr. 12 a

5900 **Siegen,** J. Steiner KG., Postf. 3

5900 **Siegen 1,** Schmidt & Rademacher oHG, Postfach 301

5900 **Siegen 21,** Alfred Nöh, Sohlbacher Str. 20

5905 **Freudenberg,** H. Sikora, Bahnhofstr. 44

5908 **Neukirchen/Siegerl.,** Carl Daub, Kölner Str. 142

5960 **Ople,** Heller & Köster oHG, Postfach 129

5990 **Altena,** Zetzmann & Bröer, Lennestr. 36

6000 **Frankfurt,** Erbacher & Kolb oHG, Sandweg 63

6000 **Frankfurt,** W. Marx KG., Postf. 296

6000 **Frankfurt,** FUG Schultheis & Co. KG., Merianplatz 5 - 9

6000 **Frankfurt,** Schlüssel-Eich GmbH, Kettenhofweg 1

6000 **Frankfurt 1,** Eisen-Beck oHG, Taunusstr. 29/31

6000 **Frankfurt 1,** Frankfurter Schlüsseldienst Joseph Becker GmbH, Liebfrauenweg 39

6000 **Frankfurt 1,** Schlüsseldienst Friedrich, Mainzer Landstr. 239

6000 **Frankfurt 1,** Schlüsseldienst Friedrich, Moselstr. 35 a

6000 **Frankfurt 1,** Schlüsseldienst „Gallus", Lahnstr. 70

6000 **Frankfurt 1,** Hentschel & Sohn, Hanauer Landstr. 215

6000 **Frankfurt 1,** Schlüsseldienst Gg. Müller, Oederweg 9

6000 **Frankfurt 1,** Schlüsseldienst Nord, J. Obst, Spohrstr. 34

6000 **Frankfurt 1,** Schlüssel-Zentrale, J. Schneider, Mainzer Landstr. 110

6000 **Frankfurt 56,** Bonameser Schlüsseldienst Walter Köppler, Bonameser Hainstr. 42

6000 **Frankfurt 60,** Schlüsseldienst Bornheim, Bergerstr. 247

6000 **Frankfurt 70,** Anton Hartmann Sohn KG., Postfach 700540

6000 **Frankfurt 71,** Otto Rinke, Herzogstr. 16

6000 **Frankfurt 90,** Werner Ebert, Adalbertstr. 21 a

6000 **Frankfurt 90,** Rödelheimer Schlüsseldienst R. Selig, Assenheimer Str. 20

6050 **Offenbach,** Brenner & Holmig oHG, Große Marktstr. 26

6050 **Offenbach,** Eduard Buss GmbH & Co., Berliner Str. 118

6050 **Offenbach,** W. & K. Frey, Gerberstr. 15

6050 **Offenbach,** Offenbacher Schlüsseldienst Edith Kupferschmied, Bismarckstr. 147 am Hbf

6050 **Offenbach,** Erwin Grunau GmbH & Co. KG., Bernardstr. 37

6052 **Mülheim,** Schlüsseldienst W. Emrich, Bahnhofstr. 18

6070 **Langen,** Schlüsseldienst Langen, W. Kunze, Wiesenstr. 12

6072 **Dreieich-Sprendlingen,** Ernst Bültermann, Frankfurter Str. 98

6078 **Neu-Isenburg,** Sicherheits-Center G. Biergans, Frankfurter Str. 196

6078 **Neu-Isenburg,** Helmut Lamberth Inh. P. Lamberth, Bahnhofstr. 77

6080 **Groß-Gerau,** Wagner & Co., Münchener Str. 17

6082 **Mörfelden/Walldorf,** Karl Dammel KG., Bahnhofstr. 6 - 8

6090 **Rüsselsheim,** Paul Hungsberg KG, Marktstr. 29

6090 **Rüsselsheim,** Rüger GmbH, Darmstädter Str. 42

6100 **Darmstadt,** Darmstädter Schlüsseldienst Horst Markgraf, Rheinstr. 41

6100 **Darmstadt,** Sicherheits-Center Darmstadt, Heidelberger Str. 70

6100 **Darmstadt-Arheilgen,** Arheilger Schlüsseldienst, Albrechtstr. 3

6100 **Darmstadt-Eberstadt,** Heinrich Hebermehl, Heidelberger Landstr. 224

6115 **Münster b. Dieburg,** Eisen Thomas Darmstädter Str. 36

6128 **Höchst/Odw.,** Eisen-Russmann oHG, Aschaffenburger Str. 10

6200 **Wiesbaden,** M. Frorath Nachf., Hagenauer Str. 37

6200 **Wiesbaden,** Peter Paffrath, Goebenstr. 22

6200 **Wiesbaden,** Reinhard Steib KG., Moritzstr. 9

6200 **Wiesbaden,** Weygandt, Webergasse/Ecke Saalgasse

6200 **Wiesbaden 1,** Schlüsselmagazin Krupp, Wellritzstr. 17

6200 **Wiesbaden 1,** Wiesbadener Schlüsselzentrale Kranz GmbH, Ellbogenstr. 5

6208 **Bad Schwalbach,** Franz Bettendorf, Eisenhandlung

6230 **Frankfurt-Höchst 80,** Faber & Rühl oHG, Albanusstr. 22

6230 **Frankfurt-Sossenheim,** Schlüsseldienst T. Kopp, Alt Sossenheim 71

6232 **Bad Soden,** Ernst Stroka, Alleestr. 10

6233 **Kelkheim,** Hans Möller & Sohn GmbH, Postfach 1460

6238 **Hofheim,** Hofheimer Schlüsseldienst H. Heep, Lorsbacher Str. 7

6250 **Limburg,** A. Diener, Neumarkt 14

6250 **Limburg 3,** H. Marx KG., Koblenzer Str. 20 a

6291 **Weilburg,** August Hatzfeld KG., Langgasse 33

6300 **Gießen,** J. u. M. Gaidies Schlüsseldienst, Pfarrgarten 6

6303 **Hungen,** Ph. Fendt Nachf. H.-J. Köhler, Untertorstr. 1

6320 **Alsfeld/Hessen,** Karl Kipping KG, Postfach 249

6331 **Waldgirmes,** W. Drescher, Friedensstr. 36

6341 **Wissenbach über Dillenburg,** Fritz Weg KG.

6350 **Bad Nauheim,** Josef Steinhorst Schlüsselschnelldienst, Friedrichstr. 5

6360 **Friedberg 1,** Schlüsseldienst Heinz Müller, Kaiserstr. 3

6360 **Friedberg,** Walter Krausgrill, Postfach 1729

6368 **Bad Vilbel,** Kurt G. Schleenbächer, Frankfurter Str. 32

6370 **Oberursel,** Alberti, Strackgasse 6

6370 **Oberursel,** Oberurseler Schlüsseldienst H.-J. Hartmann, Vorstadt 13

6380 **Bad Homburg,** Hans Borig, Postfach 1224

6380 **Bad Homburg,** Schlüsseldienst Helga Heuss, Luisenstr. 13

6382 **Friedrichsdorf/Ts.,** Heinz Mathes KG., Industriestr. 21

6400 **Fulda,** Adam Berkel KG., Habelbergstr. 8

6400 **Fulda,** Eisen-Diegelmann, Königstr. 13

6412 **Gersfeld/Rhön,** Eisenhandlung Barthel oHG, Fuldaer Str. 13

6442 **Rotenburg a.d.Fulda,** Haack & Co., Bürgerstr. 3

6442 **Rotenburg,** Joh. Neumayer, Marktplatz 2

6450 **Hanau,** Fr. Sauerwein KG., Hammerstr. 5

6450 **Hanau 1,** Heinrich Dauth, Hirschstr. 20

6450 **Hanau 1,** Ludwig Gassenmaier, Breslauer Str. 29

6450 **Hanau 1,** Hanauer Schlüsseldienst Hans Jankowsky, Hirschstr. 25

6454 **Bruchköbel,** Schlüsseldienst M. Kürschner, Hauptstr. 73

6456 **Langenselbold,** Reinhold Orth GmbH & Co. KG., Steinweg 27

6457 **Maintal 2,** Schlüsseldienst H.-J. Hölz, Frechenheimer Weg 16

6460 **Gelnhausen,** Eisen-Bindernagel oHG, Langgasse 25

6460 **Gelnhausen,** Hubert Schacht, Postfach 1126

6492 **Sinntal-Sterbfritz,** Karl Knothe, Postfach 40

6500 **Mainz,** Bolte & Co. Heidelbergerfaßgasse 14

6500 **Mainz,** Listmann & Stellwagen GmbH & Co., Schillerstr. 26 - 28

6500 **Mainz,** Mainzer Schloß- und Schlüsselhilfe M & S Paucken, Rheinstr. 48

6500 **Mainz,** Mainzer Schlüssel-Laden Günter Bangert, Große Bleiche 38 - 40

6500 **Mainz,** Schredelseker, Neubrunnenstr. 23

6507 **Ingelheim,** Huf KG., Eisenwaren + Werkzeug, Mainzer Str. 41

6520 **Worms,** Paul Littig & Co., Wilhelm-Leuschner-Str. 22

6530 **Bingen,** Friedrich Zimmer KG., Stefan-George-Str. 7

6540 **Simmern,** Gustav Herbstreuter

6550 **Bad Kreuznach,** Franz Diebold KG., Schwabenheimer Weg 1

6550 **Bad Kreuznach,** Kreuznacher Schloß & Schlüsseldienst D. P. Christmann, Römerstr. 12 - 14

6580 **Idar-Oberstein,** F. A. Leysser Nachf. KG., Postfach 1180

6588 **Birkenfeld,** Adolf Schmitt, Königsgasse

6600 **Saarbrücken,** Schlüssel-Schertz, Cecilienstr. 1

6600 **Saarbrücken 3,** Herbert Hallbach GmbH, Bruchwiesenstr. 4 - 6

6600 **Saarbrücken,** Klaus Baubeschläge GmbH, Koßmannstr. 39 - 43

6600 **Saarbrücken 3,** Schlüssel-Neius, St. Johanner Markt 47

6600 **Saarbrücken 3,** Schlüsseldienst A. Wahlster, Bleichstr. 4

6620 **Völklingen,** Georg Mades, Poststr. 6 - 8

6630 **Saarlouis,** Schmitt & Jacob GmbH Industriestr. 17

6640 **Merzig,** A. & A. Baltes KG., Postfach 3

6660 **Zweibrücken,** H. Schick Nachf. Inh. A. Lauer, Fruchtmarktstr. 37

6680 **Neunkirchen,** Ludwig Becker Nachf. GmbH, Postfach 88

6700 **Ludwigshafen,** Herbert Kühner, Goethestr. 10

6700 **Ludwigshafen,** Service-Center Klaus Drumm, Mundenheimer Str. 258

6730 **Neustadt/Weinstr.,** Johann Baptist Baer, Hauptstr. 117

6730 **Neustadt/Weinstr.,** Schlüsseldienst E. Schröder, Rathausstr. 4

6740 **Landau,** Chr. Ufer, Theaterstr. 13 - 17

6744 **Kandel,** August Baron, Hauptstr. 118

6747 **Annweiler,** L. Rillmann Söhne, Hauptstr. 36 - 38

6750 **Kaiserslautern,** Karl Hornung KG., Postfach 1060

6750 **Kaiserslautern,** Schlüsseldienst W. Koch, Pirmasenser Str. 47

6750 **Kaiserslautern,** Plegge & Bauer, Vogelwoogstr. 6

6750 **Kaiserslautern,** Walter Port, Eisenbahnstr. 27 a

6780 **Pirmasens,** Christian Sieber, Hauptstr. 8

6798 **Kusel,** Ver. Kuseler Eisenhandlungen, Trierer Str. 23

6800 **Mannheim-Käfertal,** Eckrich & Schwarz KG., Edison-Str. 10 - 12

6800 **Mannheim,** Schlüssel-Expreß-Dienst Walter Ullrich, ÖVA- Passage, P 7, 20 (Planken)

6800 **Mannheim 1,** Schlüsseldienst Werner Kröhl, N 4, 18

6800 **Mannheim 1,** Schlüssel Walter, D. Plöchinger, M 5, 10

6806 **Viernheim,** H. Englert, Sudetenstr. 22

6830 **Schwetzingen,** Schilling GmbH, Bismarckstr. 24

6840 **Lampertheim,** EM-Elektrometallbau GmbH, Edisonstr. 1

6900 **Heidelberg-Rohrbach,** Eisenwaren Knaup, Englerstr. 1

6900 **Heidelberg 1,** Karl Hölzer, Alte Eppelheimer Str. 4

6900 **Heidelberg 1,** Schlüsseldienst G. Mehlert, Rohrbacher Str. 10

6900 **Heidelberg,** Josef Weber, Bergheimer Str. 27

6901 **Dossenheim,** Schlüsseldienst Helmut Bähr, Wilhelmstr. 29

6908 **Wiesloch,** Albert Bihl Inh. L. Wipfer, Hauptstr. 81

6908 **Wiesloch,** Ph. Wettstein, Schwetzinger Str. 7 - 9

6940 **Weinheim/Bgstr.,** Eugen Gußner Eisenhandlung, Hauptstr. 2

6940 **Weinheim-West,** Alarmanlagen Helmut Lohrer, Ahornstr. 6

6950 **Mosbach,** Wilh. Riedt, Eisenbahnstr.

6990 **Bad Mergentheim,** Wilhelm Edelmann, Gänsemarkt

7000 **Stuttgart,** Eugen Durst, Esslinger Str. 18

7000 **Stuttgart 1,** Schld. Gablenberg Inh. Herbert Barth, Gablenberger Hauptstr. 87

7000 **Stuttgart 1,** Hummels Nachf. Inh. Gebr. Volland, Neckarstr. 94 - 96

7000 **Stuttgart 1,** Jüttner, Uhl & Co. KG Landhausstr. 57 a

7000 **Stuttgart 1,** Adolf Köpf, Hauptstätter Str. 87

7000 **Stuttgart 1,** Schlüsselhilfe Kraft & Gauglitz oHG, Rotebühlplatz 35 B

7000 **Stuttgart 1,** Schld. Fr. Schonert, Hölderlinplatz 1

7000 **Stuttgart 1,** Zahn-Nopper, Tübinger Str. 11

7000 **Stuttgart 40,** Betz & Co., Postfach 400127

7000 **Stuttgart 50,** Carl Göckelmann, Wilhelmstr. 21

7000 **Stuttgart 60,** Friedrich Haizmann GmbH & Co. KG., Kesselstr. 21

7000 **Stuttgart 61,** Friedrich Gwinner, Augsburger Str. 664

7000 **Stuttgart 70,** Schlüssel Geiger GmbH, Löwenstr. 45

7000 **Stuttgart-Feuerbach,** Wilhelm Tyroller, Föhrichstr. 7

7012 **Fellbach,** Ekhardt + Schwiete, Schmerstr. 28

7012 **Fellbach,** Otto Kaltenbach, Hintere Str. 28, Bahnhofstr. 140

7014 **Kornwestheim,** Wilhelm Klotz Stammheimer Str. 54

7015 **Korntal 2,** Vereinigte Baubeschlag-Handel-VBH-GmbH, Postf. 1449

7016 **Gerlingen,** Eisen-Kruck, Weilimdorferstr. 21/1

7022 **Leinfelden-Echterdingen 1,** G. Krämer oHG, Stuttgarter Str. 81 - 83

7030 **Böblingen,** Walter Zweygart, Hanns-Klemm-Str. 22

7031 **Magstadt,** Beschläge Kühn, Robert-Bosch-Str. 7

7032 **Sindelfingen,** Peter Barz, Grabenstr. 32/1

7050 **Waiblingen,** C. Villinger-Zeller Inh. Fritz Schmidt, Langestraße 24

7057 **Winnenden,** Finck am Markt Julius Finck, Marktstr. 30

7057 **Winnenden,** G. Häussermann, Postfach 170

7060 **Schorndorf,** Heinz Aupperle Schlüsseldienst, Beim Brünnele 11

7064 **Remshalden Grundbach,** Manfred Singer, Schorndorfer Str. 4

7070 **Schwäbisch-Gmünd,** Hermann Schoell, Postfach 283

7080 **Aalen,** G. Kirchner KG., Postfach 1425

7100 **Heilbronn,** Albert Hahn, Postfach 2329

7100 **Heilbronn-Bökingen,** Wilh. Schweiker, Kilianstr. 9

7107 **Bad Friedrichshall,** Haug GmbH, Neuenstädter Str. 1

7140 **Ludwigsburg,** Gebr. Lotter KG., Obere Marktstr. 4

7140 **Ludwigsburg,** Schld. Lothar Reiher, Marstall 12

7140 **Ludwigsburg-Oßweil,** Karl Lutz Nachf. KG., Friesenstr. 16

7160 **Gaildorf,** Eugen Roth, Karlstr. 58

7180 **Crailsheim,** Eisen Seegerer GmbH, Hofackerstr. 5

7220 **VS-Schwenningen,** J. Haller-Würthner, Muslen 59

7230 **Schramberg,** Franz Storz, Schillerstr. 55

7250 **Leonberg,** Schlüsselzentrale G. Eisenhardt, Inh. Erich Draxler, Leonberger Str. 21

7257 **Ditzingen,** Schld. Alois Muhler, Gustav-Siegle-Str. 4

7260 **Calw,** Carl Herzog, Postfach 47

7270 **Nagold,** Häfele KG., Postfach 160

7290 **Freudenstadt,** Schld. Werner Bernhardt, Reichsstr. 33

7300 **Esslingen,** Hägele Inh. O. Ernst, Am Rathausplatz

7312 **Kirchheim,** Georg Schenk oHG, Max-Eith-Str. 50

7320 **Göppingen,** Albert Kempf oHG, Freihofstr. 67

7336 **Uhingen,** Heinrich Linsenmeier KG., Bahnhofstr. 1

7340 **Geislingen/Steige,** Ernst Häcker, Stuttgarter Str. 25

7400 **Tübingen,** Schlüsseldienst Altstadt Heinrich Schmid, Hirschgasse 10

7410 **Reutlingen,** Ulrich Adam Knapp, Wilhelmstr. 81

7410 **Reutlingen,** Eisen Müller, Kanzleistr. 31

7417 **Pfullingen,** Karl Vollmer, Klosterstr. 20

7432 **Urach 1,** Fritz Winkler, Wilhelmstr. 5

7433 **Dettingen b. Urach,** Theo Enchelmayer, Uracher Str. 5

7440 **Nürtingen,** F. G. Heim, An der Neckarbrücke

7440 **Nürtingen,** EWH Eisenwarenhandel GmbH, Wörth Str. 2

7450 **Hechingen,** Eugen Riedel KG. GmbH & Co., Schloß-Str. 21

7481 **Laiz-Sigmaringen,** Hermann Reck oHG, Postfach 21

7488 **Stetten a.k.M.,** August Pfeiffer GmbH, Postfach 7

7500 **Karlsruhe,** Eisen-Röckl oHG, Karlstr. 23

7500 **Karlsruhe 1,** Hammer & Helbling, Kaiserstr. 167

7500 **Karlsruhe 1,** H. Steidinger, Am Storrenacker 5

7500 **Karlsruhe 1,** Schld. Wilh. Weiss, Erbprinzenstr. 24

7500 **Karlsruhe 31,** Willi Stober KG., Neureuter Hauptstr. 249

7500 **Karlsruhe 41,** Schlüssel-Notdienst Bolzhauser, Adlerstr. 7

7500 **Karlsruhe 41,** Melang & Steponath KG., Pfinztalstr. 46 - 50

7519 **Eppingen,** Rolf Kitzelmann, Brettener Str. 45

7520 **Bruchsal,** Eisen-Bärle, Kinzigstr. 10

7520 **Bruchsal,** Karl Foos KG., Kaiserstr. 76

7520 **Bruchsal,** W. Matthies, Murgstr. 8

7530 **Pforzheim,** Herbert Mayer, Industriestr. 79 (Ispringen)

7530 **Pforzheim,** Steinwand & Gall oHG, Güterbahnhof 13

7550 **Rastatt,** Fr. Heydt oHG, Kaiserstr. 5

7550 **Rastatt,** Johannes Sieber, Werderplatz

7560 **Gaggenau,** Wilhelm Schiffmacher, Hauptstr. 45

7560 **Gaggenau,** C. F. Werner KG., Postfach 27

7560 **Gaggenau-Ottenau,** Schlüssel Pfeffer, Sulzbacher Str. 6

7570 **Baden-Baden,** A. Dörken KG., Rheinstr. 37/37 a

7570 **Baden-Baden,** Wilhelm Trapp GmbH, Balzenbergstr. 32

7570 **Baden-Baden,** Baden-Badener Schld. Erwin Maier, Lichtentaler Str. 56

7580 **Bühl/Baden,** Alex Beuchert, Schwanenstr. 3

7590 **Biberach/Riß,** J. J. Müller Nachf., Postfach 520

7600 **Offenburg,** Hermann Asal, Postfach 110

7600 **Offenburg,** Draht-Schmid, Ritterstr. 14

7620 **Wolfach,** W. Klein KG, Hauptstr. 22

7630 **Lahr,** Arnold Gnädig Alte Bahnhofstr. 3

7640 **Kehl,** Burgmann KG., Rheinstr. 51

7700 **Singen,** Schlüsseldienst Helmut Steinmann, Thurgauer Str. 7

7710 **Donaueschingen,** Schlüsseldienst Held, Wasserstr. 22

7730 **VS-Villingen,** Schlüsselzentrale Wolfgang Sprissler, Färberstr. 26

7746 **Hornberg,** Fritz Kempf, Hauptstr. 48

7750 **Konstanz,** Joseph Peters, Karl-Benz-Str. 2 b

7750 **Konstanz,** Ernst-Straub oHG, Postfach 204

7768 **Stockach/Baden,** Friedrich Dandler, Postfach 2145

7800 **Freiburg,** Brändle & Schöndienst KG., Habsburger Str. 9

7800 **Freiburg,** Beschläge-Koch KG., Waltershofener Str. 2

7800 **Freiburg,** Rilling Schlüssel-Zentrale, Gartenstr. 5

7800 **Freiburg,** Schlüsseldienst Schlachter Inh. M. Hertenstein, Schwendistr. 4 a

7800 **Freiburg-Nord,** Eisen-Albrecht GmbH, Zinkmattenstr. 6

7812 **Bad Krotzingen,** Klaus Ambs, Schwarzwaldstr. 16

7833 **Endingen,** F. Löffler b. Rathaus, Hauptstr. 52

7834 **Herbolzheim,** H. Ulmer, Hauptstr. 42

7841 **Eschbach,** E. Kisling KG., Bahnhofstr. 60

7843 **Heitersheim,** Eisen-Eberle Inh. A. Freitag, Hauptstr. 50

7850 **Lörrach,** Ernst Behringer Inh. J. Wunderle, Grabenstr. 18

7850 **Lörrach,** Schlüsseldienst Hans Ginz, Weilbrunnstr. 15

7850 **Lörrach,** Hermann Sturm Nachf. Georg Sichler, Spitalstr. 5

7880 **Säckingen,** G. Wiessenberger, Steinbrückenstr. 17

7900 **Ulm,** Carl Abt KG., Postfach 1130

7900 **Ulm,** Anton Laumeyer KG., Blaubeurer Str. 30

7900 **Ulm,** Schlüssel-Börse Wolfgang Waack, Frauenstr. 44

7910 **Neu-Ulm,** Nonnenmacher & Mehl GmbH & Co., Finninger Str. 46

7918 **Illertissen,** August Gössler Eisenwarenhandlung, Vöhlingstr. 7

7920 **Heidenheim,** Dollinger GmbH, Brenzstr. 8, Grabenstr. 4

7920 **Heidenheim,** Knödler & Hunder, Karlstr. 4

7953 **Bad Schussenried,** Rudolf Neff Eisenwaren Bauelemente

7968 **Saulgau,** Josef Pischl KG.

7972 **Isny im Allgäu,** Fritz Schlagentweith GmbH, Bergtorstr. 6

7980 **Ravensburg,** August Thommes GmbH & Co. KG., Marktstr. 1

7990 **Friedrichshafen,** Hermann Figilister, Scheffelstr. 6 - 8

8000 **München 2,** Albert & Lindner, Prielmayerstr. 8

8000 **München 2,** Metallhaus F. Dahlke KG., Luisenstr. 51

8000 **München 2,** Max Dietrich, Linprunstr. 18

8000 **München 2,** Ludwig Leiser KG., Schleißheimer Str. 24

8000 **München 2,** J. Lobinger, Lindwurmstr. 113

8000 **München 2,** Benno Maier, Tal 67

8000 **München 2,** Pankofer & Kauffmann, Schwanthaler Str. 67

8000 **München 2,** Erwin Polz Schlüsseldienst, Blumenstr. 14

8000 **München 2,** Schlüsselbörse Jakob Sailer, Im Radlsteg (Tal)

8000 **München 2,** J. Wörle Nachf. Schleißheimer Str. 19

8000 **München 2,** Rudolf Zott, Guldeinstr. 39

8000 **München 5,** Karl Bachmanns Nachf. GmbH, Rumfordstr. 4

8000 **München 5,** Münchener Schlüsseldienst H. Krininger, Fraunhofer Str. 1

8000 **München 5,** Isar-Schlüsseldienst Inh. Horst Rimpl, Ehrengutstr. 18

8000 **München 13,** Oskar Miller Schlüsseldienst, Schleißheimer Str. 98

8000 **München 19,** Fr. Aschenbrenner Inh. Fr. Bueb, Landshuter Allee 39

8000 **München 19,** Josef Forster, Rotkreuzplatz 1

8000 **München 34,** Gebr. Suckfüll, Türkenstr. 31

8000 **München 40,** Schld. Paulus GmbH, Elisabethplatz 2

8000 **München 40,** Schwabinger Schlüsselhaus Scheichl. Kaiserstr. 7

8000 **München 40,** Eisenwaren Strittmatter, Römerstr. 13

8000 **München 40,** Manfred Thorn, Unertlstr. 16

8000 **München 40,** Winter GmbH, Leopoldstr. 65

8000 **München 50,** Fipke & Oswald oHG, Dachauer Str. 419

8000 **München 50,** Konrad Krauss Schlüsseldienst, Feldmochinger Str. 27

8000 **München 60,** E. B. Detsch KG., Gräfstr. 24

8000 **München 60,** Eisen-Fackler, Landsberger Str. 503 a

8000 **München 60,** Josef Stör, Altostr. 37

8000 **München 70,** Schlüsseldienst Gmeinwieser, Albert-Roßhauptstr. 98

8000 **München 70,** Beschläge Graf & Co. KG., Hansastr. 110

8000 **München 70,** Ludwig Michel Schlüsseldienst, Brudermühlstr. 29

8000 **München 70,** H. & K. Schnabel KG., Boschetsrieder Str. 68

8000 **München 71,** Schlüsseldienst GmbH München Süd Inh. Hierl, Muttenthaler Str. 5

8000 **München 75,** Schlüssel Eilebrecht, Implerstr. 2 - 4

8000 **München 80,** Adolf Dolezel, Sedanstr. 13

8000 **München 80,** Albert Edelmann, Weißenburger Platz 2

8000 **München 80,** Schlüssel-Sander, Rosenheimer Str. 83

8000 **München 80,** Eisenwaren-Markt Suckfüll KG., Orleansstr. 57

8000 **München 82,** Max Reiser, Postfach 820148

8000 **München 90,** Fritz Schubert KG., Welfenstr. 31 a

8000 **München 90,** Ludwig Stöger, St. Martin Str. 3

8011 **Großhelfendorf,** Karl Krommer, Dorfstr. 16

8011 **Hohenbrunn-Riemerling,** Arthur Schladitz, Rudolf-Diesel-Str. 14

8012 **Ottobrunn,** Kulms & Leigh GmbH, Siemensstr. 10

8015 **Markt Schwaben,** H. Stacheter, Ebersberger Str. 3 - 5

8032 **Gräfelfing,** Rudolf Knill Steubstr. 4

8032 **Lochham,** Dester + Wallner GmbH & Co. KG., Lochhamer Schlag 14

8068 **Pfaffenhofen-Niederscheyern,** M. Meisinger KG., Zur Mühle 9

8070 **Ingolstadt,** Heinrich Börner, Manchinger Str. 126

8070 **Ingolstadt,** Ingolstädter Schlüsseldienst Pfättisch, Holzmarkt 8

8080 **Fürstenfeldbruck,** Anton Uhl KG., Postfach 88

8090 **Wasserburg,** Däschinger GmbH & Co. KG., Marienplatz 14 und Salzburger Str. 7

8120 **Weilheim,** Kircher, Schmiedstr. 21

8120 **Weilheim,** Heinz Rubner Schlüsselzentrale, Am Hochufer 22

8123 **Peissenberg,** Zementerhaus Dietlmeier & Co., Hauptstr. 20

8130 **Starnberg,** Werkzeug-Thalmeier, Gautinger Str. 4

8152 **Feldkirchen-Westerham,** Thomas Bacher, Auenstr. 21 b

8170 **Bad Tölz,** Eisen Denner Inh. J. Fritz, Marktstr. 20

8200 **Rosenheim,** Michael Ostermann, Pettenkoferstr. 21

8200 **Rosenheim,** N. T. Stumbeck, Max-Josef-Platz 11

8230 **Bad Reichenhall,** F. A. Wassermann's Nachf. KG., Poststr. 17

8240 **Berchtesgaden,** Peter Leitner, Salzburger Str. 17

8262 **Neuötting,** Sesam-Safetyshop, Bahnhofstr. 4

8263 **Burghausen,** Sesam im Panorama EKZ

8300 **Landshut,** Landshuter Schlüsseldienst Rudolf Janat, Freyung 605

8300 **Landshut,** Josef Seefelder, Zweibrückerstr. 655

8302 **Mainburg,** Karl Knödler KG., Bahnhofstr. 9

8313 **Vilsbiburg,** Josef Pannermayr oHG, Landshuter Str. 31

8330 **Eggenfelden,** Ludwig Lex KG., Landshuter Str. 21

8330 **Eggenfelden,** Michael Egger GmbH & Co., Stadtplatz

8353 **Osterhofen,** Max Alteneder oHG, Stadtplatz 22

8390 **Passau,** A. Kreilinger GmbH, Postfach 19

8390 **Passau,** Passauer Schlüsseldienst Raimund Mittelbach, Innstr. 10

8398 **Pocking,** Rothbauer, Tettenweiser Str. 5

8400 **Regensburg,** Schlüssel-Löffler, Tändlergasse 5

8400 **Regensburg,** Josef Hartmann, Schäffnerstr. 22

8423 **Abensberg,** Max von Braunmühl, Straubinger Str. 42

8430 **Neumarkt,** Ludwig Zeberl, Hallertorstr. 13/20

8440 **Straubing,** Hans Vonhausen Schlüsselzentrale, Albrechtsgasse 26

8440 **Straubing,** Carl Stufler KG., Postfach 219

8460 **Schwandorf,** R. Glombik Inh. Ferd. Gruber, Lindenstr. 6 a

8480 **Weiden,** Knorr, Markt 13

8481 **Eslarn,** Schlüsseldienst Peter Ludwig, Fabrikstr. 2

8492 **Furth im Wald 1,** Eisen-Würz KG. Pfarrstr. 15

8500 **Nürnberg,** Karl Raue, Landgrabenstr. 136

8500 **Nürnberg 1,** Georg Baust, Rothenburger Str. 47

8500 **Nürnberg 1,** Schlüssel Ellerwald oHG, Innere Laufer Gasse 6

8500 **Nürnberg 1,** Gustav Hess, Peter Henleinstr. 48

8500 **Nürnberg 1,** Meusel & Beck GmbH, Celtisplatz 6

8500 **Nürnberg 1,** Rapid Service D. Sossau, Landgrabenstr. 129

8500 **Nürnberg 52,** J. Friedrich Ammon Geisseestr. 21

8504 **Stein,** Haas, Hauptstr. 7

8510 **Fürth,** Schlüsseldienst A. Hermann, Holzstr. 22

8510 **Fürth,** Richter KG., Nürnberger Str. 25

8510 **Fürth,** Wilh. Röder, Schwabacher Str. 99

8510 **Fürth,** W. Spiegel, Königstr. 33

8520 **Erlangen,** Otto Richter, Schiffstr. 7

8520 **Erlangen,** Joh. Friedr. Sammetinger, Friedrichstr. 40

8530 **Neustadt/Aisch,** Wilh. Spengler, Würzburger Str. 3

8540 **Schwabach,** Eisen-Fischer KG., Königstr. 15

8540 **Schwabach,** Hans Prell KG., Zöllnertorstr. 12 a

8540 **Schwabach,** Julius Käs, Friedrichstr. 4

8542 **Roth,** Eisen-Schultheiss Inh. R. Schattner, Hauptstr. 2

8542 **Roth,** Johann Harrasser oHG, Traubengasse 4

8543 **Hilpoltstein,** Schlüsseldienst R. Feichtmair, Inh. Rudolf Schwarm, Siegertstr. 14

8560 **Lauf,** Georg Maier, Marktplatz 44

8560 **Lauf,** Heinz Ziegler, Marktplatz 44

8562 **Hersbruck,** Daniel Vogel, Nürnberger Str. 1 - 5

8580 **Bayreuth,** F. Ries, Maxstr. 66

8580 **Bayreuth,** Schlüsseldienst L. Scharf, Dammallee 22

8592 **Wunsiedel-Schönbrunn,** Wilh. Klettner

8600 **Bamberg,** Bamberger Schlüsseldienst Inh. Clemens Heim, Josefstr. 5

8600 **Bamberg,** Thomas Witt KG., Obere Königstr. 20

8623 **Staffelstein,** Martin Zimmer Nachf., Angerstr. 5

8630 **Coburg,** Carl Brandt KG., Spitalgasse

8630 **Coburg,** Coburger Schlüsseldienst, Kirschgasse 14

8633 **Rödenthal.** Chr. Forkel, Oelauerstr. 105

8641 **Wallenfels,** B. Gleich KG., Jakob-Degen-Str. 8

8642 **Ludwigstadt,** Heinrich Bergner, Lindenstr. 5

8650 **Kulmbach,** Franz Stündl, Georg-Hagen-Str. 19

8660 **Münchberg,** HS Götz KG., Ludwigstr. 23

8660 **Münchberg,** Heinz Oberländer, Kulmbacher Str. 13

8670 **Hof,** Her. Fichtner Hof GmbH, Karolinger Str. 28

8670 **Hof,** Kiessling & Co., Marienstr.

8700 **Würzburg,** Deppisch KG, Postf. 33

8700 **Würzburg 1,** Schlüssel-Schnelldienst Würzburg G. Eckert & K. Götz, Juliuspromenade 36

8700 **Würzburg 1,** Kurt Jahnz, Inh. E. Nagel, Karmelitenstr. 28

8700 **Würzburg 1,** Schlüssel Wagner KG., Karmelitenstr. 13

8703 **Ochsenfurth,** Ruhl, Hauptstr. 25

8704 **Uffenheim,** Geuder GmbH, Postfach 107

8710 **Kitzingen,** Erich Bareiss Inh. K. Bareiss, Schrannenstr. 16/18

8710 **Kitzingen,** Biemüller, Kaiserstr. 21

8710 **Kitzingen,** Weber & Leichtlein, Landwehrstr. 8 - 10

8720 **Schweinfurt,** Julius Friedrich Krönlein, Keßlergasse 28

8720 **Schweinfurt,** Schlüsseldienst H. Walther, Fischersteig 7/9

8720 **Schweinfurt 11,** Grasberger, Am Zeughaus

8750 **Aschaffenburg,** Carl Götz, Sandgasse 5

8750 **Aschaffenburg,** Aschaffenburger Schlüsseldienst Wilh. Iltisberger, Duccastr. 14

8750 **Aschaffenburg,** Adam Sommer, Ernsthofstr. 9

8750 **Aschaffenburg,** Sicherheits-Center Glattbacher Str. 22

8752 **Goldbach,** Eisen-Russmann oHG, Aschaffenburger Str. 97

8752 **Goldbach,** Hermann Vonderlohe oHG, Dammerweg 49

8753 **Obernburg,** Recknagel Eisenwaren, Römerstr. 14 - 16

8761 **Röllbach,** Schwing KG., Röllfelder Str.

8772 **Marktheidenfeld,** Josef Edelmann GmbH, Marktplatz 7

8773 **Frammersbach,** Oskar Reber Eisenwaren, Wiesener Str. 99

8784 **Burgsinn,** Herbert Paetzold, Eisenwarenhandlung, Hauptstr. 43

8805 **Feuchtwangen,** Adam Wellhöfer, Zum Traubenbrünnlein 1

8850 **Donauwörth,** Karl Knödler KG., Reichsstr. 41

8852 **Rain,** Schlüsseldienst Josef Müller Schloßstr. 10

8858 **Neuburg,** Eisen-Oswald oHG, Postfach 1330

8858 **Neuburg,** Neuburger Schlüsseldienst Schlosserei Ruppert Inh. Spieß, Franziskanerstr. B 204/205

8870 **Günzburg,** Andreas Dirr, Postfach 229

8880 **Dillingen,** Karl Knödler KG., Große Allee 37 und Königstr. 12

8890 **Aichach-Ecknah,** M. Meisinger KG., Maxstr. 4

8898 **Schrobenhausen,** Ellwanger, Lenbachstr. 64

8900 **Augsburg,** Joh. Gg. Attinger's Nachf., Postfach 199

8900 **Augsburg,** Schlüssel-Fritz GmbH, Rosenaustr. 48

8900 **Augsburg,** Wilhelm Kehr GmbH & Co. KG., Edisonstr. 6 u. 7

8900 **Augsburg,** Stiller & Laar KG., Moritzplatz 6

8900 **Augsburg 1,** Paul Güntert, Hofrat-Röhrer-Str. 14

8940 **Memmingen**, Schwaderer, Kreuzstraße/City-Passage

8940 **Memmingen**, Schlüssel-Waack, Baumstr. 5

8948 **Mindelheim**, Konrad Kleiner, Stadtmitte

8950 **Kaufbeuren**, Caspar Gerhauser, Kaiser-Max-Str. 28

8952 **Marktoberdorf**, Anton Atterer, Postfach 240, Eberle-Kögl-Str. 20

8952 **Marktoberdorf**, Josef Fendt oHG, Postfach 129

8960 **Kempten**, Biechteler GmbH, Salzstr. 29

8970 **Immenstadt**, Erwin Seeger Inh. J. Heinrich, Sonthofener Str. 6

8990 **Lindau**, Lindauer Schlüsselzentrale Christian Lechner, Friedrichshafener Str. 77

8990 **Lindau**, Eisen Thormann, Am Paradiesplatz 7 - 13

Mitglieder der Gütegemeinschaft Schlösser und Beschläge e. V. Offerstr. 12, D-5620 Velbert 1, Tel. (0 20 51) 43 67-79

BAUER KABA AG
Postfach, CH-8620 Wetzikon 1
Tel.: 0041/1/9316111, FS: 875481

Schloß- und Baubeschlagfabrik Gebr. Betz
Döinghauser Str. 37, Postf. 307, 5830 Schwelm
Tel.: (02125) 13078, FS: 8239768

AUGUST BILSTEIN
August-Bilstein-Str., Postfach 3015
5828 Ennepetal 13
Tel.: (02333) 792-1, FS: 823359
Werk: 5509 Mandern,
Tel.: (06589) 79-0, FS 4729711

BKS G.m.b.H.
Heidestr. 71, Postfach 100210, 5620 Velbert 1
Tel.: (02051) 3111, FS: 8516841

AUG. BREMICKER SÖHNE KG
Altenhofer Weg 25, Postfach 210/220,
5802 Wetter 2 - Volmarstein
Tel.: (02335) 6511, FS: 823240

BREUER + SCHMITZ
Locher Str. 25, Postf. 190220, 5650 Solingen 19
Tel.: (02122) 310084, FS: 8514751

Erich Dieckmann GmbH
Grüner Talstr. 18-22, Postf. 6051, 5860 Iserlohn
Tel.: (02371) 5561, FS: 827773

WILHELM DÖRRENHAUS GmbH & Co. KG
Velberter Str. 123, Postf. 100180, 5620 Krone bei Velbert 1, Tel.: (02056) 5071-73, FS: 8516801

DOM-Sicherheitstechnik GmbH & Co. KG
Wesselinger Str. 10 - 16, Postf. 1949, 5040 Brühl
Tel.: (02232) 704-1, FS: 8886309

DORMA-Baubeschlag GmbH & Co. KG
Breckerfelder Str. 40 - 48, Postf. 4009,
5828 Ennepetal 14, Tel.: (02333) 7931, FS: 823375

Wilh. Engstfeld GmbH & Co. KG
Hauptstr. 47, Postf. 100263, 5628 Heiligenhaus
Tel.: (02056) 60014, FS: 8516718

Jacob Escher GmbH
Industriestr. 2, 6370 Oberursel 4
Tel.: (06172) 31125, FS: 415844

Flieher & Co.
Teichstr. 3, Postf. 100326, 5620 Velbert 1
Tel.: (02051) 53325, FS: 8516845

Karl Fliether GmbH & Co.
Nevigeser Str. 22, Postf. 100347, 5620 Velbert 1
Tel.: (02051) 22067, FS: 8516845

Wilh. Frank GmbH
Stuttgarter Str. 145 - 147, Postf. 100158,
7022 Leinfelden-Echterdingen 1
Tel.: (0711) 7905-1, FS: 7255862/7255226

FSB - Franz Schneider Brakel GmbH & Co.
Nieheimer Str. 38, Postf. 1440, 3492 Brakel
Tel.: (05272) 18-1, FS: 931748

CARL FUHR GmbH & Co.
Oststr. 12, Postf. 100264, 5628 Heiligenhaus
Tel.: (02056) 5075, FS: 8516877

GEZE GmbH
Siemensstr. 21-29, Postf. 113, 7250 Leonberg
Tel.: (07152) 2031, FS: 724147

Gebr. Goldschmidt Baubeschläge GmbH
Grubenstr. 6, Postf. 100262, 5628 Heiligenhaus
Tel.: (02056) 1011-13, FS: 8516849

Gretsch-Unitas GmbH
Johann-Maus-Str. 3, Postf. 1120, 7257 Ditzingen
Tel.: (07156) 301-1, FS: 7245239

Otto Grosssteinbeck GmbH
Donnenberger Str. 2, Postf. 150140, 5620 Velbert 15, Tel.: (02053) 40001, FS: 8516826

X. Heine & Sohn GmbH & Co. KG
Donauerschinger Str. 2 - 6, Postf. 28, 7741 Vöhrenbach, Tel.: (07727) 7021, FS: 792841

HOPPE GmbH + Co. Kommanditgesellschaft
Havelstr. 31, Postf. 1240, 3570 Stadtallendorf
Tel.: (06428) 1088, FS: 482426

Wilhelm Karrenberg
Mettmanner Str. 56-64, Postf. 100570, 5620 Velbert 1, Tel.: (02051) 4326-29, FS: 8516835

Kirchmann-Niederdrenk KG GmbH + Co.
Hauptstr. 70-72, Postf. 100361, 5628 Heiligenhaus
Tel.: (02056) 5053-57, FS: 8516723

Gustav Kauls
Hauptstr. 263 a, Postf. 100328, 5628 Heiligenhaus
Tel.: (02056) 1020 + 1029, FS: 8516744

Mayer & Co., Beschlägefabrik
Alpenstr. 173, Postf. 94, A-5021 Salzburg
Tel.: 0043-6222/23546, FS: 06/33405

Franz Karl Melchert
Am Hanholz 7-9, Postf. 100461, 5628 Heiligenhaus, Tel.: (02056) 1066-69, FS: 8516769

Jul. Niederdrenk
Zum Papenbruch, Postf. 700240, 5620 Velbert 15
Tel.: (02053) 6061, FS: 8516886

EUGEN NOTTER GmbH Beschlägefabrik
Mönchstr. 38-42, Postf. 60, 7173 Mainhardt
Tel.: (07903) 2091, FS: 74884

SIEGENIA-FRANK KG
Eisenhüttenstr. 22, Postf. 100502, 5900 Siegen
Tel.: (0271) 62961, FS: 872679

SIMONSWERK GmbH Baubeschlagtechnik
Bosfelderweg 5, Postf. 2360, 4840 Rheda-Wiedenbrück, Tel.: (05242) 4130, FS: 931105

Schaumburg-Lippische Baubeschlag-Fabrik W. Hautau GmbH
Bahnhofstr. 29, Postf. 8, 3061 Helpsen
Tel.: (05724) 1052-54, FS: 972292

Wilh. Schlechtendahl & Söhne GmbH & Co. KG.
Mozartstr. 4-12, Postf. 100562, 5628 Heiligenhaus
Tel.: (02056) 17-0, FS: 8516728

C. Ed. Schulte G.m.b.H. Zylinderschloßfabrik
Friedrichstr. 243, Postf. 101180, 5620 Velbert 1
Tel.: (02051) 22011, FS: 8516808

SCHULTE-SCHLAGBAUM AG
Nevigeser Str. 100-110, Postf. 101240, 5620 Velbert 1, Tel.: (02051) 22044, FS: 8516794

Schwarte GmbH
Hagener Str. 59, Postf. 90, 5962 Drolshagen
Tel.: (02761) 7577 + 78, FS: 876476

Heinrich Strenger GmbH
Hauptstr. 103-117, Postf. 100555, 5628 Heiligenhaus, Tel.: (02056) 5015-17, FS: 8516752

Wilhelm Weidtmann GmbH & Co. KG
Siemensstr. 10, Postf. 101280, 5620 Velbert 1
Tel.: (02051) 317-1, FS: 8516828

HEWI Heinrich Wilke GmbH
Marsberger Str. 2-4, Postf. 1260, 3548 Arolsen
Tel.: (05691) 82-1, FS: 994536

WINKHAUS TECHNIK GmbH & Co. KG
August-Winkhaus-Str. 78, Postf. 180, 4404 Telgte
Tel.: (02504) 121, FS: 892831

Zeiss Ikon AG Goerzwerk
Goerzallee 299, Postf. 370220, 1000 Berlin 37
Tel.: (030) 8106-1, FS: 183768

ZVEI-Mitgliedsfirmen im Produktbereich Gefahrenmeldetechnik (Zentralverband der Elektrotechnischen Industrie e. V., Postfach 700969, D-6000 Frankfurt 70, Tel. (0611) 6302-250)

BBC
Brown, Boveri & Cie AG
Impexstraße 5
6909 Walldorf/Baden
Tel. 06227/39-1
Tx. 466078

Robert Bosch GmbH
Geschäftsbereich Eisemann
Rosenbergstraße 61
7000 Stuttgart 1
Tel. 0711/6605-1
Tx. 72527-480

DeTeWe
Deutsche Telephonwerke und Kabelindustrie AG
Wrangelstraße 100
1000 Berlin 36
Tel. 0 30/61 04-1
Tx. 183 605

DFG - Deutsche Fernsprecher Gesellschaft mbH
Frauenbergstraße 35
3550 Marburg
Tel. 06421/4021-1
Tx. 4-82326

DOM-Sicherheitstechnik GmbH & Co.
Wesselinger Straße 10-16
5040 Brühl
Tel. 02232/704-1, Tx. 8886309

Esser
Sicherheitstechnik GmbH & Co. KG.
Mainstraße 81
4040 Neuss 21
Tel. 02107/171
Tx. 8517711

eff-eff Fritz Fuss GmbH
Johannes-Mauthe-Straße 14
7470 Albstadt 1 (Ebingen)
Tel. 07431/4061
Tx. 763731

Hekatron GmbH
Betbergstraße 12
7811 Sulzburg/Baden
Tel. 07634/721
Tx. 772903

Richard Hirschmann GmbH & Co.
HAL Meldesysteme
Richard-Hirschmann-Straße 19
7300 Esslingen a.N.
Tel. 0711/3101-1, Tx. 7256687

Hörmann GmbH
Hauptstraße 45-47
8011 Kirchseeon/München
Tel. 08091/52-0
Tx. 527341

Friedrich Merk
Telefonbau GmbH
Warngauerstraße 32
8000 München 90
Tel. 089/6224-1, Tx. 523139

PREUSSAG AG Minimax
Industriestraße 10-12
2060 Bad Oldesloe
Tel. 04531/8031
Tx. 261525

RISTOW-ALARMANLAGEN
Dr. Alfred Ristow GmbH
Killisfeldstraße 72
7500 Karlsruhe 41
Tel. 0721/405051
Tx. 7825465

SCHULZ Sicherungsanlagen
Sanddornweg 10
3101 Hambühren
Tel. 05084/570
Tx. 925158

SEL
Standard Elektrik Lorenz AG
Hellmuth-Hith-Straße 42
7000 Stuttgart 40
Tel. 0711/821-1
Tx. 7211-0

Siemens AG
Hofmannstraße 51
8000 München 70
Tel. 089/722-1
Tx. 5288238

STS
Zweigniederlassung der
Dornier-System GmbH
Albrechtstraße 75
7990 Friedrichshafen 1
Tel. 07541/25058
Tx. 734206

TN
Telefonbau und Normalzeit GmbH
Mainzer Landstraße 134-146
6000 Frankfurt/M. 1
Tel. 0611/266-1
Tx. 411141

TOTAL
Feuerschutz GmbH & Co.
Industriestraße
6802 Ladenburg
Tel. 06203/75-1
Tx. 465020

Wilhelm Quante
Uellendahler Straße 353
5600 Wuppertal 1 (Elberfeld)
Tel. 0202/7092-1
tx. 8591542

WACHTEL-TECHNIK GmbH
Carl-Benz-Straße 3
7024 Filderstadt 1
Tel. 0711/702011

Alois Zettler
Elektrotechnische Fabrik GmbH
Holzstraße 28-30
8000 München 5
Tel. 089/2388-1, Tx. 523441

Mitglieds-Unternehmen des Bundesverbandes der Hersteller und Errichterfirmen von Schutz-, Melde- und Überwachungsanlagen für Personen und Sachwerte e. V. (BHE), Schulstr. 3, 6791 Dittweiler, Tel. (0 63 86) 2 58

AAS Automatic Alarm-Systeme GmbH, Hosigaustr. 14, 8000 München 70

ABI SICHERHEITSSYSTEME GMBH, Sigmaringer Str. 163, 7470 Albstadt 1

ABLOY GEBR. SEDLMAYR GMBH & CO., Industriestr. 10, 2084 Rellingen 2

ABM FRIEDHELM SCHNEIDER Sicherheitstechnik GmbH, Karlstr. 16, 6000 Frankfurt/Main

ADARMA-RAUMSCHUTZ GMBH, Alarm-, Signal-, Sicherungsanlagen, Machtlfinger Straße 21, 8000 München 70

AKUSTA-ALARMANLAGEN Rolf Gräfe GmbH & Co. KG, Neumarkt 32-34, 5000 Köln 1

ALARM KUHBIER GMBH, Elektronische Spezialgeräte, Dolmanstr. 47, 5060 Bergisch Gladbach 3

ALARMCONTROL GMBH, Sicherungsanlagen, Marienstr. 58 a, 4950 Minden

ALARMSYSTEME GMBH, Sicherheitsanlagen, Oberer Hoppenlauweg 22, 7000 Stuttgart 1

ALARMTECHNIK-ELEKTRONIK KÜHN GMBH, Hildesheimer Str. 24, 3200 Hildesheim Himmelsth.

ALARM- und SICHERHEITSTECHNIK GMBH, Ziegeleistr. 17, 7775 Bermatingen

ALEC GMBH, Elektronische Alarmanlagen, Am Westheck 367, 4600 Dortmund 14

ALOG ALARMANLAGEN, Glücksburger Str. 21, 4000 Düsseldorf 11

ANTON TEEUWEN GMBH & CO. KG, Bocholter Weg 43, 4054 Nettetal 1

ARITECH GMBH Elektron. Sicherheitsanlagen, Badische Str. 10, 5600 Wuppertal 22

ATG ALARM- UND SICHERHEITSTECHNIK GMBH, Rolandsmauer 24, 4500 Osnabrück

ATRASIV Atras Sicherheitsvermietung, Meyerdamm 74, 2806 Oyte

BÄCKER EXPERT SERVICE GMBH, Jägerstr. 5, 4670 Lünen-Süd

FR. WILHELM BEISSNER Alarmanlagen, Hamburger Str. 41, 2800 Bremen

RAINER BEYER ELEKTROTECHNIK, Gremmendorfer Weg 118, 4400 Münster

BKS GESELLSCHAFT MBH Sicherheitseinrichtungen, Heidestr. 71, 5620 Velbert 1

W. BOOS Elektrotechnik, Industriestraße, 5448 Kastellaun

BREER-ALARM-ANLAGENTECHNIK, Wilhelmstr. 19, 4018 Langenfeld

BRESSLER-ELEKTROTECHNIK GMBH, Bendorfer Str. 7, 5450 Neuwied 21

BSE Sicherungstechnik AG, Aeulestr. 47, FL-9490 Vaduz/Liechtenstein

C. D. BÜTTNER Sicherheitsanlagen, Wedeler Landstr. 36, 2000 Hamburg 56

CCS SICHERHEITSTECHNIK DATENTECHNIK GMBH, Otto-Wels-Str. 58, 6500 Mainz 26

CHUBB LIPS NEDERLAND B. V., Merwedestr. 48, 3300 AB Dordrecht/Niederlande

DOM-SICHERHEITSTECHNIK GmbH & Co. KG, Wesselinger Str. 10-16, 5040 Brühl

ELA - ELEKTRISCHE ANLAGEN BAU GMBH, Georg Wilhelm Str. 21, 1000 Berlin 31

ELEKTRO-LUTZ GmbH & Co., Talheimer Str. 22, 7101 Flein/Heilbronn

ELKO GMBH & CO., Hermann-Köhl-Str., 2800 Bremen

ETOS-SICHERHEITSTECHNIK GMBH, Hirtenmahdweg 6, 8900 Augsburg

F + H ELECTRONIC GERÄTE GMBH Alarmsysteme, Sandstiege 70, 4401 Nordwalde

FOLIENFACHHANDEL NORD HOLSTEIN-ALARM MARG. HARDER, Birkenweg 71-73, 2308 Preetz

FRANZEN SICHERHEITSSYSTEME, Feuerbachstr. 8, 5650 Solingen-Wald

ELEKTROMEISTER RUDOLF FREI, Ginsterweg 2, 4250 Bottrop

GEUTEBRÜCK VIDEOTECHNIK GMBH, Heißener Str. 99, 4330 Mülheim/Ruhr

GFAS - Gesellschaft für Alarm- und Sicherungsservice, Maxstr. 49, 6701 Maxdorf b. Ludwigshafen

GS - ELECTRONIC GEBR. SCHÖNWEITZ, Am Bauhof 282, 4440 Rheine

SIEGFRIED GÜNNEMANN SICHERHEITSTECHNIK, Bohlenstr. 26, 2858 Schiffdorf/Bremerhaven

HANSEFUNK ELEKTRONIK GMBH Elektronische Alarmanlagen, Projensdorfer Str. 324, 2300 Kiel 1

W. HARTMANN & CO. (GmbH & Co.), Möllner Landstr. 107, 2000 Hamburg-Oststeinbek

HIGAZI SECURITY SERVICE GMBH Sicherheitstechnik, St. German Str. 1, 6720 Speyer

HOPP & WINTERSBERGER OHG Elektronische Alarmsysteme, Barmbeker Markt 36, 2000 Hamburg 76

H. STÜRMER GMBH Gefahrenmeldetechnik, Kastanienweg 1, 4020 Mettmann 2

HUBER SICHERHEITSTECHNIK GMBH, Am Hohenwedel 20-22, 2160 Stade

IMPACT GMBH Sicherheitsanlagen, Goethestr. 30, 5000 Köln 40/Weiden-Lövenich

INFORM GMBH c/o Videv Video, Im Brühl 5, 4000 Düsseldorf 12

INOVATRONIC GMBH Elektronische Systeme, Bahnstr. 20, 5650 Solingen 11

INTERKY Ges. Europ. Schlüsseldienste, Kolkstr. 34, 4450 Lingen (Ems)

ISU-ALARMTECHNIK HORST PANTZEK GMBH & CO. KG, Hans-Henny-Jahnn-Weg 12, 2000 Hamburg 76

ITEF ING. DIETER HÜBNER Sicherheitstechnik, De-la-Chevallerie Str. 15, 4650 Gelsenkirchen-Buer

JOHNEN ELEKTROANLAGEN GMBH & CO KG, Luisenstr. 149, 4050 Mönchengladbach 1

KESO AG Präzisionsschloßfabrik, Untere Schwandenstr. 22, CH-8805 Richterswil

KFM ALARMANLAGEN GMBH, Mundenheimer Str. 70, 6800 Mannheim

KNORR-BREMSE-NUCLETRON GMBH, Gärtnerstr. 60, 8000 München 50

KOMMISSAR ALARMANLAGEN GMBH, Brandenburgische Str. 12, 1000 Berlin 31

KRÜGER GMBH Alarm- und Schutzanlagen, Heilbronner Str. 17, 7410 Reutlingen 1

ERNST KRUSE KG „Haus für Sicherheit“, Winsbergring 3, 2000 Hamburg 54

KURO-ALARM GMBH Fabr. elektron. Apparate, Minervastr. a, 5800 Hagen 1

MULTILOCK ESG DR. SCHANZ, Hanauer str. 21 a, 8750 Aschaffenburg

NEISS SICHERHEITSTECHNIK, Ostpreußendamm 123 a, 1000 Berlin 45

KG NORD-ALARM Alarm- und Sicherheitsanlagen, Winterhuder Weg 38 a, 2000 Hamburg 76

NORD-ALARM FRANKFURT, Arabella-Center UG, Lyoner Str. 44 - 48, 6000 Frankfurt 71

NORD-ALARM DÜSSELDORF GmbH & Co. KG, Marbacher Str. 13, 4000 Düsseldorf 13

NTA Nachrichten-Technische Anl., Bahnhofstr. 57, 6501 Hahnheim

NTI Nachrichtentechn. Ing.-Büro, Laubenweg 7 a, 5330 Königswinter 21

OBRASAFE GMBH Elektron. Sicherheitsanlagen, Annastr. 38, 6670 St. Ingbert

PAM-ALARM GMBH, Alarmanlagen, Rosenstr. 43, 6800 Mannheim

ING.-BÜRO FÜR SICHERHEITS- UND ELEKTROTECHNIK PFEIFER, Südring 44, 4800 Bielefeld 14

PYROCALL-TRONIC WICKER GMBH, Daimlerstr. 12, 4780 Lippstadt

RASS + SCHWIERSKOTT GMBH Sicherheitssysteme, Strauchstr. 29, 8500 Nürnberg 30

RING-ALARM Elektronische Alarmsysteme, Kirchfeldstr. 69, 4000 Düsseldorf 1

RO-ALARM, Elektronische Alarmsysteme, Ziegelweiherstr. 26, 7953 Bad Schussenried

RÖWER-MELDETECHNIK GMBH, Wersener Landstr. 12, 4500 Osnabrück

INGENIEURBÜRO F. ELEKTROT. U. ELEKTRONIK HG. ROSIN, Cronenberger Str. 297, 5600 Wuppertal 12

R. SCHELL, Sicherheitstechnik GmbH, Turmstr. 38, 5308 Rheinbach

RSF - VERTRIEBS-GMBH Sicherheitstechnik, Frankfurter Str. 184, 6078 Neu-Isenburg

SAFETRON, Faulenstr. 83, 2800 Bremen 1

SCHMID-ALARM GMBH, Kraillinger Str. 4, 8035 Stockdorf

SCHWACHSTROMT. SPECKMANN GMBH - ALARMANLAGEN -, Mehringdamm 89, 1000 Berlin 6

SCHWANDT & HELLER GMBH Alarmanlagen, Bahnhofstr. 23, 7917 Vöhringen

SECUR GMBH, Ing.-Büro für Sicherheitst., Beethovenallee 71, 5300 Bonn 2

SECURITY OBJEKTSICHERUNG + WERKSCHUTZ GMBH, Waldstr. 78, 6050 Offenbach am Main

SICHERHEITS- UND ALARMGERÄTEBAU GRÄFE GMBH, Friedrich-Kirchhoff-Str. 7, 5860 Iserlohn

SIERING-ALARMANLAGEN GMBH, Achenseeweg 14, 1000 Berlin 45

SIRIUS Alarmanlagen GmbH, Walkürenstr. 1, 8034 Germering

SONAX-ALARM GMBH & CO., Gildestr. 35, 4530 Ibbenbüren 1

KARL-HEINZ SPANKE HAUS- UND SICHERHEITSTECHNIK, Kanonierstr. 4, 4000 Düsseldorf 30

STA-LU ALARM Stauf & Ludwig, Uhlandstr. 22, 4050 Mönchengladbach 2

STEFFES & HEYNITZ OHG Fernmeldeanlagen, Bourgoinstr. 8, 5060 Bergisch Gladbach 2

HANS D. STUBBEN Ing.-Büro f. Sicherheitstechn., Im roten Busch 5, 4618 Kamen-Methler

TELENOT ELEKTRONIC GMBH - Elektronische Anlagen -, Wiesentalstr. 42-44, 7080 Aalen/Württ.

TRON-ALARMANLAGEN GMBH, Bräukerweg 30, 5750 Menden 1

UNRUH-SICHERHEITSPLANUNG-GMBH, Schulstr. 3, 6791 Dittweiler

VEREINIGTE GLASWERKE GMBH, Viktoriaallee 3-5, 5100 Aachen

VIANDEN Alarmtechnik, Kochsgasse 22, 5180 Eschweiler

INGENIEURBÜRO WERNER WAGNER Alarm- und Fernmeldetechnik, Am Pferdemarkt 7-9, 3012 Langenhagen 1

WARN- UND SICHERHEITSTECHNIK WOLFGANG SENFT GMBH, Lönsweg 23, 3107 Hambühren

EMIL WEBER KG Elektrotechnische Anlagen, Kornmarkt 14-15, 5900 Siegen

WEGO-ALARM Sicherheitsanlagen, Hindenburgstr. 89, 5630 Remscheid 1

WELTRING-AKUSTIK GMBH, Beethovenstr. 30, 5000 Köln 40 (Junkersdorf)

WEST-ALARM GMBH - Gefahrenmeldeanlagen - Aachenstr. 53, 5000 Köln 1

WESTD. WACH- U. SCHUTZDIENST Fritz Kötter GmbH & Co. KG, Am Zehnthof 66, 4300 Essen 13

WINKHAUS TECHNIK GmbH & Co. KG, Bohlweg 43, 4400 Münster

INGENIEURBÜRO RALPH WINKLER, Fellerhöfe 8, 4156 Willich 1

WÖRL-ALARM GMBH Elektronische Alarmanlagen, Osterrade 23, 2050 Hamburg 80

WOLPERS ELEKTROTECHNIK GMBH, Stadtwaldstr. 45-49, 4050 Mönchengladbach 5

ZANDER & MIELKE GMBH & CO., Kurt-Schumacher-Allee 13 a, 2000 Hamburg 1

ZEISS IKON AG. Goerzwerk, Goerzallee 299, 1000 Berlin 37

WALFRIED ZIMMER SICHERUNGSANLAGEN, Am Pflanzkamp 11, 4000 Düsseldorf 1

Hersteller VdS-anerkannter Einbruchmeldesysteme (Stand Januar 1984)

Die Anerkennung bezieht sich normalerweise auf ein bestimmtes System und nicht auf das ganze Fabrikationsprogramm eines Herstellers. Immerhin haben diese Firmen unter Beweis gestellt, daß sie in der Lage sind, technisch hochwertige Geräte zu fertigen. Da für den Privatbedarf nicht in jedem Fall der höchste Standard notwendig ist, kann durchaus auch ein Fabrikat in Frage kommen, das nicht in dieser Liste aufgeführt ist. In jedem Fall sollte man also vor Anschaffung einer Einbbruchmeldeanlage eine kriminalpolizeiliche Beratungsstelle fragen.

ABI Sicherheitssysteme GmbH
Sigmaringer Str. 163
7470 Albstadt 1

Adarma Raumschutz GmbH
Machtlfinger Str. 21
8000 München 70

Alec Gesellschaft für elektronische Alarmanlagen mbH
Am-Westheck 367
4600 Dortmund 14

ASE Alarmschutzanlagen Electronic GmbH
Walhallastr. 7
8000 München 19

Berliner Raumschutz Gmbh und
Elektro-Alarm und Raumschutz GmbH
Wielandstr. 7-8
1000 Berlin 12

Bössinger GmbH & Co.
Bössinger Str. 9-18
7701 Langenbrettach

Robert Bosch GmbH
Geschäftsbereich Eisemann
Ludwigsburger Str. 81
7141 Möglingen

Brown, Boveri & Cie. AG
Impexstr. 5
6909 Walldorf

DOM-Sicherheitstechnik
GmbH & Co. KG
Wesselinger Str. 10-16
5040 Brühl

Fritz Fuss GmbH
Elektrotechnische Fabrik
Johannes-Mauthe-Str. 14
7470 Albstadt 1

Richard Hirschmann GmbH & Co.
HAL-Meldesysteme
Richard-Hirschmann-Str. 19
7300 Esslingen

Hörmann GmbH
Hauptstr. 45-47
8011 Kirchseeon

INFRA Alarmsysteme
Electric-Vertriebs-GmbH
Bahnhofstr. 5
6900 Heidelberg 1

KG. Nord-Alarm GmbH & Co.
Winterhuder Weg 38 a
2000 Hamburg 76

Kuro-Alarm GmbH
Minervastr. 15 a
5800 Hagen 1

Okorn
Im Schlagholz 24 c
4300 Essen 1

Papp Electronic
Sigmaringer Str. 10
7450 Hechingen

Dr. Alfred Ristow GmbH & Co.
Killisfeldstr. 72, 7500 Karlsruhe 41

Schulz GmbH Sicherungsanlagen
Sanddornweg 10
3101 Hambühren

Securiton AG
Alpenstr. 20
CH-3052 Zollikofen

Siemens AG
UB K SI ST SMT
Hofmannstr. 51
8000 München 70

Standard-Elektrik-Lorenz AG
PMS/PDMU
Hellmuth-Hirth-Str. 42
7000 Stuttgart-Zuffenhausen

Telefonbau & Normalzeit
Lehner & Co.
Mainzer Landstr. 134-146
6000 Frankfurt/Main

Tele-Security-Foto
Überwachungsanlagen GmbH
Industriestr. 18
6794 Brücken

Vicom Sicherheitstechnik GmbH
Uellendahler Str. 353
5600 Wuppertal 1

Horst Vonderschmidt
Elektronik GmbH
Kirchstr. 9
6107 Reinheim 1

Wachtel-Technik GmbH
Carl-Benz-Str. 3
7024 Filderstadt 1

Westdeutscher Wach- und Schutzdienst GmbH & Co. KG
Am Zehnthof 66
4300 Essen 13

Wörl-Alarm GmbH
Eichenstr. 11
8027 Neuried

Zander & Mielke
Kurt-Schumacher-Allee 13 a
2000 Hamburg 1

Alois Zettler
Elektrotechnische Fabrik GmbH
Holzstr. 28-30
8000 München 5

VdS-anerkannte Errichterfirmen für Einbruchmeldesysteme

(Stand: Januar 1984) * = vorläufige Anerkennung

Auch diese Adressenliste bedarf einer kleinen Vorbemerkung: Die aufgeführten Firmen haben nachgewiesen, daß sie im gewerblichen Bereich nach den vorgegebenen Richtlinien des Verbandes der Sachversicherer Einbruchmeldesysteme installieren können. Das muß nicht in allen Fällen bedeuten, daß sie auch für den privaten Bereich die bestmöglichen Partner sind. Umgekehrt können Firmen, die sich auf Privathäuser spezialisiert haben, sehr gut und zuverlässig arbeiten. Wenn sie sich nicht um den Bau gewerblicher Einbruchmeldeanlagen bemühen, brauchen sie keine VdS-Anerkennung - und stehen deshalb auch nicht in dieser Liste. Sie soll also eine Orientierungshilfe sein, aber sie besagt nicht, daß alle Guten drinnen und alle Schlechten draußen sind.

Die kriminalpolizeilichen Beratungsstellen führen eigene Listen von Errichterfirmen, die sich nach ihren Erfahrungen bewährt haben. Auch vor der Vergabe eines Auftrages an eine Errichterfirma sollte der Rat der Kripo eingeholt werden.

Nr.	Name und Anschriften	Postleitzahlenbereiche	System(e) für gewerbliche Risiken	System(e) für Hausrat-Risiken
1	**ABN-Alarmanlagen-Bewachungen-Notruf-service GmbH** Josef-von-Görres-Str. 59 5100 Aachen	40-43, 50-55, 63	eff-eff-alarm 561	eff-eff-alarm 561 H
2	**ABM Friedhelm Schneider** Sicherheitstechnik Karlstr. 16, 6000 Frankfurt 1	60-63, 65	DOM-EMS 7	DOM-EMS-7H
3	**A.B.U.C. GmbH*** Warmbüchenstr. 21, 3000 Hannover 1	30-34	DOM-EMS 7	DOM-EMS-7H
4	**Adarma Raumschutz GmbH** Machtlinger Str. 21, 8000 München 70 Allersberger Str. 64 8500 Nürnberg Weinweg 16, 7500 Karlsruhe 1 Albert-Einstein-Str. 5-13 4006 Erkrath 1 Werastr. 54, 7000 Stuttgart 1 Jacobsenweg 1, 2000 Hamburg 54 Königsteiner Str. 6a 6232 Bad Soden Stolze Str. 59, 3000 Hannover 1	 80, 81, 82, 83, 88, 89 84, 85, 86, 87 61, 67, 68, 69, 72, 75, 76, 78 40-53, 56, 58 70, 71, 73, 74, 77, 79 20, 21, 22, 23, 24, 28, 29 54, 55, 59, 60, 61, 62, 63, 64, 65, 66 30, 31, 32, 33, 34, 35	AMS 500 EN 100	 EN 100 H
5	**ADM Alarm, Adolf Mönnig*** Jedelhauser Str. 4, 7910 Neu-Ulm	70, 73, 74, 77, 79, 88, 89	INFRA-Alarm 2000	INFRA-Alarm 2000H

Nr.	Name und Anschriften	Postleitzahlenbereiche	System(e) für gewerbliche Risiken	System(e) für Hausrat-Risiken
6	**AEK Alarmtechnik Elektronik Kühn GmbH** Hildesheimer Str. 24, 3200 Hildesheim Bahrenfelder Chaussee 67 2000 Hamburg 50 Ostertorstr. 22, 2810 Verden Hildesheimer Str. 42, 3014 Laatzen Rebenring 8, 3300 Braunschweig	 31, 32, 34 20, 22-24 21, 28 30 33	effeff-alarm 561 DOM-EMS-7	effeff-alarm 561 H DOM-EMS-7H
7	**Akusta Alarmanlagen Rolf Gräte GmbH & Co. KG** Neumarkt 32-34, 5000 Köln 1	40-43, 50-56	effeff-alarm 561	effeff-alarm 561 H
8	**Alarmanlagen Günther Wilde GmbH,** Wielandstr. 7, 1000 Berlin 12	10	effeff-alarm 561	effeff-alarm 561 H
9	**Alarmanlagen Ringler & Co. oHG** Wellingsbütteler Weg 117 2000 Hamburg 65	20, 21, 22, 23, 24, 28	ABI 1500	ABI 1400
10	**Alarmbau Passau** Inh. A. Schmidt Tulpenstr. 3, 8390 Passau/Maierhof	83	effeff-alarm 561	
11	**Alarmbau-Stocker** Friedhofstr. 4, 7768 Stockach 14	72, 74, 76, 77, 78, 79, 89	ABI 1500	ABI 1400
12	**Alarmbau Bernd Weil GmbH** Breubergstr. 9, 6704 Rödermark Hockenbergstr. 11, 6200 Wiesbaden	 60, 61, 64, 65, 87 62, 63	ABI 1500	
13	**Alarmcontrol GmbH** Marienstr. 58a, 4950 Minden	30, 32, 34, 44, 45, 47, 48, 49	effeff-alarm 561	effeff-alarm 561 H
14	**Alarmelektronik GmbH & Co. KG** Weißenburger Str. 34 8750 Aschaffenburg	60, 61, 62, 63, 64, 65, 69, 87	ARI 73	
15	**Alarm-Schneider Vertriebsgesellschaft mbH*** Osterdeich 145, 2800 Bremen 1	20-24, 27-30, 45	KURO EMA 10-30	effeff-alarm 561 H
16	**Alarm-System-Electronic Günther Eckenbach** Hofäckerstr. 19, 7031 Hildrizhausen	70, 71, 72, 73, 74, 75	HS 1000	
17	**Alarmsysteme Baum*** Klausener Winkel 3 8500 Nürnberg 30	70, 71, 79, 80, 84-88	ABI 1500	ABI 1400
18	**Alarmsysteme GmbH** Oberer Hoppenlauweg 22 7000 Stuttgart 1	70, 71, 72, 73	effeff-alarm 561	effeff-alarm 561 H
19	**Alarmsysteme Elektronik Othmer GmbH** Am Kanal 34 A, 3000 Hannover 73	20, 21, 28, 30-33, 49	effeff-alarm 561	effeff-alarm 561 H
20	**Alarmtechnik GmbH*** Buschmann & Hoffmann Scharnstr. 2/4, 3300 Braunschweig	30-34	INFRA-Alarm 2000	INFRA-Alarm 2000 H
21	**Alarmtechnik Lich GmbH** Grünberger Weg 10, 6305 Buseck 1	35, 54, 57, 59-64, 87	effeff-alarm 561	effeff-alarm 561 H
22	**Alarm- u. Sicherungsanlagen Zimmer GmbH & Co. KG** Weinsbergerstr. 52/2 7100 Heilbronn Gerwigstr. 7, 7500 Karlsruhe	 69, 70, 71 67, 68, 75	BBC/Wörl UZ 40	BBC/Wörl ER 40
23	**Alarm-Zentrale-Gelsenkirchen F. J. Baumewerd***, Goethestr. 5 4660 Gelsenkirchen-Buer	40-48, 56-59	effeff-alarm 561	
24	**Alec Gesellschaft für elektronische Alarmanlagen mbH** Am Westheck 367, 4600 Dortmund 14	43, 46, 47, 56, 57, 58	Alec 82 G	Alec 82 H

Nr.	Name und Anschriften	Postleit-zahlen-bereiche	System(e) für gewerb-liche Risiken	System(e) für Hausrat-Risiken
25	**Horst Altmannshofer*** Paul-Klee-Str. 23, 8906 Gersthofen	79, 88, 89	AMS 500	EN 100 H
26	**ASE-Alarmschutzanlagen Elekctronic GmbH***		ASE 7	ASE 7 H
	Walhallastr. 7, 8000 München 19	80-85, 88, 89		
	Glücksbergerstr. 21 4000 Düsseldorf	40-44		
	Am Wiesengrund 27 6050 Offenbach	60-65, 87		
27	**A.S.S. Agentur für Schutz und Sicherheit GmbH*** Kaiserstr. 4, 8000 München 40	80-84, 88, 89	INFRA-Alarm 2000	INFRA-Alarm 200 H
28	**ASS Alarm- u. Sicherheitssysteme Vertriebs GmbH** Keithstr. 5, 1000 Berlin 30	10	DOM-EMS-7	
29	**ass Allgemeine Sicherheitssysteme GmbH** Mendener Str. 16, 5000 Köln 91	40, 41, 42, 43, 50, 51, 52, 53, 54, 56, 58	ARI 73	ARI 73 H
30	**AST-Alarm- und Sicherungs-technik GmbH**		effeff-alarm 561	effeff-alarm 561 H
	Wandsbeker Chaussee 70 2000 Hamburg 76	20, 21, 22, 23, 24		
	Hauptstr. 108, 5020 Frechen	40-46, 50-59		
31	**ATG Alarm-Sicherheitstechnik GmbH** Rolandsmauer 24, 4500 Osnabrück	28, 29, 44, 45, 47, 48, 49	AMS 500 EN 100	EN 100 H
32	**ATRASIV Atras-Sicherheits-vermietung GmbH & Co. KG*** Meyerdamm 74, 2806 Oyten	21, 28, 29, 30-34, 44, 45, 47-49	INFRA-Alarm 2000	INFRA-Alarm 2000 H
33	**automatic-alarm-anlagen Max Erle GmbH** Peschkestr. 14, 1000 Berlin 41	10	effeff-alarm 561	
34	**Berliner Raumschutz GmbH** Wielandstr. 8, 1000 Berlin 12	10	SZB 101	SZB 101 H
35	**Rainer Beyer Elektrotechnik*** Gremmendorfer Weg 118 4400 Münster	43-45, 47, 48	KURO EMA 10-30	
36	**Roland Bieser** Im Zierle 2, 7600 Offenburg 15	75, 76, 77, 78	effeff-alarm 561	
37	**Manfred Bihler GmbH** Gewerbestr. 100, 7803 Gundelfingen 2	72, 76, 77, 78	effeff-alarm 561	effeff-alarm 561 H
38	**Eugen Boss GmbH & Co. KG*** Rosemeyerstr. 14, 4600 Dortmund 1	43, 46, 47, 57, 58	Bosch SIA III	
39	**Reinhold Braun** Albstr. 79, 7410 Reutlingen	74	BBC/Wörl UZ 40	BBC/Wörl ER 40
40	**Bressler-Elektrotechnik GmbH** Bendorfer Str. 7 5450 Neuwied 21-Engers	52, 53, 54, 55, 62, 65	DOM-EMS-7	DOM-EMS-7 H
41	**Brown-Boveri & Cie. AG** Impexstr. 5, 6909 Walldorf		BBC/Wörl L 8	BBC/Wörl L 8 H
	Kronprinzenstr. 5-7, 4300 Essen 1	40-47, 56-58	BBC/Wörl UZ 40	BBC/Wörl ER 40
	Wächtersbacher Str. 78, 6000 Frankfurt 61	34,35,54,60,61 62,63,64,65,87		
	Fuhlentwiete 12, 2000 Hamburg 56	20,21,22,23,24 28,29,30,31,44		
	Hildesheimer Str. 25, 3000 Hannover 1	30-35, 47-49		
	Hansaring 53-57, 5000 Köln 1	40,50-55, 57, 59		
	Augusta-Anlage 7-11, 6800 Mannheim 1	55,66,67,68, 69 72,75,76,77, 78		

Nr.	Name und Anschriften	Postleit-zahlen-bereiche	System(e) für gewerb-liche Risiken	System(e) für Hausrat-Risiken
	Paul-Heyse-Str. 33 8000 München 2 Bahnhofstr. 13, 8500 Nürnberg 1 Schloßstr. 29, 7000 Stuttgart	80, 81, 82, 83, 84, 89 84,85,86,87, 88 70, 71, 72, 73, 74, 77, 79		
42	**Radio Bruckner GmbH** Schloßstr. 3, 6780 Pirmasens	65, 66, 67	effeff-alarm 561	effeff-alarm 561 H
43	**Dieter Brunkhorst** Leher Landstr. 23, 2857 Langen	21, 28	effeff-alarm 561	effeff-alarm 561 H
44	**Bürkle & Schöck KG*** Gewerbestr. 38, 7000 Stuttgart 80	69-79	VICOM VG	VICOM VH
45	**C.D. Büttner** Tinsdaler Kirchenweg 261 2000 Hamburg 56	20, 21, 22, 23, 24, 28, 29, 30, 31	ABI 1500	ABI 1400
46	**Winfried Butzen*** Waldfriedstr. 7, 5000 Köln 60	40-43, 50-58	ABI 1500	ABI 1400
47	**August Coler GmbH & Co. KG *** Erwitter Str. 91, 4780 Lippstadt Daimlerweg 60, 4400 Münster Beelener Str. 11, 4410 Warendorf Ridder Str. 17, 4422 Ahaus Münster Str. 11, 4700 Hamm	 42-48, 56-59 42-45 44, 45, 47, 48 42-44 46, 47, 56-59	Bosch SIA III	Bosch SIA III -H
48	**conteco GmbH*** Fabrikstr. 11, 7101 Abstadt	68-75	HS 1000	HS 1000 H
49	**Deutsche Fernsprecher GmbH** Frauenbergstr. 35 3550 Marburg	35, 63, 64	ARI 73 effeff-alarm 561	 effeff-alarm 561 H
50	**Deutsche Telefonwerke und Kabelindustrie AG** Wrangelstr. 100, 1000 Berlin 36 Lilienthalstr. 2, 3000 Hannover Hohetorwall 1a, 3300 Braunschweig Weender Landstr. 72-74 3400 Göttingen Kurt-Schumacher-Str. 31 3500 Kassel	 10 30, 31, 32 33 34 35	ARI 73	
51	**dita Diemer & Fastenrath*** Worthstr.16, 5880 Lüdenscheid	40-49, 50-59	VICOM VG	VICOM VH
52	**Henning & Grossmann** Sicherheitstechnik GmbH Niederdorfstr. 12, 6231 Schwalbach	60, 61, 62, 63, 64, 65	effeff-alarm 561	effeff-alarm 561 H
53	**DOM-Sicherheitstechnik GmbH & Co. KG** Wesselingerstr. 10-16, 5040 Brühl Keithstr. 5, 1000 Berlin 30 Ellerhop 3d, 2000 HH-Barsbüttel Bräuckerweg 30, 5750 Menden 1 Wiehagen 51/53, 4650 Gelsenkirchen Kirchfeldstr. 69, 4000 Düsseldorf Aachener Str. 53, 5000 Köln 1 Wilhelm-Leuschner-Str. 75, 6079 Neu Isenburg Maierhofstr. 23, 7000 Stuttgart 31 Walhallastr. 7, 8000 München 19 Am Mühlenbach 14, 8070 Ingolstadt	 20-24, 28-35, 40-89 10 20-24, 28, 30, 31 32-34, 43, 46-49 56-59 41-48 40-43, 56, 58 50-55, 59 61-67, 69, 87 70-79 80-83, 88, 89 84-88	DOM-EMS-7	DOM-EMS-7 H
54	**Josef Dorer*** Hinterbreg 3B, 7743 Furtwangen 1	70-79	INFRA-Alarm 2000	INFRA-Alarm 2000 H
55	**Erhard Dumps*** Kranzlweg 1, 8391 Röhrnbach	82, 83, 84	BBC/Wörl UZ 40	BBC/Wörl ER 40

Nr.	Name und Anschriften	Postleitzahlenbereiche	System(e) für gewerbliche Risiken	System(e) für Hausrat-Risiken
56	**DWW Wach- und Werkschutz GmbH *** Schützenstr. 20, 5160 Düren	40-43, 50-54, 56	effeff-alarm 561	effeff-alarm 561 H
57	**EBS Erwin Bodenmüller GmbH** Werastr. 54, 7000 Stuttgart 1	70, 71, 72, 73	AMS 500	EN 100 H
58	**Eckert Sicherheitstechnik GmbH** Hartkirchweg 54, 7800 Freiburg	75, 76, 77, 78	DOM-EMS-7	DOM-EMS-7 H
59	**Alfred Eggers Alarmtechnik** Eimser Weg 75, 3220 Alfeld	30, 31, 32, 33, 34	BBC/Wörl L 8	
60	**ela-Elektrische Anlagen Bau GmbH,** Georg-Wilhelm-Str. 21, 1000 Berlin 31	10	HAL 1000	
61	**electronic-alarm Kromer GmbH** Oeschleweg 75, 7760 Radolfzell 13	73, 74, 77, 78, 79	effeff-alarm 561	effeff-alarm 561 H
62	**Elektro-Alarm und Raumschutz GmbH** Wielandstr. 7, 1000 Berlin 12	10	SZB 101	SZB 101 H
63	**Elektro Ahlbrandt GmbH*** Bahnhofstr. 10, 6420 Lauterbach 1	34, 35, 60-65, 67-69, 87	effeff-alarm 561	effeff-alarm 561 H
64	**Elektro-Behncke GmbH** Köhlenredder 5, 2303 Schinkel	20, 22, 23, 24	BBC/Wörl L 8	BBC/Wörl L 8 H
65	**Elektro-Grube GmbH** Prinzenstr. 7, 2370 Rendsburg	20, 22, 23, 24	DOM-EMS-7	DOM-EMS-7 H
66	**Elektro-Imgenberg GmbH** Brandströmstr. 11, 4700 Hamm 1	45, 46, 47	BBC/Wörl L 8	BBC/Wörl L 8 H
67	**Elektro Krebs GmbH** Elektro- und Sicherheitsanlagen Brentanostr. 9, 8755 Alzenau	54, 60-65, 67-69, 87	effeff-alarm 561	effeff-alarm 561 H
68	**Elektro-Lück GmbH** Heldenallee 4, 2409 Scharbeutz 4 Breitenende, 2053 Talkau	20, 21, 22, 23, 24	DOM-EMS-7	DOM-EMS-7 H
69	**Elektro Lutz GmbH** Talheimer Str. 22 7101 Flein/Heilbronn	60, 61, 67-69, 70-73, 75	effeff-alarm 561	effeff-alarm 561 H
70	**Elektro Minck** Eberle-Kögl-Str. 13, 8952 Marktoberdorf Brandströmweg 1, 8940 Memmingen	79, 89	BBC/Wörl UZ 40	BBC/Wörl ER 40
71	**Elektro-Noz GmbH *** Turmstr. 4, 7140 Ludwigsburg 9	69-75	HAL 1000	HAL 2000
72	**Elektro-Rössing** Neckarstr. 11, 3300 Braunschweig	30, 31, 32, 33, 34	EN 100	
73	**Elektro-Schrader*** Inh. Karl-Heinz Schrader Hottelner Weg 50, 3200 Hildesheim	30-34	BBC/Wörl L 8	BBC/Wörl L 8 H
74	**Elektro 70 GmbH** Im Gleisdreieck 46-48, 2400 Lübeck 1	20, 21, 22, 23, 24	effeff-alarm 561	effeff-alarm 561 H
75	**Elektro Ziegler Hermann Ziegler GmbH & Co.*** Alexanderstr. 28, 7000 Stuttgart 1	70-74	effeff-alarm 561	effeff-alarm 561 H
76	**Elektronik-Raumschutz GmbH** Hausmannstr. 6-7, 3000 Hannover	28, 30, 31, 32, 33, 34, 35, 44, 45, 46, 47, 48, 49	effeff-alarm 561	effeff-alarm 561 H
77	**Elektrotechnik Schattenberg*** Höltenweg 119, 4400 Münster	41-48, 56-58	ABI 1500	ABI 1400

Nr.	Name und Anschriften	Postleitzahlenbereiche	System(e) für gewerbliche Risiken	System(e) für Hausrat-Risiken
78	**ELKO Elektronik Komponenten Hauer GmbH & Co. KG** Hermann-Köhl-Str., 2800 Bremen 61	21, 28, 29, 30, 45	DOM-EMS-7	DOM-EMS-7 H
79	**Elsen-Sicherheitstechnik GmbH** Grillparzerstr. 33, 2000 Hamburg 76	20, 21, 22, 23, 24, 31	DOM-EMS-7	DOM-EMS-7 H
80	**eltra C.W. Jansen GmbH*** Uferstr. 30, 4400 Münster-Angelmodde	43-49, 58	effeff-alarm 561	effeff-alarm 561 H
81	**etealarm Gesellschaft für elektronische Sicherungsanlagen mbH***, Binger Str. 67, 6520 Worms 15	61, 65, 67, 68	DOM-EMS-7	DOM-EMS-7 H
82	**Etos GmbH** Gottfried Ettel Hirtenmahdweg 6, 8900 Augsburg	88, 89	BBC/Wörl UZ 40, L 8	BBC/Wörl ER 40, L 8 H
83	**Helmut Exler** Ulzburger Str. 10c, 2000 Norderstedt	20, 21, 22, 23, 24, 28, 29, 30, 31	BBC/Wörl L 8	BBC/Wörl L 8 H
84	**F & H Elektronik GmbH & Co. KG** Sandstiege 70, 4418 Nordwalde	42, 43, 44, 45, 46, 47	effeff-alarm 561	effeff-alarm 561 H
85	**Ludwig Fetzer GmbH & Co. KG*** Steinstr. 81/83, 6300 Gießen 11	35, 54, 59, 60-64, 87	Bosch SIA III	
86	**Franck & Nennecke** Borgfelder Str. 26, 2000 Hamburg 26	20, 21, 22, 23, 24	HAL 1000	HAL 2000
87	**Josef Franz*** Sicherungstechnik-Alarmanlagen Obertunding 68, 8317 Mengkofen 1	80, 82-84	effeff-alarm 561	effeff-alarm 561 H
88	**Rudolf Frei** Ginsterweg 2, 4250 Bottrop 1 Jahnstr. 20, 5982 Neuenrade	41, 42, 43, 44, 46 52, 57-59	DOM-EMS-7	DOM-EMS-7 H
89	**FTM Fernmeldetechnik Marten** Thomasstr. 2-4, 5800 Hagen 1	40, 41, 42, 43, 46, 47, 56, 58, 59	KURO EMA 10-30	
90	**Fuchslocher Industrietechnik GmbH** Heinrichstr. 9-23, 5090 Leverkusen 1	50, 51, 52, 53, 54, 56, 58	BBC/Wörl UZ 40	BBC/Wörl ER 40
91	**Funa GmbH*** Nachrichtentechnik Am Eisenbahndock 4, 2970 Emden 1	28, 29, 44, 45	HAL 1000	
92	**Fritz Geidel** Calvinstr. 20 6520 Worms 11	54, 55, 60, 61, 62, 65, 66, 67, 68, 69, 75	ARI 73	
93	**GFAS GmbH & Co. KG** Gesellschaft für Alarm- und Sicherungs-Service Maxstr. 49, 6701 Maxdorf	61, 65, 67, 68, 69, 75	ABI 1500	ABI 1400
94	**Gleich GmbH** Dorfstr. 7 8750 Aschaffenburg	60, 61, 62, 63, 64, 65, 66, 67, 68, 69, 87	DOM-EMS-7	DOM-EMS-7 H
95	**GMA Elektronik Walter Krause*** Schumannstr. 26, 6301 Pohlheim	35, 52, 54, 59, 60, 62-64, 87	BBC/Wörl L 8	BBC/Wörl L 8 H
96	**Werner Goldberg** Johannes-Baptist-Str. 15, 5090 Leverkusen	40, 43, 50, 51, 52, 56	effeff-alarm 561	effeff-alarm 561 H
97	**Goldstrass GmbH** Elisabethstr. 5-7, 4100 Duisburg 11	40, 41, 42, 43	effeff-alarm 561	effeff-alarm 561 H
98	**Siegfried Günnemann** Bohlenstr. 26, 2858 Schiffdorf	21, 28, 29	DOM-EMS-7	DOM-EMS-7 H
99	**Werner Güttges Haustechnik** Diessemer Str. 168-170, 4150 Krefeld	40, 41, 42, 43, 50, 51	DON-EMS-7	

Nr.	Name und Anschriften	Postleitzahlenbereiche	System(e) für gewerbliche Risiken	System(e) für Hausrat-Risiken
100	**Häckel GmbH & Co. Elektro KG** Wagnerstr. 23, 7900 Ulm	79, 88, 89	effeff-alarm 561	effeff-alarm 561 H
101	**HAL Meldesysteme GmbH** Kohlstr. 14, 5000 Köln 30	40, 41, 50, 51, 53, 54, 56	HAL 1000	
102	**Halver & Heiermann GmbH** Hahnenstr. 5, 5406 Winningen	50-59, 60-67	effeff-alarm 561	effeff-alarm 561 H
103	**Hansa-Alarm oHG*** Lachswehrallee 25, 2400 Lübeck Kleiner Kuhberg 8-10, 2300 Kiel 1	20-24 23	effeff-alarm 561	effeff-alarm 561 H
104	**Hansefunk Elektronik GmbH** Projensdorfer Str. 324, 2300 Kiel-Wik	20, 21, 22, 23, 24	BBC/Wörl UZ 40	BBC/Wörl ER 40
105	**Hartel electric GmbH** Am Kirschberg 18, 8708 Gerbrunn	87	effeff-alarm 561	
106	**Karl Haug KG*** Erich-Maria-Remarque-Ring 14 4500 Osnabrück	28, 44, 45	Bosch SIA III	
107	**Haumann Sicherheitstechnik GmbH,** Eichenstr. 2 7259 Friolzheim	70-75	effeff-alarm 561	
108	**Otto Heikenwälder** Heiliggrund 14, 7519 Oberderdingen 1	67, 68, 69, 70, 72, 75	DOM-EMS-7	DOM-EMS-7 H
109	**Herrmann GmbH** Haldenstr. 48, 7447 Aichtal-Aich	70, 71, 72, 73, 74, 79	Okorn 3000	
110	**Higazi Security Service GmbH*** St. Germanstr. 1, 6720 Speyer	61, 65-69, 75	effeff-alarm 561	effeff-alarm 561 H
111	**Richard Hirschmann GmbH & Co.** HAL-Meldesysteme Richard-Hirschmann-Str. 19 7300 Esslingen Bargkoppelweg 60, 2000 Hamburg 73 Neidenburger Str. 10, 2800 Bremen 1 Grambartstr. 24, 3000 Hannover 1 Riedingerstr. 8, 4300 Essen 1 Ackerstr. 77, 4500 Osnabrück Max-Planck-Str. 23, 6806 Viernheim Mitscherlichstr. 1, 7800 Freiburg Sprottauer Str. 12, 8500 Nürnberg 43	20-24, 28-33, 41-46, 48, 49, 55, 58, 60, 61, 65-78 84-88 20-24 28, 29 30-33 41-43, 46, 58 44, 45, 48, 49 55, 60, 61, 65-69, 75 76-78 84-88	HAL 1000	HAL 2000
112	**Hörmann Sicherheitstechnik GmbH,** Industriestr. 12 8510 Fürth/Schmalau	84, 85, 86, 87, 88	HS 1000	HS 1000 H
113	**Hörmann GmbH** Hauptstr. 45-47, 8011 Kirchseeon Bahnhof, 3320 Salzgitter Kirchgasse 3, 3501 Niedenstein 3 Bismarckstr. 33, 5000 Köln 1 Zeilsheimer Str. 60, 6238 Hofheim Friedrichstr. 46, 6730 Neustadt	30-35, 40-43, 46, 47, 50-54, 56-59, 60-65, 68, 80-83, 89 30-33 34, 35, 57, 64 40-43, 46, 47, 50-54, 56-59 60-63, 65, 67, 68 60-63, 65, 67, 68	HS 1000	HS 1000 H
114	**Dipl.-Ing. Hörmann GmbH** Chemnitzer Str. 50, 4600 Dortmund 1 Meller Str. 139, 4500 Osnabrück	41-43, 45-47, 56-59 28, 44, 45, 48, 49	HS 1000	HS 1000 H
115	**Hörmann KG** Teichstr. 14, 2160 Stade	20, 21, 22, 23, 24 28, 29, 30, 31	HS 1000	

Nr.	Name und Anschriften	Postleitzahlenbereiche	System(e) für gewerbliche Risiken	System(e) für Hausrat-Risiken
116	**Hopp & Wintersberger** Barmbeker Markt 36, 2000 Hamburg 76	20, 21, 22, 23, 24, 28, 29, 30, 31	DOM-EMS-7	DOM-EMS-7 H
117	**Hoppe KG** Mühlenstr. 33, 2950 Leer	28, 29, 44, 45	effeff-alarm 561	effeff-alarm 561 H
118	**Horstmann electronic*** Kleiner Feldweg 7, 4224 Hünxe 1	40-43	HAL 1000	HAL 2000
119	**Albert Huber GmbH*** Steinbeisstr. 23 7730 Villingen-Schwenningen	72, 74, 76-79	Bosch SIA III	
120	**Huber Sicherheitstechnik GmbH** Am Hohenwedel 20-22, 2160 Stade Hofweg 7, 2000 Hamburg 76	20-24, 28, 31 20, 22, 23, 24	DOM-EMS-7	DOM-EMS-7 H
121	**INFRA Alarmsysteme Electric-Vertriebs-GmbH** Bahnhofstr. 5, 6900 Heidelberg 1	61, 63, 67-69, 75	INFRA-Alarm 2000	INFRA-Alarm 2000 H
122	**Isoba-Objektschutz** Siemensstr. 9, 7141 Freiberg/N.	70, 71, 72, 73	HS 1000	HS 1000 H
123	**ISU-Alarm Informations- und Sicherheitsunternehmen Horst H. Pantzek GmbH*** Hans-Henny-Jahnn-Weg 12 2000 Hamburg 76	20-24, 28, 30, 31	Papp 28	
124	**ITEF Ing. Dieter Hübner** Nachrichtentechnik-Sicherheitstechnik de-la-Chevalleriestr. 15 4650 Gelsenkirchen-Buer	40, 41, 42, 43, 44, 46, 56, 58	DOM-EMS-7	DOM-EMS-7 H
125	**Christian Iwersen*** Westerallee 156, 2390 Flensburg	22, 23	Bosch SIA III	
126	**Jansen & Strehling GmbH** Augustastr. 72, 4100 Duisburg 17	40, 41, 42, 43, 46, 56, 58	ABI 1500	ABI 1400
127	**Karl Jebbink KG*** Schermbecker Landstr. 34-36 4230 Wesel	41, 42	Bosch SIA III	Bosch SIA III -H
128	**Jürgens Sicherungstechnik*** Landgrafenstr. 122, 4600 Dortmund 1	42-44, 46, 47, 56-58	DOM-EMS-7	DOM-EMS-7 H
129	**H. und W. Kamphausen GmbH** Königstr. 72, 4050 Mönchengladbach 2	40, 41, 51	effeff-alarm 561	effeff-alarm 561 H
130	**H. Kapfelsperger** Holzhauser Str. 2, 8261 Teising	80, 82, 83, 84	EN 100 AMS 500	EN 100 H
131	**Jürgen Kappler** Hirsauer Str. 36, 7530 Pforzheim	67, 68, 69, 70, 71, 72, 73, 74, 75	DOM-EMS-7	
132	**Kelldo-Electronic** Kartheilstr. 9, 5509 Kell	54, 55, 65, 66, 67	Papp 28 DOM-EMS-7	DOM-EMS-7 H
133	**KFM Alarmanlagen GmbH*** Mundenheimer Str. 70, 6800 Mannheim	67-69	DOM-EMS-7	DOM-EMS-7 H
134	**Edmund Klaiss oHG*** Neuenkamper Str. 22-28 5630 Remscheid 1	40, 43, 46, 50, 52, 56, 58	Bosch SIA III	
135	**Ludwig Klaps GmbH & Co. KG*** Hemelter Str. 74-82, 4440 Rheine 1	44	Bosch SIA III	Bosch SIA III -H
136	**Hans-Peter Klefken *** Alarm-Sicherungs-Feuermelde-Anlagen, Erdbrüggenstr. 72, 4650 Gelsenkirchen	40-44, 46, 56, 58	ABI 1500	ABI 1400

Nr.	Name und Anschriften	Postleitzahlenbereiche	System(e) für gewerbliche Risiken	System(e) für Hausrat-Risiken
137	**Knobel & Keydel*** Thyssenstr. 1-5, 1000 Berlin 51	10	Bosch SIA III	Bosch SIA III -H
138	**Heinrich Kocher GmbH & Co.*** Heppenheimer Str. 13-15, 6800 Mannheim 31 Hebelstr. 14, 6900 Heidelberg	61, 65, 67-69, 75 69	Bosch SIA III	Bosch SIA III -H
139	**Köhler Elektro GmbH*** Heisenbergstr. 17, 5010 Bergheim 1	40, 41, 50-56	Papp 28	
140	**Königs & Woisetschläger** Ritterstr. 15, 5630 Remscheid 11	40, 43, 46, 50, 52, 56, 58	effeff-alarm 561	effeff-alarm 561 H
141	**Dipl.-Ing. Ernst Kritzer** Elektrotechnische Anlagen Seewiesenstr. 11, 6100 Darmstadt 12	60-69, 87	effeff-alarm 561	effeff-alarm 561 H
142	**Krüger GmbH** Alarm- und Schutzanlagen Heilbronner Str. 17, 7410 Reutlingen 1	70, 72, 73, 74, 79	effeff-alarm 561	effeff-alarm 561 H
143	**Landwehr & Schultz Haus- und Sicherheitstechnik GmbH** Frankfurter Str. 92, 3500 Kassel	34, 35, 47, 57, 63, 64	SE 9000	
144	**Karlheinz Lederer** Am Vitusbach 19, 8400 Regensburg	80, 83, 84	DOM-EMS-7	DOM-EMS-7 H
145	**Klaus Lindemann u. Hans-Jürgen Behling** Ehrenstr. 16, 5600 Wuppertal 2	40, 41, 42, 43 46, 52, 56, 58	effeff-alarm 561	
146	**Helmut Lohrer** Ahornstr. 6, 6940 Weinheim	61, 67, 68, 69, 75	BBC/Wörl L 8	BBC/Wörl L 8 H
147	**Ernst-Günther Maurer GmbH*** Vahrenwalderstr. 253, 3000 Hannover 1	30-32, 34	Bosch SIA III	Bosch SIA III -H
148	**Merkle Nachrichtentechnik GmbH*** Schulstr. 33, 7951 Warthausen 2	72-74, 77, 79, 88, 89	KURO EMA 10-30	
149	**Erich Mezger GmbH & Co. KG** Werner-von-Siemens-Str. 6 8720 Schweinfurth	86, 87	BBC/Wörl UZ 40	
150	**Möller-electronic GmbH*** Heilenbecker Str. 336, 5828 Ennepetal 1	40-44, 46, 47, 50, 52, 56-59	HAl 1000	HAL 2000
151	**Heinz Müller Dipl.-Ing.*** von-Diergardt-Str. 56, 5090 Leverkusen 1	40-46, 50-59	Okorn 3000	
152	**Hubert Müller GmbH** Lindenweg 5, 3570 Stadtallendorf	30,32,33,34,35 57, 59, 60-65	effeff-alarm 561	effeff-alarm 561 H
153	**Walter und Günther Nachtigall** Burgweg 8, 6301 Saasen	35, 57, 59, 60, 61, 62, 63, 64	effeff-alarm 561	effeff-alarm 561 H
154	**Neiss elektronik sicherungstechnik** Ostpreußendamm 123a, 1000 Berlin 45	10	SE 9000	
155	**Walter Nessenius** Alte Dorfstr. 37 3406 Bovenden 1, OT Eddigehausen	30, 31, 32, 33, 34, 35	BBC/Wörl L 8	BBC/Wörl L 8 H
156	**Gottfried Neuerburg GmbH & Co. KG*** Heinrichstr. 9-23, 5090 Leverkusen Wöhlerstr. 35, 5000 Köln 30	40-43, 46, 47, 50-56, 58, 59 50, 51, 53-55	Bosch SIA III	
157	**Dieter Nicolay Sicherheitstechnik** Alfred-Martin-Str. 8a 6350 Bad Nauheim	35, 60-69	effeff-alarm 561	effeff-alarm 561 H

Nr.	Name und Anschriften	Postleitzahlenbereiche	System(e) für gewerbliche Risiken	System(e) für Hausrat-Risiken
158	**Wilhelm Nicolay** Inh. Hans Nicolay Breithauptsstr. 6, 6101 Bickenbach	60-63	Okorn 3000	
159	**KG Nord-Alarm Gesellschaft für Alarm- und Sicherheitsanlagen mbH & Co.** Winterhuder Weg 38a, 2000 Hamburg 76 Krusenrotter Weg 56a, 2300 Kiel Fleischhauerstr. 77, 2400 Lübeck Edisonstr. 13, 2800 Bremen Schaufelder Str. 17, 3000 Hannover	 20, 21 22, 23 24 28, 29, 44, 45, 49 30, 31, 42, 43, 46	NA 1007	NA 1007/H
160	**Nord-Alarm Düsseldorf** Gesellschaft für Alarm- und Sicherheitsanlagen mbH & Co. KG Marbacher Str. 79, 4000 Düsseldorf 13	40-49, 50-53, 56, 58, 59	NA 1007	NA 1007/H
161	**Nord-Alarm Frankfurt** GmbH & Co. KG Lyoner Str. 44-48, 6000 Frankfurt 71	35, 54, 55, 60-69, 84-87	NA 1007	NA 1007/H
162	**Nr. Sicher GmbH*** Im Gillitzer Block Prinzregentenstr. 3, 8200 Rosenheim	80-82	DOM-EMS-7	DOM-EMS-7 H
163	**NTA Nachrichten Technische Anlagen & Co. KG*** Bahnhofstr. 57, 6501 Hahnheim	54, 60-63, 65, 67, 68	DOM-EMS-7	
164	**NTI Nachrichtentechnisches Ingenieurbüro** Laubenweg 7a, 5330 Königswinter 21 Pfarrer-Schlick-Str. 6, 5024 Pulheim-Geyen Fliederweg 6, 5060 Bergisch-Gladbach Hermann-Renner-Str. 29a 5270 Gummersbach 21 (Derschlag)	40, 41, 43, 50, 51, 52, 53, 54, 56, 58, 59, 63 50, 51 40, 41, 43, 50 52, 56, 58, 59, 63	DOM-EMS-7	DOM-EMS-7 H
165	**Nutz Alarmanlagen und Elektroanlagen Montage GmbH** Schubertstr. 2, 8261 Aschau/Inn	80-84, 89	ABI 1500	ABI 1400
166	**Obra-Sate Objekt- und Raumschutzanlagen GmbH** Annastr. 38, 6670 St. Ingbert	54, 55, 65, 66, 67, 68, 69	BBC/Wörl UZ 40	BBC/Wörl ER 40
167	**Fernseh-Oettgen*** Hauptstr. 4, 5419 Dierdorf	50, 52-54, 59, 62, 63	effeff-alarm 561	effeff-alarm 561 H
168	**Papp Elektronik** Sigmaringer Str. 10, 7450 Hechingen Goethestr. 11, 5880 Lüdenscheid	70, 72, 73, 74, 79 43, 46, 47, 50, 52, 57, 58, 59	Papp 28	Papp 28 H
169	**W. Pfeifer Ing. Büro** Südring 44, 4800 Bielefeld 14	34, 44, 45, 47, 48, 49	DOM-EMS-7	DOM-EMS-7 H
170	**Pilot GmbH** Fernmeldeanlagen Martin-Luther-Str. 38 7290 Freudenstadt	70, 71, 72, 74 75, 76, 77, 78	effeff-alarm 561	effeff-alarm 561 H
171	**Radtke Sicherheits Elektronic GmbH,** Bismarckstr. 178, 2940 Wilhelmshaven	28, 29, 45	Papp 28	
172	**Raß & Schwierskott GmbH** Strauchstr. 29, 8500 Nürnberg 30	84, 85, 86, 87	effeff-alarm 561	effeff-alarm 561 H
173	**REAL Peter Reutter GmbH** Untere Bahnhofstr. 17 8034 Germering	80, 81, 89	DOM-EMS-7	

Nr.	Name und Anschriften	Postleit-zahlen-bereiche	System(e) für gewerb-liche Risiken	System(e) für Hausrat-Risiken
174	**Dr. Alfred Ristow GmbH & Co.**		ARI 73	ARI 73 H
	Killisfeldstr. 72, 7500 Karlsruhe 41	10, 20-24, 28-35 40-89		
	Ebereschenallee 26, 1000 Berlin 19	10		
	Salzstr. 22, 2120 Lüneburg	20,21,24,30,31		
	Rendsburger Landstr. 183, 2300 Kiel 1	20, 22, 23, 24		
	Grüne Str. 70, 2870 Delmenhorst	21, 28, 29, 45		
	Hannoversche Str. 3, 3000 Hannover 61	30, 31, 33		
	Breiter Weg 25, 3250 Hameln	30,32,34,47,49		
	Am Leinekanal 4, 3400 Göttingen	33,34,35,57,64		
	Auf'm Hennekamp 32, 4000 Düsseldorf	40-43, 50-53 56, 69		
	Schloßstr. 83, 4500 Osnabrück	28,44,45,48,49		
	Im Trinnel 3, 5440 Mayen	52, 54, 55		
	Frankfurter Str. 12d, 6300 Gießen	35, 52, 59, 62, 63, 64		
	Heinrich-von-Brentano-Str. 6 6500 Mainz 1	60,61,62,65,67, 68,69,52,54,55		
	Stockwiese 40, 6650 Homburg 8	55, 65, 66, 67		
	Hauptstr. 18, 7155 Oppenweiler	69, 70-74, 79		
	Schulstr. 15, 7202 Mühlheim/Stetten	72, 74, 77, 79		
	Kaiserallee 13a, 7500 Karlsruhe 1	67,68,69,72,75		
	Högestr. 1, 7800 Freiburg/Hochdorf	72,75,76,77,78		
	Frauengraben 30, 7900 Ulm	74, 79, 88, 89		
	Habsburgerplatz 3, 8000 München 40	80, 81, 82, 83 84, 88, 89		
	Bleichstr. 2, 8500 Nürnberg	84,85,86,87,88		
175	**Röwer-Meldetechnik** Wersener Landstr. 12, 4500 Osnabrück	28, 44, 45, 48, 49	effeff-alarm 561	
176	**ro-Alarm, Elmar Roßmayer** Ziegelweiher Str. 26 7953 Bad Schussenried	70, 73, 74, 77 79, 89	DOM-EMS-7	DOM-EMS-7 H
177	**Ruch & Burt Sicherheitstechnik*** Hackstr. 6, 7129 Meimsheim	69-75	HAL 1000	HAL 2000
178	**SAFETRON Raumschutz GmbH & Co. KG** Faulener Str. 83, 2800 Bremen 1	21, 28, 29, 30 45	SE 9000	
179	**Safetronic Sicherheits- und Nachrichtensysteme GmbH** Wintersteinstr. 9, 6361 Niddatal 1	60, 61, 62, 63, 64	DOM-EMS-7	DOM-EMS-7 H
180	**Gebr. Schäufele GmbH*** Otto-Wallach-Str.3, 6200 Wiesbaden	62, 65	Bosch SIA III	
181	**R. Schell** Turmstr. 38, 5308 Rheinbach	50, 51, 52, 53, 54	DOM-EMS-7	
182	**Oswald Scherer GmbH & Co. KG*** Konrad-Kurzbold-Str. 6 6250 Limburg/Lahn 1	50, 52, 54, 60 62, 63	Bosch SIA III	Bosch SIA III -H
183	**G.A. Schertz GmbH** Nußbaumstr. 59 6601 Saarbrücken-Schafbrücke	55, 65, 66, 67	effeff-alarm 561	effeff-alarm 561 H
184	**Hartmut Schewe** Dortmunder Str. 28, 4800 Bielefeld 14	47, 48, 49	SE 9000	
185	**Schlag GmbH &Co.*** Leibnitzstr. 2, 8706 Höchberg	69, 85, 87	Bosch SIA III	
186	**Schlüssel Glaser*** Sicherheitssysteme Ackerstr. 147, 4000 Düsseldorf 1	40-44, 46-48, 50-59	INFRA-Alarm 2000	INFRA-Alarm 2000 H
	Hohe Pforte 4-6, 5000 Köln 1	50-55, 59		

Nr.	Name und Anschriften	Postleitzahlenbereiche	System(e) für gewerbliche Risiken	System(e) für Hausrat-Risiken
187	**Schmid-Alarm GmbH** Kraillinger Str. 4, 8035 Stockdorf	80, 81, 82, 83, 89	effeff-alarm 561	effeff-alarm 561 H
188	**Carl J. Schmitz GmbH & Co. KG** * Tempelhoferstr. 16, 5100 Aachen	51	Bosch SIA III	Bosch SIA III-H
189	**Schuck-elektronik GmbH** Eichwaldtstr. 2, 6457 Maintal 1	60, 62, 63, 64 87	effeff-alarm 561 HS 1000	effeff-alarm 561 H HS 100 H
190	**Schütz Alarmanlagen GmbH** Haus Nr. 3, 7919 Filzingen	79, 88, 89	SE 9000	
191	**Peter Frank Schütze*** Siegfried Boos Elbinger Str. 9, 6000 Frankfurt 90	54, 60-65, 67-69 87	HS 1000	HS 1000 H
192	**Schulz GmbH,** Sicherungsanlagen Sanddornweg 10, 3107 Hambühren	20-24, 28, 30-33, 40-43, 46-48, 50 52-58, 60-62, 65-71, 73-75, 80-89	SE 9000	SE 9009 H
	Am Hohen Knäbel 6, 21 Hamb. 90	20, 21		
	Helsinkistr. 28, 2300 Kiel	22-24		
	Uhlandstr. 5, 5650 Solingen	40, 50, 52, 53, 56, 58		
	Sanddornweg 10, 3107 Hambühren	28, 30-33		
	Schmaler Weg 11, 4600 Dortmund	41-43, 46-48, 57		
	Steinhardter Str. 38 6551 Waldböckelheim	54, 55, 60-62, 65-68		
	Salzstr. 17, 7173 Mainhardt	69-71, 73-75		
	Freischützstr. 94, 8000 München	80-83, 89		
	Reichenbacherstr. 22, 8540 Schwabach	84-88		
193	**Schwachstromtechnik Speckmann GmbH** Mehringdamm 89, 1000 Berlin 61	10	BBC/Wörl UZ 40	BBC/Wörl ER 40
194	**Schwandt & Heller GmbH** Bahnhofstr. 23, 7917 Vöhringen	70, 73, 74, 77, 79, 88, 89	HS 1000	
195	**Secur Ingenieurbüro für Sicherheitstechnik GmbH** Beethovenallee 71, 5300 Bonn 2	50, 51, 52, 53, 54	effeff-alarm 561	effeff-alarm 561 H
196	**Seitz Electronic KG** Röderichstr. 13, 6000 Frankfurt 90	60, 62, 63	ARI 73	
197	**Sicherheits- und Alarmgerätebau Gräfe GmbH** Friedrich-Kirchhoff-Str. 7 5860 Iserlohn	47, 57, 58, 59	effeff-alarm 561	effeff-alarm 561 H
198	**Siemens AG** Hofmannstr. 51, 8000 München 70	10, 20-24, 28-35, 40-89	Siemens Intrusions- schutz	
	Salzufer 6-8, 1000 Berlin 10	10		
	Lindenplatz 2, 2000 Hamburg	20, 21, 22, 24		
	Wittland 2, 2300 Kiel 1	23		
	Contrescarpe 72, 2800 Bremen	27, 28, 29		
	Am Maschpark 1, 3000 Hannover 1	30-34, 48, 49		
	Bürgermeister-Brunner-Str. 15, 3500 Kassel	35		
	Lahnweg 10, 4000 Düsseldorf 1	40, 41, 56, 58		
	Kruppstr. 16, 4300 Essen 1	42, 43		
	Eversburger Str. 32, 4500 Osnabrück	45		
	Märkische Str. 8-14, 4600 Dortmund 1	44, 46, 47, 57		
	Franz-Geuer-Str. 10, 5000 Köln	50-54, 59		
	Rödelsheimer Landstr. 5-9, 6000 Frankfurt 1	60, 61, 62, 64		
	Karl-Kellner-Ring 19-21, 6330 Wetzlar 1	63		
	Flachsmarktstr. 13-17, 6500 Mainz 1	65		

Nr.	Name und Anschriften	Postleitzahlenbereiche	System(e) für gewerbliche Risiken	System(e) für Hausrat-Risiken
	Martin-Luther-Str. 25, 6600 Saarbrücken 1	55, 66		
	N 7, 18 (Siemenshaus), 6800 Mannheim 1	67, 68, 69		
	Geschwister-Scholl-Str. 24 7000 Stuttgart 1	70-74, 76, 77		
	Bannwaldallee 48, 7500 Karlsruhe 1	75		
	Habsburgerstr. 132, 7800 Freiburg	78		
	Nicolaus-Otto-Str. 4, 7900 Ulm	79		
	Richard-Strauß-Str. 76, 8000 München 80	80-83, 89		
	Hornstr. 10, 8400 Regensburg 2	84		
	Von-der-Tann-Str. 30, 8500 Nürnberg 1	85, 86, 88		
	Andreas-Grieser-Str. 3, 8700 Würzburg 21	87		
199	**Sirius Alarmanlagen GmbH** Wallkürenstr. 1, 8034 Germering	80, 81, 82, 83, 89	EN 100	
200	**SITEC Alarmanlagen GmbH*** Boschstr. 16, 2808 Syke	20-24, 27-32, 44 45, 49	EMS 800	EMS 800 H
201	**Sitronic-Sievers Sicherungselektronic** Steinfurter Str. 134, 4400 Münster	42-49	DOM-EMS-7	DOM-EMS-7 H
202	**Sitronik Gesellschaft für Sicherheit und Kommunikation mbH** Pferdebachstr. 256 5810 Witten-Stockum	35, 40, 41, 42, 43, 44, 45, 46, 47, 56, 57, 58	effeff-alarm 561	effeff-alarm 561 H
203	**Sonax-Alarm GmbH & Co.** Gildestr. 35, 4530 Ibbenbüren 1	30, 31, 32, 33, 34, 35, 43, 44, 45, 46, 47, 48, 49	DOM-EMS-7	DOM-EMS-7 H
204	**Sta-Lu-Alarm Stauf und Ludwig GmbH & Co. KG** Uhlandstr. 22, 4050 Mönchengladbach 2	40, 41, 42	effeff-alarm 561	effeff-alarm 561 H
205	**Standard-Elektrik-Lorenz AG** PMS/PDMU		Atlas E 74	
	Hellmuth-Hirth-Str. 42, 7000 Stuttgart 40	10, 20-24, 27-35, 40-89		
	Überseering 23, 2000 Hamburg 60	10, 20-24, 28-35, 44, 45, 49		
	Rellinghauser Str. 74-78, 4300 Essen	32, 34, 35, 41-49 57-59		
	Eupener Str. 57, 5000 Köln	40-42, 50-56, 58, 59, 62, 65		
	Hungener Str. 6, 6000 Frankfurt 60	34, 35, 60-69, 87		
	Kieslingstr. 76, 8500 Nürnberg	79-89		
	Motorstr. 28, 7000 Stuttgart 31	67-79		
206	**Stark- und Schwachstrom-Montage GmbH** Kollaustr. 91, 2000 Hamburg 61	20, 21, 22, 23, 24, 28, 30, 31	500.200	500.161
207	**Stegner & Grundner GmbH & Co.*** Schleswiger Str. 72, 2390 Flensburg	22, 23	Bosch SIA III	Bosch SIA III -H
208	**Ernst Steinebrunner KG** Kirchstr. 12, 7850 Lörrach	72, 76, 77, 78	ABI 1500	ABI 1400
209	**Alfred Sterk** Rottstr. 26, 8103 Oberammergau	80, 81, 89	effeff-alarm 561	
210	**H. Stürmer GmbH** Kastanienweg 1, 4020 Mettmann 2	40-44, 46-48, 50-59	effeff-alarm 561	effeff-alarm 561 H
	Am Wasserwerk 12, 5466 Neustadt/Wied	50-59		

Nr.	Name und Anschriften	Postleit-zahlen-bereiche	System(e) für gewerbliche Risiken	System(e) für Hausrat-Risiken
211	**TAS Telefonbau Arthur Schwabe GmbH & Co. KG** Langmaar 25, 4050 Mönchengladbach 2	40, 41, 42, 50, 51	DOM-EMS-7	DOM-EMS-7 H
212	**Tekon GmbH** Meierhofstr. 23, 7000 Stuttgart 31	70, 71, 72, 73, 74, 75, 76	DOM-EMS-7	DOM-EMS-7 H
213	**Telefomatic Helmut Sieker*** Hüllerstr. 161-163, 4983 Kirchlengern 5	45, 48, 49	ABI 1500	ABI 1400
214	**Tele-Security-Foto Überwachungsanlagen GmbH**		Sensorsystem 79	
	Industriestr. 18, 6794 Brücken	10, 20-24, 28-35, 40-89		
	Wexstr. 29, 1000 Berlin 31	10		
	Julianenebene, 2371 Hohn/Rendsburg	20-24		
	Am Grünen Kamp 33, 2870 Delmenhorst	28, 29, 45		
	Memelerstr. 19, 3008 Garbsen 1	30-34, 49		
	Wilhelmshöher Str. 38 3501 Schauenburg-Elgershausen	35		
	Am Felderhausen 10 4055 Niederkrüchten 2	40, 41, 50, 51, 56		
	Am Roggenkamp 180, 4400 Münster	44, 45		
	Berfeldweg 17, 4240 Emmerich	42		
	Ondrup 24, 4710 Lüdinghausen	43, 46-48		
	Kottenflürchen 16, 5419 Dierdorf 2	52-55, 57-59		
	An der Fuchsenhütte 19, 6101 Roßdorf	60-64		
	Bahnhofstr. 13, 6791 Nanzdietschweiler	65-69		
	Dornbäumlesweg 6, 7910 Neu-Ulm	70-79		
	Zirndorf 1, 8802 Wieseth	86-89		
	Hauptstr. 84, 8859 Karlshuld	80-85		
215	**Telefonbau Louis Schwabe** Stresemannstr. 12, 4000 Düsseldorf 1	40-53, 56-59	effeff-alarm 561	effeff-alarm 561 H
	Stettiner Str. 1, 4020 Mettmann	40, 50, 52, 56		
	Augustastr. 28-30, 4100 Duisburg 12	41-43, 46		
	Bischopinkstr. 33, 4400 Münster	43-45, 47-49		
	Ritterstr. 21, 5800 Hagen	46, 57-59		
216	**Telefonbau & Normalzeit Lehner & Co.** Mainzer Landstr. 128-146 6000 Frankfurt 1	10, 20-24, 27-35, 40-89	NMZ 300	
	Anhalter Str. 1, 1000 Berlin 61	10		
	Holzdamm 28-34, 2000 Hamburg 1	20-24, 27-34		
	Deggingstr. 93, 4600 Dortmund 1	41-49, 57-59		
	Max-Wallratt-Str. 13, 5000 Köln 41	40, 50-56		
	Mainzer Landstr. 222-230, 6000 Frankfurt 1	35, 60-66		
	Räpplenstr. 17-19, 7000 Stuttgart 1	67-69, 70-79		
	Lützelsteiner Str. 1b, 8000 München 45	80-89		
217	**Telenot Electronic GmbH** Wiesentalstr. 42-44 7080 Aalen-Hammerstadt	69, 70, 71, 73, 74, 85, 88, 89	effeff-alarm 561	
218	**Tesch & Dudeck GmbH** Flamweg 96, 2200 Elmshorn	20, 21, 22, 23, 24	DOM-EMS-7	DOM-EMS-7 H
219	**Hans Thormählen Elektro- u. Sicherheitstechnik GmbH*** Meerkircher Str. 40, 2882 Großenmeer	27, 28, 29, 44, 45	HS 1000	HS 1000 H
220	**Trade-Nachrichtentechnik*** Bachstr. 29, 7057 Leutenbach 1	69-75, 79	ABI 1500	ABI 1400

Nr.	Name und Anschriften	Postleitzahlenbereiche	System(e) für gewerbliche Risiken	System(e) für Hausrat-Risiken
221	**Tron-Alarmanlagen GmbH** Bräukerweg 30, 5750 Menden 1	43, 46, 47, 56-59	DOM-EMS-7	DOM-EMS-7 H
222	**Fritz Trost GmbH & Co.*** Kesselstr. 23, 7000 Stuttgart 60	70-75	Bosch SIA III	Bosch SIA III -H
223	**Hans Ulpts** Donnerschweer Str. 199 2900 Oldenburg	28, 29, 44, 45	effeff-alarm 561	
224	**VEG Dieter Elsässer** Fichtestr. 8, 7012 Fellbach-Schmiden	70, 71, 72, 73, 74	KURO EMA 10-30	
225	**Völkel GmbH & Co. KG*** Sicherheits- und Elektrotechnik Alsenstr. 3, 4630 Bochum 1	43, 44, 46, 47, 58	effeff-alarm 561	
226	**Horst Vonderschmidt Elektronik GmbH** Kirchstr. 9, 6107 Reinheim 1	35, 60-69	VO 75	VO 75-H
227	**Wach- und Schließgesellschaft Mannheim mbH** Josef-Braun-Ufer 12 6800 Mannheim 1	54, 55, 60-69, 75	EN 100	EN 100 H
228	**Wachtel-Technik GmbH** Carl-Benz-Str. 3 7024 Filderstadt 1	67, 68, 69, 70, 71, 72, 74, 75, 76, 77, 78, 79, 80, 87, 88, 89	Ultraschutz 80	500.161
229	**Ing.-Büro Wagner, Alarm- u. Fernmeldetechnik GmbH** Am Pferdemarkt 7-9 3012 Langenhagen	21, 30-34, 48, 49	effeff-alarm 561	effeff-alarm 561 H
230	**Wego-Alarm Klaus Wegerhoff** Hindenburgstr. 89, 5630 Remscheid	40-44, 46-49, 50, 52, 56-59	effeff-alarm 561	
231	**Jakob Weiler KG** Metternichstr. 6, 5500 Trier	50-55, 65-67	ARI 73 HS 1000	ARI 73 H HS 1000 H
232	**Manfred Welp** Schöne Aussicht 4 6209 Hohenstein-Breithardt	60, 61, 62, 65, 67	Kuro EMA 10-30	
233	**Klaus Wendler**, Alarm-Anlagen Torstr. 18, 3404 Adelebsen	32, 33, 34, 35, 47, 49, 57, 64	ARI 73	ARI 73 H
234	**Weltring Akustik GmbH & Co. KG** Beethovenstr. 30, 5000 Köln 40	50-59	ARI 73	ARI 73 H
	Josefstr. 35, 4755 Holzwickede	40-49		
235	**Werner Alarmanlagen GmbH** Kantstr. 83, 1000 Berlin 12	10	DOM-EMS-7	
236	**West-Alarm GmbH*** Aachener Str. 53, 5000 Köln 1	40-43, 46, 50-59	DOM-EMS-7	DOM-EMS-7 H
237	**Westdeutscher Wach- und Schutzdienst**		EMS 800 BBC/Wörl L 8	EMS 800 H BBC/Wörl L 8 H
	Am Zehnthof 66, 4300 Essen 13	41, 43, 44, 45		
	Ausschlägerweg 41, 2000 Hamburg	20, 21, 22, 23, 24		
	Korffsdeich 6-7, 2800 Bremen 1	28, 29, 30, 32, 33, 49		
	Gauss-Str. 20, 4000 Düsseldorf 1	40		
	Theodor-Heuss-Str. 71-73 4100 Duisburg 11	41, 42		
	Rosemeyerstr. 6, 4600 Dortmund 1	34, 35, 46, 58		
	Stapelstr. 2, 4730 Ahlen	45, 47, 48		
	Maarweg 233, 5000 Köln 30	50, 51, 52, 53, 54, 59		
	Lahnstr. 12, 5600 Wuppertal 1	56, 57		
	Brackhausstr. 10, 6000 Frankfurt 1	55, 60-69		
	Siemensstr. 34, 7000 Stuttgart 30	70		
	Schwanthalerstr. 2-6, 8000 München 2	80		

Nr.	Name und Anschriften	Postleit-zahlen-bereiche	System(e) für gewerb-liche Risiken	System(e) für Hausrat-Risiken
238	**Erwin Willius** Schwalbenweg 7, 8960 Kempten	79, 89	effeff-alarm 561	eff-eff-alarm 561 H
239	**Winkhaus Technik GmbH & Co. KG*** Produktgruppe Alarmtechnik Bohlweg 43, 4400 Münster	43-48	effeff-alarm 561	
240	**Ing. Büro R. Winkler** Fellerhöfe 8, 4156 Willich 1	40, 41, 42, 43, 50, 51, 56	effeff-alarm 561	effeff-alarm 561 H
241	**WiS Sicherungstechnik GmbH & Co. KG**		Ultraschutz 80	
	Ubierring 49, 5000 Köln 1	50, 52, 56, 57, 58, 59		
	Peliserkerstr. 55, 5100 Aachen	42, 51		
	Mayener Str. 88b, 5400 Koblenz	54, 55, 62, 65		
	Hochstadenring 43, 5300 Bonn	52, 53, 59		
	Ellerstr. 162, 4000 Düsseldorf 1	40, 41, 43, 44, 46, 47		
242	**Wörl-Alarm GmbH**		BBC/Wörl UZ 40 BBC/Wörl L 8	BBC/Wörl ER 40 BBC/Wörl L 8 H
	Grubmühlerfeldstr. 14, 8035 Gauting	30-35, 40-49, 56-58, 60-89		
	Lange Laube 29, 3000 Hannover	30-34, 49		
	Sandershauser Str. 141, 3500 Kassel	34, 35		
	Schwarzbachstr. 41, 4020 Mettmann	40-49, 56-58		
	Langer Weg 18, 6000 Frankfurt 80	60-69, 87		
	Schulze-Delitzsch-Str. 13, 7000 Stuttgart 80	70-79		
	Eichenstr. 11 8027 Neuried	80-84, 89		
	Blumenstr. 9a, 8500 Nürnberg	84-86, 88		
243	**Wörl-Alarm GmbH** Osterrade 23, 2050 Hamburg 80	20, 21, 22, 23, 24, 28, 29, 30, 31, 44, 45	BBC/Wörl UZ 40	BBC/Wörl ER 40
244	**Philipp Wolf GmbH*** Hannoversche Str. 33-34, 3100 Celle	21, 27, 28, 30-33	Bosch SIA III	Bosch SIA III -H
245	**Wolpers Elektrotechnik GmbH*** Stadtwaldstr. 45-49 4050 Mönchengladbach 5	40-43, 50-53, 56	DOM-EMS-7	DOM-EMS-7 H
246	**Hans-Joachim Wolter GmbH** Beethovenstr. 11, 6670 St. Ingbert	55, 66, 67	ABI 1500	ABI 1400
247	**Dipl.-Ing. Wolters** Königstr. 29, 2358 Kaltenkirchen	20-24, 30, 31	SE 9000	
248	**Wulsch & Fest KG*** Kurt-Schumacher-Str. 192-198 4650 Gelsenkirchen	42, 43, 46	Bosch SIA III	
249	**Zander & Mielke GmbH & Co.** Kurt-Schumacher-Allee 13a 2000 Hamburg	20, 21, 22, 23, 24	ARI 73 NZ 80	ARI 73 H
250	**Alois Zettler Elektrotechnische Fabrik GmbH** Holzstr. 28-30, 8000 München 5	10, 20-24, 27-35 40-89	500.032 500.200	500.161
	Pestalozzistr. 57, 1000 Berlin 12	10		
	Holsteinischer Kamp 79, 2000 Hamburg 76	20-24		
	Huchtinger Heerstr. 36, 2800 Bremen	27-29, 44, 45		
	Miesburger Str. 87, 3000 Hannover-Kleefeld	30-34, 49		
	Steckendorfer Str. 187, 4150 Krefeld	40-43		
	Wilhelm-Brand-Str. 1, 4600 Dortmund	46, 47, 48, 57, 58		
	Haselbergstr. 15, 5000 Köln 41	50-54, 56, 59		
	Gartenstr. 33, 6000 Frankfurt 70	35, 60-64		

Nr.	Name und Anschriften	Postleitzahlenbereiche	System(e) für gewerbliche Risiken	System(e) für Hausrat-Risiken
	St. Ingberter-Str. 2-4, 6800 Mannheim 31	55, 65-69, 75		
	Kornwestheimer Str. 62 7000 Stuttgart 40	70-74		
	Karlsruher Str. 33, 7730 Villingen-Schwenningen	76-79		
	Maistr. 16, 8000 München 2	80-83, 89		
	Jahnstr. 45, 8000 München 5	80		
	Tuchergartenstr. 4, 8500 Nürnberg	84-88		
251	**Zöger GmbH & Co.*** Großmoorbogen 15, 2100 Hamburg 90	20-24	Bosch SIA III	Bosch SIA III -H
252	**Uwe E. Zoller GmbH & Co. KG*** Otto-Hahn-Str. 9, 2200 Elmshorn	20-24	HS 1000	HS 1000 H

VdS-anerkannte einbruchhemmende Verglasungen
(Stand Januar 1984)

Nr.	Name und Anschrift	Glastyp	Dicke mm	Gewicht kg/m²	Isolierglas ja/nein	Widerstandsklasse	Anerkennungs-Nr.	lieferbare Abmessungen mm
1	**Deutsche Spezialglas AG,** PF 80 3223 Delligsen 2	MULTI-GARD 20	20	33	nein	EH 3	M 183001	2000x1250
2	"	MULTI-GARD 20/ISO	38,5	43	ja	EH 3	M 183054	2000x1250
3	"	MULTI-GARD 12	12,8	22,6	nein	EH 1	M 183056	2000x1250
4	"	MULTI-GARD 12/ISO	31	32,6	nein	EH 1	M 183066	2000x1250
5	**Flachglas AG** Auf der Reihe 2 4650 Gelsenk.	ALLSTOP EH 1 SGV	27	63	nein	EH 1	M 181052	2400x3500
6	"	ALLSTOP EH 1-Isolierglas SGV	41	78	ja	EH 1	M 181093	2400x3500
7	"	ALLSTOP EH 2 SGV	39	92	nein	EH 2	M 181054	2400x3500 (max. 6 m²)
8	"	ALLSTOP EH 2-Isolierglas SGV	53	107	ja	EH 2	M 181098	2400x3500 (max. 6 m²)
9	"	ALLSTOP EH 3 SGV	57	135	nein	EH 3	M 181089	2250x3180 (max. 4,5 m²)
10	"	ALLSTOP EH 3-Isolierglas SGV	71	150	ja	EH 3	M 181099	2250x3180 (max. 4,5 m²)
11	**General Electric Plastics GmbH** Eisenstr. 5 6090 Rüsselsh.	Lexgard-Laminat GC 938/112	24	29	nein	EH 2*	M 181059	1220x2440
12	"	Lexgard-Laminat RC 750	19	23	nein	EH 2*	M 181060	1220x2440
13	"	Lexgard SP 1250	33	39	nein	EH 3*	M 181061	1220x2440
14	**Glaswerke Haller GmbH** Postfach 27, 4983 Kirchlengern	SIPLEX-EH 1	22	49	nein	EH 1	M 183007	1600x3000
15	"	SIPLEX-EH 2	36	81	nein	EH 2	M 182072	1600x3000
16	"	SIPLEX EH 3	56	135	nein	EH 3	M 182088	1600x3000
17	**Isolar-Glas-Beratung e.V.,** Hauptstr. 39, 6544 Kirchberg	Multipact 27/EH 1	27	62	nein	EH 1	M 182070	2000x3000
18	"	Multipact 39/EH 2	39	94	nein	EH 2	M 182071	2000x3000
19	"	Multipact 58/EH 3	58	142	nein	EH 3	M 182079	2000x3000

Nr.	Name und Anschrift	Glastyp	Dicke mm	Gewicht kg/m²	Isolierglas ja/nein	Widerstandsklasse	Anerkennungs-Nr.	lieferbare Abmessungen mm
20	**Isolar-Glas-Beratung e.V.,** Hauptstr. 39, 6544 Kirchberg	Multipact ISO 41/EH 1	41	75	ja	EH 1	M 182077	2000x3000
21		Multipact ISO 53/EH 2	53	107	ja	EH 2	M 182078	2000x3000
22	"	Multipact ISO 71/EH 3	71	155	ja	EH 3	M 182080	2000x3000
23	"	Isolar-multipact Typ PC-L 45/41	45	43	ja	EH 3	M 181101	1800x2950
24	**Fritz Trösch AG** Industriestraße CH-4922 Bützberg	SWISS LAMEX Panzerglas PZ 31-42 A	32	75	nein	EH 1	M 181046	2500x6000 (max. 1000 kg)
25	"	SWISS Panzerglas 16-12	17	33	nein	EH 1	M 181045	2500x6000
26	"	SWISS LAMEX 41-410 A	41	81	nein	EH 3	M 182019	2500x6000 (max. 1000 kg)
27	"	SWISS LAMEX 27-46	27	54	nein	EH 2	M 182021	2500 x 6000
28	"	SWISS LAMEX 26-310	26	49	nein	EH 2	M 182022	
29	**Vereinigte Glaswerke GmbH** Viktoriaallee 3-5 5100 Aachen	Kinon-Contra-Crime EH 1.11	22	51	nein	EH 1	M 181063	2400x3750
30	"	Kinon-Contracrime EH 1.21	33	54	ja	EH 1	M 181065	2400x3750
31	"	1.360.01	28	66	nein	EH 1	M 183031	2400x3750
32	"	Kinon-Contracrime EH 2.11	36	81	nein	EH 2	M 181094	2400x3750
33	"	Kinon-Contracrime EH 2.13	32	76	nein	EH 2	M 182045	2400x3750
34	"	Kinon-Contracrime EH 2.21	50	91	ja	EH 2	M 181095	2400x3750
35	"	Kinon-Contracrime EH 2.22	50	96	ja	EH 2	M 181064	2400x3750
36	"	Kinon-Contracrime EH 3.13	45	104	nein	EH 3	M 181111	2400x3750
37	"	Kinon-Contracrime EH 3.22	61	119	ja	EH 3	M 181112	2400x3750
38	"	Kinon-Contracrime EH 3.23	43	61	ja	EH 3	M 181114	2400x3750
39	**Verres Industriels S.A.**, CH-2740 Moutier	THRIGLAS Typ SM 7 s 29	29		nein	EH 3	M 183028	4500x2500
40	"	VISAGLAS Typ 20 s	20		nein	EH 3	M 183029	2000x1000

* Verglasung aus Polycarbonat

Sachregister